Jean-Claude **Corbeil**
Ariane **Archambault**

le petit visuel

DICTIONNAIRE FRANÇAIS/ANGLAIS

QUÉBEC AMÉRIQUE

REMERCIEMENTS

Nous tenons à exprimer notre plus vive reconnaissance aux personnes, organismes, sociétés et entreprises qui nous ont transmis la documentation technique la plus récente pour la préparation du **Petit Visuel**.

Arcand, Denis (réalisateur); Association Internationale de Signalisation Maritime; Association canadienne des paiements (Charlie Clarke); Association des banquiers canadiens (Lise Provost); Automobiles Citroën; Automobiles Peugeot; Banque du Canada (Lyse Brousseau); Banque Royale du Canada (Raymond Chouinard, Francine Morel, Carole Trottier); Barrett Xplore inc.; Bazarin, Christine; Bibliothèque du Parlement canadien (Service de renseignements); Bibliothèque nationale du Québec (Jean-François Palomino); Bluechip Kennels (Olga Gagne); Bombardier Aéronautique; Bridgestone-Firestone; Brother (Canada); Canadien National; Casavant Frères ltée; C.O.J.O. ATHENES 2004 (Bureau des Médias Internationaux); Centre Eaton de Montréal; Centre national du Costume (Recherche et Diffusion); Cetacean Society International (William R. Rossiter); Chagnon, Daniel (architecte D.E.S. – M.E.Q.); Cohen et Rubin Architectes (Maggy Cohen); Commission Scolaire de Montréal (École St-Henri); Compagnie de la Baie d'Hudson (Nunzia Iavarone, Ron Oyama); Corporation d'hébergement du Québec (Céline Drolet); École nationale de théâtre du Canada (bibliothèque); Élevage Le Grand Saphir (Stéphane Ayotte); Énergie atomique du Canada ltée; Eurocopter; Famous Players; Fédération bancaire française (Védi Hékiman); Fontaine, PierreHenry (biologiste); Future Shop; Garaga; Groupe Jean Coutu; Hôpital du Sacré-Cœur de Montréal; Hôtel Inter-Continental; Hydro-Québec; I.P.I.Q. (Serge Bouchard); IGA Barcelo; International Entomological Society (Dr. Michael Geisthardt); Irisbus; Jérôme, Danielle (O.D.); La Poste (Colette Gouts); Le Groupe Canam Manac inc.; Lévesque, Georges (urgentologue); Lévesque, Robert (chef machiniste); Manutan; Marriot Spring Hill suites; MATRA S.A.; Métro inc.; ministère canadien de la Défense nationale (Affaires publiques); ministère de la Défense, République Française; ministère de la Justice du Québec (Service de la gestion immobilière – Carol Sirois); ministère de l'Éducation du Québec (Direction de l'équipement scolaire- Daniel Chagnon); Muse Productions (Annick Barbery); National Aeronautics and Space Administration; National Oceanic and Atmospheric Administration; Nikon Canada inc.; Normand, Denis (consultant en télécommunications); Office de la langue française du Québec (Chantal Robinson); Paul Demers & Fils inc.; Phillips (France); Pratt & Whitney Canada inc.; Prévost Car inc.; Radio Shack Canada ltée; Réno-Dépôt inc.; Robitaille, Jean-François (Département de biologie, Université Laurentienne); Rocking T Ranch and Poultry Farm (Pete and Justine Theer); RONA inc.; Sears Canada inc.; Secrétariat d'État du Canada, Bureau de la traduction ; Service correctionnel du Canada; Société d'Entomologie Africaine (Alain Drumont); Société des musées québécois (Michel Perron); Société Radio-Canada; Sony du Canada ltée; Sûreté du Québec; Théâtre du Nouveau Monde; Transports Canada (Julie Poirier); Urgences-Santé (Éric Berry); Ville de Longueuil (Direction de la Police); Ville de Montréal (Service de la prévention des incendies); Vimont Lexus Toyota; Volvo Bus Corporation; Yamaha Motor Canada Ltd.

Le Petit Visuel a été conçu par
QA International, une division de
Les Éditions Québec Amérique inc.
329, rue de la Commune Ouest, 3e étage
Montréal (Québec) H2Y 2E1 Canada
T 514.499.3000 F 514.499.3010

©2003 Les Éditions Québec Amérique inc.
Il est interdit de reproduire ou d'utiliser le contenu de cet ouvrage, sous quelque forme et par quelque moyen que ce soit – reproduction électronique ou mécanique, y compris la photocopie et l'enregistrement – sans la permission écrite de l'éditeur.
Nous reconnaissons l'aide financière du gouvernement du Canada par l'entremise du Programme d'aide au développement de l'industrie de l'édition (PADIÉ) pour nos activités d'édition.
Les Éditions Québec Amérique tiennent également à remercier les organismes suivants pour leur appui financier :

Données de catalogage avant publication (Canada)
Corbeil, Jean-Claude, 1932-
Le petit visuel : dictionnaire français-anglais
Comprend un index.
Texte en français et en anglais.
ISBN 2-7644-0805-6
1. Dictionnaires illustrés français. 2. Dictionnaires illustrés anglais. 3. Français (Langue) - Dictionnaire anglais. 4. Anglais (Langue) - Dictionnaire français. I. Archambault, Ariane, 1936- . II. Titre.

AG250.C664 2003   443'.21   C2003--940448-XF

Le Conseil des Arts | The Canada Council
du Canada | for the Arts

SODEC
Québec ꝯꝯ

Développement des
ressources humaines Canada

Imprimé et relié en Slovaquie.
10 9 8 7 6 5 4 3 2 1   07 06 05 04 03
www.quebec-amerique.com

DIRECTION

Éditeur : Jacques Fortin

Auteurs : Jean-Claude Corbeil et Ariane Archambault

Directeur éditorial : François Fortin

Rédacteur en chef : Serge D'Amico

Designer graphique : Anne Tremblay

PRODUCTION

Mac Thien Nguyen Hoang

Guylaine Houle

RECHERCHES TERMINOLOGIQUES

Jean Beaumont

Catherine Briand

Nathalie Guillo

ILLUSTRATION

Direction artistique : Jocelyn Gardner

Jean-Yves Ahern

Rielle Lévesque

Alain Lemire

Mélanie Boivin

Yan Bohler

Claude Thivierge

Pascal Bilodeau

Michel Rouleau

Anouk Noël

Carl Pelletier

MISE EN PAGE

Pascal Goyette

Janou-Ève LeGuerrier

Véronique Boisvert

Josée Gagnon

Karine Raymond

Geneviève Théroux Béliveau

DOCUMENTATION

Gilles Vézina

Kathleen Wynd

Stéphane Batigne

Sylvain Robichaud

Jessie Daigle

GESTION DES DONNÉES

Programmeur : Daniel Beaulieu

Nathalie Fréchette

RÉVISION

Marie-Nicole Cimon

PRÉIMPRESSION

Sophie Pellerin

Tony O'Riley

CONTRIBUTIONS

Québec Amérique remercie les personnes suivantes pour leur contribution au présent ouvrage :

Jean-Louis Martin, Marc Lalumière, Jacques Perrault, Stéphane Roy, Alice Comtois, Michel Blais, Christiane Beauregard, Mamadou Togola, Annie Maurice, Charles Campeau, Mivil Deschênes, Jonathan Jacques, Martin Lortie, Raymond Martin, Frédérick Simard, Yan Tremblay, Mathieu Blouin, Sébastien Dallaire, Hoang Khanh Le, Martin Desrosiers, Nicolas Oroc, François Escalmel, Danièle Lemay, Pierre Savoie, Benoît Bourdeau, Marie-Andrée Lemieux, Caroline Soucy, Yves Chabot, Anne-Marie Ouellette, Anne-Marie Villeneuve, Anne-Marie Brault, Nancy Lepage, Daniel Provost, François Vézina.

Présentation du *Petit Visuel*

POLITIQUE ÉDITORIALE

Le *Petit Visuel* fait l'inventaire de l'environnement matériel d'une personne qui participe au monde industrialisé contemporain et qui doit connaître et utiliser un grand nombre de termes spécialisés dans des domaines très variés.

Il est conçu pour le grand public. Il répond aux besoins de toute personne à la recherche des termes précis et sûrs, pour des raisons personnelles ou professionnelles fort différentes : recherche d'un terme inconnu, vérification du sens d'un mot, traduction, publicité, enseignement des langues (maternelles, secondes ou étrangères), matériel pédagogique d'appoint, etc.

Ce public cible a guidé le choix du contenu du *Petit Visuel* : réunir en un seul ouvrage les termes techniques nécessaires à l'expression du monde contemporain, dans les domaines de spécialités qui façonnent notre univers quotidien.

STRUCTURE DU PETIT VISUEL

L'ouvrage comprend trois sections : les pages préliminaires, dont la liste des thèmes et la table des matières; le corps de l'ouvrage, soit le traitement détaillé de chaque thème; l'index des langues de l'édition : français et anglais.

L'information est présentée du plus abstrait au plus concret : thème, sous-thème, titre, sous-titre, illustration, terminologie.

Le contenu du *Petit Visuel* se partage en 17 THÈMES, d'Astronomie à Sports et Jeux. Les thèmes les plus complexes se divisent en SOUS-THÈMES. Ainsi, par exemple, le thème Terre se divise en Géographie, Géologie, Météorologie et Environnement.

Le TITRE remplit diverses fonctions : nommer l'illustration d'un objet unique, dont les principales parties sont identifiées (par exemple, *glacier, fenêtre*); regrouper sous une même appellation des illustrations qui appartiennent au même univers conceptuel, mais qui représentent des éléments différents les uns des autres, avec chacun leurs propres désignations et terminologies (exemple : *configuration des continents, appareils électroménagers*).

Parfois, les principaux membres d'une même classe d'objets sont réunis sous un même SOUS-TITRE, avec chacun leurs noms, mais sans analyse terminologique détaillée (exemple : sous *fauteuil*, les *exemples de fauteuils*).

L'ILLUSTRATION montre avec réalisme et précision un objet, un processus ou un phénomène et les détails les plus importants qui les constituent. Elle sert de définition visuelle à chacun des termes qu'elle présente.

LA TERMINOLOGIE

Chaque mot du *Petit Visuel* a été soigneusement sélectionné à partir de l'examen d'une documentation de haute qualité, au niveau de spécialisation requis.

Il arrive parfois qu'au vu de la documentation, différents mots soient employés pour nommer la même réalité. Dans ces cas, le mot le plus fréquemment utilisé par les auteurs les plus réputés a été retenu.

Il arrive parfois qu'au Québec, le mot diffère de celui de France et qu'il soit nécessaire de connaître l'un et l'autre, légitime chacun dans leur usage respectif de la langue française. Le terme utilisé au Québec est alors imprimé en caractères italiques en regard du mot de France, écrit en caractères romains.

Le *Petit Visuel* contient 13 750 entrées, soit plus de 26 000 mots en français, et 23 700 en anglais, langues dont les termes techniques sont très souvent composés de plusieurs mots, par exemple *fond de l'océan/ocean floor*.

L'INDEX cite tous les mots du dictionnaire en ordre alphabétique, pour chacune des langues.

MODES DE CONSULTATION

On peut accéder au contenu du *Petit Visuel* de plusieurs façons :

• À partir de la liste des THÈMES, au dos de l'ouvrage et à la fin des pages préliminaires.

• Avec l'INDEX, on peut consulter le *Petit Visuel* à partir du mot, pour mieux voir à quoi il correspond ou pour en vérifier l'exactitude, en examinant l'illustration où il figure.

• Originalité fondamentale du *Petit Visuel* : l'illustration permet de trouver un mot à partir de l'idée, même floue, qu'on en a. Le *Petit Visuel* est le seul dictionnaire qui le permette. La consultation de tous autres dictionnaires exige d'abord qu'on connaisse le mot.

UNE ÉDITION REVUE ET AUGMENTÉE

À la suite du succès mondial du *Visuel* depuis 1992, une nouvelle édition a été conçue et mise en chantier, résultat de plusieurs années d'observation et de travail.

Tous les sujets ont été examinés un à un pour en évaluer la pertinence et les modifier au besoin, s'ils avaient évolué substantiellement depuis la dernière édition. Par exemple, la section informatique est entièrement refondue, en fonction de l'évolution rapide des technologies et pour tenir compte de la généralisation d'Internet. Tous ont été, d'une manière ou de l'autre, enrichis, souvent en ajoutant les principaux représentants d'une classe d'objets, par exemple les oiseaux, les poissons, les animaux familiers, etc. Le thème Sports et Jeux est notablement plus étoffé, avec l'ajout de nombreuses disciplines choisies dans le programme des Jeux olympiques d'été et d'hiver.

Deux nouveaux thèmes s'ajoutent. Le thème Société présente les illustrations et le vocabulaire des lieux publics de la vie en société, comme l'école, l'hôpital, le restaurant ou le centre commercial. Le thème Alimentation et Cuisine fait l'inventaire des éléments qui composent notre nutrition, les fruits et les légumes, la viande et les poissons, les pâtes, les légumineuses, les épices et les fines herbes, etc.

LE TITRE

Il est mis en évidence dans la langue principale de l'édition, alors que les autres langues, s'il y a lieu, figurent en dessous, en caractères plus discrets. Si le titre court sur plusieurs pages, il se présente en grisé sur les pages subséquentes à la première où il est mentionné.

LE REPÈRE DE COULEUR

Sur la tranche et au dos du livre, il identifie et accompagne chaque thème pour faciliter l'accès rapide à la section correspondante du livre.

LE SOUS-THÈME

La majorité des thèmes se subdivisent en sous-thèmes. Il est unilingue, bilingue ou plurilingue, selon les éditions.

LE FILET

Il relie le mot à ce qu'il désigne. Là où les filets étaient trop nombreux et rendaient la lisibilité difficile, ils ont été remplacés par des codes de couleurs avec légendes ou, dans de rares cas, par des numéros.

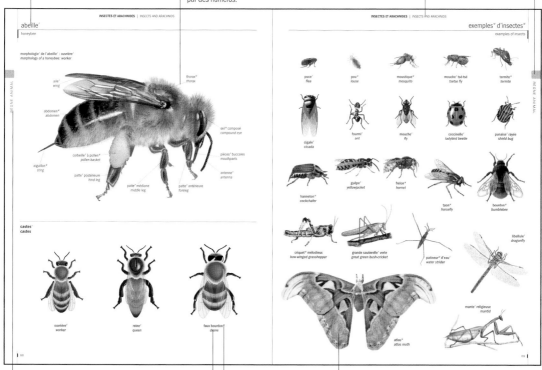

LE THÈME

Il est toujours unilingue, dans la langue principale de l'édition. L'équivalent anglais se trouve dans la page de présentation du thème, première double page de chacun d'entre eux.

LE TERME

Chaque terme figure dans l'index avec renvoi aux pages où il apparaît. Il se présente dans toutes les langues, avec, en tête, la langue principale de l'édition.

L'ILLUSTRATION

Elle sert de définition visuelle à chacun des termes qui y sont associés.

L'INDICATION DU GENRE

F : féminin
M : masculin

Le genre de chaque mot d'un terme est indiqué. Lorsque le terme est composé de plusieurs mots, le genre de l'ensemble est celui du premier nom. Ainsi, *station^F-service^M* est féminin à cause du genre de *station*.

Les personnages représentés dans le dictionnaire sont tantôt des hommes, tantôt des femmes lorsque la fonction illustrée peut être remplie par les uns ou les autres. Le genre alors attribué au mot dépend de l'illustration. En fait, dans la réalité, ce mot est masculin ou féminin selon le sexe de la personne.

Table des matières

Liste des thèmes

ASTRONOMIE

système ^M solaire

solar system

planètes^F externes
outer planets

50 000 unités^F astronomiques
50,000 astronomical units

Saturne
Saturn

Jupiter
Jupiter

Pluton
Pluto

Uranus
Uranus

Soleil^M
Sun

Neptune
Neptune

50 unités^F astronomiques
50 astronomical units

ceinture^F de Kuiper
Kuiper belt

nuage^M de Oort
Oort cloud

planètes^F et satellites^M

planets and moons

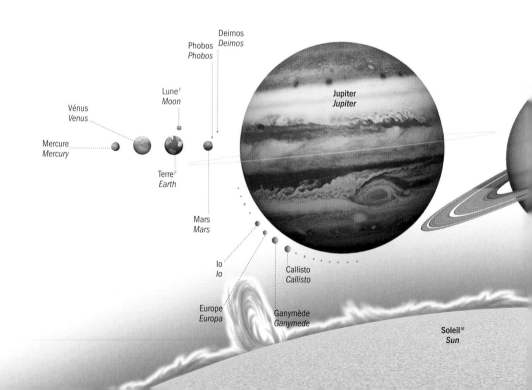

Deimos
Deimos

Phobos
Phobos

Lune^F
Moon

Jupiter
Jupiter

Vénus
Venus

Mercure
Mercury

Terre^F
Earth

Mars
Mars

Io
Io

Callisto
Callisto

Europe
Europa

Ganymède
Ganymede

Soleil^M
Sun

planètes^F internes
inner planets

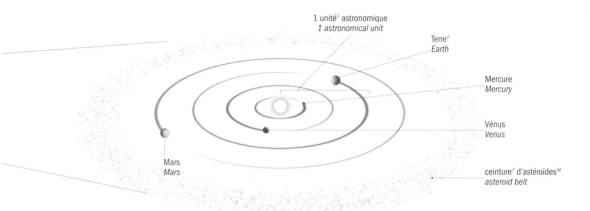

1 unité^F astronomique
1 astronomical unit

Terre^F
Earth

Mercure
Mercury

Vénus
Venus

Mars
Mars

ceinture^F d'astéroïdes^M
asteroid belt

planètes^F et satellites^v

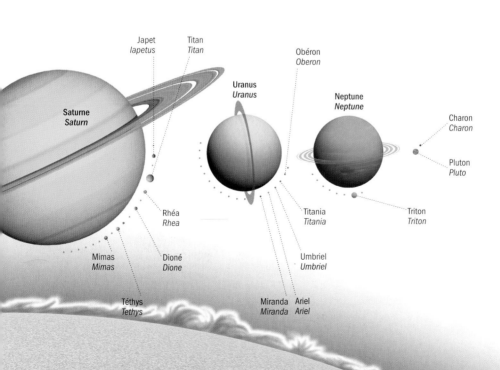

Japet
Iapetus

Titan
Titan

Obéron
Oberon

Uranus
Uranus

Neptune
Neptune

Charon
Charon

Pluton
Pluto

Saturne
Saturn

Rhéa
Rhea

Titania
Titania

Triton
Triton

Mimas
Mimas

Dioné
Dione

Umbriel
Umbriel

Téthys
Tethys

Miranda
Miranda

Ariel
Ariel

Soleil[M]

Sun

structure[F] du Soleil[M]
structure of the Sun

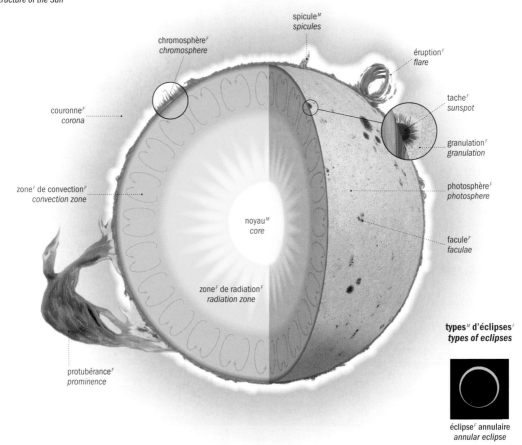

spicule[M]
spicules

chromosphère[F]
chromosphere

éruption[F]
flare

tache[F]
sunspot

couronne[F]
corona

granulation[F]
granulation

zone[F] de convection[F]
convection zone

photosphère[F]
photosphere

noyau[M]
core

facule[F]
faculae

zone[F] de radiation[F]
radiation zone

protubérance[F]
prominence

types[M] d'éclipses[F]
types of eclipses

éclipse[F] annulaire
annular eclipse

éclipse[F] de Soleil[M]
solar eclipse

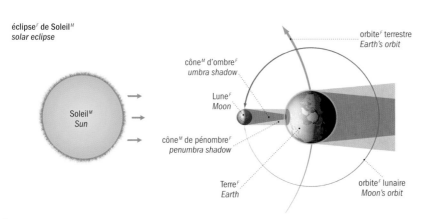

orbite[F] terrestre
Earth's orbit

cône[M] d'ombre[F]
umbra shadow

Lune[F]
Moon

Soleil[M]
Sun

cône[M] de pénombre[F]
penumbra shadow

Terre[F]
Earth

orbite[F] lunaire
Moon's orbit

éclipse[F] partielle
partial eclipse

éclipse[F] totale
total eclipse

Lune F
Moon

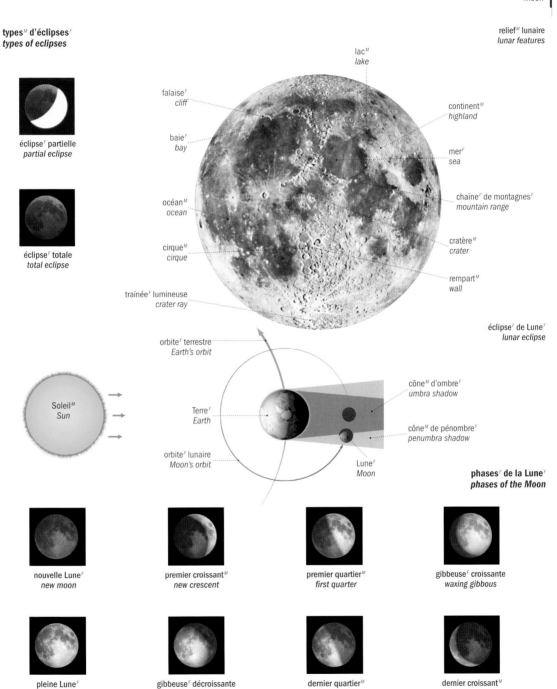

types M **d'éclipses** F
types of eclipses

éclipse F partielle
partial eclipse

éclipse F totale
total eclipse

relief M lunaire
lunar features

lac M
lake

falaise F
cliff

continent M
highland

baie F
bay

mer F
sea

océan M
ocean

chaîne F de montagnes F
mountain range

cirque M
cirque

cratère M
crater

rempart M
wall

traînée F lumineuse
crater ray

éclipse F de Lune F
lunar eclipse

orbite F terrestre
Earth's orbit

cône M d'ombre F
umbra shadow

Soleil M
Sun

Terre F
Earth

cône M de pénombre F
penumbra shadow

orbite F lunaire
Moon's orbit

Lune F
Moon

phases F **de la Lune** F
phases of the Moon

nouvelle Lune F
new moon

premier croissant M
new crescent

premier quartier M
first quarter

gibbeuse F croissante
waxing gibbous

pleine Lune F
full moon

gibbeuse F décroissante
waning gibbous

dernier quartier M
last quarter

dernier croissant M
old crescent

galaxie^F

galaxy

Voie^F Lactée
Milky Way

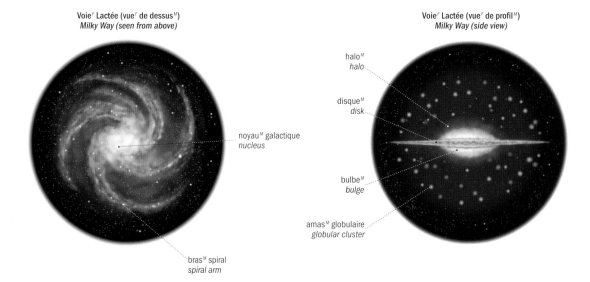

Voie^F Lactée (vue^F de dessus^M)
Milky Way (seen from above)

Voie^F Lactée (vue^F de profil^M)
Milky Way (side view)

noyau^M galactique
nucleus

bras^M spiral
spiral arm

halo^M
halo

disque^M
disk

bulbe^M
bulge

amas^M globulaire
globular cluster

comète^F

comet

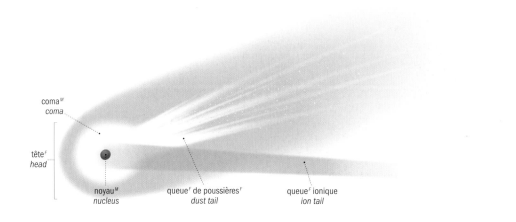

coma^M
coma

tête^F
head

noyau^M
nucleus

queue^F de poussières^F
dust tail

queue^F ionique
ion tail

télescope*M* spatial Hubble

Hubble space telescope

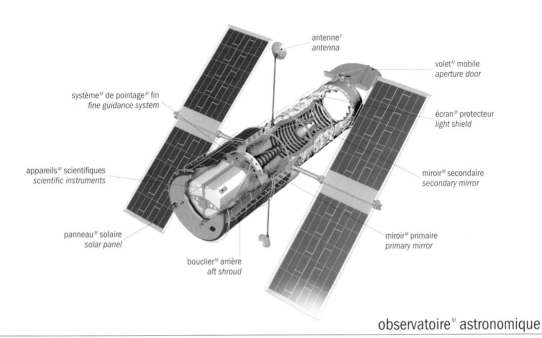

antenne*F*
antenna

volet*M* mobile
aperture door

système*M* de pointage*M* fin
fine guidance system

écran*M* protecteur
light shield

appareils*M* scientifiques
scientific instruments

miroir*M* secondaire
secondary mirror

panneau*M* solaire
solar panel

miroir*M* primaire
primary mirror

bouclier*M* arrière
aft shroud

observatoire*M* astronomique

astronomical observatory

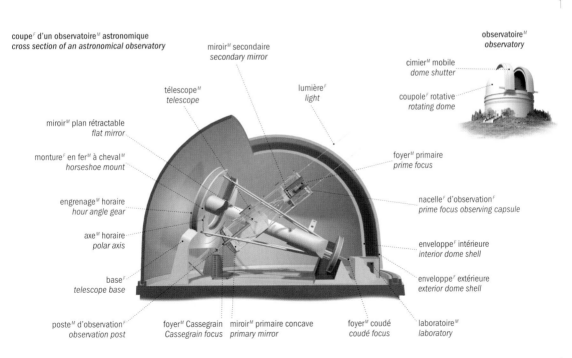

coupe*F* d'un observatoire*M* astronomique
cross section of an astronomical observatory

miroir*M* secondaire
secondary mirror

lumière*F*
light

observatoire*M*
observatory

cimier*M* mobile
dome shutter

coupole*F* rotative
rotating dome

télescope*M*
telescope

miroir*M* plan rétractable
flat mirror

monture*F* en fer*M* à cheval*M*
horseshoe mount

foyer*M* primaire
prime focus

engrenage*M* horaire
hour angle gear

nacelle*F* d'observation*F*
prime focus observing capsule

axe*M* horaire
polar axis

enveloppe*F* intérieure
interior dome shell

base*F*
telescope base

enveloppe*F* extérieure
exterior dome shell

poste*M* d'observation*F*
observation post

foyer*M* Cassegrain
Cassegrain focus

miroir*M* primaire concave
primary mirror

foyer*M* coudé
coudé focus

laboratoire*M*
laboratory

lunette*F* astronomique

refracting telescope

chercheur*M*
finderscope

bride*F* de fixation*F*
cradle

tube*M*
main tube

pare-soleil*M*
dew shield

oculaire*M*
eyepiece

tube*M* porte-oculaire*M*
eyepiece holder

oculaire*M* coudé
star diagonal

bouton*M* de mise*F* au point*M*
focusing knob

réglage*M* micrométrique (azimut*M*)
azimuth fine adjustment

réglage*M* micrométrique (latitude*F*)
altitude fine adjustment

fourche*F*
fork

plateau*M* pour accessoires*M*
tripod accessories shelf

cercle*M* de déclinaison*F*
declination setting scale

vis*F* de blocage*M* (azimut*M*)
azimuth clamp

vis*F* de blocage*M* (latitude*F*)
altitude clamp

cercle*M* d'ascension*F* droite
right ascension setting scale

contrepoids*M*
counterweight

trépied*M*
tripod

coupe*F* d'une lunette*F* astronomique
cross section of a refracting telescope

oculaire*M*
eyepiece

tube*M*
main tube

lumière*F*
light

lentille*F* objectif*M*
objective lens

télescope^M

reflecting telescope

chercheur^M
finderscope

oculaire^M
eyepiece

bride^F de fixation^F
cradle

support^M de fixation^F
support

tube^M
main tube

bouton^M de mise^F au point^M
focusing knob

cercle^M de déclinaison^F
declination setting scale

cercle^M d'ascension^F droite
right ascension setting scale

vis^F de blocage^M (azimut^M)
azimuth clamp

réglage^M micrométrique (azimut^M)
azimuth fine adjustment

vis^F de blocage^M (latitude^F)
altitude clamp

réglage^M micrométrique (latitude^F)
altitude fine adjustment

coupe^F d'un télescope^M
cross section of a reflecting telescope

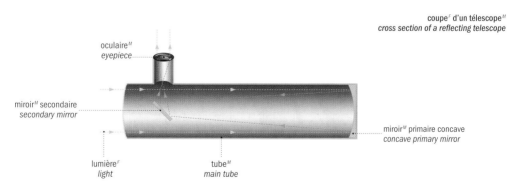

oculaire^M
eyepiece

miroir^M secondaire
secondary mirror

miroir^M primaire concave
concave primary mirror

lumière^F
light

tube^M
main tube

navette^F spatiale

space shuttle

navette^F spatiale au décollage^M
space shuttle at takeoff

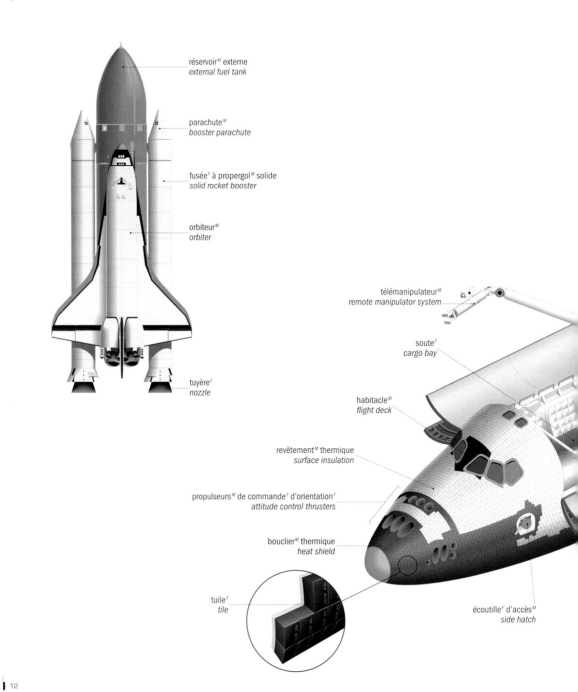

réservoir^M externe
external fuel tank

parachute^M
booster parachute

fusée^F à propergol^M solide
solid rocket booster

orbiteur^M
orbiter

tuyère^F
nozzle

télémanipulateur^M
remote manipulator system

soute^F
cargo bay

habitacle^M
flight deck

revêtement^M thermique
surface insulation

propulseurs^M de commande^F d'orientation^F
attitude control thrusters

bouclier^M thermique
heat shield

tuile^F
tile

écoutille^F d'accès^M
side hatch

ASTRONOMIE

orbiteur^M
orbiter

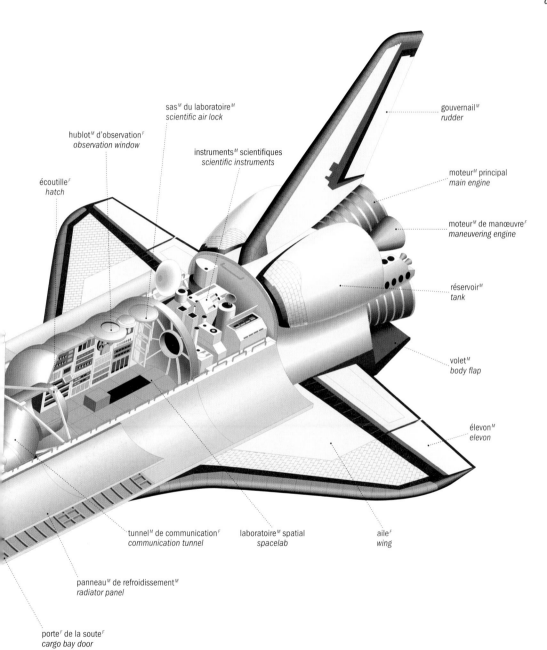

sas^M du laboratoire^M
scientific air lock

hublot^M d'observation^F
observation window

instruments^M scientifiques
scientific instruments

écoutille^F
hatch

gouvernail^M
rudder

moteur^M principal
main engine

moteur^M de manœuvre^F
maneuvering engine

réservoir^M
tank

volet^M
body flap

élevon^M
elevon

tunnel^M de communication^F
communication tunnel

laboratoire^M spatial
spacelab

aile^F
wing

panneau^M de refroidissement^M
radiator panel

porte^F de la soute^F
cargo bay door

configuration^F des continents^M

configuration of the continents

TERRE

planisphère^M
planisphere

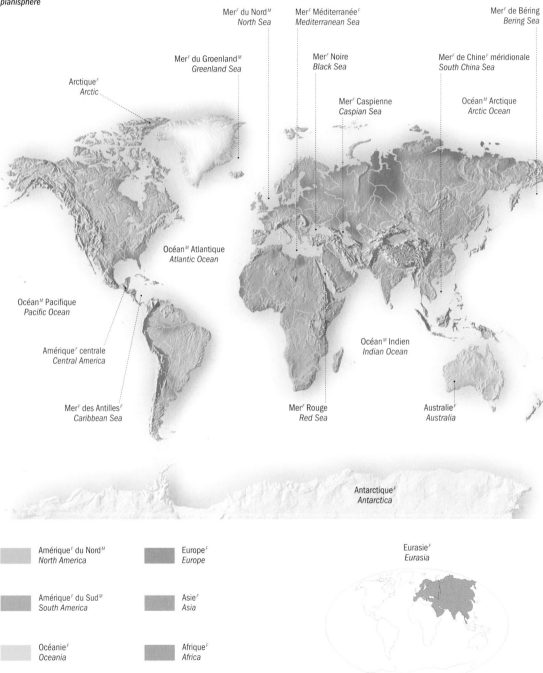

Mer^F du Nord^M
North Sea

Mer^F Méditerranée^F
Mediterranean Sea

Mer^F de Béring
Bering Sea

Mer^F du Groenland^M
Greenland Sea

Mer^F Noire
Black Sea

Mer^F de Chine^F méridionale
South China Sea

Arctique^F
Arctic

Mer^F Caspienne
Caspian Sea

Océan^M Arctique
Arctic Ocean

Océan^M Atlantique
Atlantic Ocean

Océan^M Pacifique
Pacific Ocean

Océan^M Indien
Indian Ocean

Amérique^F centrale
Central America

Mer^F des Antilles^F
Caribbean Sea

Mer^F Rouge
Red Sea

Australie^F
Australia

Antarctique^F
Antarctica

Amérique^F du Nord^M
North America

Europe^F
Europe

Eurasie^F
Eurasia

Amérique^F du Sud^M
South America

Asie^F
Asia

Océanie^F
Oceania

Afrique^F
Africa

TERRE

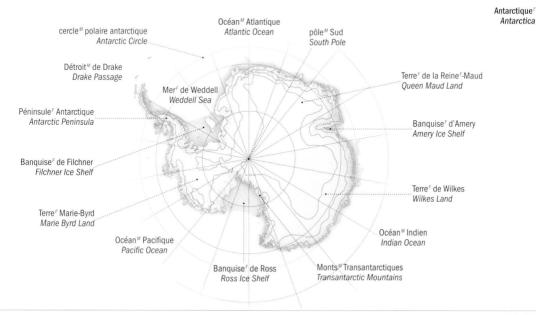

cercle polaire antarctique
Antarctic Circle

Détroit de Drake
Drake Passage

Péninsule Antarctique
Antarctic Peninsula

Banquise de Filchner
Filchner Ice Shelf

Terre Marie-Byrd
Marie Byrd Land

Océan Pacifique
Pacific Ocean

Banquise de Ross
Ross Ice Shelf

Océan Atlantique
Atlantic Ocean

pôle Sud
South Pole

Mer de Weddell
Weddell Sea

Terre de la Reine-Maud
Queen Maud Land

Banquise d'Amery
Amery Ice Shelf

Terre de Wilkes
Wilkes Land

Océan Indien
Indian Ocean

Monts Transantarctiques
Transantarctic Mountains

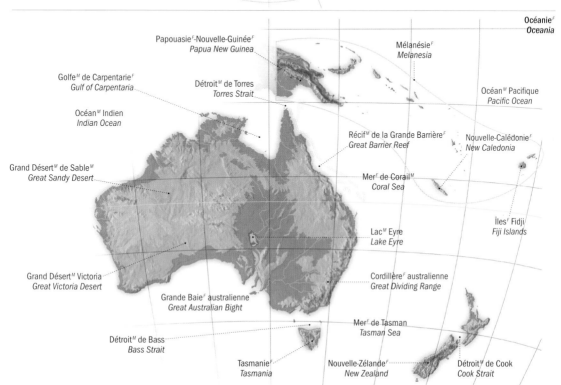

Papouasie-Nouvelle-Guinée
Papua New Guinea

Golfe de Carpentarie
Gulf of Carpentaria

Océan Indien
Indian Ocean

Grand Désert de Sable
Great Sandy Desert

Grand Désert Victoria
Great Victoria Desert

Grand Désert de Sable
Great Sandy Desert

Détroit de Torres
Torres Strait

Mélanésie
Melanesia

Océan Pacifique
Pacific Ocean

Récif de la Grande Barrière
Great Barrier Reef

Nouvelle-Calédonie
New Caledonia

Mer de Corail
Coral Sea

Îles Fidji
Fiji Islands

Lac Eyre
Lake Eyre

Cordillère australienne
Great Dividing Range

Grande Baie australienne
Great Australian Bight

Mer de Tasman
Tasman Sea

Détroit de Bass
Bass Strait

Tasmanie
Tasmania

Nouvelle-Zélande
New Zealand

Détroit de Cook
Cook Strait

configuration*F* des continents*M*

TERRE

Amérique*F* du Nord*M*
North America

Mer*F* de Beaufort
Beaufort Sea

Mackenzie*M*
Mackenzie River

Baie*F* d'Hudson
Hudson Bay

Terre*F* de Baffin
Baffin Island

Détroit*M* de Béring
Bering Strait

Groenland*M*
Greenland

Grands Lacs*M*
Great Lakes

Golfe*M* d'Alaska
Gulf of Alaska

Île*F* de Terre-Neuve
Newfoundland Island

Îles*F* Aléoutiennes
Aleutian Islands

Montagnes*F* Rocheuses
Rocky Mountains

Saint-Laurent*M*
Saint Lawrence River

Grand Canyon*M*
Grand Canyon

Appalaches*F*
Appalachian Mountains

Mississippi*M*
Mississippi River

Golfe*M* de Californie*F*
Gulf of California

Golfe*M* du Mexique*M*
Gulf of Mexico

Antilles*F*
West Indies

Péninsule*F* du Yucatan*M*
Yucatan Peninsula

Mer*F* des Antilles*F*
Caribbean Sea

Amérique*F* centrale
Central America

Isthme*M* de Panama*M*
Isthmus of Panama

Amérique^F du Sud^M
South America

Orénoque^M
Orinoco River

Golfe^M de Panama^M
Gulf of Panama

Amazone^F
Amazon River

équateur^M
Equator

Cordillère^F des Andes^F
Andes Cordillera

Lac^M Titicaca
Lake Titicaca

Désert^M d'Atacama
Atacama Desert

Paraná^M
Paraná River

Patagonie^F
Patagonia

Îles^F Falkland
Falkland Islands

Terre^F de Feu^M
Tierra del Fuego

Cap^M Horn
Cape Horn

Détroit^M de Drake
Drake Passage

Europe^F
Europe

Mer^F de Barents
Barents Sea

Monts^M Oural^M
Ural Mountains

Lac^M Ladoga
Lake Ladoga

Péninsule^F de Kola
Kola Peninsula

Volga^F
Volga River

Golfe^M de Botnie^F
Gulf of Bothnia

Mer^F de Norvège^F
Norwegian Sea

Dniepr^M
Dnieper River

Islande^F
Iceland

Mer^F du Nord^M
North Sea

Péninsule^F Scandinave
Scandinavian Peninsula

Mer^F Baltique^F
Baltic Sea

Mer^F d'Irlande^F
Irish Sea

Océan^M Atlantique
Atlantic Ocean

Manche^F
English Channel

Vistule^F
Vistula River

Alpes^F
Alps

Mer^F Noire
Black Sea

Péninsule^F Ibérique
Iberian Peninsula

Détroit^M de Gibraltar
Strait of Gibraltar

Pyrénées^F
Pyrenees

Danube^M
Danube River

Péninsule^F des Balkans^M
Balkan Peninsula

Carpates^F
Carpathian Mountains

Mer^F Méditerranée^F
Mediterranean Sea

Mer^F Adriatique
Adriatic Sea

Mer^F Égée
Aegean Sea

Asie^F
Asia

TERRE

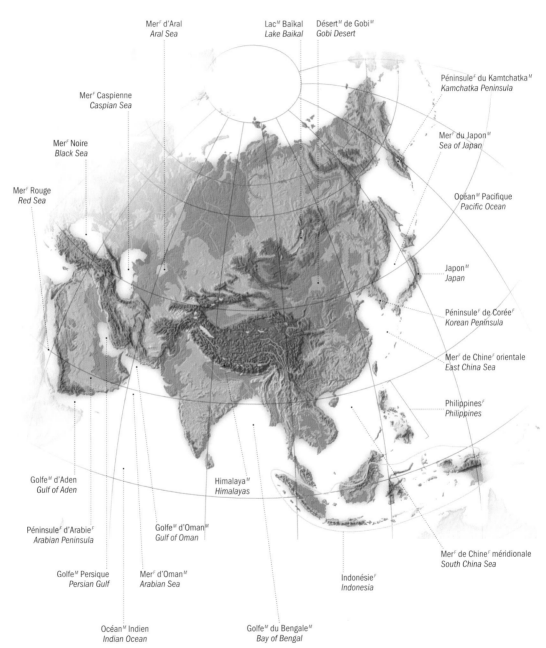

Mer^F d'Aral
Aral Sea

Lac^M Baïkal
Lake Baikal

Désert^M de Gobi^M
Gobi Desert

Péninsule^F du Kamtchatka^M
Kamchatka Peninsula

Mer^F Caspienne
Caspian Sea

Mer^F du Japon^M
Sea of Japan

Mer^F Noire
Black Sea

Océan^M Pacifique
Pacific Ocean

Mer^F Rouge
Red Sea

Japon^M
Japan

Péninsule^F de Corée^F
Korean Peninsula

Mer^F de Chine^F orientale
East China Sea

Philippines^F
Philippines

Golfe^M d'Aden
Gulf of Aden

Himalaya^M
Himalayas

Péninsule^F d'Arabie^F
Arabian Peninsula

Golfe^M d'Oman^M
Gulf of Oman

Mer^F de Chine^F méridionale
South China Sea

Golfe^M Persique
Persian Gulf

Mer^F d'Oman^M
Arabian Sea

Indonésie^F
Indonesia

Océan^M Indien
Indian Ocean

Golfe^M du Bengale^M
Bay of Bengal

Afrique^F
Africa

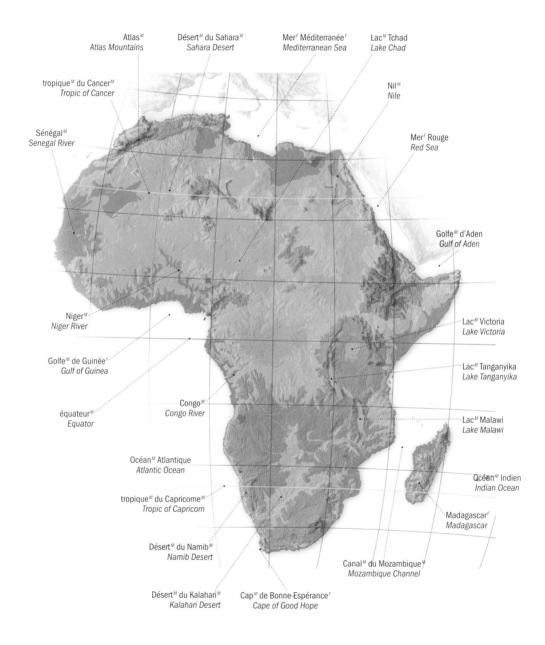

Atlas^M
Atlas Mountains

Désert^M du Sahara^M
Sahara Desert

Mer^F Méditerranée^F
Mediterranean Sea

Lac^M Tchad
Lake Chad

tropique^M du Cancer^M
Tropic of Cancer

Nil^M
Nile

Sénégal^M
Senegal River

Mer^F Rouge
Red Sea

Golfe^M d'Aden
Gulf of Aden

Niger^M
Niger River

Lac^M Victoria
Lake Victoria

Golfe^M de Guinée^F
Gulf of Guinea

Lac^M Tanganyika
Lake Tanganyika

Congo^M
Congo River

équateur^M
Equator

Lac^M Malawi
Lake Malawi

Océan^M Atlantique
Atlantic Ocean

Océan^M Indien
Indian Ocean

tropique^M du Capricorne^M
Tropic of Capricorn

Madagascar^F
Madagascar

Désert^M du Namib^M
Namib Desert

Canal^M du Mozambique^M
Mozambique Channel

Désert^M du Kalahari^M
Kalahari Desert

Cap^M de Bonne-Espérance^F
Cape of Good Hope

cartographie^F

cartography

coordonnées^F terrestres
Earth coordinate system

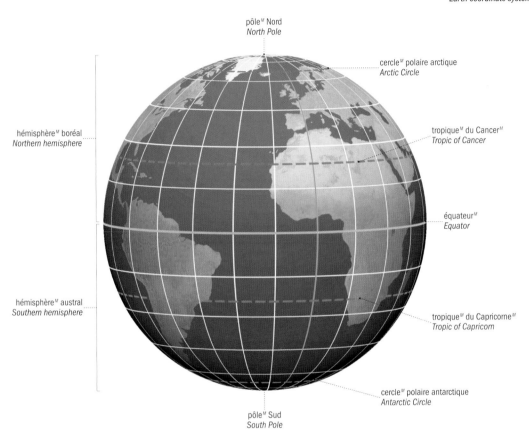

pôle^M Nord
North Pole

cercle^M polaire arctique
Arctic Circle

tropique^M du Cancer^M
Tropic of Cancer

hémisphère^M boréal
Northern hemisphere

équateur^M
Equator

hémisphère^M austral
Southern hemisphere

tropique^M du Capricorne^M
Tropic of Capricorn

cercle^M polaire antarctique
Antarctic Circle

pôle^M Sud
South Pole

hémisphères^M
hemispheres

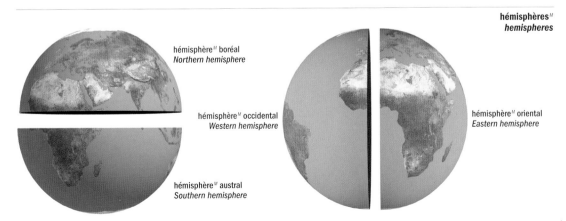

hémisphère^M boréal
Northern hemisphere

hémisphère^M occidental
Western hemisphere

hémisphère^M oriental
Eastern hemisphere

hémisphère^M austral
Southern hemisphere

cartographie^F

divisions^F cartographiques
grid system

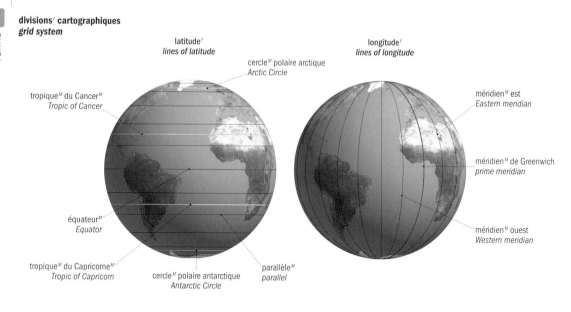

latitude^F
lines of latitude

cercle^M polaire arctique
Arctic Circle

tropique^M du Cancer^M
Tropic of Cancer

équateur^M
Equator

tropique^M du Capricorne^M
Tropic of Capricorn

cercle^M polaire antarctique
Antarctic Circle

parallèle^M
parallel

longitude^F
lines of longitude

méridien^M est
Eastern meridian

méridien^M de Greenwich
prime meridian

méridien^M ouest
Western meridian

projections^F cartographiques
map projections

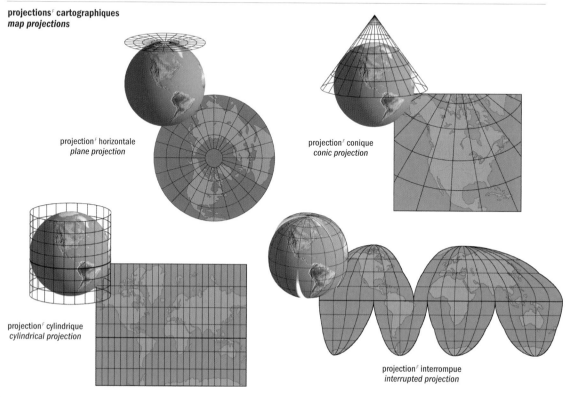

projection^F horizontale
plane projection

projection^F conique
conic projection

projection^F cylindrique
cylindrical projection

projection^F interrompue
interrupted projection

rose^F des vents^M
compass card

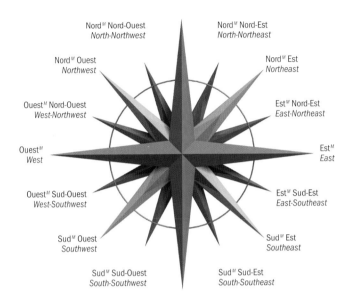

Nord^M
North

Nord^M Nord-Ouest
North-Northwest

Nord^M Nord-Est
North-Northeast

Nord^M Ouest
Northwest

Nord^M Est
Northeast

Ouest^M Nord-Ouest
West-Northwest

Est^M Nord-Est
East-Northeast

Ouest^M
West

Est^M
East

Ouest^M Sud-Ouest
West-Southwest

Est^M Sud-Est
East-Southeast

Sud^M Ouest
Southwest

Sud^M Est
Southeast

Sud^M Sud-Ouest
South-Southwest

Sud^M Sud-Est
South-Southeast

Sud^M
South

carte^F politique
political map

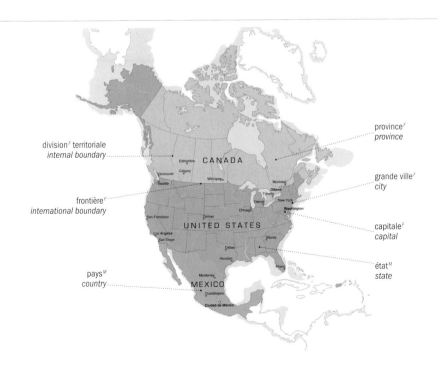

division^F territoriale
internal boundary

province^F
province

frontière^F
international boundary

grande ville^F
city

capitale^F
capital

pays^M
country

état^M
state

cartographie

TERRE

carte^F physique
physical map

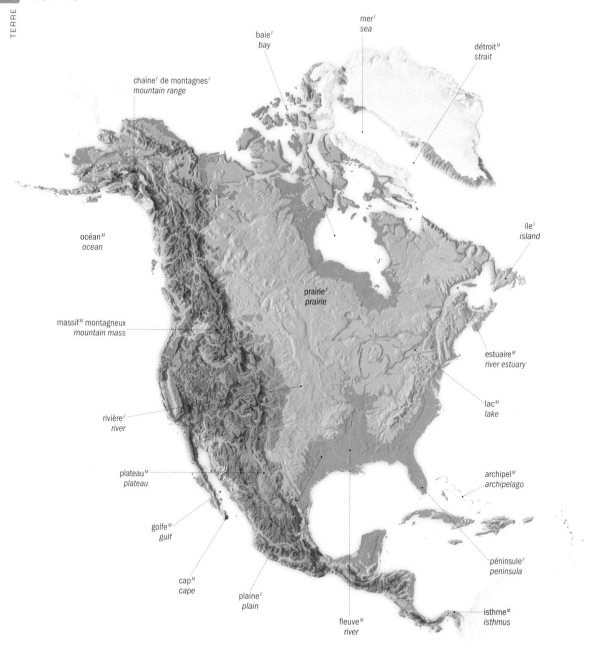

mer^F
sea

baie^F
bay

détroit^M
strait

chaîne^F de montagnes^F
mountain range

île^F
island

océan^M
ocean

prairie^F
prairie

massif^M montagneux
mountain mass

estuaire^M
river estuary

rivière^F
river

lac^M
lake

plateau^M
plateau

archipel^M
archipelago

golfe^M
gulf

péninsule^F
peninsula

cap^M
cape

plaine^F
plain

isthme^M
isthmus

fleuve^M
river

TERRE

plan^M urbain
urban map

chemin^M de fer^M
railroad line

gare^F
railroad station

pont^M
bridge

parc^M
park

banlieue^F
suburbs

cimetière^M
cemetery

fleuve^M
river

monument^M
monument

bois^M
woods

boulevard^M périphérique
circular route

autoroute^F
highway

rond-point^M
traffic circle

arrondissement^M
district

rue^F
street

avenue^F
avenue

édifice^M public
public building

boulevard^M
boulevard

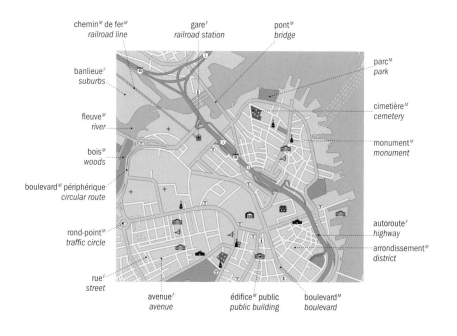

carte^F routière
road map

numéro^M d'autoroute^F
highway number

route^F
road

autoroute^F
highway

numéro^M de route^F
road number

aire^F de repos^M
rest area

aéroport^M
airport

aire^F de service^M
service area

parc^M national
national park

autoroute^F de ceinture^F
belt highway

parcours^M pittoresque
scenic route

route^F secondaire
secondary road

curiosité^F
point of interest

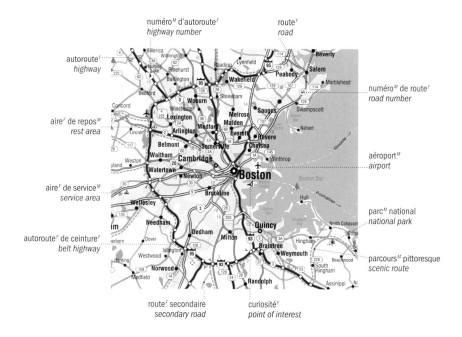

coupe^F de la croûte^F terrestre

section of the Earth's crust

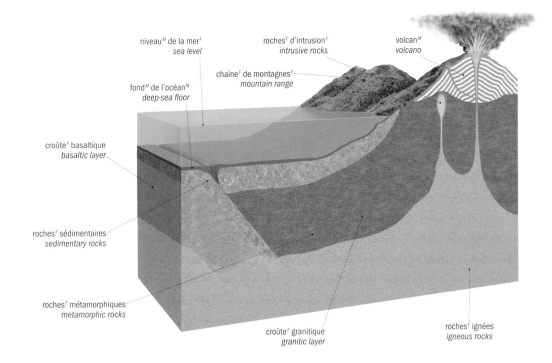

niveau^M de la mer^F
sea level

roches^F d'intrusion^F
intrusive rocks

volcan^M
volcano

chaîne^F de montagnes^F
mountain range

fond^M de l'océan^M
deep-sea floor

croûte^F basaltique
basaltic layer

roches^F sédimentaires
sedimentary rocks

roches^F métamorphiques
metamorphic rocks

croûte^F granitique
granitic layer

roches^F ignées
igneous rocks

structure^F de la Terre^F

structure of the Earth

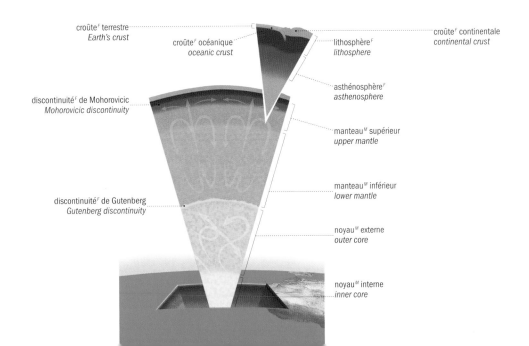

croûte^F terrestre
Earth's crust

croûte^F océanique
oceanic crust

lithosphère^F
lithosphere

croûte^F continentale
continental crust

discontinuité^F de Mohorovicic
Mohorovicic discontinuity

asthénosphère^F
asthenosphere

manteau^M supérieur
upper mantle

manteau^M inférieur
lower mantle

discontinuité^F de Gutenberg
Gutenberg discontinuity

noyau^M externe
outer core

noyau^M interne
inner core

plaques^F tectoniques

TERRE

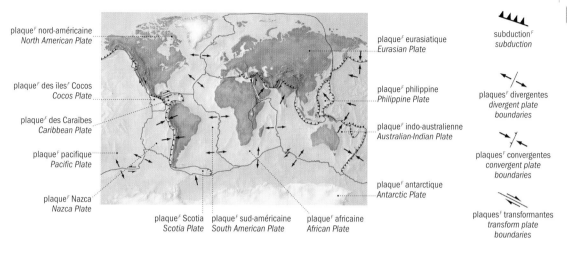

plaque^F nord-américaine
North American Plate

plaque^F des îles^F Cocos
Cocos Plate

plaque^F des Caraïbes
Caribbean Plate

plaque^F pacifique
Pacific Plate

plaque^F Nazca
Nazca Plate

plaque^F Scotia
Scotia Plate

plaque^F sud-américaine
South American Plate

plaque^F africaine
African Plate

plaque^F eurasiatique
Eurasian Plate

plaque^F philippine
Philippine Plate

plaque^F indo-australienne
Australian-Indian Plate

plaque^F antarctique
Antarctic Plate

subduction^F
subduction

plaques^F divergentes
*divergent plate
boundaries*

plaques^F convergentes
*convergent plate
boundaries*

plaques^F transformantes
*transform plate
boundaries*

séisme^M

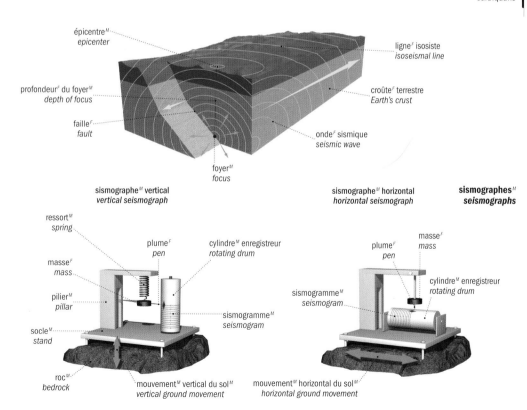

épicentre^M
epicenter

profondeur^F du foyer^M
depth of focus

faille^F
fault

foyer^M
focus

ligne^F isosiste
isoseismal line

croûte^F terrestre
Earth's crust

onde^F sismique
seismic wave

sismographe^M vertical
vertical seismograph

ressort^M
spring

masse^F
mass

pilier^M
pillar

socle^M
stand

roc^M
bedrock

plume^F
pen

cylindre^M enregistreur
rotating drum

sismogramme^M
seismogram

mouvement^M vertical du sol^M
vertical ground movement

sismographe^M horizontal
horizontal seismograph

plume^F
pen

masse^F
mass

cylindre^M enregistreur
rotating drum

sismogramme^M
seismogram

mouvement^M horizontal du sol^M
horizontal ground movement

sismographes^M
seismographs

volcan^M

volcano

volcan^M en éruption^F
volcano during eruption

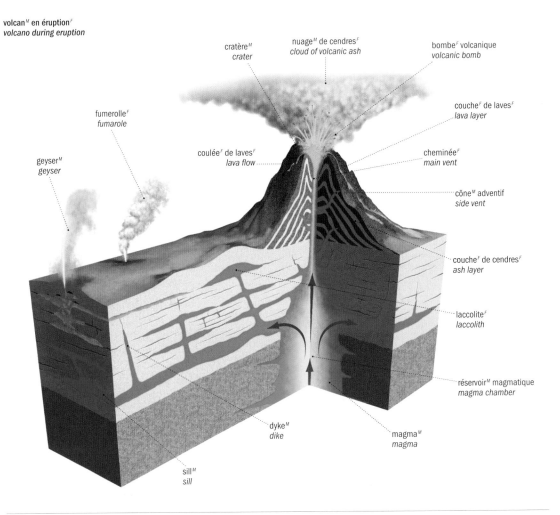

cratère^M
crater

nuage^M de cendres^F
cloud of volcanic ash

bombe^F volcanique
volcanic bomb

couche^F de laves^F
lava layer

fumerolle^F
fumarole

coulée^F de laves^F
lava flow

cheminée^F
main vent

geyser^M
geyser

cône^M adventif
side vent

couche^F de cendres^F
ash layer

laccolite^F
laccolith

réservoir^M magmatique
magma chamber

dyke^M
dike

magma^M
magma

sill^M
sill

exemples^M de volcans^M
examples of volcanoes

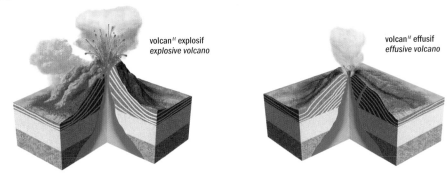

volcan^M explosif
explosive volcano

volcan^M effusif
effusive volcano

montagne^F

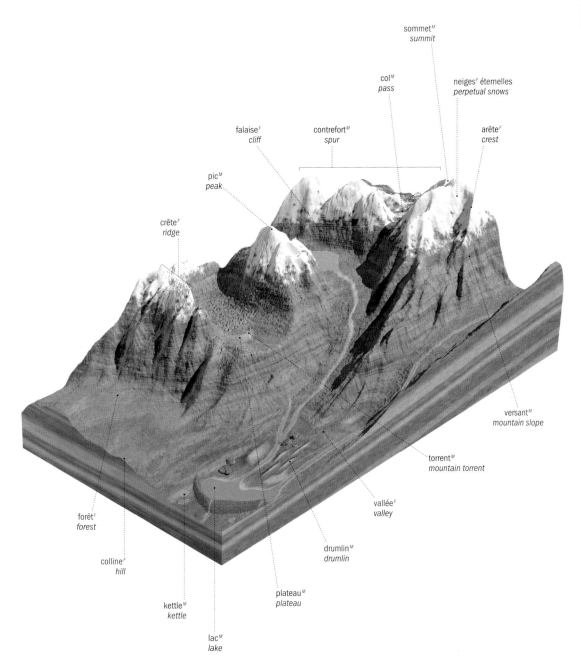

sommet^M
summit

col^M
pass

neiges^F éternelles
perpetual snows

falaise^F
cliff

contrefort^M
spur

arête^F
crest

pic^M
peak

crête^F
ridge

versant^M
mountain slope

torrent^M
mountain torrent

forêt^F
forest

vallée^F
valley

colline^F
hill

drumlin^M
drumlin

kettle^M
kettle

plateau^M
plateau

lac^M
lake

glacier^M

glacier

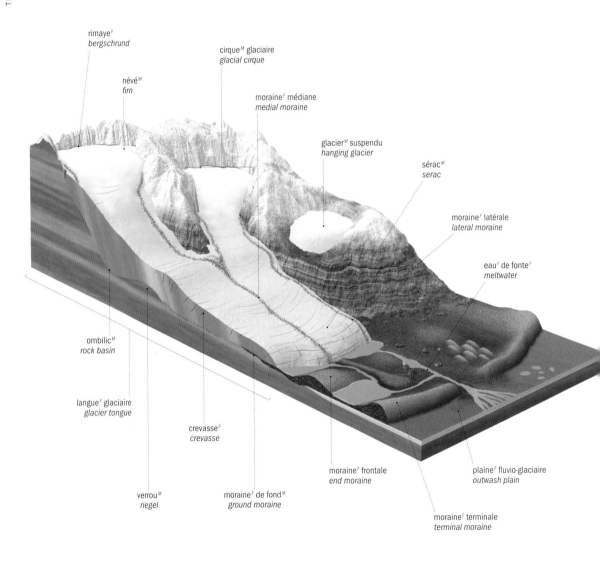

rimaye^F
bergschrund

névé^M
firn

cirque^M glaciaire
glacial cirque

moraine^F médiane
medial moraine

glacier^M suspendu
hanging glacier

sérac^M
serac

moraine^F latérale
lateral moraine

eau^F de fonte^F
meltwater

ombilic^M
rock basin

langue^F glaciaire
glacier tongue

crevasse^F
crevasse

verrou^M
riegel

moraine^F de fond^M
ground moraine

moraine^F frontale
end moraine

plaine^F fluvio-glaciaire
outwash plain

moraine^F terminale
terminal moraine

grotte^F

cave

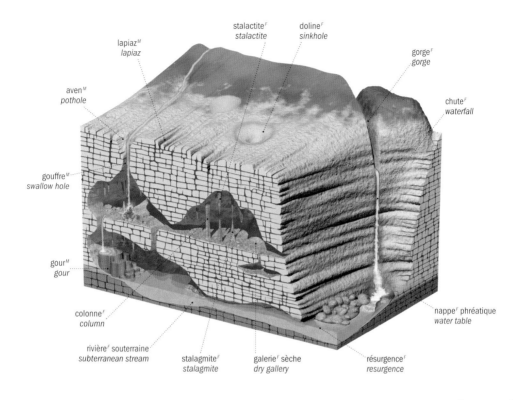

lapiaz^M
lapiaz

stalactite^F
stalactite

doline^F
sinkhole

gorge^F
gorge

aven^M
pothole

chute^F
waterfall

gouffre^M
swallow hole

gour^M
gour

colonne^F
column

rivière^F souterraine
subterranean stream

stalagmite^F
stalagmite

galerie^F sèche
dry gallery

résurgence^F
resurgence

nappe^F phréatique
water table

mouvements^M de terrain^M

landslides

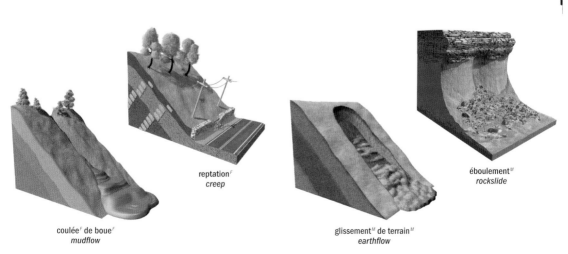

reptation^F
creep

éboulement^M
rockslide

coulée^F de boue^F
mudflow

glissement^M de terrain^M
earthflow

TERRE

cours^M d'eau^F

watercourse

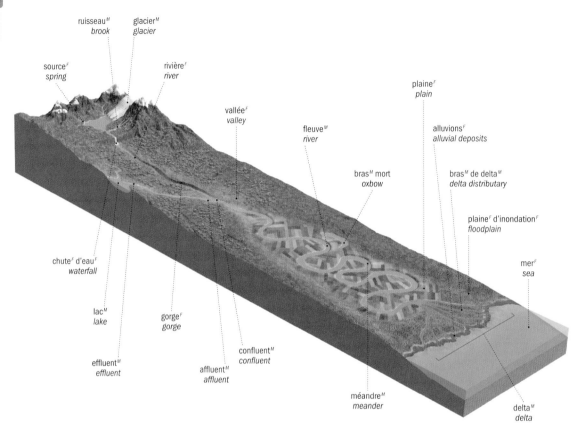

ruisseau^M
brook

glacier^M
glacier

source^F
spring

rivière^F
river

vallée^F
valley

fleuve^M
river

plaine^F
plain

alluvions^F
alluvial deposits

bras^M mort
oxbow

bras^M de delta^M
delta distributary

plaine^F d'inondation^F
floodplain

mer^F
sea

chute^F d'eau^F
waterfall

lac^M
lake

gorge^F
gorge

confluent^M
confluent

effluent^M
effluent

affluent^M
affluent

méandre^M
meander

delta^M
delta

lacs^M

lakes

lac^M d'origine^F glaciaire
glacial lake

lac^M d'origine^F volcanique
volcanic lake

lac^M d'origine^F tectonique
tectonic lake

lac^M en croissant^M
oxbow lake

oasis^F
oasis

lac^M artificiel
artificial lake

vague^F

wave

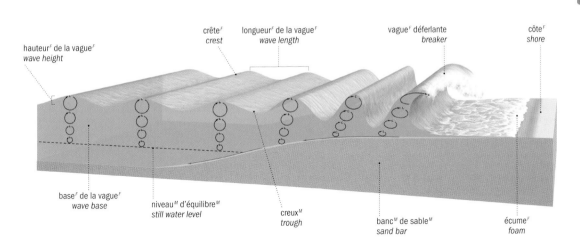

hauteur^F de la vague^F
wave height

crête^F
crest

longueur^F de la vague^F
wave length

vague^F déferlante
breaker

côte^F
shore

base^F de la vague^F
wave base

niveau^M d'équilibre^M
still water level

creux^M
trough

banc^M de sable^M
sand bar

écume^F
foam

fond^M de l'océan^M

ocean floor

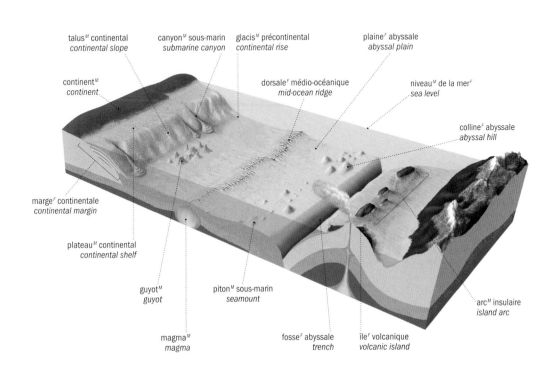

talus^M continental
continental slope

canyon^M sous-marin
submarine canyon

glacis^M précontinental
continental rise

plaine^F abyssale
abyssal plain

continent^M
continent

dorsale^F médio-océanique
mid-ocean ridge

niveau^M de la mer^F
sea level

colline^F abyssale
abyssal hill

marge^F continentale
continental margin

plateau^M continental
continental shelf

guyot^M
guyot

piton^M sous-marin
seamount

magma^M
magma

fosse^F abyssale
trench

île^F volcanique
volcanic island

arc^M insulaire
island arc

fosses[F] et dorsales[F] océaniques

ocean trenches and ridges

TERRE

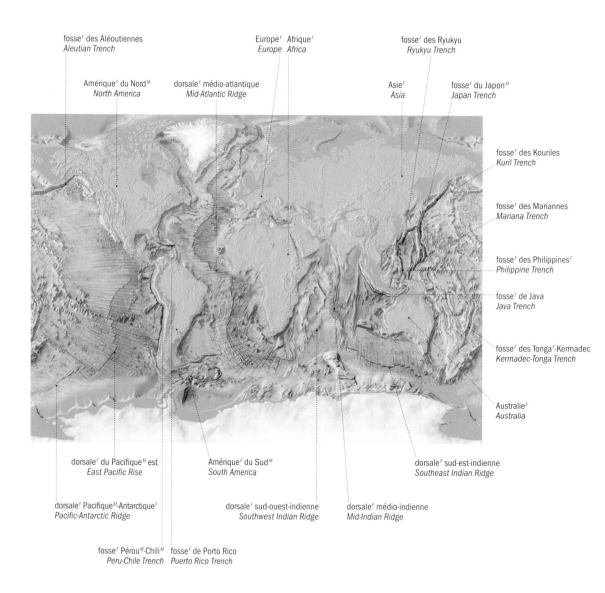

fosse[F] des Aléoutiennes
Aleutian Trench

Europe[F] Afrique[F]
Europe Africa

fosse[F] des Ryukyu
Ryukyu Trench

Amérique[F] du Nord[M]
North America

dorsale[F] médio-atlantique
Mid-Atlantic Ridge

Asie[F]
Asia

fosse[F] du Japon[M]
Japan Trench

fosse[F] des Kouriles
Kuril Trench

fosse[F] des Mariannes
Mariana Trench

fosse[F] des Philippines[F]
Philippine Trench

fosse[F] de Java
Java Trench

fosse[F] des Tonga[F]-Kermadec
Kermadec-Tonga Trench

Australie[F]
Australia

dorsale[F] du Pacifique[M] est
East Pacific Rise

Amérique[F] du Sud[M]
South America

dorsale[F] sud-est-indienne
Southeast Indian Ridge

dorsale[F] Pacifique[M]-Antarctique[F]
Pacific-Antarctic Ridge

dorsale[F] sud-ouest-indienne
Southwest Indian Ridge

dorsale[F] médio-indienne
Mid-Indian Ridge

fosse[F] Pérou[M]-Chili[M]
Peru-Chile Trench

fosse[F] de Porto Rico
Puerto Rico Trench

configuration^F du littoral^M

TERRE

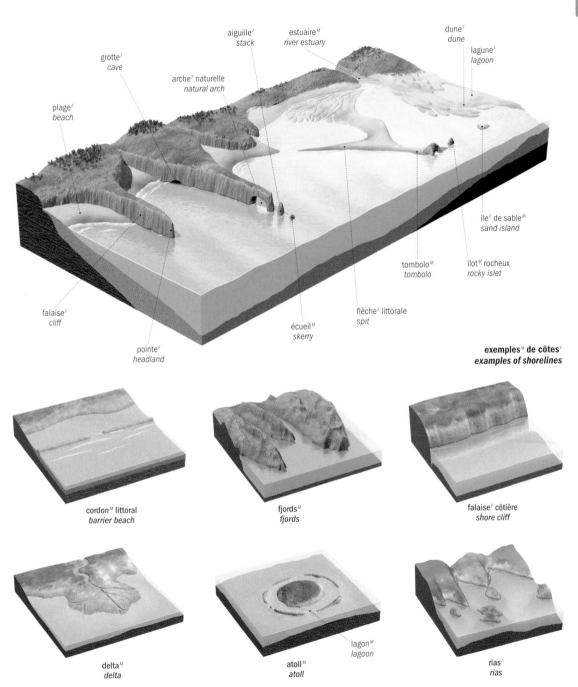

aiguille^F
stack

estuaire^M
river estuary

dune^F
dune

lagune^F
lagoon

grotte^F
cave

arche^F naturelle
natural arch

plage^F
beach

île^F de sable^M
sand island

tombolo^M
tombolo

îlot^M rocheux
rocky islet

falaise^F
cliff

flèche^F littorale
spit

pointe^F
headland

écueil^M
skerry

exemples^M de côtes^F
examples of shorelines

cordon^M littoral
barrier beach

fjords^M
fjords

falaise^F côtière
shore cliff

delta^M
delta

atoll^M
atoll

lagon^M
lagoon

rias^F
rias

désert^M

desert

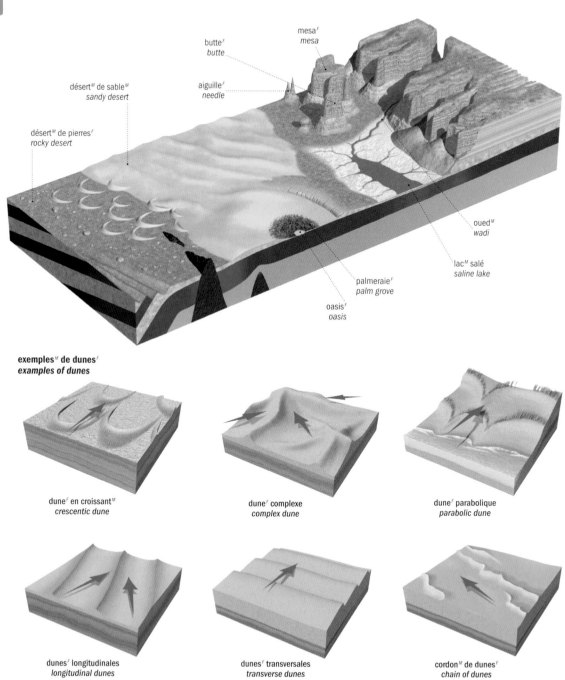

butte^F
butte

mesa^F
mesa

désert^M de sable^M
sandy desert

aiguille^F
needle

désert^M de pierres^F
rocky desert

oued^M
wadi

lac^M salé
saline lake

palmeraie^F
palm grove

oasis^F
oasis

exemples^M de dunes^F
examples of dunes

dune^F en croissant^M
crescentic dune

dune^F complexe
complex dune

dune^F parabolique
parabolic dune

dunes^F longitudinales
longitudinal dunes

dunes^F transversales
transverse dunes

cordon^M de dunes^F
chain of dunes

coupe[F] de l'atmosphère[F] terrestre
profile of the Earth's atmosphere

échelle[F] des températures[F] échelle[F] des altitudes[F]
temperature scale   altitude scale

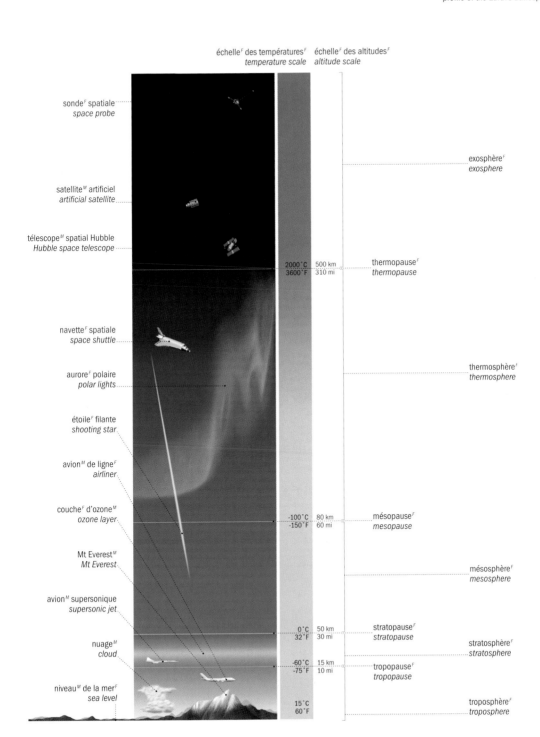

sonde[F] spatiale
space probe

satellite[M] artificiel
artificial satellite

télescope[M] spatial Hubble
Hubble space telescope

navette[F] spatiale
space shuttle

aurore[F] polaire
polar lights

étoile[F] filante
shooting star

avion[M] de ligne[F]
airliner

couche[F] d'ozone[M]
ozone layer

Mt Everest[M]
Mt Everest

avion[M] supersonique
supersonic jet

nuage[M]
cloud

niveau[M] de la mer[F]
sea level

exosphère[F]
exosphere

2000°C   500 km   thermopause[F]
3600°F   310 mi   *thermopause*

thermosphère[F]
thermosphere

-100°C   80 km   mésopause[F]
-150°F   60 mi   *mesopause*

mésosphère[F]
mesosphere

0°C   50 km   stratopause[F]
32°F 30 mi   *stratopause*

stratosphère[F]
stratosphere

-60°C   15 km   tropopause[F]
-75°F   10 mi   *tropopause*

15°C   troposphère[F]
60°F   *troposphere*

cycle^M des saisons^F

seasons of the year

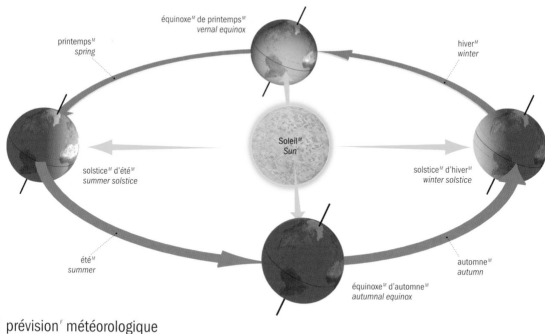

équinoxe^M de printemps^M
vernal equinox

printemps^M
spring

hiver^M
winter

Soleil^M
Sun

solstice^M d'été^M
summer solstice

solstice^M d'hiver^M
winter solstice

été^M
summer

automne^M
autumn

équinoxe^M d'automne^M
autumnal equinox

prévision^F météorologique

meteorological forecast

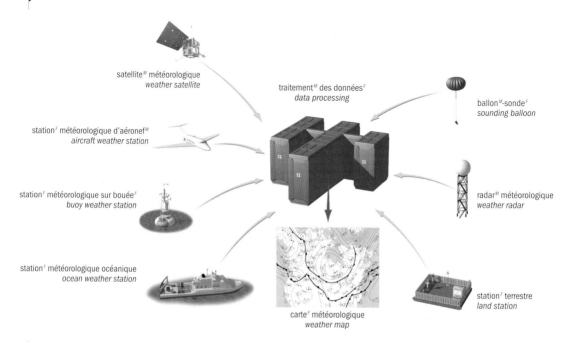

satellite^M météorologique
weather satellite

traitement^M des données^F
data processing

ballon^M-sonde^F
sounding balloon

station^F météorologique d'aéronef^M
aircraft weather station

station^F météorologique sur bouée^F
buoy weather station

radar^M météorologique
weather radar

station^F météorologique océanique
ocean weather station

station^F terrestre
land station

carte^F météorologique
weather map

carte^F météorologique

weather map

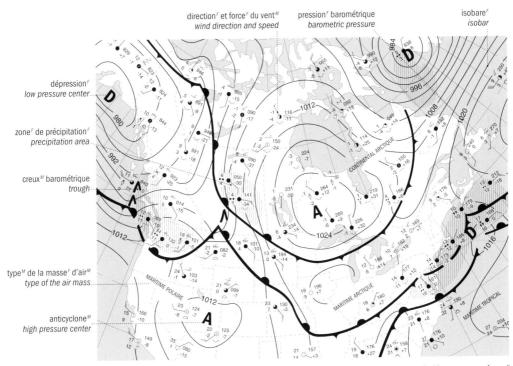

direction^F et force^F du vent^M
wind direction and speed

pression^F barométrique
barometric pressure

isobare^F
isobar

dépression^F
low pressure center

zone^F de précipitation^F
precipitation area

creux^M barométrique
trough

type^M de la masse^F d'air^M
type of the air mass

anticyclone^M
high pressure center

disposition^F des informations^F d'une station^F

station model

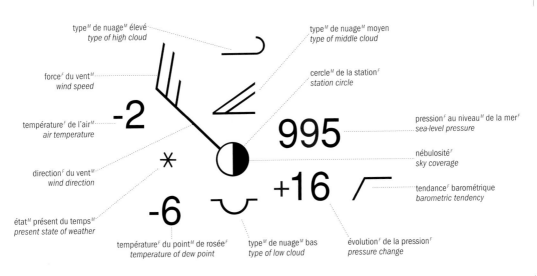

type^M de nuage^M élevé
type of high cloud

type^M de nuage^M moyen
type of middle cloud

force^F du vent^M
wind speed

cercle^M de la station^F
station circle

température^F de l'air^M
air temperature

pression^F au niveau^M de la mer^F
sea-level pressure

nébulosité^F
sky coverage

direction^F du vent^M
wind direction

tendance^F barométrique
barometric tendency

état^M présent du temps^M
present state of weather

température^F du point^M de rosée^F
temperature of dew point

type^M de nuage^M bas
type of low cloud

évolution^F de la pression^F
pressure change

climats^M du monde^M

climates of the world

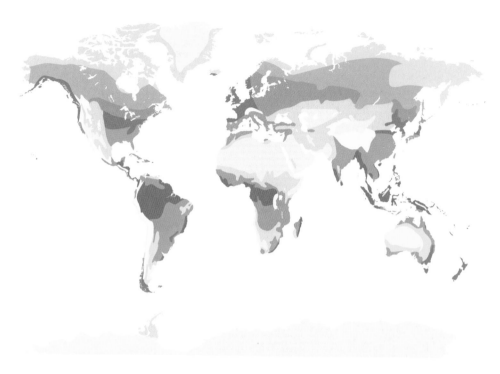

climats^M tropicaux
tropical climates

tropical humide
tropical rain forest

tropical humide et sec (savane^F)
tropical wet-and-dry (savanna)

climats^M arides
dry climates

steppe^F
steppe

désert^M
desert

climats^M tempérés froids
cold temperate climates

continental humide, à été^M chaud
humid continental - hot summer

continental humide, à été^M frais
humid continental - warm summer

subarctique
subarctic

climats^M tempérés chauds
warm temperate climates

subtropical humide
humid subtropical

méditerranéen
Mediterranean subtropical

océanique
marine

climats^M polaires
polar climates

toundra^F
polar tundra

calotte^F glaciaire
polar ice cap

climats^M de montagne^F
highland climates

climats^M de montagne^F
highland

précipitations[F]

précipitations[F] hivernales
winter precipitations

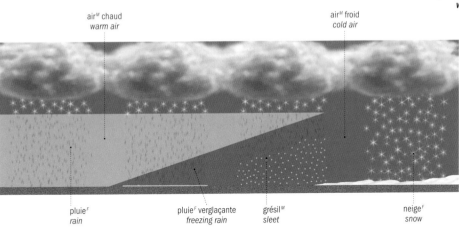

air[M] chaud
warm air

air[M] froid
cold air

pluie[F]
rain

pluie[F] verglaçante
freezing rain

grésil[M]
sleet

neige[F]
snow

ciel[M] d'orage[M]
stormy sky

nuage[M]
cloud

éclair[M]
lightning

arc-en-ciel[M]
rainbow

pluie[F]
rain

rosée[F]
dew

brume[F]
mist

brouillard[M]
fog

givre[M]
rime

verglas[M]
frost

nuages^M

clouds

TERRE

nuages^M de haute altitude^F
high clouds

cirro-stratus^M
cirrostratus

cirro-cumulus^M
cirrocumulus

cirrus^M
cirrus

nuages^M de moyenne altitude^F
middle clouds

alto-stratus^M
altostratus

alto-cumulus^M
altocumulus

nuages^M de basse altitude^F
low clouds

strato-cumulus^M
stratocumulus

nimbo-stratus^M
nimbostratus

cumulus^M
cumulus

stratus^M
stratus

nuages^M à développement^M vertical
clouds of vertical development

cumulo-nimbus^M
cumulonimbus

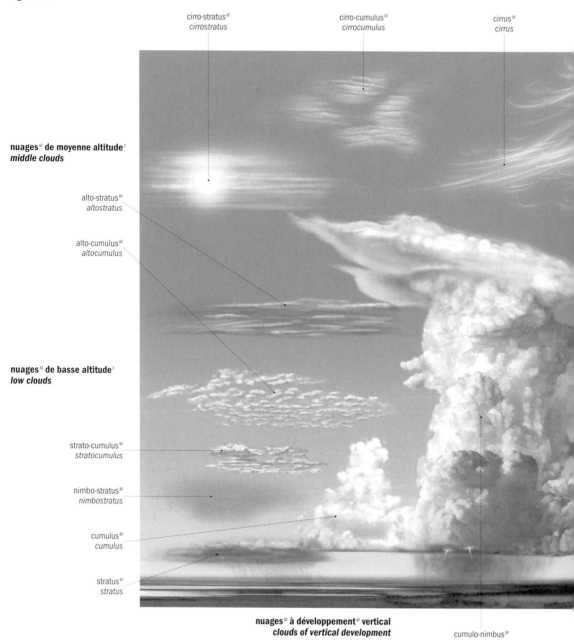

tornade^F et trombe^F marine
tornado and waterspout

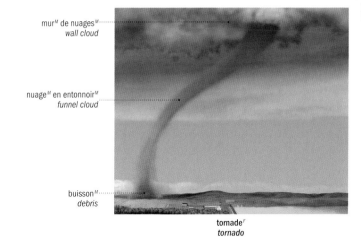

mur^M de nuages^M
wall cloud

nuage^M en entonnoir^M
funnel cloud

buisson^M
debris

trombe^F marine
waterspout

tornade^F
tornado

cyclone^M tropical
tropical cyclone

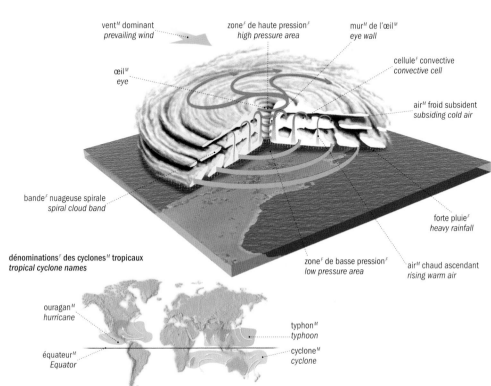

vent^M dominant
prevailing wind

zone^F de haute pression^F
high pressure area

mur^M de l'œil^M
eye wall

cellule^F convective
convective cell

œil^M
eye

air^M froid subsident
subsiding cold air

bande^F nuageuse spirale
spiral cloud band

forte pluie^F
heavy rainfall

dénominations^F des cyclones^M tropicaux
tropical cyclone names

zone^F de basse pression^F
low pressure area

air^M chaud ascendant
rising warm air

ouragan^M
hurricane

typhon^M
typhoon

équateur^M
Equator

cyclone^M
cyclone

végétation^F et biosphère^F
vegetation and biosphere

distribution^F de la végétation^F
vegetation regions

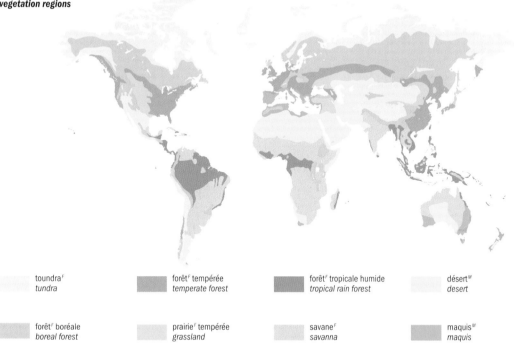

toundra^F *tundra*	forêt^F tempérée *temperate forest*
forêt^F tropicale humide *tropical rain forest*	désert^M *desert*
forêt^F boréale *boreal forest*	prairie^F tempérée *grassland*
savane^F *savanna*	maquis^M *maquis*

paysage^M végétal selon l'altitude^F
elevation zones and vegetation

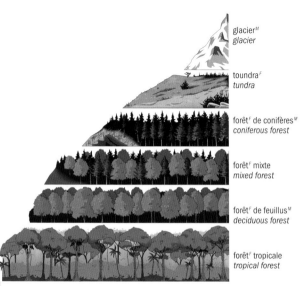

glacier^M
glacier

toundra^F
tundra

forêt^F de conifères^M
coniferous forest

forêt^F mixte
mixed forest

forêt^F de feuillus^M
deciduous forest

forêt^F tropicale
tropical forest

structure^F de la biosphère^F
structure of the biosphere

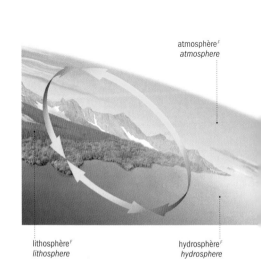

atmosphère^F
atmosphere

lithosphère^F
lithosphere

hydrosphère^F
hydrosphere

chaîne^F alimentaire

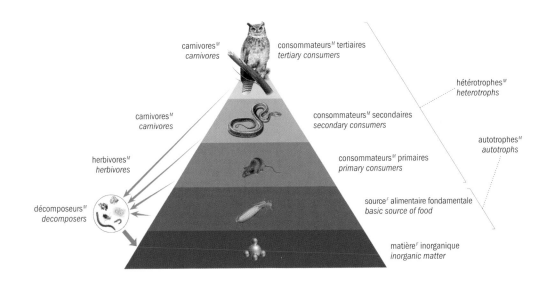

carnivores^M
carnivores

consommateurs^M tertiaires
tertiary consumers

hétérotrophes^M
heterotrophs

carnivores^M
carnivores

consommateurs^M secondaires
secondary consumers

autotrophes^M
autotrophs

herbivores^M
herbivores

consommateurs^M primaires
primary consumers

décomposeurs^M
decomposers

source^F alimentaire fondamentale
basic source of food

matière^F inorganique
inorganic matter

cycle^M de l'eau^F

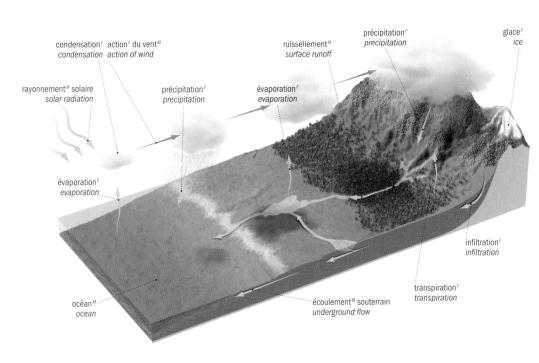

condensation^F
condensation

action^F du vent^M
action of wind

ruissellement^M
surface runoff

précipitation^F
precipitation

glace^F
ice

rayonnement^M solaire
solar radiation

précipitation^F
precipitation

évaporation^F
evaporation

évaporation^F
evaporation

infiltration^F
infiltration

transpiration^F
transpiration

océan^M
ocean

écoulement^M souterrain
underground flow

effet^M de serre^F

greenhouse effect

effet^M de serre^F naturel
natural greenhouse effect

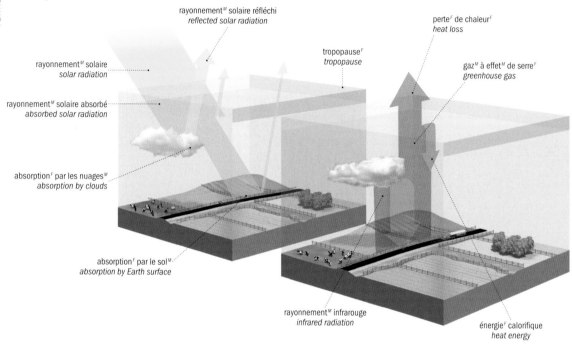

rayonnement^M solaire réfléchi
reflected solar radiation

perte^F de chaleur^F
heat loss

tropopause^F
tropopause

gaz^M à effet^M de serre^F
greenhouse gas

rayonnement^M solaire
solar radiation

rayonnement^M solaire absorbé
absorbed solar radiation

absorption^F par les nuages^M
absorption by clouds

absorption^F par le sol^M
absorption by Earth surface

rayonnement^M infrarouge
infrared radiation

énergie^F calorifique
heat energy

augmentation^F de l'effet^M de serre^F
enhanced greenhouse effect

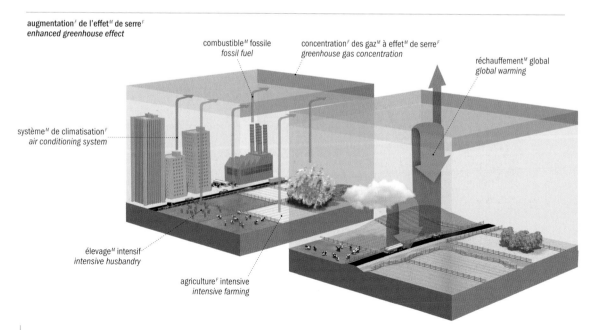

combustible^M fossile
fossil fuel

concentration^F des gaz^M à effet^M de serre^F
greenhouse gas concentration

réchauffement^M global
global warming

système^M de climatisation^F
air conditioning system

élevage^M intensif
intensive husbandry

agriculture^F intensive
intensive farming

pollution^F de l'air^M

air pollution

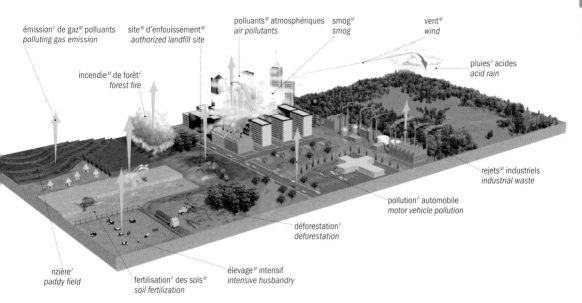

émission^F de gaz^M polluants
polluting gas emission

site^M d'enfouissement^M
authorized landfill site

polluants^M atmosphériques
air pollutants

smog^M
smog

vent^M
wind

pluies^F acides
acid rain

incendie^M de forêt^F
forest fire

rejets^M industriels
industrial waste

pollution^F automobile
motor vehicle pollution

déforestation^F
deforestation

rizière^F
paddy field

fertilisation^F des sols^M
soil fertilization

élevage^M intensif
intensive husbandry

pollution^F du sol^M

land pollution

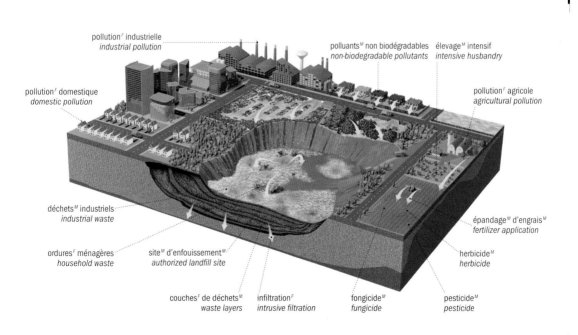

pollution^F industrielle
industrial pollution

polluants^M non biodégradables
non-biodegradable pollutants

élevage^M intensif
intensive husbandry

pollution^F domestique
domestic pollution

pollution^F agricole
agricultural pollution

déchets^M industriels
industrial waste

épandage^M d'engrais^M
fertilizer application

ordures^F ménagères
household waste

site^M d'enfouissement^M
authorized landfill site

herbicide^M
herbicide

couches^F de déchets^M
waste layers

infiltration^F
intrusive filtration

fongicide^M
fungicide

pesticide^M
pesticide

TERRE

pollution^F de l'eau^F

water pollution

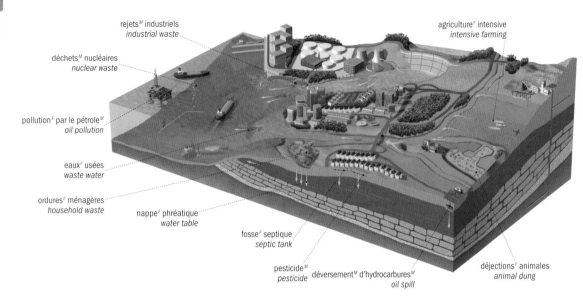

rejets^M industriels
industrial waste

déchets^M nucléaires
nuclear waste

pollution^F par le pétrole^M
oil pollution

eaux^F usées
waste water

ordures^F ménagères
household waste

nappe^F phréatique
water table

fosse^F septique
septic tank

pesticide^M
pesticide

déversement^M d'hydrocarbures^M
oil spill

agriculture^F intensive
intensive farming

déjections^F animales
animal dung

pluies^F acides

acid rain

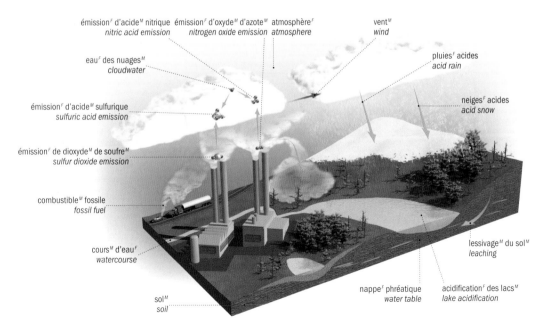

émission^F d'acide^M nitrique
nitric acid emission

émission^F d'oxyde^M d'azote^M
nitrogen oxide emission

atmosphère^F
atmosphere

vent^M
wind

eau^F des nuages^M
cloudwater

pluies^F acides
acid rain

émission^F d'acide^M sulfurique
sulfuric acid emission

neiges^F acides
acid snow

émission^F de dioxyde^M de soufre^M
sulfur dioxide emission

combustible^M fossile
fossil fuel

cours^M d'eau^F
watercourse

lessivage^M du sol^M
leaching

sol^M
soil

nappe^F phréatique
water table

acidification^F des lacs^M
lake acidification

tri^M sélectif des déchets^M

TERRE

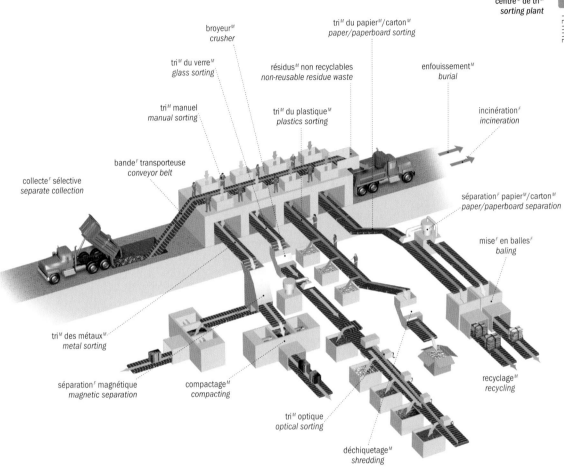

centre^M de tri^M
sorting plant

broyeur^M
crusher

tri^M du papier^M/carton^M
paper/paperboard sorting

tri^M du verre^M
glass sorting

résidus^M non recyclables
non-reusable residue waste

enfouissement^M
burial

tri^M manuel
manual sorting

tri^M du plastique^M
plastics sorting

incinération^F
incineration

bande^F transporteuse
conveyor belt

collecte^F sélective
separate collection

séparation^F papier^M/carton^M
paper/paperboard separation

mise^F en balles^F
baling

tri^M des métaux^M
metal sorting

séparation^F magnétique
magnetic separation

compactage^M
compacting

recyclage^M
recycling

tri^M optique
optical sorting

déchiquetage^M
shredding

conteneurs^M de collecte^F sélective
recycling containers

conteneur^M à papier^M
paper recycling container

conteneur^M à verre^M
glass recycling container

conteneur^M à boites^F
métalliques
aluminum recycling container

colonne^F de collecte^F du papier^M
paper collection unit

colonne^F de collecte^F du verre^M
glass collection unit

bac^M de recyclage^M
recycling bin

cellule^F végétale

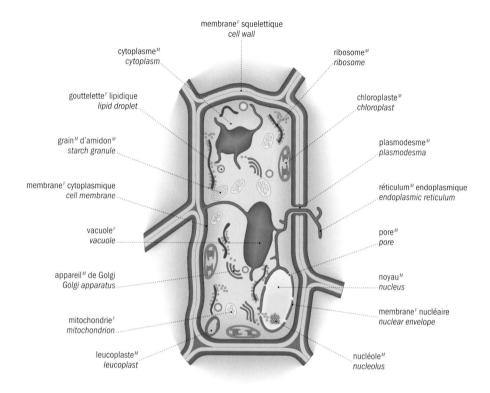

membrane^F squelettique
cell wall

cytoplasme^M
cytoplasm

ribosome^M
ribosome

gouttelette^F lipidique
lipid droplet

chloroplaste^M
chloroplast

grain^M d'amidon^M
starch granule

plasmodesme^M
plasmodesma

membrane^F cytoplasmique
cell membrane

réticulum^M endoplasmique
endoplasmic reticulum

vacuole^F
vacuole

pore^M
pore

appareil^M de Golgi
Golgi apparatus

noyau^M
nucleus

mitochondrie^F
mitochondrion

membrane^F nucléaire
nuclear envelope

leucoplaste^M
leucoplast

nucléole^M
nucleolus

lichen^M

structure^F d'un lichen^M
structure of a lichen

exemples^M de lichens^M
examples of lichens

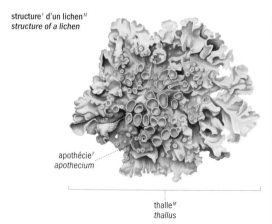

apothécie^F
apothecium

thalle^M
thallus

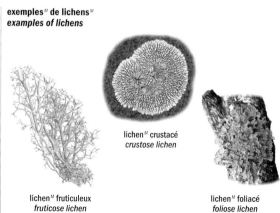

lichen^M crustacé
crustose lichen

lichen^M fruticuleux
fruticose lichen

lichen^M foliacé
foliose lichen

RÈGNE VÉGÉTAL

structure^F d'une mousse^F
structure of a moss

exemples^M de mousses^F
examples of mosses

capsule^F
capsule

pédicelle^M
stalk

feuille^F
leaf

tige^F
stem

rhizoïde^M
rhizoid

sphaigne^F squarreuse
prickly sphagnum

polytric^M commun
common hair cap moss

algue^F

alga

structure^F d'une algue^F
structure of an alga

exemples^M d'algues^F
examples of algae

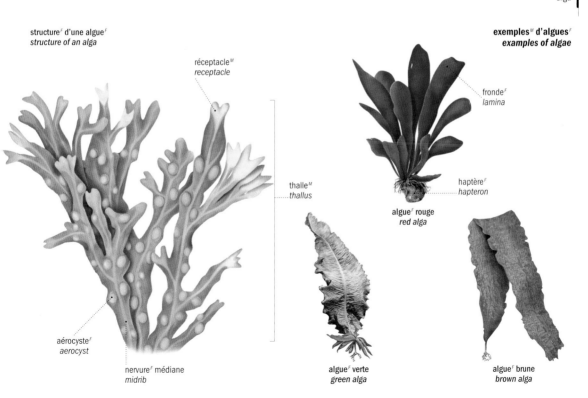

réceptacle^M
receptacle

fronde^F
lamina

thalle^M
thallus

haptère^F
hapteron

algue^F rouge
red alga

aérocyste^F
aerocyst

nervure^F médiane
midrib

algue^F verte
green alga

algue^F brune
brown alga

champignon^M

mushroom

structure^F d'un champignon^M
structure of a mushroom

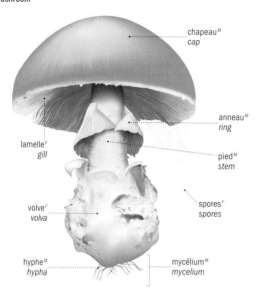

chapeau^M
cap

anneau^M
ring

lamelle^F
gill

pied^M
stem

volve^F
volva

spores^F
spores

hyphe^M
hypha

mycélium^M
mycelium

champignon^M mortel
deadly poisonous mushroom

champignon^M vénéneux
poisonous mushroom

amanite^F vireuse
destroying angel

fausse oronge^F
fly agaric

fougère^F

fern

structure^F d'une fougère^F
structure of a fern

exemples^M de fougères^F
examples of ferns

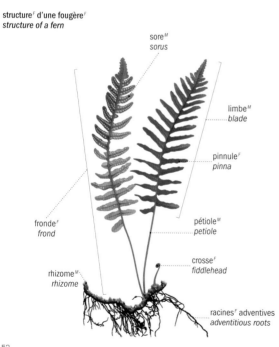

sore^M
sorus

limbe^M
blade

pinnule^F
pinna

fronde^F
frond

pétiole^M
petiole

crosse^F
fiddlehead

rhizome^M
rhizome

racines^F adventives
adventitious roots

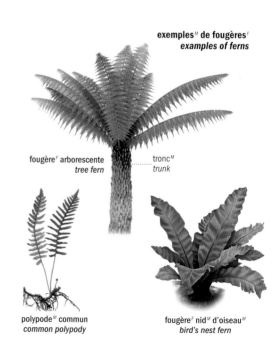

fougère^F arborescente
tree fern

tronc^M
trunk

polypode^M commun
common polypody

fougère^F nid^M d'oiseau^M
bird's nest fern

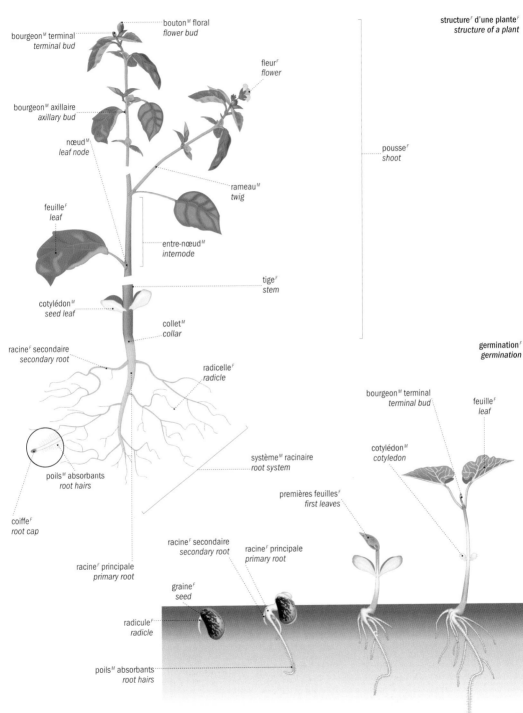

bouton^M floral
flower bud

bourgeon^M terminal
terminal bud

fleur^F
flower

bourgeon^M axillaire
axillary bud

nœud^M
leaf node

rameau^M
twig

feuille^F
leaf

entre-nœud^M
internode

tige^F
stem

cotylédon^M
seed leaf

collet^M
collar

racine^F secondaire
secondary root

radicelle^F
radicle

poils^M absorbants
root hairs

système^M racinaire
root system

coiffe^F
root cap

racine^F principale
primary root

structure^F d'une plante^F
structure of a plant

pousse^F
shoot

germination^F
germination

bourgeon^M terminal
terminal bud

feuille^F
leaf

cotylédon^M
cotyledon

premières feuilles^F
first leaves

racine^F secondaire
secondary root

racine^F principale
primary root

graine^F
seed

radicule^F
radicle

poils^M absorbants
root hairs

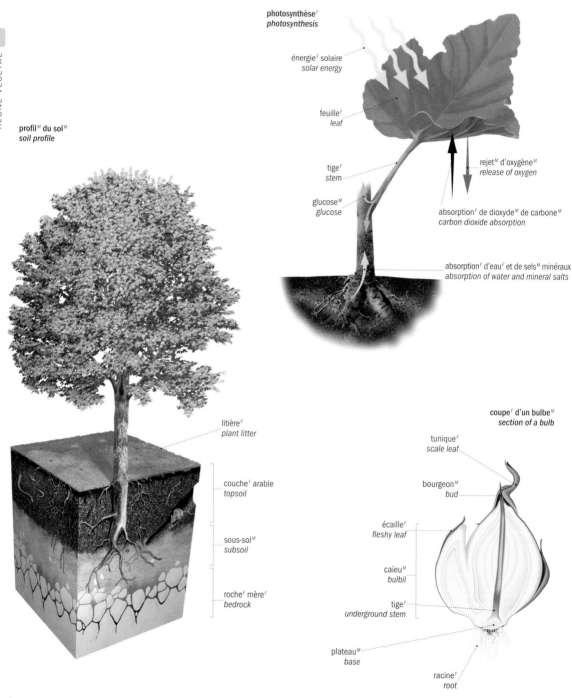

photosynthèse^F
photosynthesis

énergie^F solaire
solar energy

feuille^F
leaf

tige^F
stem

glucose^M
glucose

rejet^M d'oxygène^M
release of oxygen

absorption^F de dioxyde^M de carbone^M
carbon dioxide absorption

absorption^F d'eau^F et de sels^M minéraux
absorption of water and mineral salts

profil^M du sol^M
soil profile

litière^F
plant litter

couche^F arable
topsoil

sous-sol^M
subsoil

roche^F mère^F
bedrock

coupe^F d'un bulbe^M
section of a bulb

tunique^F
scale leaf

bourgeon^M
bud

écaille^F
fleshy leaf

caïeu^M
bulbil

tige^F
underground stem

plateau^M
base

racine^F
root

feuilles^F simples
simple leaves

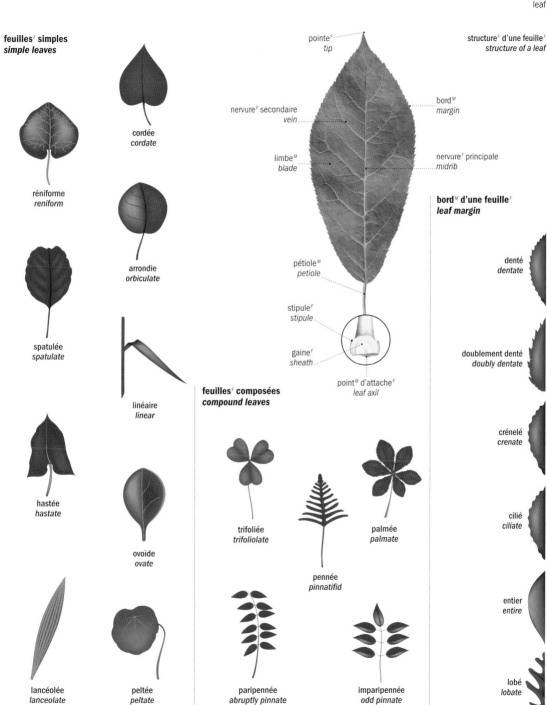

réniforme
reniform

cordée
cordate

arrondie
orbiculate

spatulée
spatulate

linéaire
linear

hastée
hastate

ovoïde
ovate

lancéolée
lanceolate

peltée
peltate

structure^F d'une feuille^F
structure of a leaf

pointe^F
tip

nervure^F secondaire
vein

limbe^M
blade

bord^M
margin

nervure^F principale
midrib

pétiole^M
petiole

stipule^F
stipule

gaine^F
sheath

point^M d'attache^F
leaf axil

feuilles^F composées
compound leaves

trifoliée
trifoliolate

pennée
pinnatifid

palmée
palmate

paripennée
abruptly pinnate

imparipennée
odd pinnate

bord^M d'une feuille^F
leaf margin

denté
dentate

doublement denté
doubly dentate

crénelé
crenate

cilié
ciliate

entier
entire

lobé
lobate

fleur^F

flower

structure^F d'une fleur^F
structure of a flower

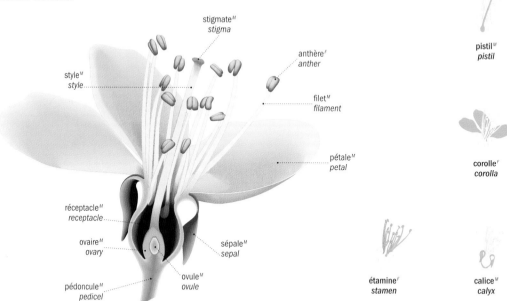

stigmate^M
stigma

anthère^F
anther

style^M
style

filet^M
filament

pétale^M
petal

réceptacle^M
receptacle

ovaire^M
ovary

sépale^M
sepal

pédoncule^M
pedicel

ovule^M
ovule

pistil^M
pistil

corolle^F
corolla

étamine^F
stamen

calice^M
calyx

exemples^M de fleurs^F
examples of flowers

orchidée^F
orchid

jonquille^F
daffodil

coquelicot^M
poppy

tulipe^F
tulip

muguet^M
lily of the valley

œillet^M
carnation

rose^F
rose

bégonia^M
begonia

lis^M
lily

violette^F
violet

crocus^M
crocus

tournesol^M
sunflower

modes^M d'inflorescence^F
types of inflorescences

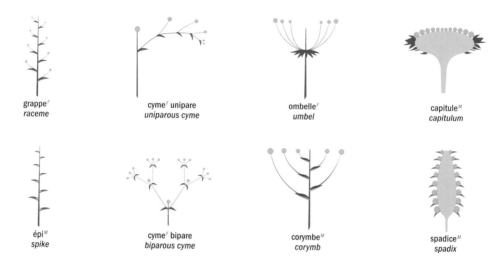

grappe^F
raceme

cyme^F unipare
uniparous cyme

ombelle^F
umbel

capitule^M
capitulum

épi^M
spike

cyme^F bipare
biparous cyme

corymbe^M
corymb

spadice^M
spadix

fruits^M

fruits

fruit^M charnu à noyau^M
stone fleshy fruit

termes^M techniques
technical terms

coupe^F d'une pêche^F
section of a peach

termes^M familiers
usual terms

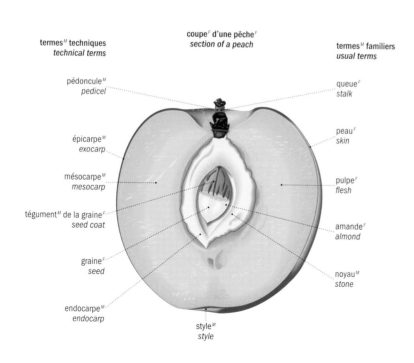

pédoncule^M
pedicel

queue^F
stalk

épicarpe^M
exocarp

peau^F
skin

mésocarpe^M
mesocarp

pulpe^F
flesh

tégument^M de la graine^F
seed coat

amande^F
almond

graine^F
seed

noyau^M
stone

endocarpe^M
endocarp

style^M
style

fruit^M **charnu à pépins**^M
pome fleshy fruit

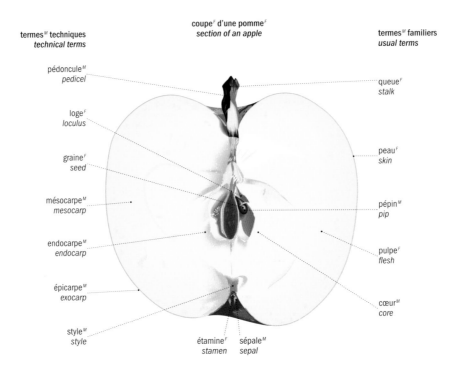

coupe^F d'une pomme^F
section of an apple

termes^M techniques
technical terms

termes^M familiers
usual terms

pédoncule^M
pedicel

queue^F
stalk

loge^F
loculus

peau^F
skin

graine^F
seed

pépin^M
pip

mésocarpe^M
mesocarp

endocarpe^M
endocarp

pulpe^F
flesh

épicarpe^M
exocarp

cœur^M
core

style^M
style

étamine^F   sépale^M
stamen   *sepal*

fruit^M **charnu : agrume**^M
fleshy fruit: citrus fruit

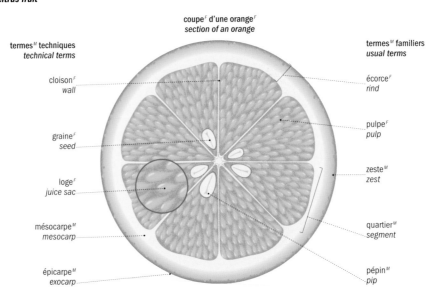

coupe^F d'une orange^F
section of an orange

termes^M techniques
technical terms

termes^M familiers
usual terms

cloison^F
wall

écorce^F
rind

pulpe^F
pulp

graine^F
seed

loge^F
juice sac

zeste^M
zest

mésocarpe^M
mesocarp

quartier^M
segment

épicarpe^M
exocarp

pépin^M
pip

fruit^M **charnu : baie**^F
fleshy fruit: berry fruit

termes^M techniques
technical terms

coupe^F d'un raisin^M
section of a grape

termes^M familiers
usual terms

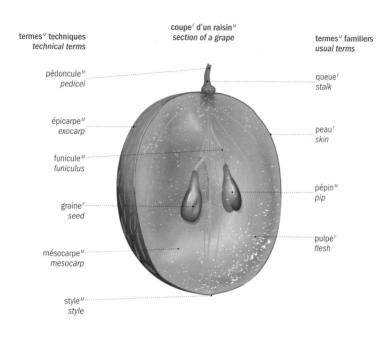

pédoncule^M
pedicel

épicarpe^M
exocarp

funicule^M
funiculus

graine^F
seed

mésocarpe^M
mesocarp

style^M
style

queue^F
stalk

peau^F
skin

pépin^M
pip

pulpe^F
flesh

coupe^F d'une fraise^F
section of a strawberry

coupe^F d'une framboise^F
section of a raspberry

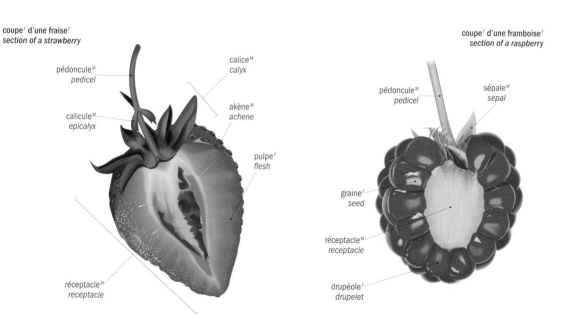

pédoncule^M
pedicel

calice^M
calyx

akène^M
achene

calicule^M
epicalyx

pulpe^F
flesh

réceptacle^M
receptacle

pédoncule^M
pedicel

sépale^M
sepal

graine^F
seed

réceptacle^M
receptacle

drupéole^F
drupelet

fruits^M **secs**
dry fruits

brou^M
husk

coupe^F d'un follicule^M : anis^M étoilé
section of a follicle: star anise

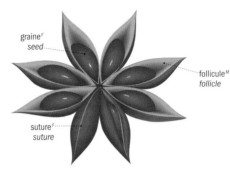

graine^F
seed

follicule^M
follicle

suture^F
suture

coupe^F d'une silique^F : moutarde^F
section of a silique: mustard

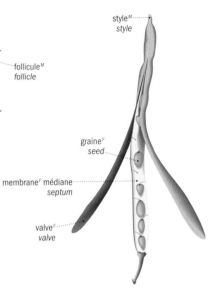

style^M
style

graine^F
seed

membrane^F médiane
septum

valve^F
valve

coupe^F d'une noisette^F
section of a hazelnut

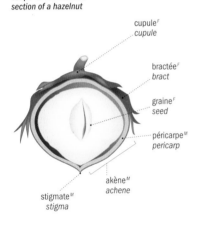

cupule^F
cupule

bractée^F
bract

graine^F
seed

péricarpe^M
pericarp

akène^M
achene

stigmate^M
stigma

coupe^F d'une gousse^F : pois^M
section of a legume: pea

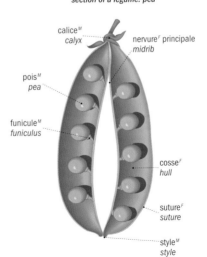

calice^M
calyx

nervure^F principale
midrib

pois^M
pea

funicule^M
funiculus

cosse^F
hull

suture^F
suture

style^M
style

coupe^F d'une capsule^F : pavot^M
section of a capsule: poppy

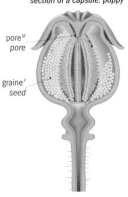

pore^M
pore

graine^F
seed

coupe^F d'une noix^F
section of a walnut

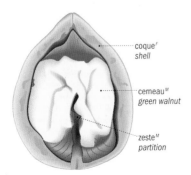

coque^F
shell

cerneau^M
green walnut

zeste^M
partition

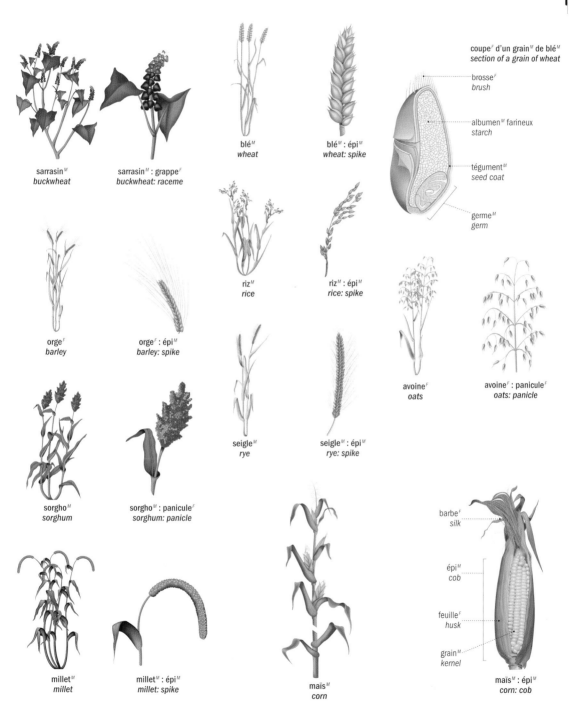

sarrasin^M
buckwheat

sarrasin^M : grappe^F
buckwheat: raceme

blé^M
wheat

blé^M : épi^M
wheat: spike

coupe^F d'un grain^M de blé^M
section of a grain of wheat

brosse^F
brush

albumen^M farineux
starch

tégument^M
seed coat

germe^M
germ

orge^F
barley

orge^F : épi^M
barley: spike

riz^M
rice

riz^M : épi^M
rice: spike

avoine^F
oats

avoine^F : panicule^F
oats: panicle

sorgho^M
sorghum

sorgho^M : panicule^F
sorghum: panicle

seigle^M
rye

seigle^M : épi^M
rye: spike

barbe^F
silk

épi^M
cob

feuille^F
husk

grain^M
kernel

millet^M
millet

millet^M : épi^M
millet: spike

maïs^M
corn

maïs^M : épi^M
corn: cob

vigne^F

grape

grappe^F de raisins^M
bunch of grapes

cep^M de vigne^F
vine stock

rameau^M
branch

pédoncule^M
pedicel

vrille^F
tendril

branche^F à fruits^M
fruit branch

axe^M principal
main stalk

sarment^M
vine shoot

gourmand^M
sucker

raisin^M
grape

tronc^M
trunk

feuille^F de vigne^F
grape leaf

lobe^M latéral supérieur
upper lateral lobe

lobe^M terminal
terminal lobe

sinus^M latéral supérieur
upper lateral sinus

lobe^M latéral inférieur
lower lateral lobe

sinus^M latéral inférieur
lower lateral sinus

sinus^M pétiolaire
petiolar sinus

système^M racinaire
root system

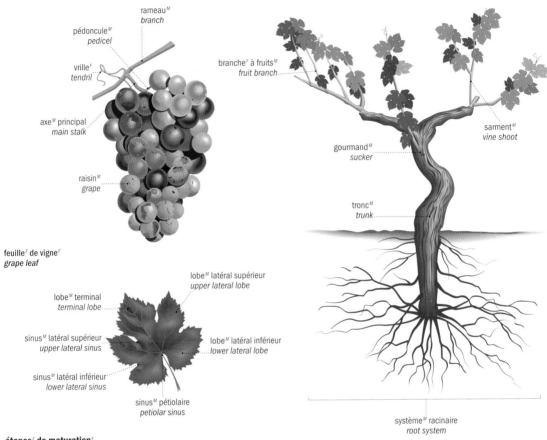

étapes^F de maturation^F
maturing steps

floraison^F
flowering

nouaison^F
fruition

véraison^F
ripening

maturité^F
ripeness

structure^F d'un arbre^M
structure of a tree

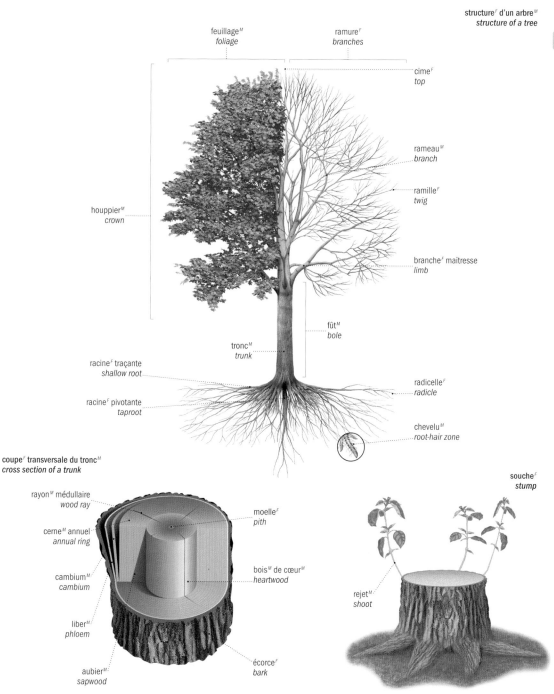

feuillage^M
foliage

ramure^F
branches

cime^F
top

rameau^M
branch

ramille^F
twig

houppier^M
crown

branche^F maîtresse
limb

fût^M
bole

tronc^M
trunk

racine^F traçante
shallow root

radicelle^F
radicle

racine^F pivotante
taproot

chevelu^M
root-hair zone

coupe^F transversale du tronc^M
cross section of a trunk

souche^F
stump

rayon^M médullaire
wood ray

moelle^F
pith

cerne^M annuel
annual ring

cambium^M
cambium

bois^M de cœur^M
heartwood

liber^M
phloem

rejet^M
shoot

aubier^M
sapwood

écorce^F
bark

REGNE VÉGÉTAL

exemples^M d'arbres^M feuillus
examples of broadleaved trees

chêne^M
oak

bouleau^M
birch

saule^M pleureur
weeping willow

peuplier^M
poplar

palmier^M
palm tree

érable^M
maple

hêtre^M
beech

noyer^M
walnut

RÈGNE VÉGÉTAL

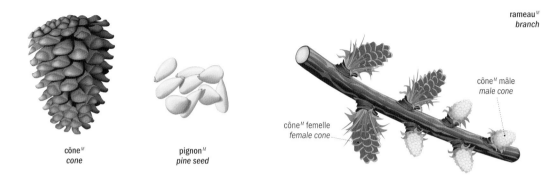

rameau^M
branch

cône^M mâle
male cone

cône^M femelle
female cone

cône^M
cone

pignon^M
pine seed

exemples^M de feuilles^F
examples of leaves

aiguilles^F de sapin^M
fir needles

aiguilles^F de pin^M
pine needles

écailles^F de cyprès^M
cypress scalelike leaves

exemples^M de conifères^M
examples of conifers

pin^M parasol^M
umbrella pine

cèdre^M du Liban^M
cedar of Lebanon

sapin^M
fir

épicéa^M; épinette^F
spruce

mélèze^M
larch

cellule^F animale

animal cell

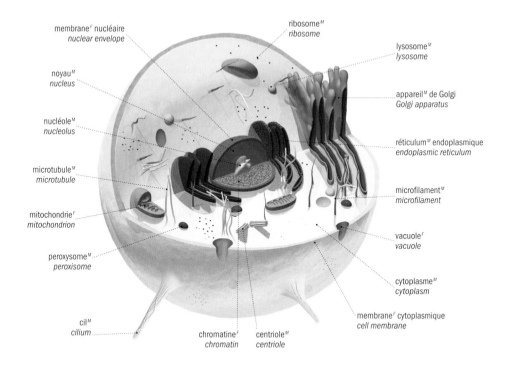

membrane^F nucléaire
nuclear envelope

ribosome^M
ribosome

lysosome^M
lysosome

noyau^M
nucleus

appareil^M de Golgi
Golgi apparatus

nucléole^M
nucleolus

réticulum^M endoplasmique
endoplasmic reticulum

microtubule^M
microtubule

microfilament^M
microfilament

mitochondrie^F
mitochondrion

vacuole^F
vacuole

peroxysome^M
peroxisome

cytoplasme^M
cytoplasm

membrane^F cytoplasmique
cell membrane

cil^M
cilium

chromatine^F
chromatin

centriole^M
centriole

unicellulaires^M

unicellulars

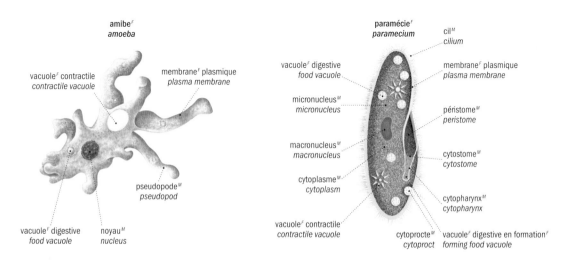

amibe^F
amoeba

paramécie^F
paramecium

cil^M
cilium

vacuole^F contractile
contractile vacuole

membrane^F plasmique
plasma membrane

vacuole^F digestive
food vacuole

membrane^F plasmique
plasma membrane

micronucleus^M
micronucleus

péristome^M
peristome

macronucleus^M
macronucleus

cytostome^M
cytostome

cytoplasme^M
cytoplasm

pseudopode^M
pseudopod

cytopharynx^M
cytopharynx

vacuole^F digestive
food vacuole

noyau^M
nucleus

vacuole^F contractile
contractile vacuole

cytoprocte^M
cytoproct

vacuole^F digestive en formation^F
forming food vacuole

papillon^M
butterfly

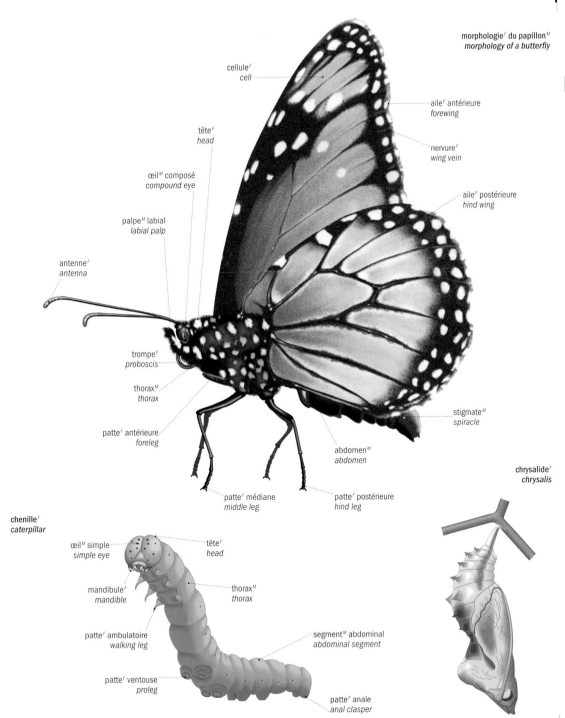

morphologie^F du papillon^M
morphology of a butterfly

cellule^F
cell

aile^F antérieure
forewing

tête^F
head

nervure^F
wing vein

œil^M composé
compound eye

aile^F postérieure
hind wing

palpe^M labial
labial palp

antenne^F
antenna

trompe^F
proboscis

thorax^M
thorax

stigmate^M
spiracle

patte^F antérieure
foreleg

abdomen^M
abdomen

chrysalide^F
chrysalis

patte^F médiane
middle leg

patte^F postérieure
hind leg

chenille^F
caterpillar

œil^M simple
simple eye

tête^F
head

mandibule^F
mandible

thorax^M
thorax

patte^F ambulatoire
walking leg

segment^M abdominal
abdominal segment

patte^F ventouse
proleg

patte^F anale
anal clasper

abeille^F

honeybee

morphologie^F de l'abeille^F : ouvrière^F
morphology of a honeybee: worker

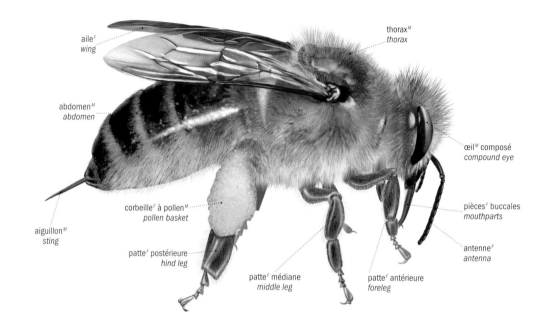

aile^F
wing

thorax^M
thorax

abdomen^M
abdomen

œil^M composé
compound eye

corbeille^F à pollen^M
pollen basket

pièces^F buccales
mouthparts

aiguillon^M
sting

patte^F postérieure
hind leg

antenne^F
antenna

patte^F médiane
middle leg

patte^F antérieure
foreleg

castes^F
castes

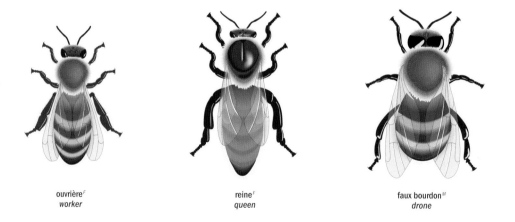

ouvrière^F
worker

reine^F
queen

faux bourdon^M
drone

exemples^M d'insectes^M

RÈGNE ANIMAL

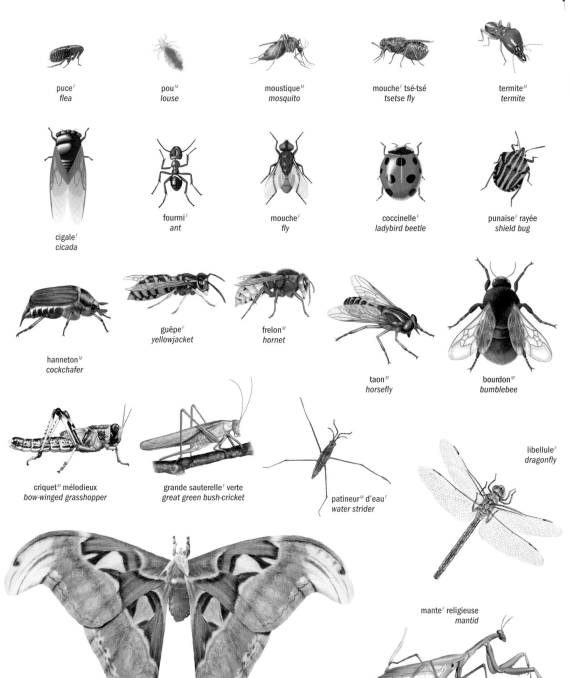

puce^F
flea

pou^M
louse

moustique^M
mosquito

mouche^F tsé-tsé
tsetse fly

termite^M
termite

cigale^F
cicada

fourmi^F
ant

mouche^F
fly

coccinelle^F
ladybird beetle

punaise^F rayée
shield bug

hanneton^M
cockchafer

guêpe^F
yellowjacket

frelon^M
hornet

taon^M
horsefly

bourdon^M
bumblebee

criquet^M mélodieux
bow-winged grasshopper

grande sauterelle^F verte
great green bush-cricket

patineur^M d'eau^F
water strider

libellule^F
dragonfly

mante^F religieuse
mantid

atlas^M
atlas moth

araignée[F]

spider

toile[F] d'araignée[F]
spider web

morphologie[F] de l'araignée[F]
morphology of a spider

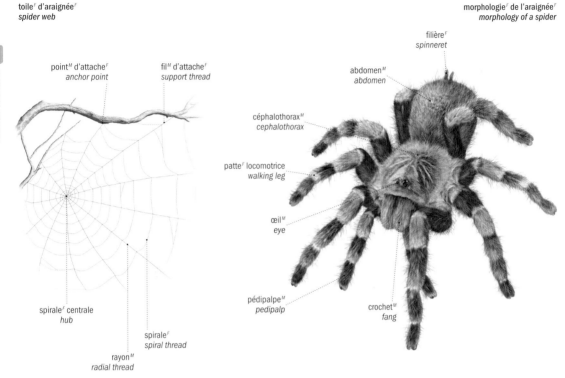

point[M] d'attache[F]
anchor point

fil[M] d'attache[F]
support thread

filière[F]
spinneret

abdomen[M]
abdomen

céphalothorax[M]
cephalothorax

patte[F] locomotrice
walking leg

œil[M]
eye

pédipalpe[M]
pedipalp

crochet[M]
fang

spirale[F] centrale
hub

spirale[F]
spiral thread

rayon[M]
radial thread

exemples[M] d'arachnides[M]

examples of arachnids

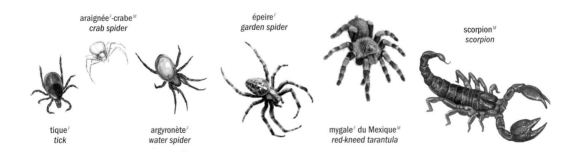

araignée[F]-crabe[M]
crab spider

épeire[F]
garden spider

scorpion[M]
scorpion

tique[F]
tick

argyronète[F]
water spider

mygale[F] du Mexique[M]
red-kneed tarantula

homard[M]

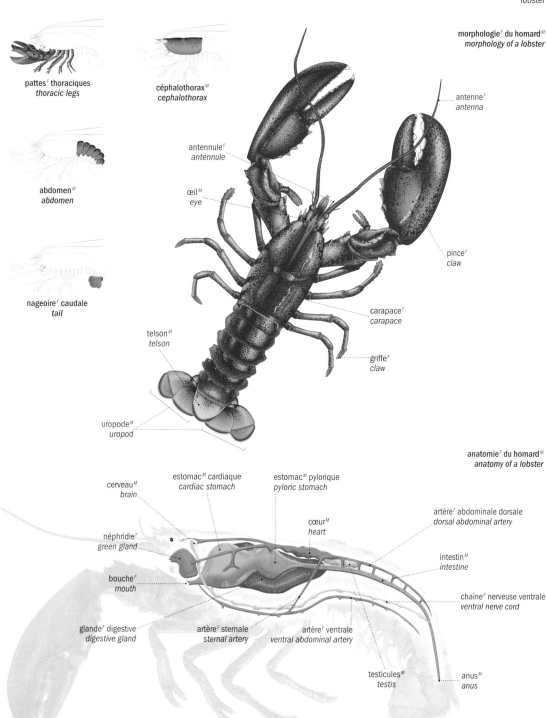

pattes[F] thoraciques
thoracic legs

céphalothorax[M]
cephalothorax

morphologie[F] du homard[M]
morphology of a lobster

antenne[F]
antenna

antennule[F]
antennule

œil[M]
eye

abdomen[M]
abdomen

pince[F]
claw

carapace[F]
carapace

nageoire[F] caudale
tail

telson[M]
telson

griffe[F]
claw

uropode[M]
uropod

anatomie[F] du homard[M]
anatomy of a lobster

cerveau[M]
brain

estomac[M] cardiaque
cardiac stomach

estomac[M] pylorique
pyloric stomach

cœur[M]
heart

artère[F] abdominale dorsale
dorsal abdominal artery

néphridie[F]
green gland

intestin[M]
intestine

bouche[F]
mouth

chaîne[F] nerveuse ventrale
ventral nerve cord

glande[F] digestive
digestive gland

artère[F] sternale
sternal artery

artère[F] ventrale
ventral abdominal artery

testicules[M]
testis

anus[M]
anus

RÈGNE ANIMAL

escargot^M

snail

RÈGNE ANIMAL

morphologie^F de l'escargot^M
morphology of a snail

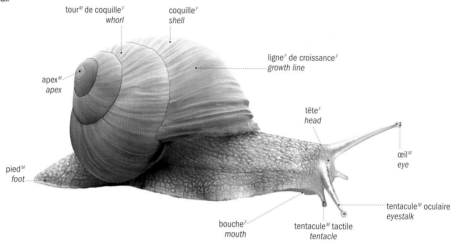

tour^M de coquille^F
whorl

coquille^F
shell

ligne^F de croissance^F
growth line

apex^M
apex

tête^F
head

œil^M
eye

pied^M
foot

tentacule^M oculaire
eyestalk

bouche^F
mouth

tentacule^M tactile
tentacle

pieuvre^F

octopus

morphologie^F de la pieuvre^F
morphology of an octopus

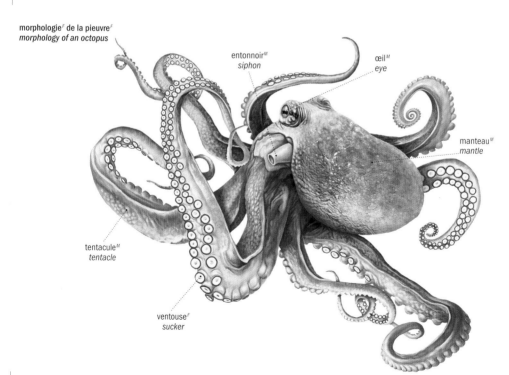

entonnoir^M
siphon

œil^M
eye

manteau^M
mantle

tentacule^M
tentacle

ventouse^F
sucker

coquille^F univalve
univalve shell

morphologie^F de la coquille^F univalve
morphology of a univalve shell

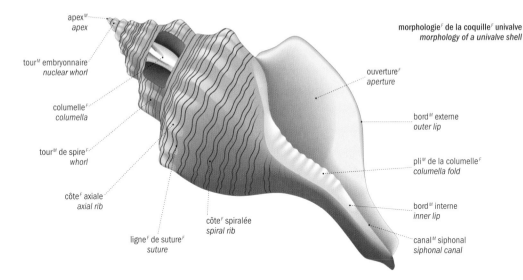

apex^M
apex

tour^M embryonnaire
nuclear whorl

columelle^F
columella

tour^M de spire^F
whorl

côte^F axiale
axial rib

ligne^F de suture^F
suture

côte^F spiralée
spiral rib

ouverture^F
aperture

bord^M externe
outer lip

pli^M de la columelle^F
columella fold

bord^M interne
inner lip

canal^M siphonal
siphonal canal

coquille^F bivalve
bivalve shell

anatomie^F de la coquille^F bivalve
anatomy of a bivalve shell

morphologie^F de la coquille^F bivalve
morphology of a bivalve shell

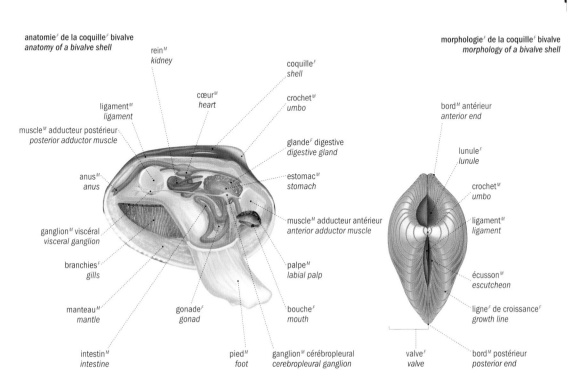

rein^M
kidney

cœur^M
heart

ligament^M
ligament

muscle^M adducteur postérieur
posterior adductor muscle

anus^M
anus

ganglion^M viscéral
visceral ganglion

branchies^F
gills

manteau^M
mantle

intestin^M
intestine

gonade^F
gonad

pied^M
foot

coquille^F
shell

crochet^M
umbo

glande^F digestive
digestive gland

estomac^M
stomach

muscle^M adducteur antérieur
anterior adductor muscle

palpe^M
labial palp

bouche^F
mouth

ganglion^M cérébropleural
cerebropleural ganglion

bord^M antérieur
anterior end

lunule^F
lunule

crochet^M
umbo

ligament^M
ligament

écusson^M
escutcheon

ligne^F de croissance^F
growth line

valve^F
valve

bord^M postérieur
posterior end

poisson^M cartilagineux

cartilaginous fish

morphologie^F du requin^M
morphology of a shark

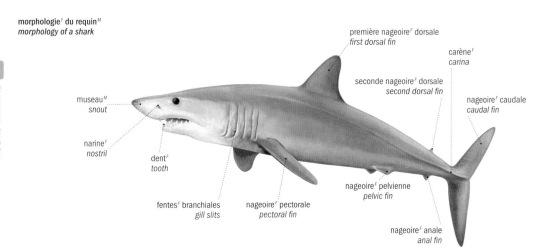

première nageoire^F dorsale
first dorsal fin

carène^F
carina

seconde nageoire^F dorsale
second dorsal fin

nageoire^F caudale
caudal fin

museau^M
snout

narine^F
nostril

dent^F
tooth

fentes^F branchiales
gill slits

nageoire^F pectorale
pectoral fin

nageoire^F pelvienne
pelvic fin

nageoire^F anale
anal fin

poisson^M osseux

bony fish

morphologie^F de la perche^F; morphologie^F de la perchaude^F
morphology of a perch

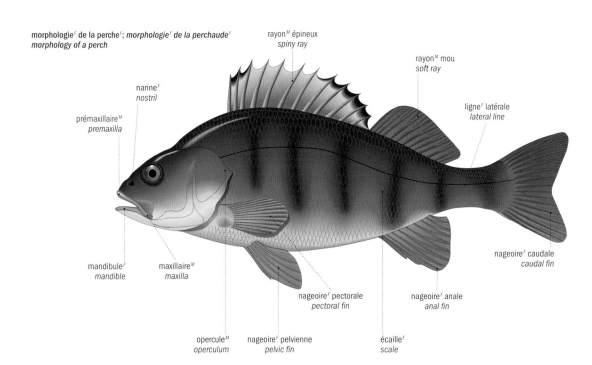

rayon^M épineux
spiny ray

rayon^M mou
soft ray

narine^F
nostril

ligne^F latérale
lateral line

prémaxillaire^M
premaxilla

nageoire^F caudale
caudal fin

mandibule^F
mandible

maxillaire^M
maxilla

nageoire^F pectorale
pectoral fin

nageoire^F anale
anal fin

opercule^M
operculum

nageoire^F pelvienne
pelvic fin

écaille^F
scale

grenouille^F

frog

morphologie^F de la grenouille^F
morphology of a frog

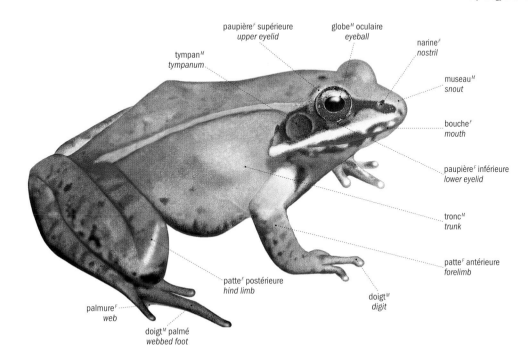

paupière^F supérieure
upper eyelid

globe^M oculaire
eyeball

narine^F
nostril

tympan^M
tympanum

museau^M
snout

bouche^F
mouth

paupière^F inférieure
lower eyelid

tronc^M
trunk

patte^F antérieure
forelimb

palmure^F
web

doigt^M palmé
webbed foot

patte^F postérieure
hind limb

doigt^M
digit

exemples^M d'amphibiens^M

examples of amphibians

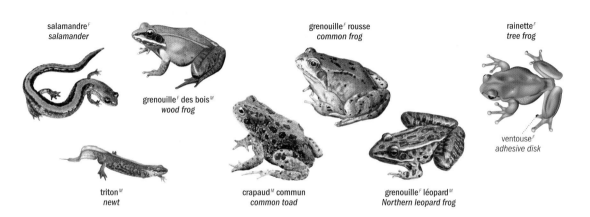

salamandre^F
salamander

grenouille^F rousse
common frog

rainette^F
tree frog

grenouille^F des bois^M
wood frog

ventouse^F
adhesive disk

triton^M
newt

crapaud^M commun
common toad

grenouille^F léopard^M
Northern leopard frog

serpent^M

snake

morphologie^F du serpent^M venimeux : tête^F
morphology of a venomous snake: head

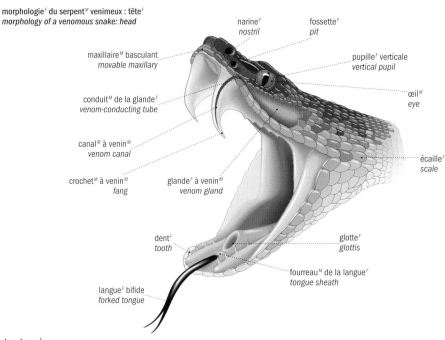

narine^F
nostril

fossette^F
pit

maxillaire^M basculant
movable maxillary

pupille^F verticale
vertical pupil

conduit^M de la glande^F
venom-conducting tube

œil^M
eye

canal^M à venin^M
venom canal

écaille^F
scale

crochet^M à venin^M
fang

glande^F à venin^M
venom gland

dent^F
tooth

glotte^F
glottis

fourreau^M de la langue^F
tongue sheath

langue^F bifide
forked tongue

tortue^F

turtle

morphologie^F de la tortue^F
morphology of a turtle

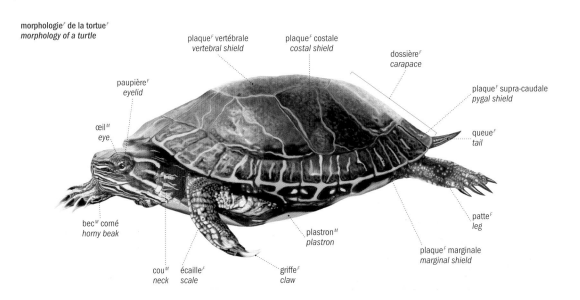

plaque^F vertébrale
vertebral shield

plaque^F costale
costal shield

dossière^F
carapace

paupière^F
eyelid

plaque^F supra-caudale
pygal shield

œil^M
eye

queue^F
tail

bec^M corné
horny beak

patte^F
leg

plaque^F marginale
marginal shield

plastron^M
plastron

cou^M
neck

écaille^F
scale

griffe^F
claw

exemples^M de reptiles^M

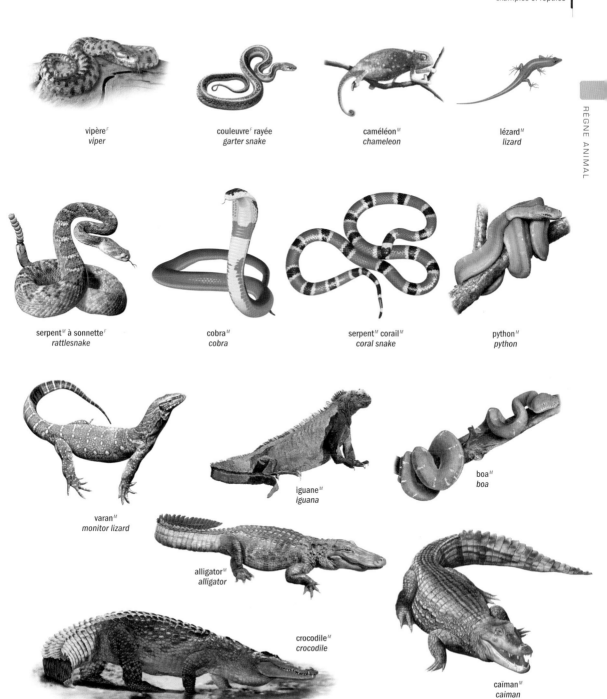

vipère^F
viper

couleuvre^F rayée
garter snake

caméléon^M
chameleon

lézard^M
lizard

serpent^M à sonnette^F
rattlesnake

cobra^M
cobra

serpent^M corail^M
coral snake

python^M
python

varan^M
monitor lizard

iguane^M
iguana

boa^M
boa

alligator^M
alligator

crocodile^M
crocodile

caïman^M
caiman

oiseau^M

bird

morphologie^F de l'oiseau^M
morphology of a bird

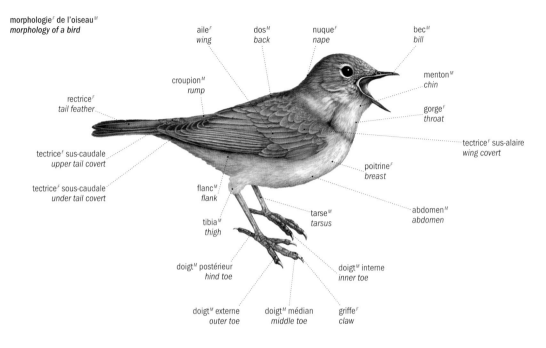

aile^F
wing

dos^M
back

nuque^F
nape

bec^M
bill

croupion^M
rump

menton^M
chin

rectrice^F
tail feather

gorge^F
throat

tectrice^F sus-alaire
wing covert

tectrice^F sus-caudale
upper tail covert

poitrine^F
breast

tectrice^F sous-caudale
under tail covert

flanc^M
flank

abdomen^M
abdomen

tarse^M
tarsus

tibia^M
thigh

doigt^M postérieur
hind toe

doigt^M interne
inner toe

doigt^M externe
outer toe

doigt^M médian
middle toe

griffe^F
claw

tête^F
head

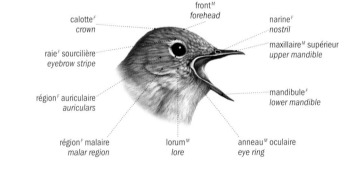

calotte^F
crown

front^M
forehead

narine^F
nostril

raie^F sourcilière
eyebrow stripe

maxillaire^M supérieur
upper mandible

région^F auriculaire
auriculars

mandibule^F
lower mandible

région^F malaire
malar region

lorum^M
lore

anneau^M oculaire
eye ring

aile^F
wing

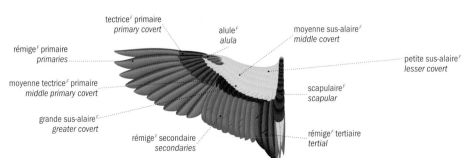

tectrice^F primaire
primary covert

alule^F
alula

moyenne sus-alaire^F
middle covert

rémige^F primaire
primaries

petite sus-alaire^F
lesser covert

moyenne tectrice^F primaire
middle primary covert

scapulaire^F
scapular

grande sus-alaire^F
greater covert

rémige^F secondaire
secondaries

rémige^F tertiaire
tertial

œuf^M
egg

germe^M
blastodisc

coquille^F
shell

membrane^F vitelline
vitelline membrane

membrane^F coquillière
shell membrane

chambre^F à air^M
air space

chalaze^F
chalaza

jaune^M
yolk

albumen^M
albumen

exemples^M de becs^M
examples of bills

oiseau^M aquatique
aquatic bird

oiseau^M granivore
granivorous bird

oiseau^M de proie^F
bird of prey

oiseau^M insectivore
insectivorous bird

oiseau^M échassier
wading bird

exemples^M de pattes^F
examples of feet

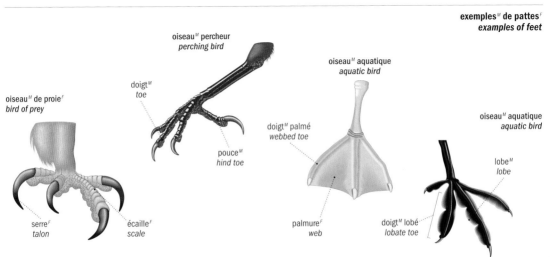

oiseau^M percheur
perching bird

doigt^M
toe

oiseau^M aquatique
aquatic bird

oiseau^M de proie^F
bird of prey

doigt^M palmé
webbed toe

oiseau^M aquatique
aquatic bird

pouce^M
hind toe

lobe^M
lobe

serre^F
talon

écaille^F
scale

palmure^F
web

doigt^M lobé
lobate toe

exemples^M d'oiseaux^M

examples of birds

colibri^M
hummingbird

rouge-gorge^M
European robin

pinson^M
finch

martin-pêcheur^M
kingfisher

rossignol^M
nightingale

moineau^M
sparrow

hirondelle^F
swallow

étourneau^M
starling

geai^M
jay

cardinal^M
cardinal

martinet^M
swift

perdrix^F
partridge

condor^M
condor

corbeau^M
raven

toucan^M
toucan

ara^M
macaw

pic^M
woodpecker

vautour^M
vulture

manchot^M
penguin

albatros^M
albatross

héron^M
heron

pélican^M
pelican

cigogne^F
stork

aigle^M
eagle

faisan^M
pheasant

grand duc^M d'Amérique^F
great horned owl

faucon^M
falcon

caille^F
quail

poule^F
hen

canard^M
duck

pigeon^M
pigeon

oie^F
goose

coq^M
rooster

dindon^M
turkey

pintade^F
guinea fowl

autruche^F
ostrich

paon^M
peacock

flamant^M
flamingo

RÈGNE ANIMAL

rongeur^M

rodent

morphologie^F du rat^M
morphology of a rat

pelage^M
fur

pavillon^M
pinna

vibrisse^F
vibrissa

nez^M
nose

queue^F
tail

doigt^M
digit

griffe^F
claw

exemples^M de mammifères^M rongeurs^M

examples of rodents

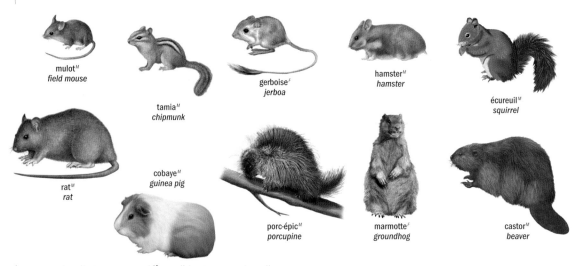

mulot^M
field mouse

tamia^M
chipmunk

gerboise^F
jerboa

hamster^M
hamster

écureuil^M
squirrel

rat^M
rat

cobaye^M
guinea pig

porc-épic^M
porcupine

marmotte^F
groundhog

castor^M
beaver

exemples^M de mammifères^M lagomorphes^M

examples of lagomorphs

pika^M
pika

lièvre^M
hare

lapin^M
rabbit

cheval^M

horse

morphologie^F du cheval^M
morphology of a horse

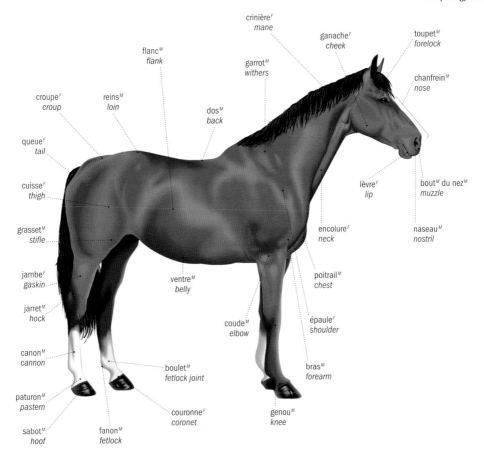

crinière^F
mane

ganache^F
cheek

toupet^M
forelock

flanc^M
flank

garrot^M
withers

chanfrein^M
nose

croupe^F
croup

reins^M
loin

dos^M
back

queue^F
tail

cuisse^F
thigh

lèvre^F
lip

bout^M du nez^M
muzzle

grasset^M
stifle

encolure^F
neck

naseau^M
nostril

jambe^F
gaskin

ventre^M
belly

poitrail^M
chest

jarret^M
hock

coude^M
elbow

épaule^F
shoulder

canon^M
cannon

boulet^M
fetlock joint

bras^M
forearm

paturon^M
pastern

couronne^F
coronet

genou^M
knee

sabot^M
hoof

fanon^M
fetlock

allures^F
gaits

pas^M
walk

amble^M
pace

trot^M
trot

galop^M
gallop

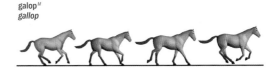

exemples^M de mammifères^M ongulés

examples of ungulate mammals

RÈGNE ANIMAL

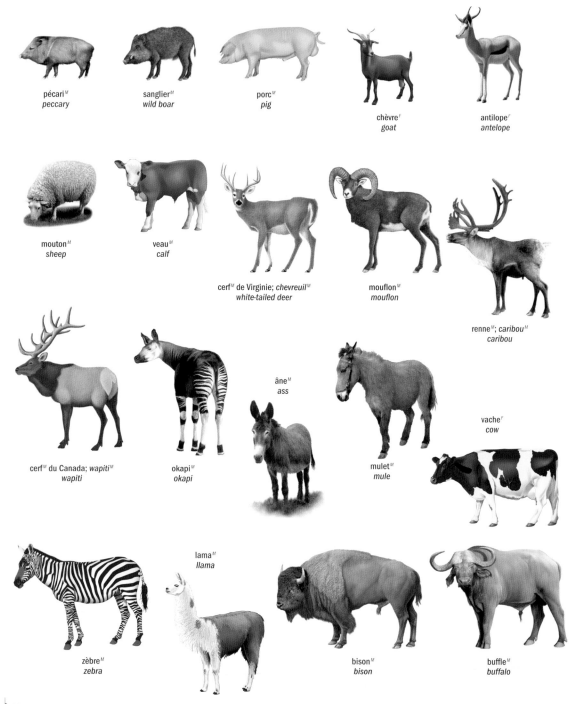

pécari^M
peccary

sanglier^M
wild boar

porc^M
pig

chèvre^F
goat

antilope^F
antelope

mouton^M
sheep

veau^M
calf

cerf^M de Virginie; *chevreuil*^M
white-tailed deer

mouflon^M
mouflon

renne^M; *caribou*^M
caribou

cerf^M du Canada; *wapiti*^M
wapiti

okapi^M
okapi

âne^M
ass

mulet^M
mule

vache^F
cow

zèbre^M
zebra

lama^M
llama

bison^M
bison

buffle^M
buffalo

RÈGNE ANIMAL

bœuf^M
ox

yack^M
yak

cheval^M
horse

élan^M; *orignal*^M
moose

chameau^M
bactrian camel

dromadaire^M
dromedary camel

rhinocéros^M
rhinoceros

hippopotame^M
hippopotamus

girafe^F
giraffe

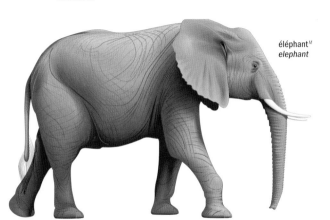

éléphant^M
elephant

chien^M

dog

morphologie^F du chien^M
morphology of a dog

stop^M
stop

joue^F
cheek

museau^M
muzzle

garrot^M
withers

dos^M
back

babines^F
flews

cuisse^F
thigh

épaule^F
shoulder

coude^M
elbow

jarret^M
hock

avant-bras^M
forearm

queue^F
tail

genou^M
knee

poignet^M
wrist

orteil^M
toe

races^F de chiens^M

dog breeds

bouledogue^M
bulldog

colley^M
collie

dalmatien^M
dalmatian

caniche^M
poodle

schnauzer^M
schnauzer

danois^M
Great Dane

berger^M allemand
German shepherd

saint-bernard^M
Saint Bernard

chat^M

cat

tête^F
cat's head

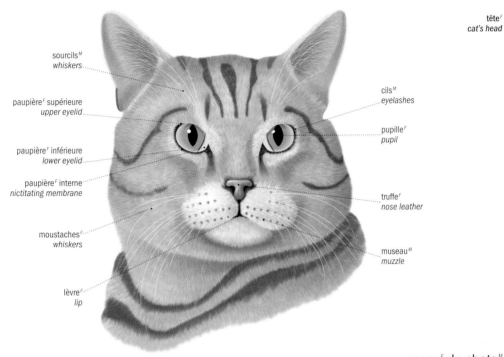

sourcils^M
whiskers

paupière^F supérieure
upper eyelid

paupière^F inférieure
lower eyelid

paupière^F interne
nictitating membrane

moustaches^F
whiskers

lèvre^F
lip

cils^M
eyelashes

pupille^F
pupil

truffe^F
nose leather

museau^M
muzzle

races^F de chats^M

cat breeds

siamois^M
Siamese

abyssin^M
Abyssinian

persan^M
Persian

Maine coon^M
Maine coon

chat^M de l'île^F de Man
Manx

exemples^M de mammifères^M carnivores

examples of carnivorous mammals

RÈGNE ANIMAL

belette^F
weasel

vison^M
mink

fouine^F
stone marten

martre^F
marten

mangouste^F
mongoose

fennec^M
fennec

renard^M
fox

raton^M laveur
raccoon

loutre^F de rivière^F
river otter

blaireau^M
badger

moufette^F
skunk

hyène^F
hyena

lynx^M
lynx

loup^M
wolf

puma^M
cougar

exemples^M de mammifères^M carnivores

guépard^M
cheetah

léopard^M
leopard

lion^M
lion

jaguar^M
jaguar

tigre^M
tiger

ours^M polaire
polar bear

ours^M noir
black bear

dauphin^M

dolphin

morphologie^F du dauphin^M
morphology of a dolphin

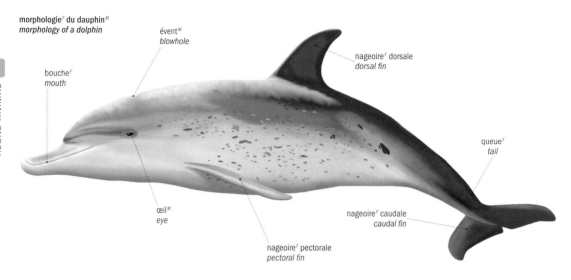

évent^M
blowhole

nageoire^F dorsale
dorsal fin

bouche^F
mouth

queue^F
tail

œil^M
eye

nageoire^F caudale
caudal fin

nageoire^F pectorale
pectoral fin

exemples^M de mammifères^M marins

examples of marine mammals

orque^F
killer whale

phoque^M
seal

rorqual^M
humpback whale

baleine^F
northern right whale

cachalot^M
sperm whale

otarie^F
sea lion

gorille^M

gorilla

morphologie^F du gorille^M
morphology of a gorilla

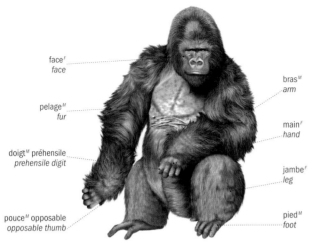

face^F
face

pelage^M
fur

doigt^M préhensile
prehensile digit

pouce^M opposable
opposable thumb

bras^M
arm

main^F
hand

jambe^F
leg

pied^M
foot

exemples^M de mammifères^M primates

examples of primates

tamarin^M
tamarin

ouistiti^M
marmoset

babouin^M
baboon

macaque^M
macaque

orang-outan^M
orangutan

chimpanzé^M
chimpanzee

lémurien^M
lemur

gibbon^M
gibbon

homme^M

man

face^F antérieure
anterior view

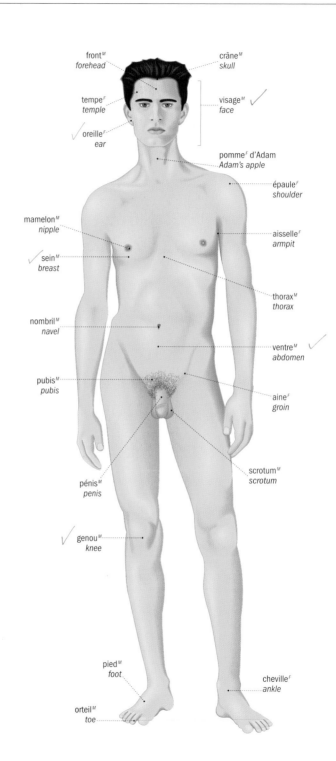

front^M
forehead

crâne^M
skull

tempe^F
temple

visage^M
face

oreille^F
ear

pomme^F d'Adam
Adam's apple

épaule^F
shoulder

mamelon^M
nipple

aisselle^F
armpit

sein^M
breast

thorax^M
thorax

nombril^M
navel

ventre^M
abdomen

pubis^M
pubis

aine^F
groin

scrotum^M
scrotum

pénis^M
penis

genou^M
knee

pied^M
foot

cheville^F
ankle

orteil^M
toe

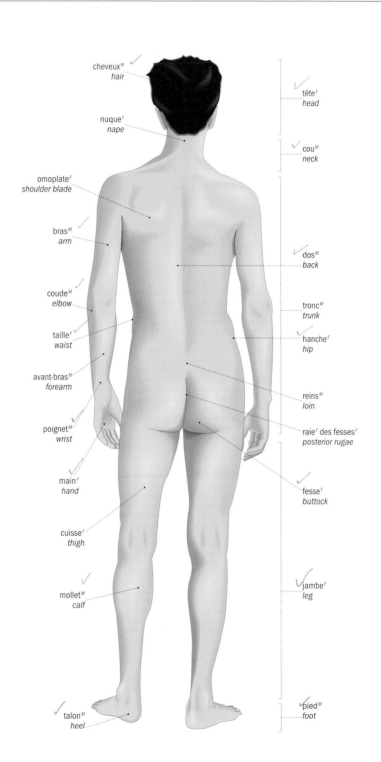

face^F postérieure
posterior view

ÊTRE HUMAIN

cheveux^M ✓
hair

nuque^F
nape

omoplate^F
shoulder blade

bras^M ✓
arm

coude^M
elbow

taille^F ✓
waist

avant-bras^M
forearm

poignet^M
wrist

main^F ✓
hand

cuisse^F
thigh

mollet^M ✓
calf

talon^M ✓
heel

✓ tête^F
head

✓ cou^M
neck

✓ dos^M
back

tronc^M
trunk

hanche^F ✓
hip

reins^M
loin

raie^F des fesses^F
posterior rugae

fesse^F ✓
buttock

jambe^F ✓
leg

pied^M ✓
foot

femme ^F

woman

face^F antérieure
anterior view

ÊTRE HUMAIN

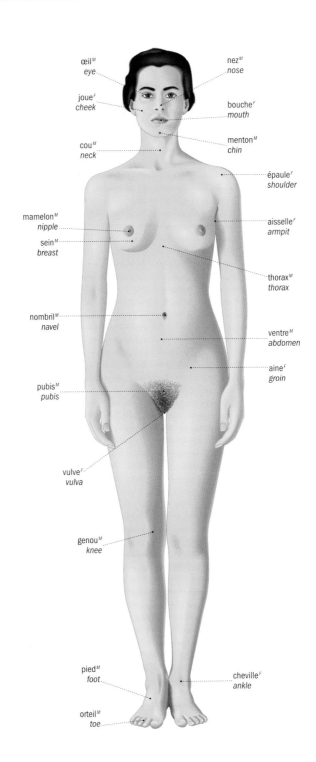

œil^M
eye

nez^M
nose

joue^F
cheek

bouche^F
mouth

cou^M
neck

menton^M
chin

épaule^F
shoulder

mamelon^M
nipple

aisselle^F
armpit

sein^M
breast

thorax^M
thorax

nombril^M
navel

ventre^M
abdomen

aine^F
groin

pubis^M
pubis

vulve^F
vulva

genou^M
knee

pied^M
foot

cheville^F
ankle

orteil^M
toe

femme^F

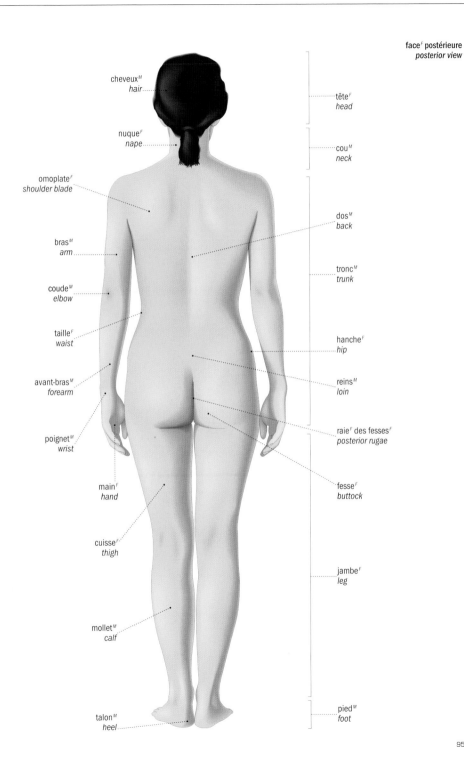

face^F postérieure
posterior view

cheveux^M
hair

tête^F
head

nuque^F
nape

cou^M
neck

omoplate^F
shoulder blade

dos^M
back

bras^M
arm

tronc^M
trunk

coude^M
elbow

taille^F
waist

hanche^F
hip

avant-bras^M
forearm

reins^M
loin

raie^F des fesses^F
posterior rugae

poignet^M
wrist

main^F
hand

fesse^F
buttock

cuisse^F
thigh

jambe^F
leg

mollet^M
calf

talon^M
heel

pied^M
foot

muscles ^{M}

muscles

face ^{F} antérieure
anterior view

orbiculaire ^{M} des paupières ^{F}
orbicular of eye

frontal ^{M}
frontal

sterno-cléido-mastoïdien ^{M}
sternocleidomastoid

masséter ^{M}
masseter

trapèze ^{M}
trapezius

deltoïde ^{M}
deltoid

grand pectoral ^{M}
greater pectoral

grand oblique ^{M} de l'abdomen ^{M}
external oblique

biceps ^{M} brachial
biceps of arm

grand droit ^{M} de l'abdomen ^{M}
abdominal rectus

brachial ^{M} antérieur
brachial

huméro-stylo-radial ^{M}
brachioradialis

rond pronateur ^{M}
round pronator

tenseur ^{M} du fascia lata ^{M}
tensor of fascia lata

grand palmaire ^{M}
long palmar

moyen adducteur ^{M}
long adductor

cubital ^{M} antérieur
ulnar flexor of wrist

petit palmaire ^{M}
short palmar

couturier ^{M}
sartorius

vaste ^{M} externe du membre ^{M} inférieur
lateral great

droit ^{M} antérieur de la cuisse ^{F}
straight muscle of thigh

vaste ^{M} interne du membre ^{M} inférieur
medial great

jumeau ^{M}
gastrocnemius

long péronier ^{M} latéral
long peroneal

soléaire ^{M}
soleus

extenseur ^{M} commun des orteils ^{M}
long extensor of toes

jambier ^{M} antérieur
anterior tibial

pédieux ^{M}
short extensor of toes

interosseux ^{M}
plantar interosseous

muscles^M

face^F postérieure
posterior view

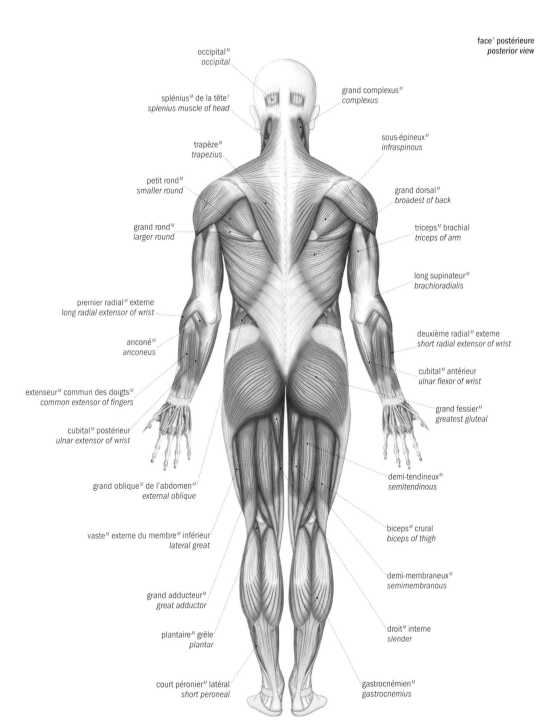

occipital^M
occipital

splénius^M de la tête^F
splenius muscle of head

trapèze^M
trapezius

petit rond^M
smaller round

grand rond^M
larger round

premier radial^M externe
long radial extensor of wrist

anconé^M
anconeus

extenseur^M commun des doigts^M
common extensor of fingers

cubital^M postérieur
ulnar extensor of wrist

grand oblique^M de l'abdomen^M
external oblique

vaste^M externe du membre^M inférieur
lateral great

grand adducteur^M
great adductor

plantaire^M grêle
plantar

court péronier^M latéral
short peroneal

grand complexus^M
complexus

sous-épineux^M
infraspinous

grand dorsal^M
broadest of back

triceps^M brachial
triceps of arm

long supinateur^M
brachioradialis

deuxième radial^M externe
short radial extensor of wrist

cubital^M antérieur
ulnar flexor of wrist

grand fessier^M
greatest gluteal

demi-tendineux^M
semitendinous

biceps^M crural
biceps of thigh

demi-membraneux^M
semimembranous

droit^M interne
slender

gastrocnémien^M
gastrocnemius

97

squelette^M

skeleton

vue^F antérieure
anterior view

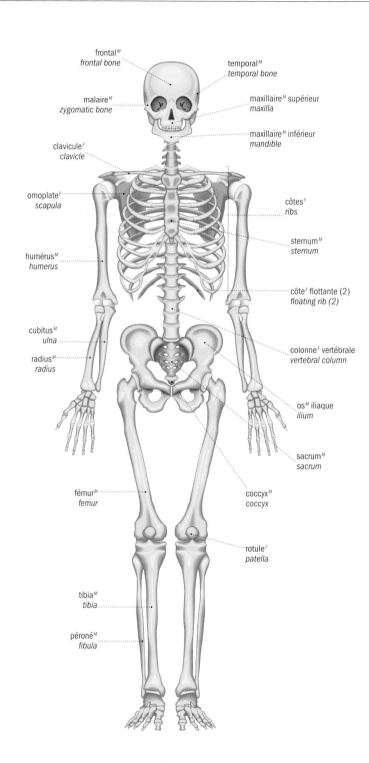

frontal^M
frontal bone

temporal^M
temporal bone

malaire^M
zygomatic bone

maxillaire^M supérieur
maxilla

maxillaire^M inférieur
mandible

clavicule^F
clavicle

omoplate^F
scapula

côtes^F
ribs

sternum^M
sternum

humérus^M
humerus

côte^F flottante (2)
floating rib (2)

cubitus^M
ulna

colonne^F vertébrale
vertebral column

radius^M
radius

os^M iliaque
ilium

sacrum^M
sacrum

fémur^M
femur

coccyx^M
coccyx

rotule^F
patella

tibia^M
tibia

péroné^M
fibula

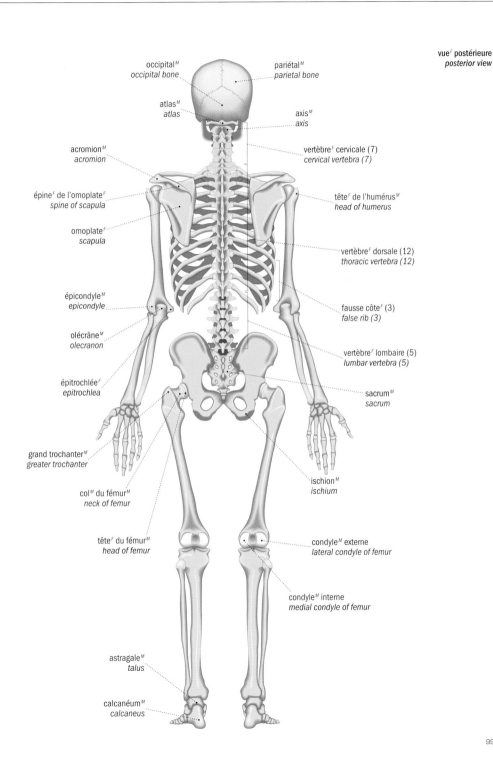

vue^F postérieure
posterior view

occipital^M
occipital bone

pariétal^M
parietal bone

atlas^M
atlas

axis^M
axis

acromion^M
acromion

vertèbre^F cervicale (7)
cervical vertebra (7)

épine^F de l'omoplate^F
spine of scapula

tête^F de l'humérus^M
head of humerus

omoplate^F
scapula

vertèbre^F dorsale (12)
thoracic vertebra (12)

épicondyle^M
epicondyle

fausse côte^F (3)
false rib (3)

olécrâne^M
olecranon

vertèbre^F lombaire (5)
lumbar vertebra (5)

épitrochlée^F
epitrochlea

sacrum^M
sacrum

grand trochanter^M
greater trochanter

ischion^M
ischium

col^M du fémur^M
neck of femur

tête^F du fémur^M
head of femur

condyle^M externe
lateral condyle of femur

condyle^M interne
medial condyle of femur

astragale^M
talus

calcanéum^M
calcaneus

ÊTRE HUMAIN

squelette^M

ÊTRE HUMAIN

vue^F **latérale du crâne**^M
lateral view of skull

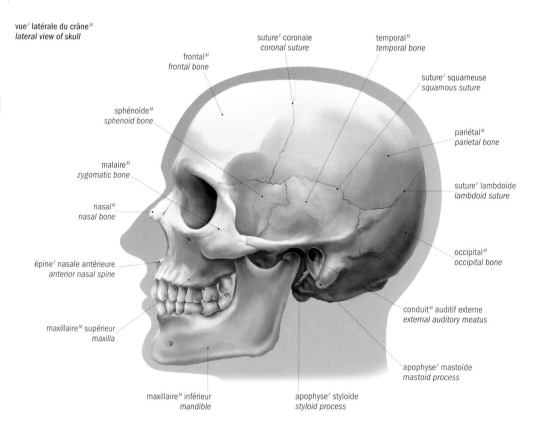

frontal^M
frontal bone

suture^F coronale
coronal suture

temporal^M
temporal bone

suture^F squameuse
squamous suture

sphénoïde^M
sphenoid bone

pariétal^M
parietal bone

malaire^M
zygomatic bone

suture^F lambdoïde
lambdoid suture

nasal^M
nasal bone

épine^F nasale antérieure
anterior nasal spine

occipital^M
occipital bone

conduit^M auditif externe
external auditory meatus

maxillaire^M supérieur
maxilla

apophyse^F mastoïde
mastoid process

maxillaire^M inférieur
mandible

apophyse^F styloïde
styloid process

crâne^M d'enfant^M
child's skull

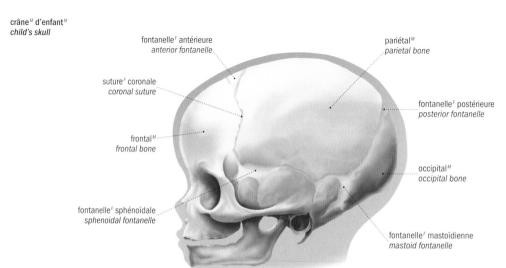

fontanelle^F antérieure
anterior fontanelle

pariétal^M
parietal bone

suture^F coronale
coronal suture

fontanelle^F postérieure
posterior fontanelle

frontal^M
frontal bone

occipital^M
occipital bone

fontanelle^F sphénoïdale
sphenoidal fontanelle

fontanelle^F mastoïdienne
mastoid fontanelle

dents^F

teeth

denture^F humaine
human denture

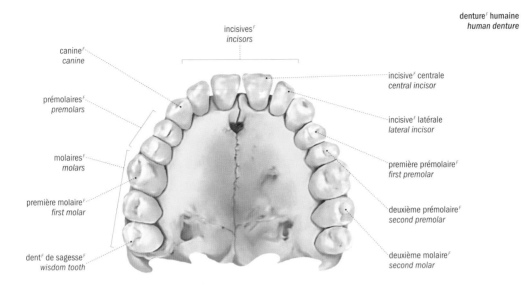

incisives^F
incisors

canine^F
canine

prémolaires^F
premolars

molaires^F
molars

première molaire^F
first molar

dent^F de sagesse^F
wisdom tooth

incisive^F centrale
central incisor

incisive^F latérale
lateral incisor

première prémolaire^F
first premolar

deuxième prémolaire^F
second premolar

deuxième molaire^F
second molar

coupe^F d'une molaire^F
cross section of a molar

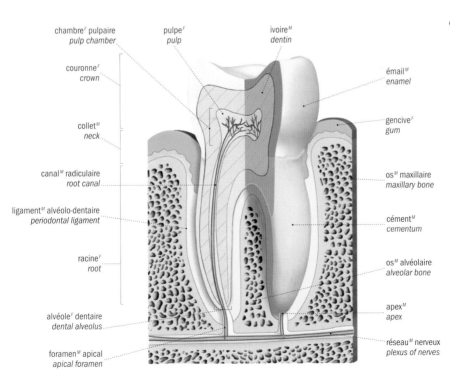

chambre^F pulpaire
pulp chamber

pulpe^F
pulp

ivoire^M
dentin

couronne^F
crown

collet^M
neck

canal^M radiculaire
root canal

ligament^M alvéolo-dentaire
periodontal ligament

racine^F
root

alvéole^F dentaire
dental alveolus

foramen^M apical
apical foramen

émail^M
enamel

gencive^F
gum

os^M maxillaire
maxillary bone

cément^M
cementum

os^M alvéolaire
alveolar bone

apex^M
apex

réseau^M nerveux
plexus of nerves

circulation[F] sanguine

blood circulation

principales veines[F] et artères[F]
principal veins and arteries

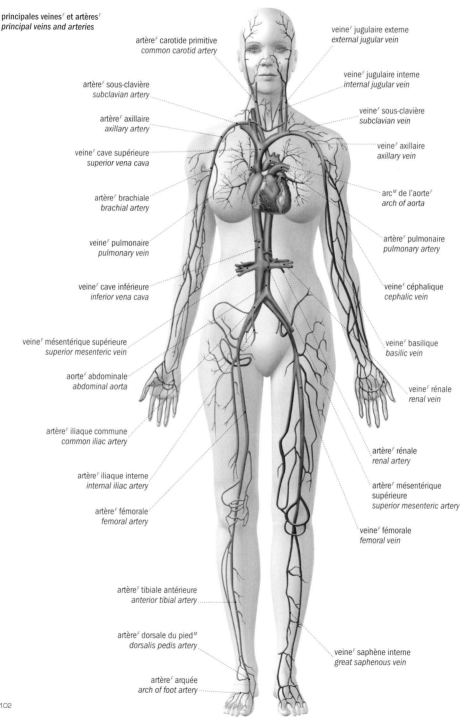

artère[F] carotide primitive
common carotid artery

veine[F] jugulaire externe
external jugular vein

artère[F] sous-clavière
subclavian artery

veine[F] jugulaire interne
internal jugular vein

artère[F] axillaire
axillary artery

veine[F] sous-clavière
subclavian vein

veine[F] cave supérieure
superior vena cava

veine[F] axillaire
axillary vein

artère[F] brachiale
brachial artery

arc[M] de l'aorte[F]
arch of aorta

veine[F] pulmonaire
pulmonary vein

artère[F] pulmonaire
pulmonary artery

veine[F] cave inférieure
inferior vena cava

veine[F] céphalique
cephalic vein

veine[F] mésentérique supérieure
superior mesenteric vein

veine[F] basilique
basilic vein

aorte[F] abdominale
abdominal aorta

veine[F] rénale
renal vein

artère[F] iliaque commune
common iliac artery

artère[F] rénale
renal artery

artère[F] iliaque interne
internal iliac artery

artère[F] mésentérique
supérieure
superior mesenteric artery

artère[F] fémorale
femoral artery

veine[F] fémorale
femoral vein

artère[F] tibiale antérieure
anterior tibial artery

artère[F] dorsale du pied[M]
dorsalis pedis artery

veine[F] saphène interne
great saphenous vein

artère[F] arquée
arch of foot artery

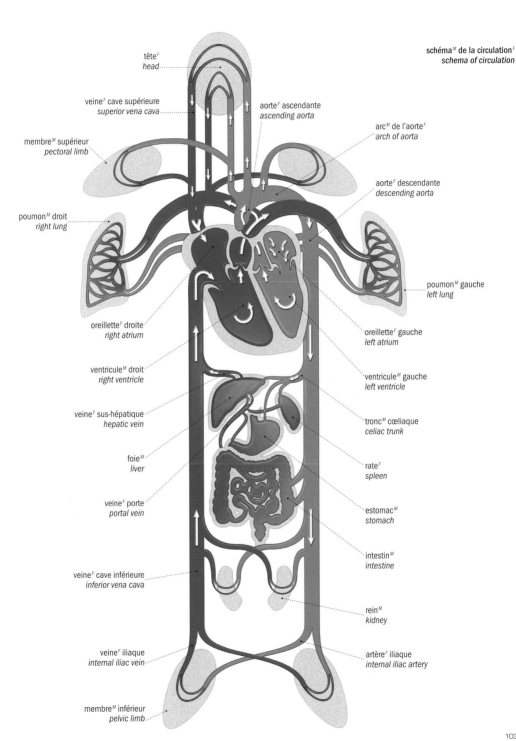

schéma^M de la circulation^F
schema of circulation

tête^F
head

veine^F cave supérieure
superior vena cava

aorte^F ascendante
ascending aorta

arc^M de l'aorte^F
arch of aorta

membre^M supérieur
pectoral limb

aorte^F descendante
descending aorta

poumon^M droit
right lung

poumon^M gauche
left lung

oreillette^F droite
right atrium

oreillette^F gauche
left atrium

ventricule^M droit
right ventricle

ventricule^M gauche
left ventricle

veine^F sus-hépatique
hepatic vein

tronc^M cœliaque
celiac trunk

foie^M
liver

rate^F
spleen

veine^F porte
portal vein

estomac^M
stomach

intestin^M
intestine

veine^F cave inférieure
inferior vena cava

rein^M
kidney

veine^F iliaque
internal iliac vein

artère^F iliaque
internal iliac artery

membre^M inférieur
pelvic limb

circulation' sanguine

ÉTRE HUMAIN

composition' du sang^M
composition of the blood

cœur^M
heart

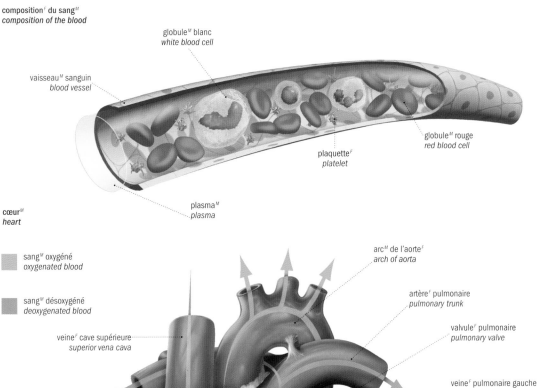

globule^M blanc
white blood cell

vaisseau^M sanguin
blood vessel

globule^M rouge
red blood cell

plaquette^F
platelet

plasma^M
plasma

sang^M oxygéné
oxygenated blood

sang^M désoxygéné
deoxygenated blood

arc^M de l'aorte^F
arch of aorta

artère^F pulmonaire
pulmonary trunk

veine^F cave supérieure
superior vena cava

valvule^F pulmonaire
pulmonary valve

veine^F pulmonaire gauche
left pulmonary vein

veine^F pulmonaire droite
right pulmonary vein

oreillette^F gauche
left atrium

valvule^F aortique
aortic valve

oreillette^F droite
right atrium

valvule^F mitrale
mitral valve

valvule^F tricuspide
tricuspid valve

ventricule^M gauche
left ventricle

endocarde^M
endocardium

muscle^M papillaire
papillary muscle

veine^F cave inférieure
inferior vena cava

septum^M interventriculaire
interventricular septum

aorte^F
aorta

ventricule^M droit
right ventricle

myocarde^M
myocardium

appareil^M respiratoire

ÊTRE HUMAIN

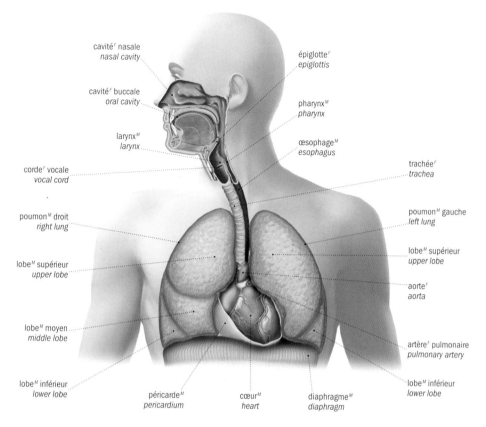

cavité^F nasale
nasal cavity

épiglotte^F
epiglottis

cavité^F buccale
oral cavity

pharynx^M
pharynx

larynx^M
larynx

œsophage^M
esophagus

corde^F vocale
vocal cord

trachée^F
trachea

poumon^M droit
right lung

poumon^M gauche
left lung

lobe^M supérieur
upper lobe

lobe^M supérieur
upper lobe

aorte^F
aorta

lobe^M moyen
middle lobe

artère^F pulmonaire
pulmonary artery

lobe^M inférieur
lower lobe

lobe^M inférieur
lower lobe

péricarde^M
pericardium

cœur^M
heart

diaphragme^M
diaphragm

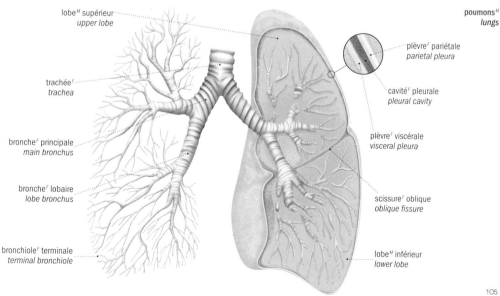

lobe^M supérieur
upper lobe

poumons^M
lungs

plèvre^F pariétale
parietal pleura

trachée^F
trachea

cavité^F pleurale
pleural cavity

bronche^F principale
main bronchus

plèvre^F viscérale
visceral pleura

bronche^F lobaire
lobe bronchus

scissure^F oblique
oblique fissure

bronchiole^F terminale
terminal bronchiole

lobe^M inférieur
lower lobe

appareil*ᴹ* digestif

digestive system

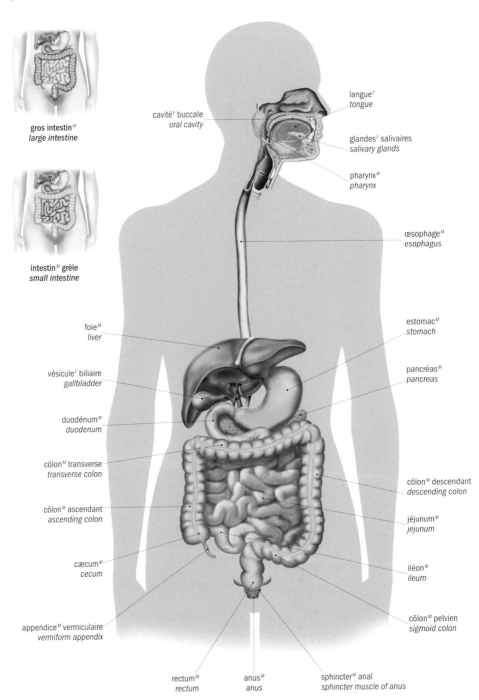

gros intestin*ᴹ*
large intestine

intestin*ᴹ* grêle
small intestine

langue*ꟳ*
tongue

cavité*ꟳ* buccale
oral cavity

glandes*ꟳ* salivaires
salivary glands

pharynx*ᴹ*
pharynx

œsophage*ᴹ*
esophagus

foie*ᴹ*
liver

estomac*ᴹ*
stomach

vésicule*ꟳ* biliaire
gallbladder

pancréas*ᴹ*
pancreas

duodénum*ᴹ*
duodenum

côlon*ᴹ* transverse
transverse colon

côlon*ᴹ* descendant
descending colon

côlon*ᴹ* ascendant
ascending colon

jéjunum*ᴹ*
jejunum

cæcum*ᴹ*
cecum

iléon*ᴹ*
ileum

appendice*ᴹ* vermiculaire
vermiform appendix

côlon*ᴹ* pelvien
sigmoid colon

rectum*ᴹ*
rectum

anus*ᴹ*
anus

sphincter*ᴹ* anal
sphincter muscle of anus

appareil^M urinaire

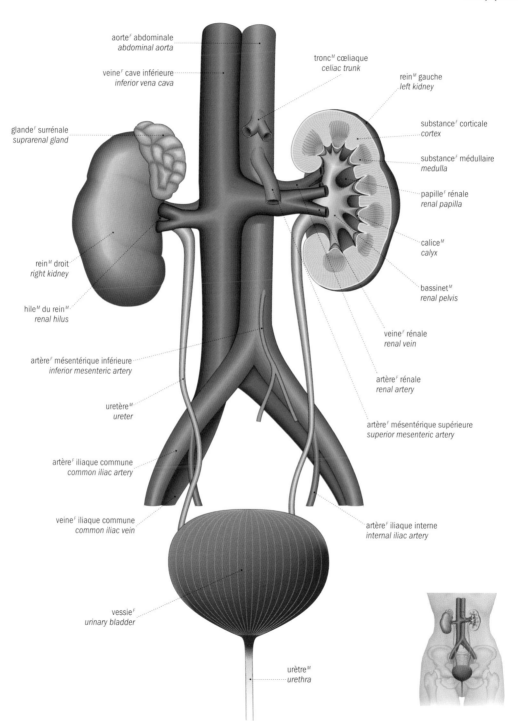

aorte^F abdominale
abdominal aorta

veine^F cave inférieure
inferior vena cava

tronc^M cœliaque
celiac trunk

rein^M gauche
left kidney

glande^F surrénale
suprarenal gland

substance^F corticale
cortex

substance^F médullaire
medulla

papille^F rénale
renal papilla

rein^M droit
right kidney

calice^M
calyx

hile^M du rein^M
renal hilus

bassinet^M
renal pelvis

artère^F mésentérique inférieure
inferior mesenteric artery

veine^F rénale
renal vein

uretère^M
ureter

artère^F rénale
renal artery

artère^F iliaque commune
common iliac artery

artère^F mésentérique supérieure
superior mesenteric artery

veine^F iliaque commune
common iliac vein

artère^F iliaque interne
internal iliac artery

vessie^F
urinary bladder

urètre^M
urethra

ÊTRE HUMAIN

107

système^M nerveux

nervous system

système^M nerveux périphérique
peripheral nervous system

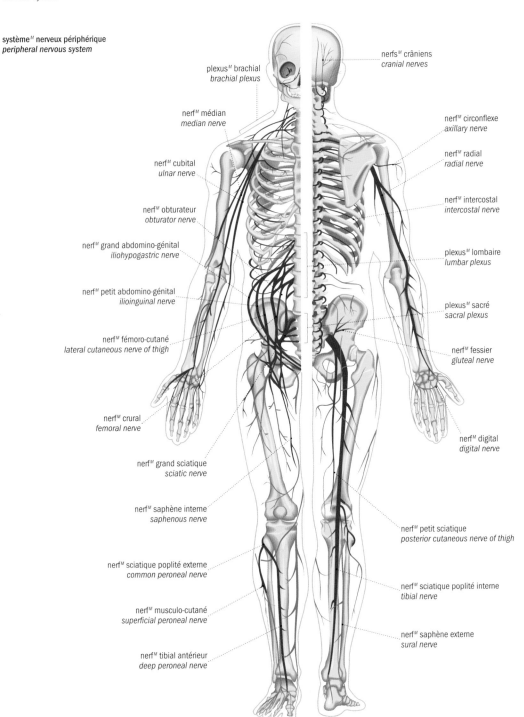

plexus^M brachial
brachial plexus

nerf^M médian
median nerve

nerf^M cubital
ulnar nerve

nerf^M obturateur
obturator nerve

nerf^M grand abdomino-génital
iliohypogastric nerve

nerf^M petit abdomino-génital
ilioinguinal nerve

nerf^M fémoro-cutané
lateral cutaneous nerve of thigh

nerf^M crural
femoral nerve

nerf^M grand sciatique
sciatic nerve

nerf^M saphène interne
saphenous nerve

nerf^M sciatique poplité externe
common peroneal nerve

nerf^M musculo-cutané
superficial peroneal nerve

nerf^M tibial antérieur
deep peroneal nerve

nerfs^M crâniens
cranial nerves

nerf^M circonflexe
axillary nerve

nerf^M radial
radial nerve

nerf^M intercostal
intercostal nerve

plexus^M lombaire
lumbar plexus

plexus^M sacré
sacral plexus

nerf^M fessier
gluteal nerve

nerf^M digital
digital nerve

nerf^M petit sciatique
posterior cutaneous nerve of thigh

nerf^M sciatique poplité interne
tibial nerve

nerf^M saphène externe
sural nerve

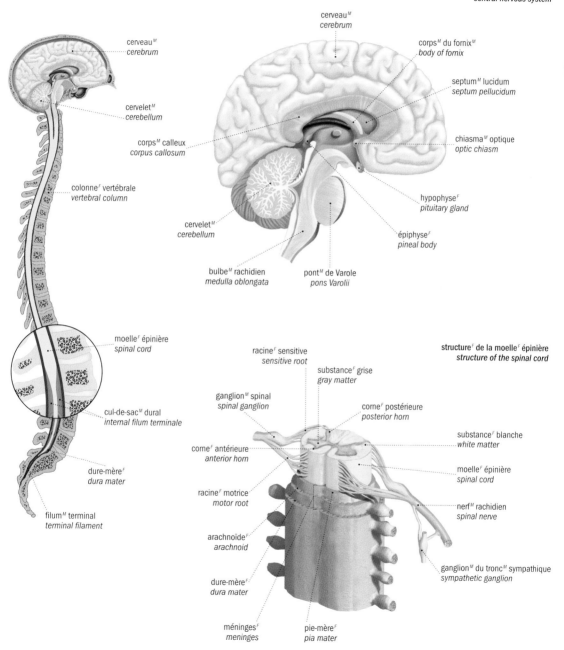

système^M nerveux central
central nervous system

cerveau^M
cerebrum

cerveau^M
cerebrum

corps^M du fornix^M
body of fornix

septum^M lucidum
septum pellucidum

cervelet^M
cerebellum

corps^M calleux
corpus callosum

chiasma^M optique
optic chiasm

colonne^F vertébrale
vertebral column

cervelet^M
cerebellum

hypophyse^F
pituitary gland

épiphyse^F
pineal body

bulbe^M rachidien
medulla oblongata

pont^M de Varole
pons Varolii

moelle^F épinière
spinal cord

structure^F de la moelle^F épinière
structure of the spinal cord

racine^F sensitive
sensitive root

substance^F grise
gray matter

ganglion^M spinal
spinal ganglion

corne^F postérieure
posterior horn

cul-de-sac^M dural
internal filum terminale

corne^F antérieure
anterior horn

substance^F blanche
white matter

moelle^F épinière
spinal cord

racine^F motrice
motor root

dure-mère^F
dura mater

nerf^M rachidien
spinal nerve

filum^M terminal
terminal filament

arachnoïde^F
arachnoid

ganglion^M du tronc^M sympathique
sympathetic ganglion

dure-mère^F
dura mater

méninges^F
meninges

pie-mère^F
pia mater

ÊTRE HUMAIN

système^M nerveux

chaine^F de neurones^M
chain of neurons

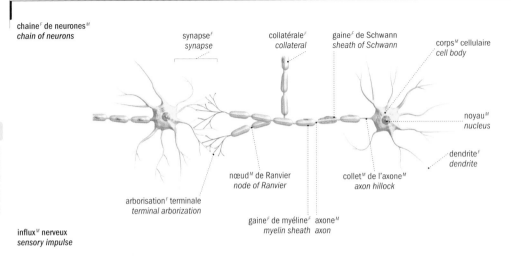

synapse^F
synapse

collatérale^F
collateral

gaine^F de Schwann
sheath of Schwann

corps^M cellulaire
cell body

noyau^M
nucleus

dendrite^F
dendrite

nœud^M de Ranvier
node of Ranvier

collet^M de l'axone^M
axon hillock

arborisation^F terminale
terminal arborization

gaine^F de myéline^F
myelin sheath

axone^M
axon

influx^M nerveux
sensory impulse

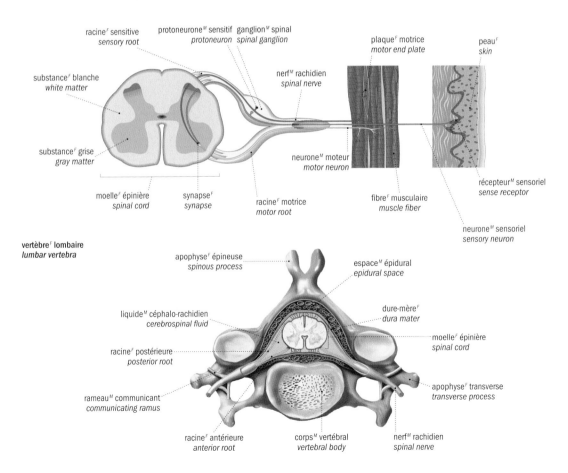

racine^F sensitive
sensory root

protoneurone^M sensitif
protoneuron

ganglion^M spinal
spinal ganglion

plaque^F motrice
motor end plate

peau^F
skin

substance^F blanche
white matter

nerf^M rachidien
spinal nerve

substance^F grise
gray matter

neurone^M moteur
motor neuron

moelle^F épinière
spinal cord

synapse^F
synapse

racine^F motrice
motor root

fibre^F musculaire
muscle fiber

récepteur^M sensoriel
sense receptor

neurone^M sensoriel
sensory neuron

vertèbre^F lombaire
lumbar vertebra

apophyse^F épineuse
spinous process

espace^M épidural
epidural space

liquide^M céphalo-rachidien
cerebrospinal fluid

dure-mère^F
dura mater

moelle^F épinière
spinal cord

racine^F postérieure
posterior root

rameau^M communicant
communicating ramus

apophyse^F transverse
transverse process

racine^F antérieure
anterior root

corps^M vertébral
vertebral body

nerf^M rachidien
spinal nerve

organes^M génitaux masculins

male reproductive organs

coupe^F sagittale
sagittal section

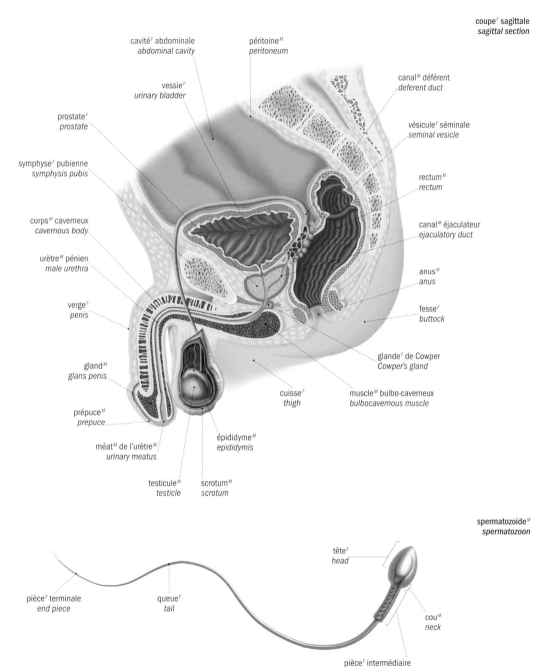

cavité^F abdominale
abdominal cavity

péritoine^M
peritoneum

canal^M déférent
deferent duct

vessie^F
urinary bladder

vésicule^F séminale
seminal vesicle

prostate^F
prostate

rectum^M
rectum

symphyse^F pubienne
symphysis pubis

canal^M éjaculateur
ejaculatory duct

corps^M caverneux
cavernous body

anus^M
anus

urètre^M pénien
male urethra

verge^F
penis

fesse^F
buttock

glande^F de Cowper
Cowper's gland

gland^M
glans penis

cuisse^F
thigh

muscle^M bulbo-caverneux
bulbocavernous muscle

prépuce^M
prepuce

méat^M de l'urètre^M
urinary meatus

épididyme^M
epididymis

testicule^M
testicle

scrotum^M
scrotum

spermatozoïde^M
spermatozoon

tête^F
head

pièce^F terminale
end piece

queue^F
tail

cou^M
neck

pièce^F intermédiaire
middle piece

organes^M génitaux féminins

female reproductive organs

coupe^F sagittale
sagittal section

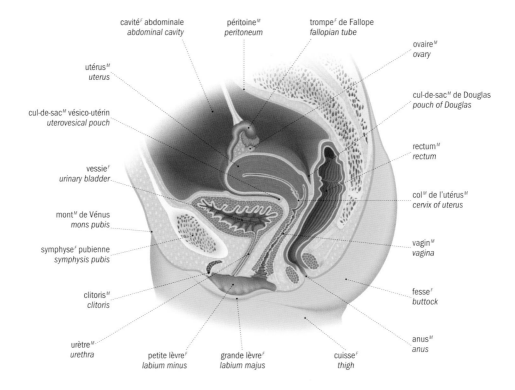

cavité^F abdominale
abdominal cavity

péritoine^M
peritoneum

trompe^F de Fallope
fallopian tube

ovaire^M
ovary

utérus^M
uterus

cul-de-sac^M de Douglas
pouch of Douglas

cul-de-sac^M vésico-utérin
uterovesical pouch

rectum^M
rectum

vessie^F
urinary bladder

col^M de l'utérus^M
cervix of uterus

mont^M de Vénus
mons pubis

vagin^M
vagina

symphyse^F pubienne
symphysis pubis

fesse^F
buttock

clitoris^M
clitoris

anus^M
anus

urètre^M
urethra

petite lèvre^F
labium minus

grande lèvre^F
labium majus

cuisse^F
thigh

ovule^M
egg

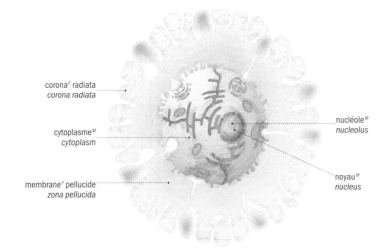

corona^F radiata
corona radiata

nucléole^M
nucleolus

cytoplasme^M
cytoplasm

noyau^M
nucleus

membrane^F pellucide
zona pellucida

ÊTRE HUMAIN

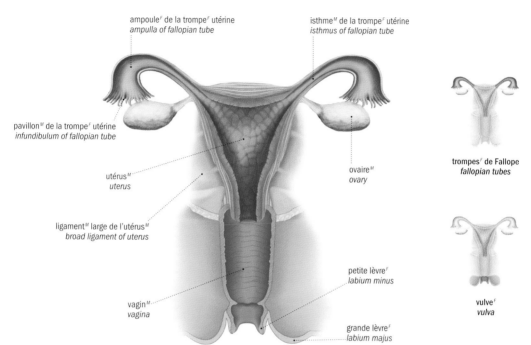

ampoule ᶠ de la trompe ᶠ utérine
ampulla of fallopian tube

isthme ᴹ de la trompe ᶠ utérine
isthmus of fallopian tube

pavillon ᴹ de la trompe ᶠ utérine
infundibulum of fallopian tube

utérus ᴹ
uterus

ovaire ᴹ
ovary

ligament ᴹ large de l'utérus ᴹ
broad ligament of uterus

petite lèvre ᶠ
labium minus

vagin ᴹ
vagina

grande lèvre ᶠ
labium majus

trompes ᶠ de Fallope
fallopian tubes

vulve ᶠ
vulva

sein ᴹ

breast

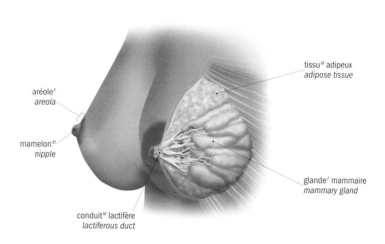

aréole ᶠ
areola

mamelon ᴹ
nipple

tissu ᴹ adipeux
adipose tissue

glande ᶠ mammaire
mammary gland

conduit ᴹ lactifère
lactiferous duct

toucher^M

touch

ÊTRE HUMAIN

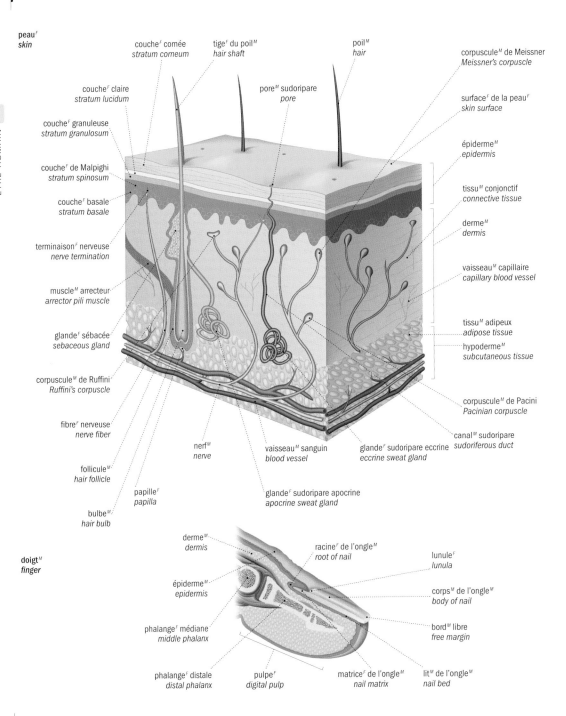

peau^F
skin

couche^F cornée
stratum corneum

tige^F du poil^M
hair shaft

poil^M
hair

corpuscule^M de Meissner
Meissner's corpuscle

couche^F claire
stratum lucidum

pore^M sudoripare
pore

surface^F de la peau^F
skin surface

couche^F granuleuse
stratum granulosum

épiderme^M
epidermis

couche^F de Malpighi
stratum spinosum

tissu^M conjonctif
connective tissue

couche^F basale
stratum basale

derme^M
dermis

terminaison^F nerveuse
nerve termination

vaisseau^M capillaire
capillary blood vessel

muscle^M arrecteur
arrector pili muscle

tissu^M adipeux
adipose tissue

glande^F sébacée
sebaceous gland

hypoderme^M
subcutaneous tissue

corpuscule^M de Ruffini
Ruffini's corpuscle

corpuscule^M de Pacini
Pacinian corpuscle

fibre^F nerveuse
nerve fiber

canal^M sudoripare
sudoriferous duct

nerf^M
nerve

vaisseau^M sanguin
blood vessel

glande^F sudoripare eccrine
eccrine sweat gland

follicule^M
hair follicle

papille^F
papilla

glande^F sudoripare apocrine
apocrine sweat gland

bulbe^M
hair bulb

derme^M
dermis

racine^F de l'ongle^M
root of nail

lunule^F
lunula

doigt^M
finger

épiderme^M
epidermis

corps^M de l'ongle^M
body of nail

phalange^F médiane
middle phalanx

bord^M libre
free margin

phalange^F distale
distal phalanx

pulpe^F
digital pulp

matrice^F de l'ongle^M
nail matrix

lit^M de l'ongle^M
nail bed

main^F
hand

paume^F
palm

dos^M
back

majeur^M
middle finger

annulaire^M
third finger

index^M
index finger

auriculaire^M
little finger

ongle^M
fingernail

lunule^F
lunula

pouce^M
thumb

poignet^M
wrist

ÊTRE HUMAIN

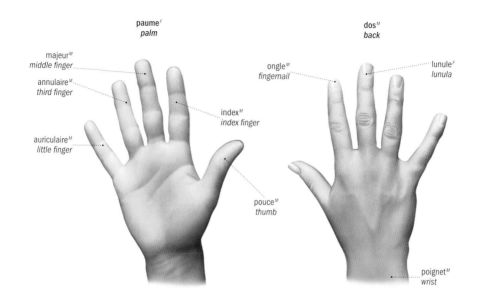

hearing

pavillon^M
auricle

hélix^M
helix

anthélix^M
antihelix

conque^F
concha

échancrure^F de la conque^F
intertragic notch

antitragus^M
antitragus

queue^F de l'hélix^M
tail of helix

lobule^M
lobule

fossette^F de l'anthélix^M
triangular fossa

racine^F de l'hélix^M
crus of helix

sillon^M antérieur
anterior notch

tragus^M
tragus

orifice^M du conduit^M auditif
acoustic meatus

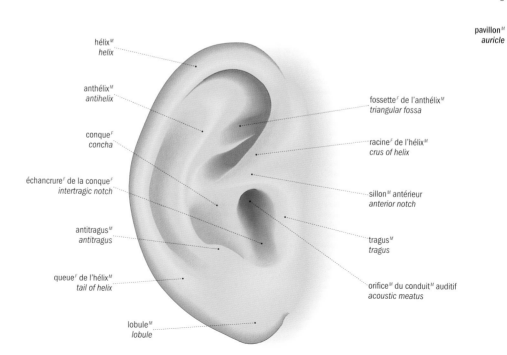

ouïe^F

ÊTRE HUMAIN

structure^F de l'oreille^F
structure of the ear

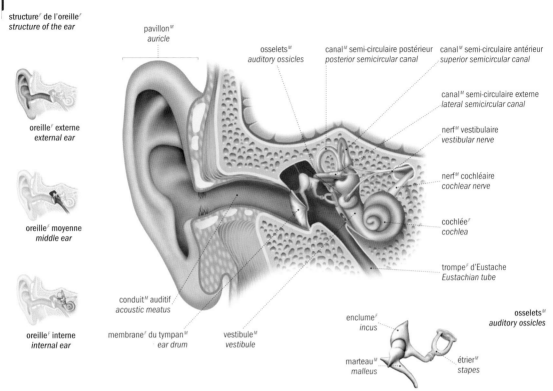

oreille^F externe
external ear

oreille^F moyenne
middle ear

oreille^F interne
internal ear

pavillon^M
auricle

osselets^M
auditory ossicles

canal^M semi-circulaire postérieur
posterior semicircular canal

canal^M semi-circulaire antérieur
superior semicircular canal

canal^M semi-circulaire externe
lateral semicircular canal

nerf^M vestibulaire
vestibular nerve

nerf^M cochléaire
cochlear nerve

cochlée^F
cochlea

trompe^F d'Eustache
Eustachian tube

conduit^M auditif
acoustic meatus

membrane^F du tympan^M
ear drum

vestibule^M
vestibule

enclume^F
incus

osselets^M
auditory ossicles

marteau^M
malleus

étrier^M
stapes

odorat^M et goût^M

smell and taste

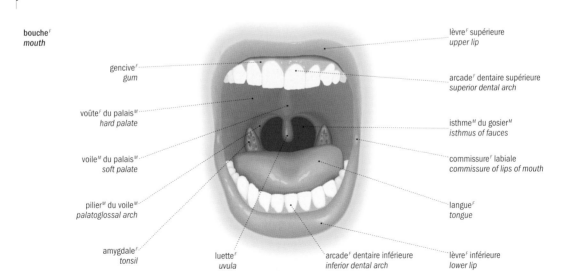

bouche^F
mouth

gencive^F
gum

voûte^F du palais^M
hard palate

voile^M du palais^M
soft palate

pilier^M du voile^M
palatoglossal arch

amygdale^F
tonsil

luette^F
uvula

arcade^F dentaire inférieure
inferior dental arch

lèvre^F supérieure
upper lip

arcade^F dentaire supérieure
superior dental arch

isthme^M du gosier^M
isthmus of fauces

commissure^F labiale
commissure of lips of mouth

langue^F
tongue

lèvre^F inférieure
lower lip

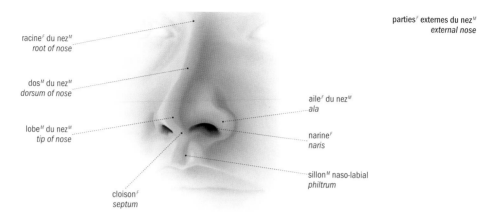

parties^F externes du nez^M
external nose

racine^F du nez^M
root of nose

dos^M du nez^M
dorsum of nose

aile^F du nez^M
ala

lobe^M du nez^M
tip of nose

narine^F
naris

sillon^M naso-labial
philtrum

cloison^F
septum

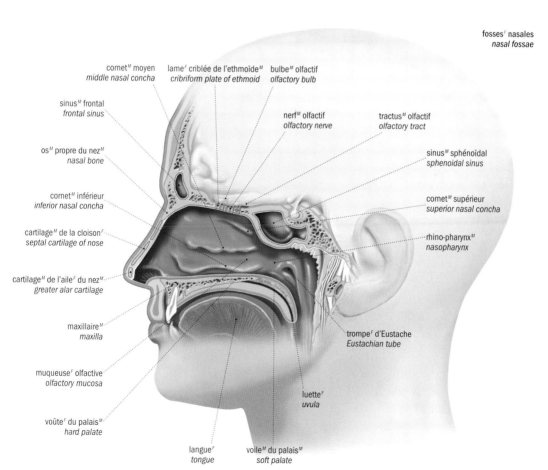

fosses^F nasales
nasal fossae

cornet^M moyen
middle nasal concha

lame^F criblée de l'ethmoïde^M
cribriform plate of ethmoid

bulbe^M olfactif
olfactory bulb

sinus^M frontal
frontal sinus

nerf^M olfactif
olfactory nerve

tractus^M olfactif
olfactory tract

os^M propre du nez^M
nasal bone

sinus^M sphénoïdal
sphenoidal sinus

cornet^M inférieur
inferior nasal concha

cornet^M supérieur
superior nasal concha

cartilage^M de la cloison^F
septal cartilage of nose

rhino-pharynx^M
nasopharynx

cartilage^M de l'aile^F du nez^M
greater alar cartilage

maxillaire^M
maxilla

trompe^F d'Eustache
Eustachian tube

muqueuse^F olfactive
olfactory mucosa

luette^F
uvula

voûte^F du palais^M
hard palate

langue^F
tongue

voile^M du palais^M
soft palate

ÊTRE HUMAIN

dos^M de la langue^F
dorsum of tongue

base^F
root

corps^M
body

épiglotte^F
epiglottis

amygdale^F linguale
lingual tonsil

amygdale^F palatine
palatine tonsil

foramen^M cæcum^M
foramen cecum

sillon^M terminal
sulcus terminalis

papille^F linguale
lingual papilla

sillon^M médian
median lingual sulcus

apex^M
apex

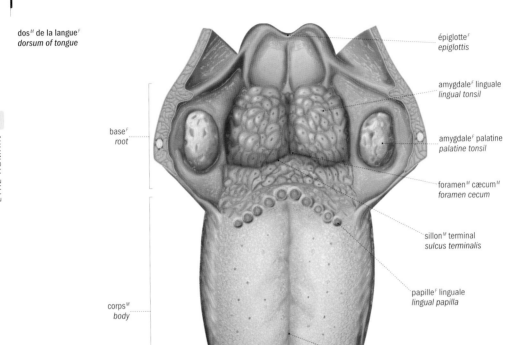

récepteurs^M du goût^M
taste receptors

papille^F fongiforme
fungiform papilla

papille^F filiforme
filiform papilla

glande^F salivaire
salivary gland

papille^F caliciforme
circumvallate papilla

papille^F foliée
foliate papilla

sillon^M
furrow

bourgeon^M gustatif
taste bud

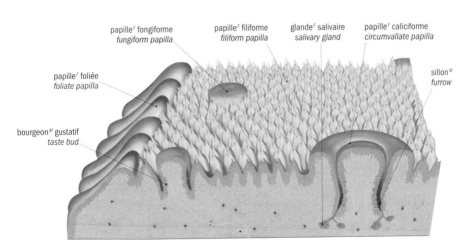

vue^F

œil^M
eye

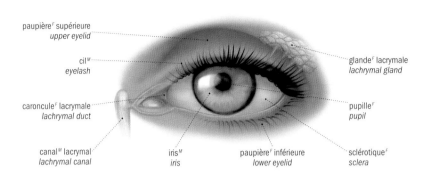

paupière^F supérieure
upper eyelid

cil^M
eyelash

caroncule^F lacrymale
lachrymal duct

canal^M lacrymal
lachrymal canal

iris^M
iris

paupière^F inférieure
lower eyelid

glande^F lacrymale
lachrymal gland

pupille^F
pupil

sclérotique^F
sclera

globe^M oculaire
eyeball

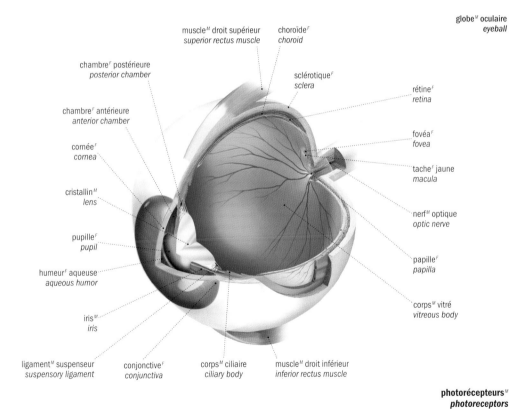

muscle^M droit supérieur
superior rectus muscle

choroïde^F
choroid

chambre^F postérieure
posterior chamber

sclérotique^F
sclera

chambre^F antérieure
anterior chamber

cornée^F
cornea

cristallin^M
lens

pupille^F
pupil

humeur^F aqueuse
aqueous humor

iris^M
iris

ligament^M suspenseur
suspensory ligament

conjonctive^F
conjunctiva

corps^M ciliaire
ciliary body

muscle^M droit inférieur
inferior rectus muscle

rétine^F
retina

fovéa^F
fovea

tache^F jaune
macula

nerf^M optique
optic nerve

papille^F
papilla

corps^M vitré
vitreous body

photorécepteurs^M
photoreceptors

cône^M
cone

bâtonnet^M
rod

supermarché^M

supermarket

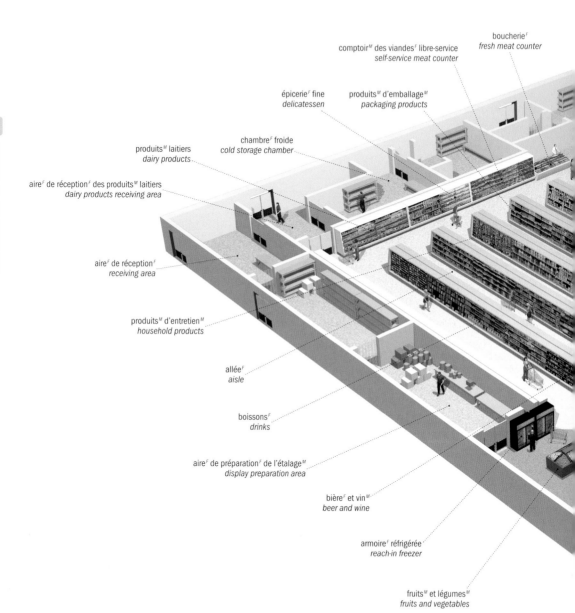

boucherie^F
fresh meat counter

comptoir^M des viandes^F libre-service
self-service meat counter

épicerie^F fine
delicatessen

produits^M d'emballage^M
packaging products

chambre^F froide
cold storage chamber

produits^M laitiers
dairy products

aire^F de réception^F des produits^M laitiers
dairy products receiving area

aire^F de réception^F
receiving area

produits^M d'entretien^M
household products

allée^F
aisle

boissons^F
drinks

aire^F de préparation^F de l'étalage^M
display preparation area

bière^F et vin^M
beer and wine

armoire^F réfrigérée
reach-in freezer

fruits^M et légumes^M
fruits and vegetables

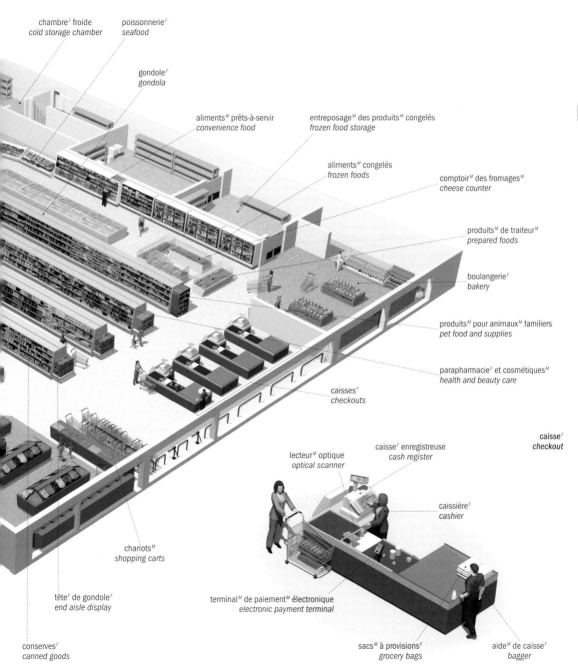

chambre^F froide
cold storage chamber

poissonnerie^F
seafood

gondole^F
gondola

aliments^M prêts-à-servir
convenience food

entreposage^M des produits^M congelés
frozen food storage

aliments^M congelés
frozen foods

comptoir^M des fromages^M
cheese counter

produits^M de traiteur^M
prepared foods

boulangerie^F
bakery

produits^M pour animaux^M familiers
pet food and supplies

parapharmacie^F et cosmétiques^M
health and beauty care

caisses^F
checkouts

caisse^F
checkout

lecteur^M optique
optical scanner

caisse^F enregistreuse
cash register

caissière^F
cashier

chariots^M
shopping carts

tête^F de gondole^F
end aisle display

terminal^M de paiement^M électronique
electronic payment terminal

conserves^F
canned goods

sacs^M à provisions^F
grocery bags

aide^M de caisse^F
bagger

ALIMENTATION ET CUISINE

ferme^F

farmstead

ALIMENTATION ET CUISINE

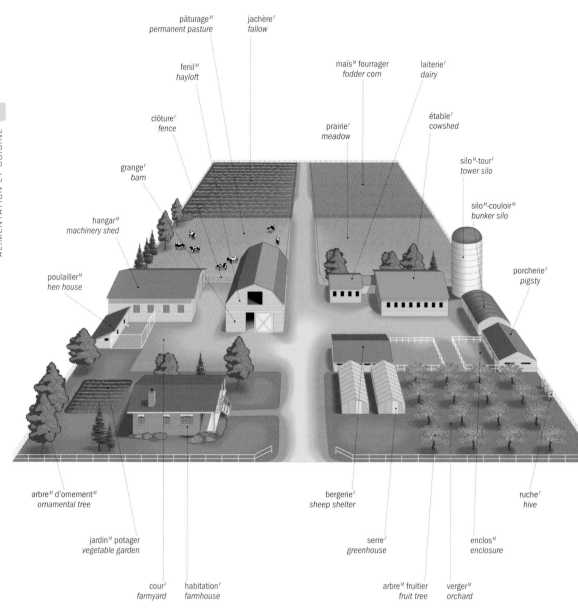

pâturage^M
permanent pasture

jachère^F
fallow

maïs^M fourrager
fodder corn

laiterie^F
dairy

fenil^M
hayloft

clôture^F
fence

prairie^F
meadow

étable^F
cowshed

grange^F
barn

silo^M-tour^F
tower silo

silo^M-couloir^M
bunker silo

hangar^M
machinery shed

poulailler^M
hen house

porcherie^F
pigsty

arbre^M d'ornement^M
ornamental tree

bergerie^F
sheep shelter

ruche^F
hive

jardin^M potager
vegetable garden

serre^F
greenhouse

enclos^M
enclosure

cour^F
farmyard

habitation^F
farmhouse

arbre^M fruitier
fruit tree

verger^M
orchard

champignons^M

mushrooms

truffe^F
truffle

oreille-de-Judas^F
wood ear

oronge^F vraie
royal agaric

lactaire^M délicieux
delicious lactarius

collybie^F à pied^M velouté
enoki mushroom

pleurote^M en forme^F d'huître^F
oyster mushroom

champignon^M de couche^F
cultivated mushroom

russule^F verdoyante
green russula

morille^F
morel

cèpe^M
edible boletus

shiitake^M
shiitake mushroom

chanterelle^F commune
chanterelle

algues^F

seaweed

aramé^M
arame

wakamé^M
wakame

kombu^M
kombu

spiruline^F
spirulina

mousse^F d'Irlande^F
Irish moss

hijiki^M
hijiki

laitue^F de mer^F
sea lettuce

agar-agar^M
agar-agar

nori^M
nori

rhodyménie^M palmé
dulse

légumes^M

vegetables

légumes^M bulbes^M
bulb vegetables

échalote^F
shallot

châtaigne^F d'eau^F
water chestnut

oignon^M vert
green onion

ciboule^F
scallion

ail^M
garlic

ciboulette^F
chive

poireau^M
leek

oignon^M jaune
yellow onion

oignon^M rouge
red onion

oignon^M blanc
white onion

oignon^M à mariner
pickling onion

légumes^M tubercules^M
tuber vegetables

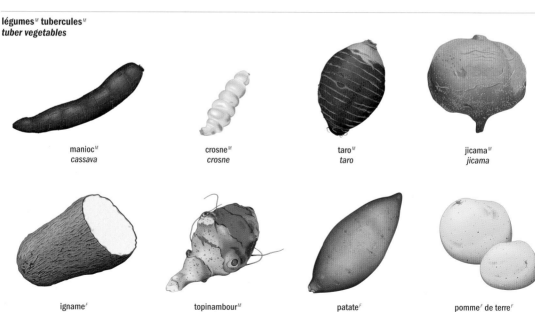

manioc^M
cassava

crosne^M
crosne

taro^M
taro

jicama^M
jicama

igname^F
yam

topinambour^M
Jerusalem artichoke

patate^F
sweet potato

pomme^F de terre^F
potato

légumes^M tiges^F
stalk vegetables

asperge^F
asparagus

pointe^F
tip

turion^M
spear

botte^F
bundle

bette^F à carde^F
Swiss chard

feuille^F
leaf

chou^M-rave^F
kohlrabi

carde^F
rib

fenouil^M
fennel

tige^F
stalk

pousse^F de bambou^M
bamboo shoot

bulbe^M
bulb

cardon^M
cardoon

céleri^M
celery

branche^F
branch

crosse^F de fougère^F
fiddlehead fern

rhubarbe^F
rhubarb

pied^M
head

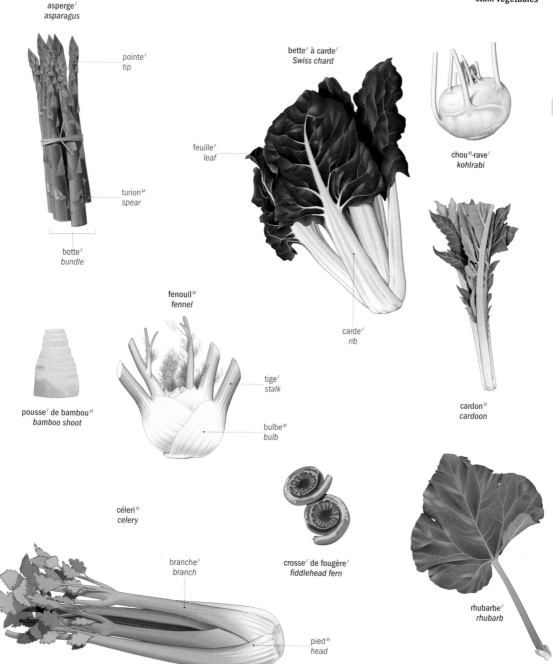

ALIMENTATION ET CUISINE

légumes^M

légumes^M **feuilles**^F
leaf vegetables

laitue^F frisée
leaf lettuce

romaine^F
romaine lettuce

laitue^F asperge^F
celtuce

chou^M marin
sea kale

chou^M cavalier^M
collards

scarole^F
escarole

laitue^F pommée
butterhead lettuce

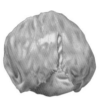

laitue^F iceberg^M
iceberg lettuce

chicorée^F de Trévise
radicchio

chou^M laitue^F
ornamental kale

chou^M frisé
curled kale

feuille^F de vigne^F
grape leaf

choux^M de Bruxelles
Brussels sprouts

chou^M pommé rouge
red cabbage

chou^M pommé blanc
white cabbage

chou^M de Milan
savoy cabbage

chou^M pommé vert
green cabbage

pe-tsaï^M
pe-tsai

pak-choï^M
pak-choi

pourpier^M
purslane

ortie^F
nettle

cresson^M de fontaine^F
watercress

pissenlit^M
dandelion

mâche^F
corn salad

roquette^F
arugula

épinard^M
spinach

cresson^M alénois
garden cress

oseille^F
garden sorrel

chicorée^F frisée
curled endive

endive^F
Belgian endive

légumes^M fleurs^F
inflorescent vegetables

chou^M-fleur^F
cauliflower

brocoli^M
broccoli

Gai lon^M
Gai-lohn

brocoli^M italien
broccoli rabe

artichaut^M
artichoke

ALIMENTATION ET CUISINE

légumes^M **fruits**^M
fruit vegetables

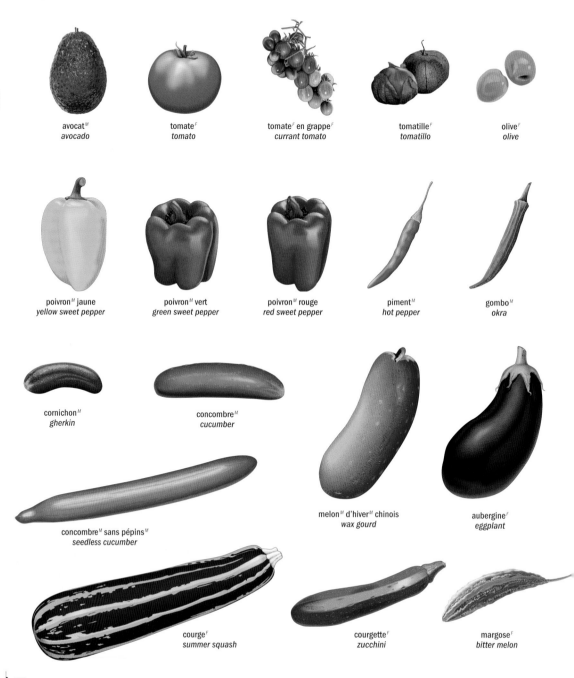

avocat^M
avocado

tomate^F
tomato

tomate^F en grappe^F
currant tomato

tomatille^F
tomatillo

olive^F
olive

poivron^M jaune
yellow sweet pepper

poivron^M vert
green sweet pepper

poivron^M rouge
red sweet pepper

piment^M
hot pepper

gombo^M
okra

cornichon^M
gherkin

concombre^M
cucumber

concombre^M sans pépins^M
seedless cucumber

melon^M d'hiver^M chinois
wax gourd

aubergine^F
eggplant

courge^F
summer squash

courgette^F
zucchini

margose^F
bitter melon

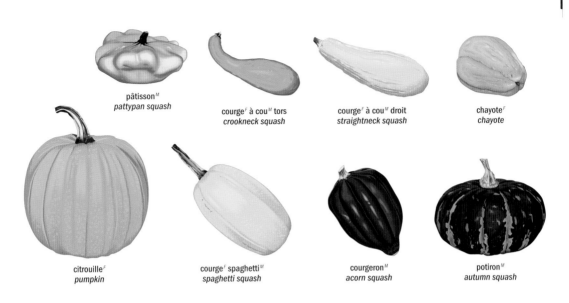

pâtisson^M
pattypan squash

courge^F à cou^M tors
crookneck squash

courge^F à cou^M droit
straightneck squash

chayote^F
chayote

citrouille^F
pumpkin

courge^F spaghetti^M
spaghetti squash

courgeron^M
acorn squash

potiron^M
autumn squash

légumes^M racines^F
root vegetables

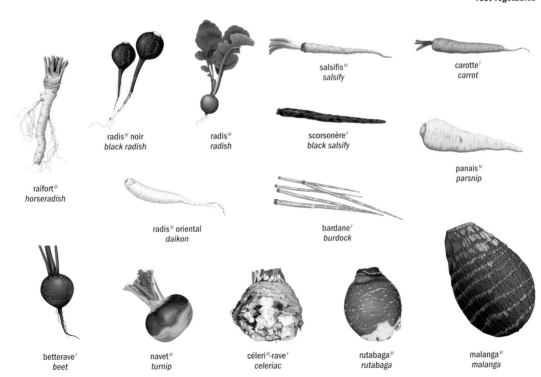

salsifis^M
salsify

carotte^F
carrot

radis^M noir
black radish

radis^M
radish

scorsonère^F
black salsify

panais^M
parsnip

raifort^M
horseradish

radis^M oriental
daikon

bardane^F
burdock

betterave^F
beet

navet^M
turnip

céleri^M-rave^F
celeriac

rutabaga^M
rutabaga

malanga^M
malanga

légumineuses^F

legumes

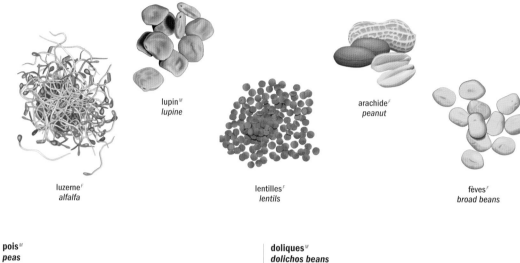

luzerne^F
alfalfa

lupin^M
lupine

lentilles^F
lentils

arachide^F
peanut

fèves^F
broad beans

pois^M
peas

doliques^M
dolichos beans

pois^M chiches
chick peas

pois^M cassés
split peas

dolique^M à œil^M noir
black-eyed pea

dolique^M d'Égypte^F
lablab bean

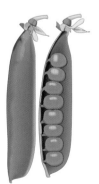

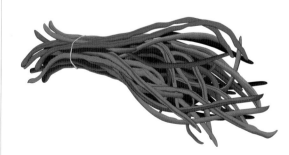

petits pois^M
green peas

pois^M mange-tout^M
sweet peas

dolique^M asperge^F
yard-long bean

haricots^M
beans

haricot^M vert
green bean

haricot^M jaune
wax bean

haricot^M romain
roman bean

haricot^M adzuki
adzuki bean

haricot^M d'Espagne^F
scarlet runner bean

haricot^M mungo
mung bean

haricot^M de Lima
Lima bean

haricot^M pinto
pinto bean

haricot^M rouge
red kidney bean

haricot^M mungo à grain^M noir
black gram

haricot^M noir
black bean

graine^F de soja^M; graine^F de soya^M
soybeans

germes^M de soja^M; germes^M de soya^M
soybean sprouts

flageolet^M
flageolet

fruits^M

fruits

baies^F
berries

groseille^F à grappes^F; gadelle^F
currant

cassis^M
black currant

groseille^F à maquereau^M
gooseberry

raisin^M
grape

bleuet^M
blueberry

myrtille^F
bilberry

airelle^F
red whortleberry

alkékenge^M
alkekengi

canneberge^F; atoca^M
cranberry

framboise^F
raspberry

mûre^F
blackberry

fraise^F
strawberry

fruits^M à noyau^M
stone fruits

abricot^M
apricot

prune^F
plum

pêche^F
peach

nectarine^F
nectarine

cerise^F
cherry

datte^F
date

noix^F de macadamia^M
macadamia nut

noix^F de ginkgo^M
ginkgo nut

pistache^F
pistachio nut

pignon^M
pine nut

noix^F de cola^M
cola nut

noix^F de pacane^F
pecan nut

noix^F de cajou^M
cashew

amande^F
almond

noisette^F
hazelnut

noix^F
walnut

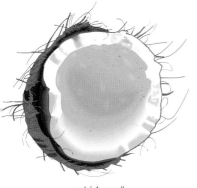

noix^F de coco^M
coconut

marron^M
chestnut

faine^F
beechnut

noix^F du Brésil^M
Brazil nut

poire^F
pear

coing^M
quince

pomme^F
apple

nèfle^F du Japon^M
Japanese plum

fruits^M

agrumes^M
citrus fruits

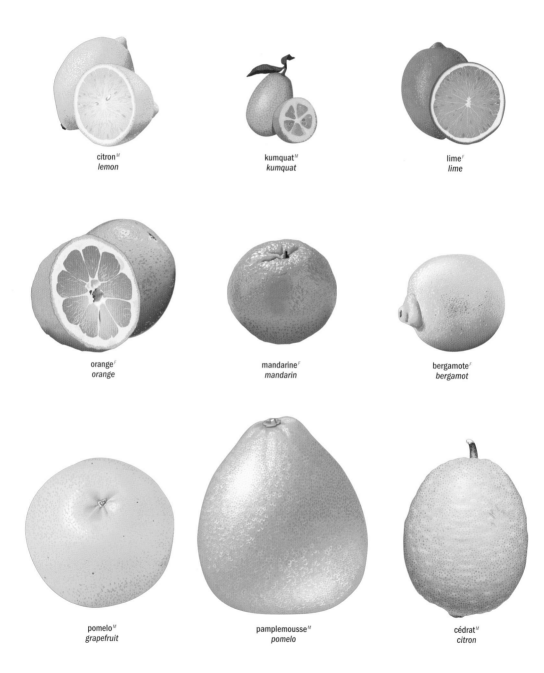

citron^M
lemon

kumquat^M
kumquat

lime^F
lime

orange^F
orange

mandarine^F
mandarin

bergamote^F
bergamot

pomelo^M
grapefruit

pamplemousse^M
pomelo

cédrat^M
citron

melons^M
melons

cantaloup^M
cantaloupe

melon^M Casaba
casaba melon

melon^M miel^M
honeydew melon

melon^M brodé
muskmelon

melon^M brésilien
canary melon

pastèque^F
watermelon

melon^M d'Ogen
Ogen melon

ALIMENTATION ET CUISIINE

135

fruits^M

fruits^M tropicaux
tropical fruits

ALIMENTATION ET CUISINE

banane^F plantain^M
plantain

banane^F
banana

longane^M
longan

tamarillo^M
tamarillo

fruit^M de la Passion^F
passion fruit

melon^M à cornes^F
horned melon

mangoustan^M
mangosteen

kiwi^M
kiwi

grenade^F
pomegranate

chérimole^F
cherimoya

jaque^M
jackfruit

ananas^M
pineapple

jaboticaba^M
jaboticaba

litchi^M
litchi

figue^F
fig

jujube^M
jujube

sapotille^F
sapodilla

goyave^F
guava

ramboutan^M
rambutan

kaki^M
Japanese persimmon

figue^F de Barbarie
prickly pear

carambole^F
carambola

pomme^F-poire^F
Asian pear

mangue^F
mango

durian^M
durian

papaye^F
papaya

pepino^M
pepino

feijoa^M
feijoa

ALIMENTATION ET CUISINE

épices^F

spices

ALIMENTATION ET CUISINE

baie^F de genièvre^M
juniper berry

clou^M de girofle^M
clove

piment^M de la Jamaïque^F
allspice

moutarde^F blanche
white mustard

moutarde^F noire
black mustard

poivre^M noir
black pepper

poivre^M blanc
white pepper

poivre^M rose
pink pepper

poivre^M vert
green pepper

noix^F de muscade^F
nutmeg

carvi^M
caraway

cardamome^F
cardamom

cannelle^F
cinnamon

safran^M
saffron

cumin^M
cumin

curry^M
curry

curcuma^M
turmeric

fenugrec^M
fenugreek

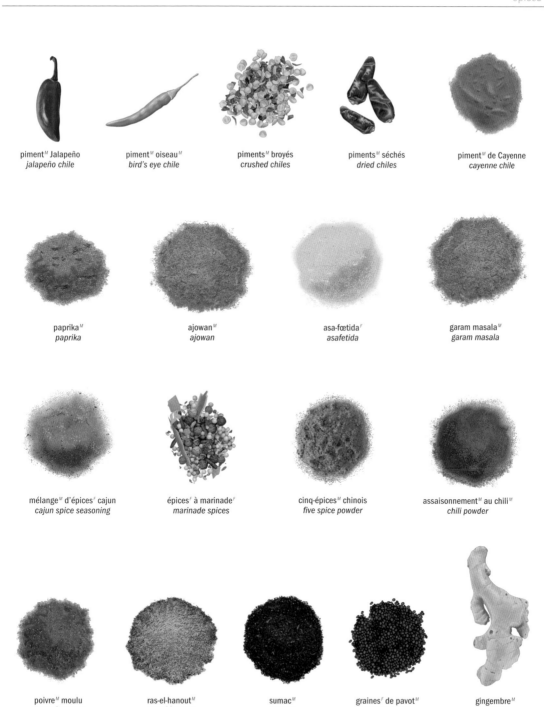

piment^M Jalapeño
jalapeño chile

piment^M oiseau^M
bird's eye chile

piments^M broyés
crushed chiles

piments^M séchés
dried chiles

piment^M de Cayenne
cayenne chile

paprika^M
paprika

ajowan^M
ajowan

asa-fœtida^F
asafetida

garam masala^M
garam masala

mélange^M d'épices^F cajun
cajun spice seasoning

épices^F à marinade^F
marinade spices

cinq-épices^M chinois
five spice powder

assaisonnement^M au chili^M
chili powder

poivre^M moulu
ground pepper

ras-el-hanout^M
ras el hanout

sumac^M
sumac

graines^F de pavot^M
poppy seeds

gingembre^M
ginger

ALIMENTATION ET CUISINE

condiments^M

condiments

sauce^F Tabasco®
Tabasco® sauce

sauce^F Worcestershire
Worcestershire sauce

pâte^F de tamarin^M
tamarind paste

extrait^M de vanille^F
vanilla extract

concentré^M de tomate^F
tomato paste

coulis^M de tomate^F
tomato coulis

hoummos^M
hummus

tahini^M
tahini

sauce^F hoisin
hoisin sauce

sauce^F soja^M; sauce^F soya^M
soy sauce

moutarde^F en poudre^F
powdered mustard

moutarde^F à l'ancienne^F
wholegrain mustard

moutarde^F de Dijon
Dijon mustard

moutarde^F allemande
German mustard

moutarde^F anglaise
English mustard

moutarde^F américaine
American mustard

ALIMENTATION ET CUISINE

sauce^F aux prunes^F
plum sauce

chutney^M à la mangue^F
mango chutney

harissa^F
harissa

sambal oelek^M
sambal oelek

ketchup^M
ketchup

wasabi^M
wasabi

sel^M fin
table salt

gros sel^M
coarse salt

sel^M marin
sea salt

vinaigre^M balsamique
balsamic vinegar

vinaigre^M de riz^M
rice vinegar

vinaigre^M de cidre^M
apple cider vinegar

vinaigre^M de malt^M
malt vinegar

vinaigre^M de vin^M
wine vinegar

fines herbes^F

herbs

ALIMENTATION ET CUISINE

aneth^M
dill

anis^M
anise

laurier^M
sweet bay

origan^M
oregano

estragon^M
tarragon

basilic^M
basil

sauge^F
sage

thym^M
thyme

menthe^F
mint

persil^M
parsley

cerfeuil^M
chervil

coriandre^F
coriander

romarin^M
rosemary

hysope^F
hyssop

bourrache^F
borage

livèche^F
lovage

sarriette^F
savory

mélisse^F
lemon balm

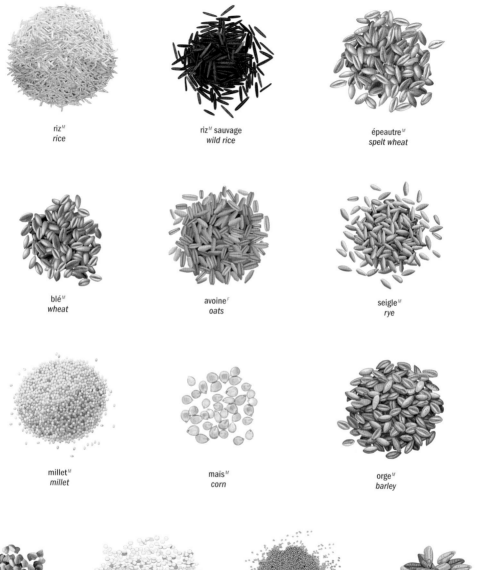

riz^M
rice

riz^M sauvage
wild rice

épeautre^M
spelt wheat

blé^M
wheat

avoine^F
oats

seigle^M
rye

millet^M
millet

maïs^M
corn

orge^M
barley

sarrasin^M
buckwheat

quinoa^M
quinoa

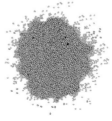

amarante^F
amaranth

triticale^M
triticale

produits^M céréaliers

cereal products

farine^F et semoule^F
flour and semolina

semoule^F
semolina

farine^F de blé^M complet; *farine^F de blé^M entier*
whole-wheat flour

couscous^M
couscous

farine^F tout usage^M
all-purpose flour

farine^F non blanchie
unbleached flour

farine^F d'avoine^F
oat flour

farine^F de maïs^M
corn flour

pain^M
bread

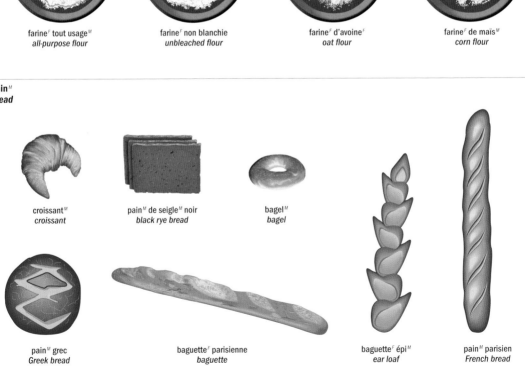

croissant^M
croissant

pain^M de seigle^M noir
black rye bread

bagel^M
bagel

pain^M grec
Greek bread

baguette^F parisienne
baguette

baguette^F épi^M
ear loaf

pain^M parisien
French bread

ALIMENTATION ET CUISINE

pain^M chapati indien
Indian chapati bread

tortilla^F
tortilla

pain^M pita
pita bread

pain^M naan indien
Indian naan bread

cracker^M de seigle^M
cracked rye bread

pâte^F phyllo^F
phyllo dough

pain^M azyme
unleavened bread

pain^M de seigle^M danois
Danish rye bread

pain^M blanc
white bread

pain^M multicéréales
multigrain bread

cracker^M scandinave
Scandinavian cracked bread

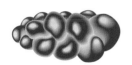

pain^M tchallah juif
Jewish hallah

pain^M de maïs^M américain
American corn bread

pain^M de seigle^M allemand
German rye bread

pain^M noir russe
Russian pumpernickel

pain^M de campagne^F
farmhouse bread

pain^M complet
wholemeal bread

pain^M irlandais
Irish bread

pain^M de mie^F
English loaf

pâtes^F alimentaires
pasta

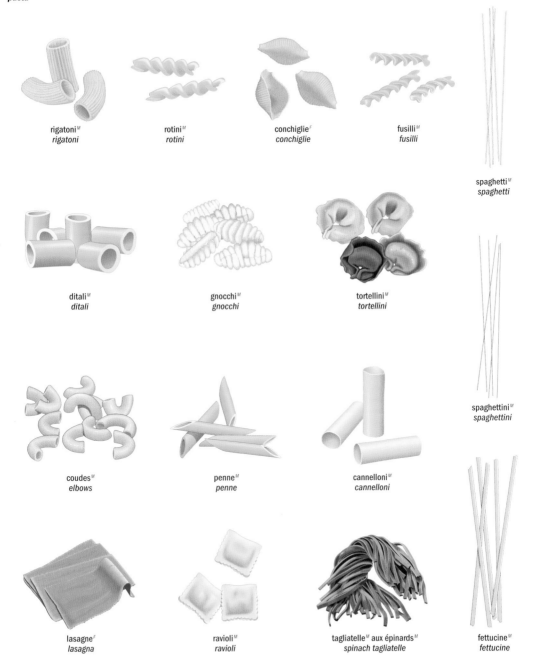

rigatoni^M
rigatoni

rotini^M
rotini

conchiglie^F
conchiglie

fusilli^M
fusilli

spaghetti^M
spaghetti

ditali^M
ditali

gnocchi^M
gnocchi

tortellini^M
tortellini

spaghettini^M
spaghettini

coudes^M
elbows

penne^M
penne

cannelloni^M
cannelloni

lasagne^F
lasagna

ravioli^M
ravioli

tagliatelle^M aux épinards^M
spinach tagliatelle

fettucine^M
fettucine

ALIMENTATION ET CUISINE

nouilles^F **asiatiques**
Asian noodles

nouilles^F soba
soba noodles

nouilles^F somen
somen noodles

nouilles^F udon
udon noodles

galettes^F de riz^M
rice papers

nouilles^F de riz^M
rice noodles

nouilles^F de haricots^M mungo
bean thread cellophane noodles

nouilles^F aux œufs^M
egg noodles

vermicelles^M de riz^M
rice vermicelli

pâtes^F won-ton
won ton skins

riz^M
rice

riz^M blanc
white rice

riz^M complet
brown rice

riz^M étuvé
parboiled rice

riz^M basmati
basmati rice

café^M et infusions^F

coffee and infusions

café^M
coffee

tisanes^F
herbal teas

grains^M de café^M verts
green coffee beans

grains^M de café^M torréfiés
roasted coffee beans

tilleul^M
linden

camomille^F
chamomile

verveine^F
verbena

thé^M
tea

thé^M vert
green tea

thé^M noir
black tea

thé^M oolong
oolong tea

thé^M en sachet^M
tea bag

chocolat^M

chocolate

chocolat^M noir
dark chocolate

chocolat^M au lait^M
milk chocolate

cacao^M
cocoa

chocolat^M blanc
white chocolate

sucre^M

sugar

sucre^M granulé
granulated sugar

sucre^M glace^F
powdered sugar

cassonade^F
brown sugar

sucre^M candi
rock candy

mélasse^F
molasses

sirop^M de maïs^M
corn syrup

sirop^M d'érable^M
maple syrup

miel^M
honey

huiles^F et matières^F grasses

fats and oils

huile^F de maïs^M
corn oil

huile^F d'olive^F
olive oil

huile^F de tournesol^M
sunflower-seed oil

huile^F d'arachide^F
peanut oil

huile^F de sésame^M
sesame oil

saindoux^M
shortening

lard^M
lard

margarine^F
margarine

produits^M laitiers

dairy products

yaourt^M; yogourt^M
yogurt

ghee^M
ghee

beurre^M
butter

crème^F
cream

crème^F épaisse; crème^F à fouetter
whipping cream

crème^F aigre; crème^F sure
sour cream

lait^M
milk

lait^M homogénéisé
homogenized milk

lait^M de chèvre^F
goat's milk

lait^M concentré
evaporated milk

babeurre^M
buttermilk

lait^M en poudre^F
powdered milk

fromages^M frais
fresh cheeses

cottage^M
cottage cheese

mozzarella^F
mozzarella

ricotta^F
ricotta

fromage^M à la crème^F
cream cheese

fromages^M de chèvre^F
goat's-milk cheeses

chèvre^M frais
Chèvre cheese

crottin^M de Chavignol
Crottin de Chavignol

fromages^M **à pâte**^F **pressée**
pressed cheeses

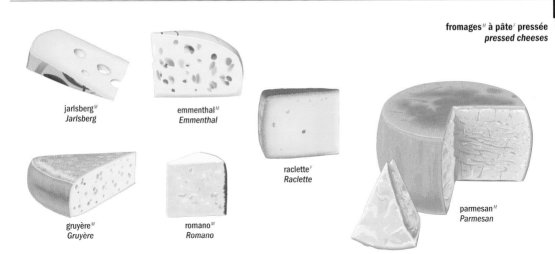

jarlsberg^M
Jarlsberg

emmenthal^M
Emmenthal

raclette^F
Raclette

gruyère^M
Gruyère

romano^M
Romano

parmesan^M
Parmesan

fromages^M **à pâte**^F **persillée**
blue-veined cheeses

roquefort^M
Roquefort

stilton^M
Stilton

gorgonzola^M
Gorgonzola

bleu^M danois
Danish Blue

fromages^M **à pâte**^F **molle**
soft cheeses

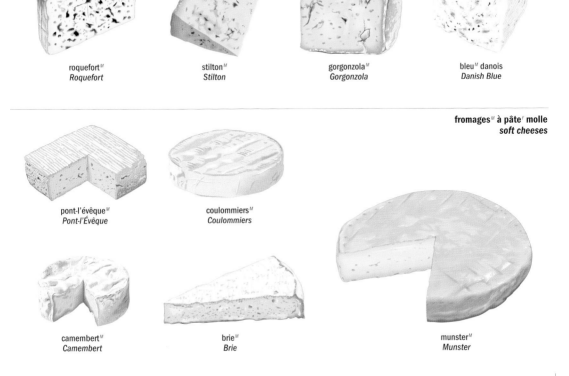

pont-l'évêque^M
Pont-l'Évêque

coulommiers^M
Coulommiers

camembert^M
Camembert

brie^M
Brie

munster^M
Munster

ALIMENTATION ET CUISINE

viande^F

meat

ALIMENTATION ET CUISINE

découpes^F de bœuf^M
cuts of beef

bifteck^M
steak

cubes^M de bœuf^M
beef cubes

bœuf^M haché
ground beef

jarret^M
shank

filet^M de bœuf^M
tenderloin roast

rôti^M de côtes^F
rib roast

côtes^F levées de dos^M
back ribs

découpes^F de veau^M
cuts of veal

cubes^M de veau^M
veal cubes

veau^M haché
ground veal

jarret^M
shank

rôti^M
roast

bifteck^M
steak

côte^F
chop

viande^F

découpes^F d'agneau^M
cuts of lamb

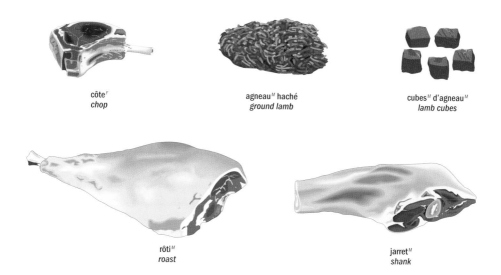

côte^F
chop

agneau^M haché
ground lamb

cubes^M d'agneau^M
lamb cubes

rôti^M
roast

jarret^M
shank

découpes^F de porc^M
cuts of pork

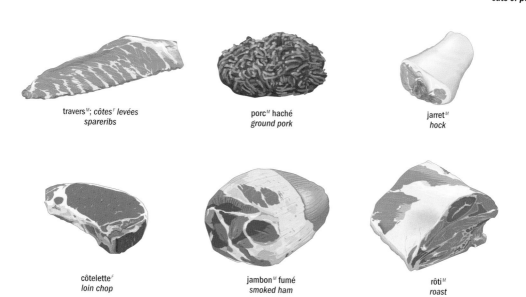

travers^M; côtes^F *levées*
spareribs

porc^M haché
ground pork

jarret^M
hock

côtelette^F
loin chop

jambon^M fumé
smoked ham

rôti^M
roast

ALIMENTATION ET CUISINE

abats^M

variety meat

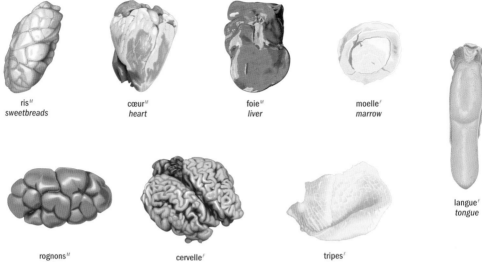

ris^M
sweetbreads

cœur^M
heart

foie^M
liver

moelle^F
marrow

langue^F
tongue

rognons^M
kidney

cervelle^F
brains

tripes^F
tripe

gibier^M

game

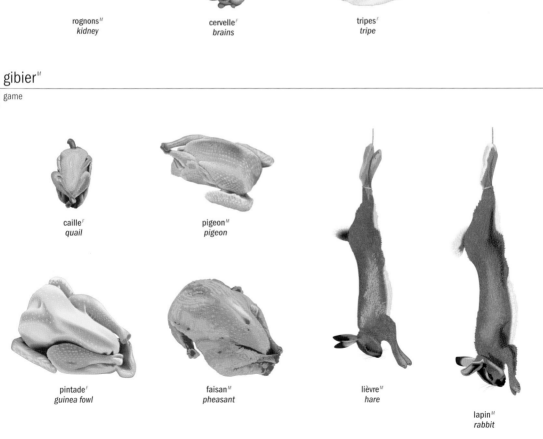

caille^F
quail

pigeon^M
pigeon

pintade^F
guinea fowl

faisan^M
pheasant

lièvre^M
hare

lapin^M
rabbit

volaille^F

poultry

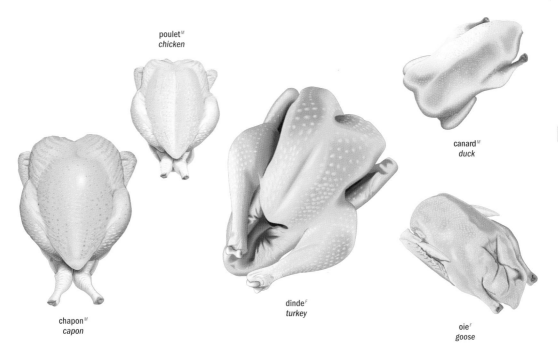

poulet^M
chicken

canard^M
duck

chapon^M
capon

dinde^F
turkey

oie^F
goose

œufs^M

eggs

œuf^M de caille^F
quail egg

œuf^M de faisane^F
pheasant egg

œuf^M d'oie^F
goose egg

œuf^M d'autruche^F
ostrich egg

œuf^M de cane^F
duck egg

œuf^M de poule^F
hen egg

ALIMENTATION ET CUISINE

charcuterie^F

delicatessen

rillettes^F
rillettes

foie^M gras
foie gras

prosciutto^M
prosciutto

saucisson^M kielbasa
kielbasa sausage

mortadelle^F
mortadella

boudin^M
blood sausage

chorizo^M
chorizo

pepperoni^M
pepperoni

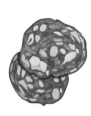

salami^M de Gênes
Genoa salami

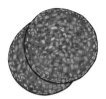

salami^M allemand
German salami

saucisse^F de Toulouse
Toulouse sausage

merguez^F
merguez sausage

andouillette^F
andouillette

chipolata^F
chipolata sausage

saucisse^F de Francfort
frankfurter

pancetta^F
pancetta

jambon^M cuit
cooked ham

bacon^M américain
American bacon

bacon^M canadien
Canadian bacon

mollusques^M

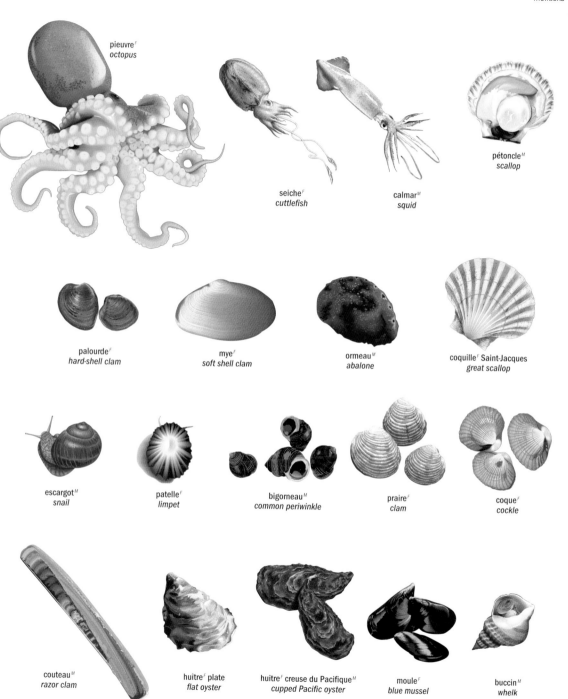

pieuvre^F
octopus

seiche^F
cuttlefish

calmar^M
squid

pétoncle^M
scallop

palourde^F
hard-shell clam

mye^F
soft shell clam

ormeau^M
abalone

coquille^F Saint-Jacques
great scallop

escargot^M
snail

patelle^F
limpet

bigorneau^M
common periwinkle

praire^F
clam

coque^F
cockle

couteau^M
razor clam

huitre^F plate
flat oyster

huitre^F creuse du Pacifique^M
cupped Pacific oyster

moule^F
blue mussel

buccin^M
whelk

crustacésᴹ

crustaceans

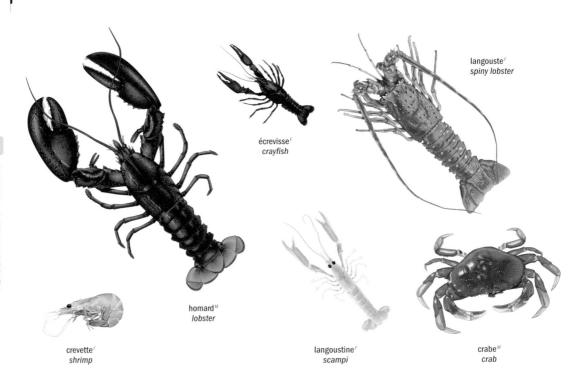

langousteᶠ
spiny lobster

écrevisseᶠ
crayfish

homardᴹ
lobster

crevetteᶠ
shrimp

langoustineᶠ
scampi

crabeᴹ
crab

poissonsᴹ cartilagineux

cartilaginous fishes

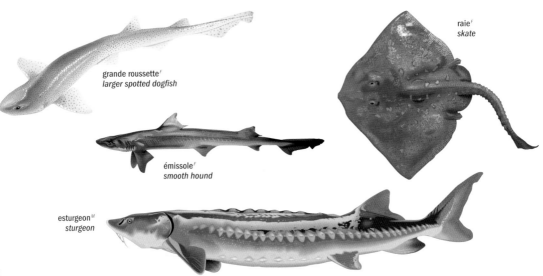

raieᶠ
skate

grande roussetteᶠ
larger spotted dogfish

émissoleᶠ
smooth hound

esturgeonᴹ
sturgeon

poissons^M osseux

bony fishes

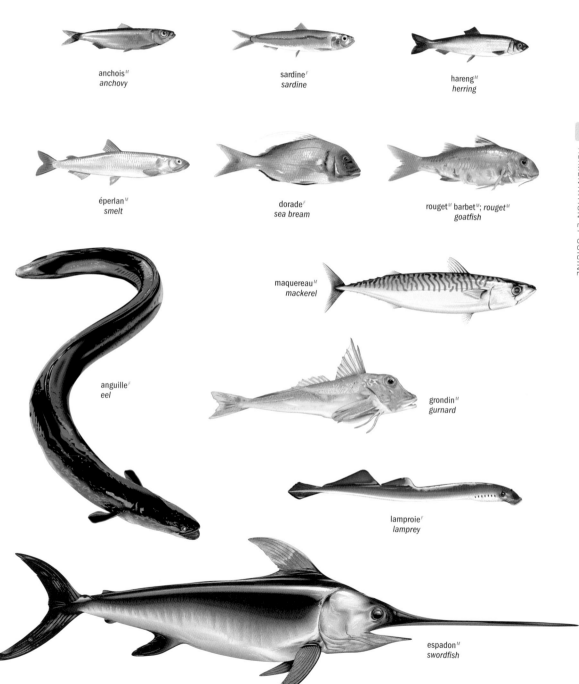

anchois^M
anchovy

sardine^F
sardine

hareng^M
herring

éperlan^M
smelt

dorade^F
sea bream

rouget^M barbet^M; rouget^M
goatfish

maquereau^M
mackerel

anguille^F
eel

grondin^M
gurnard

lamproie^F
lamprey

espadon^M
swordfish

ALIMENTATION ET CUISINE

poissons^M osseux

perche^F truitée; *achigan*^M
bass

mulet^M
mullet

carpe^F
carp

perche^F; *perchaude*^F
perch

alose^F
shad

brochet^M
pike

sandre^M; *doré*^M
pike perch

tassergal^M
bluefish

bar^M commun
sea bass

baudroie^F
monkfish

thon^M
tuna

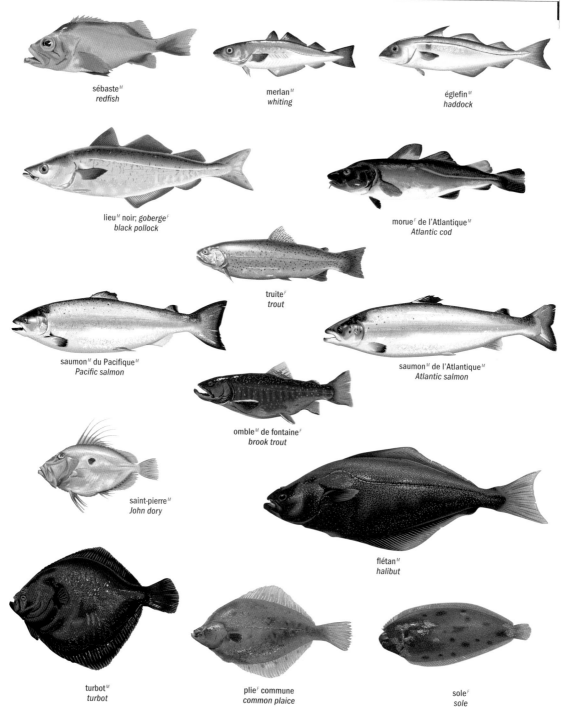

sébaste^M
redfish

merlan^M
whiting

églefin^M
haddock

lieu^M noir; goberge^F
black pollock

morue^F de l'Atlantique^M
Atlantic cod

truite^F
trout

saumon^M du Pacifique^M
Pacific salmon

saumon^M de l'Atlantique^M
Atlantic salmon

omble^M de fontaine^F
brook trout

saint-pierre^M
John dory

flétan^M
halibut

turbot^M
turbot

plie^F commune
common plaice

sole^F
sole

emballage^M

packaging

ALIMENTATION ET CUISINE

sachet^M
pouch

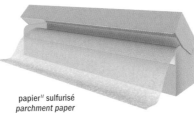

papier^M sulfurisé
parchment paper

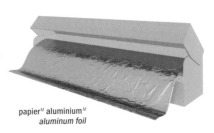

papier^M aluminium^M
aluminum foil

papier^M paraffiné; *papier*^M *ciré*
waxed paper

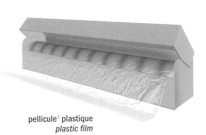

pellicule^F plastique
plastic film

sac^M de congélation^F
freezer bag

boite^F à œufs^M
egg carton

sac^M-filet^M
mesh bag

boites^F alimentaires
canisters

barquette^F
food tray

caissette^F
small crate

cageot^M
small open crate

emballage^M

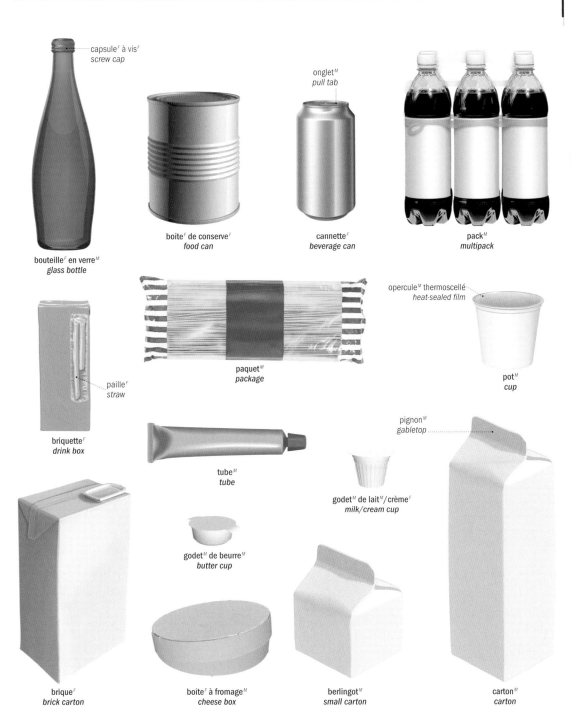

capsule^F à vis^F
screw cap

onglet^M
pull tab

boîte^F de conserve^F
food can

cannette^F
beverage can

pack^M
multipack

bouteille^F en verre^M
glass bottle

opercule^M thermoscellé
heat-sealed film

paquet^M
package

pot^M
cup

paille^F
straw

briquette^F
drink box

pignon^M
gabletop

tube^M
tube

godet^M de lait^M/crème^F
milk/cream cup

godet^M de beurre^M
butter cup

brique^F
brick carton

boîte^F à fromage^M
cheese box

berlingot^M
small carton

carton^M
carton

cuisine^F

kitchen

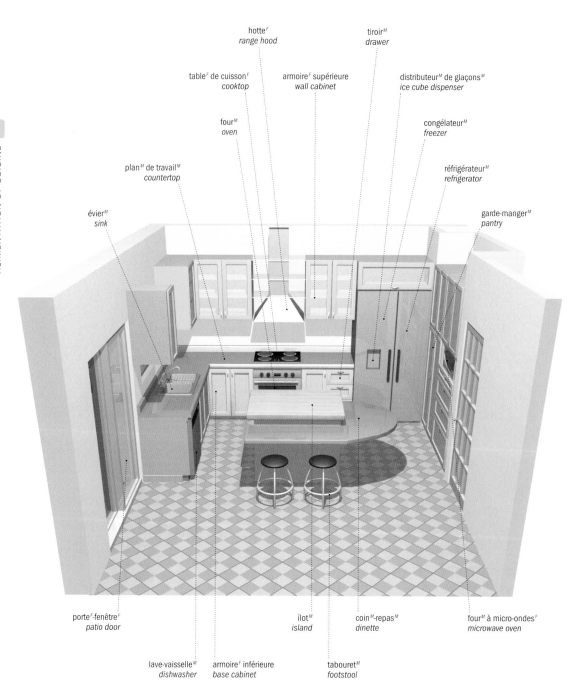

hotte^F
range hood

tiroir^M
drawer

table^F de cuisson^F
cooktop

armoire^F supérieure
wall cabinet

distributeur^M de glaçons^M
ice cube dispenser

four^M
oven

congélateur^M
freezer

plan^M de travail^M
countertop

réfrigérateur^M
refrigerator

évier^M
sink

garde-manger^M
pantry

porte^F-fenêtre^F
patio door

îlot^M
island

coin^M-repas^M
dinette

four^M à micro-ondes^F
microwave oven

lave-vaisselle^M
dishwasher

armoire^F inférieure
base cabinet

tabouret^M
footstool

verres^M

verre^M à liqueur^F
liqueur glass

verre^M à porto^M
port glass

coupe^F à mousseux^M
sparkling wine glass

verre^M à cognac^M
brandy snifter

verre^M à vin^M d'Alsace^F
Alsace glass

verre^M à bourgogne^M
burgundy glass

verre^M à bordeaux^M
bordeaux glass

verre^M à vin^M blanc
white wine glass

verre^M à eau^F
water goblet

verre^M à cocktail^M
cocktail glass

verre^M à gin^M
highball glass

verre^M à whisky^M
old-fashioned glass

chope^F à bière^F
beer mug

flûte^F à champagne^M
champagne flute

carafon^M
small decanter

carafe^F
decanter

ALIMENTATION ET CUISINE

vaisselle^F

dinnerware

tasse^F à café^M
demitasse

tasse^F à thé^M
cup

chope^F à café^M
coffee mug

crémier^M
creamer

sucrier^M
sugar bowl

salière^F
salt shaker

poivrière^F
pepper shaker

saucière^F
gravy boat

beurrier^M
butter dish

ramequin^M
ramekin

bol^M
soup bowl

assiette^F creuse
rim soup bowl

assiette^F plate
dinner plate

assiette^F à salade^F
salad plate

assiette^F à dessert^M
bread and butter plate

théière^F
teapot

plat^M ovale
platter

légumier^M
vegetable bowl

plat^M à poisson^M
fish platter

ravier^M
hors d'oeuvre dish

pichet^M
water pitcher

saladier^M
salad bowl

bol^M à salade^F
salad dish

soupière^F
soup tureen

couvert^M

silverware

ALIMENTATION ET CUISINE

couteau^M
knife

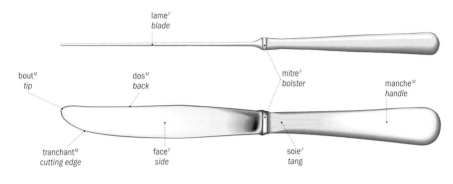

lame^F
blade

bout^M
tip

dos^M
back

mitre^F
bolster

manche^M
handle

tranchant^M
cutting edge

face^F
side

soie^F
tang

fourchette^F
fork

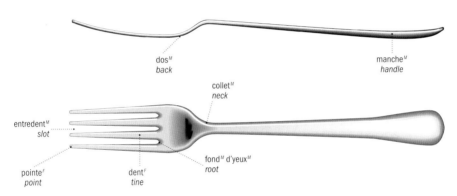

dos^M
back

manche^M
handle

collet^M
neck

entredent^M
slot

pointe^F
point

dent^F
tine

fond^M d'yeux^M
root

cuiller^F
spoon

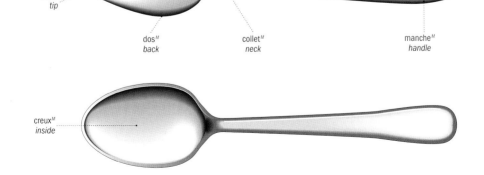

cuilleron^M
bowl

bec^M
tip

dos^M
back

collet^M
neck

manche^M
handle

creux^M
inside

couvert^M

ALIMENTATION ET CUISINE

exemples^M de fourchettes^F
examples of forks

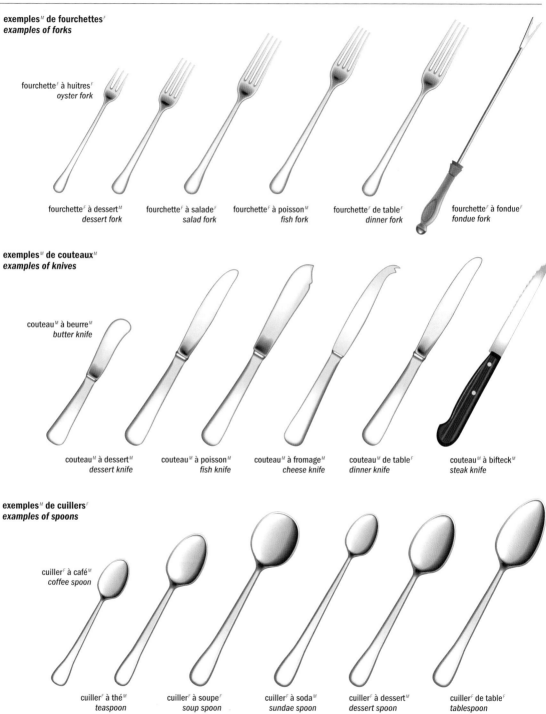

fourchette^F à huîtres^F
oyster fork

fourchette^F à dessert^M
dessert fork

fourchette^F à salade^F
salad fork

fourchette^F à poisson^M
fish fork

fourchette^F de table^F
dinner fork

fourchette^F à fondue^F
fondue fork

exemples^M de couteaux^M
examples of knives

couteau^M à beurre^M
butter knife

couteau^M à dessert^M
dessert knife

couteau^M à poisson^M
fish knife

couteau^M à fromage^M
cheese knife

couteau^M de table^F
dinner knife

couteau^M à bifteck^M
steak knife

exemples^M de cuillers^F
examples of spoons

cuiller^F à café^M
coffee spoon

cuiller^F à thé^M
teaspoon

cuiller^F à soupe^F
soup spoon

cuiller^F à soda^M
sundae spoon

cuiller^F à dessert^M
dessert spoon

cuiller^F de table^F
tablespoon

ustensiles^M de cuisine^F
kitchen utensils

couteau^M de cuisine^F
kitchen knife

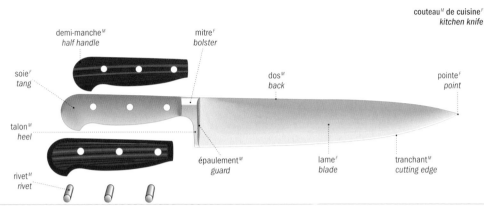

demi-manche^M
half handle

mitre^F
bolster

soie^F
tang

dos^M
back

pointe^F
point

talon^M
heel

rivet^M
rivet

épaulement^M
guard

lame^F
blade

tranchant^M
cutting edge

exemples^M de couteaux^M de cuisine^F
examples of kitchen knives

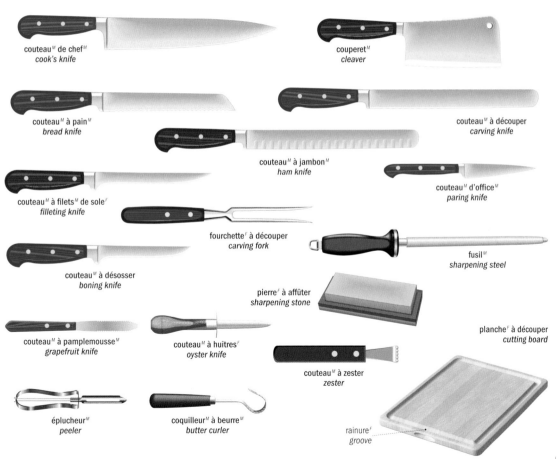

couteau^M de chef^M
cook's knife

couperet^M
cleaver

couteau^M à pain^M
bread knife

couteau^M à découper
carving knife

couteau^M à jambon^M
ham knife

couteau^M à filets^M de sole^F
filleting knife

couteau^M d'office^M
paring knife

fourchette^F à découper
carving fork

fusil^M
sharpening steel

couteau^M à désosser
boning knife

pierre^F à affûter
sharpening stone

couteau^M à pamplemousse^M
grapefruit knife

couteau^M à huîtres^F
oyster knife

planche^F à découper
cutting board

couteau^M à zester
zester

éplucheur^M
peeler

coquilleur^M à beurre^M
butter curler

rainure^F
groove

ALIMENTATION ET CUISINE

ustensiles^M de cuisine^F

pour ouvrir
for opening

ouvre-boîtes^M
can opener

décapsuleur^M
bottle opener

tire-bouchon^M de sommelier^M
wine waiter corkscrew

tire-bouchon^M à levier^M
lever corkscrew

pour broyer et râper
for grinding and grating

casse-noix^M
nutcracker

mortier^M
mortar

hachoir^M
meat grinder

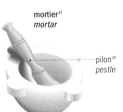

pilon^M
pestle

presse-ail^M
garlic press

presse-agrumes^M
citrus juicer

râpe^F à muscade^F
nutmeg grater

râpe^F à fromage^M cylindrique
rotary cheese grater

poussoir^M
pusher

râpe^F
grater

manivelle^F
crank

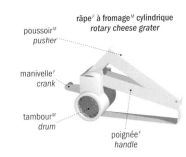

tambour^M
drum

poignée^F
handle

machine^F à faire les pâtes^F
pasta maker

moulin^M à légumes^M
food mill

mandoline^F
mandoline

ustensiles^M de cuisine^F

pour mesurer
for measuring

cuillers^F doseuses
measuring spoons

mesures^F
measuring cups

thermomètre^M à sucre^M
candy thermometer

thermomètre^M à mesure^F instantanée
instant-read thermometer

tasse^F à mesurer
measuring cup

thermomètre^M à viande^F
meat thermometer

thermomètre^M de four^M
oven thermometer

verre^M à mesurer
measuring beaker

minuteur^M
kitchen timer

sablier^M
egg timer

balance^F de cuisine^F
kitchen scale

pour passer et égoutter
for straining and draining

passoire^F fine
mesh strainer

mousseline^F
muslin

chinois^M
chinois

entonnoir^M
funnel

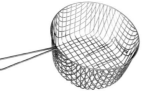

passoire^F
colander

panier^M à friture^F
fry basket

tamis^M
sieve

essoreuse^F à salade^F
salad spinner

ALIMENTATION ET CUISINE

ALIMENTATION ET CUISINE

ustensiles^M de cuisine^F

pour la pâtisserie^F
baking utensils

piston^M à décorer
icing syringe

roulette^F de pâtissier^M
pastry cutting wheel

pinceau^M à pâtisserie^F
pastry brush

batteur^M à œufs^M
egg beater

fouet^M
whisk

tamis^M à farine^F
sifter

emporte-pièces^M
cookie cutters

saupoudreuse^F
dredger

mélangeur^M à pâtisserie^F
pastry blender

poche^F à douilles^F
pastry bag and nozzles

bols^M à mélanger
mixing bowls

rouleau^M à pâtisserie^F
rolling pin

plaque^F à pâtisserie^F
baking sheet

moule^M à muffins^M
muffin pan

moule^M à soufflé^M
soufflé dish

moule^M à charlotte^F
charlotte mold

moule^M à fond^M amovible
removable-bottomed pan

moule^M à tarte^F
pie pan

moule^M à quiche^F
quiche plate

moule^M à gâteau^M
cake pan

jeu^M d'ustensiles^M
set of utensils

écumoire^F
skimmer

spatule^F
spatula

louche^F
ladle

cuiller^F à égoutter
draining spoon

pelle^F
turner

pilon^M
potato masher

ustensiles^M divers
miscellaneous utensils

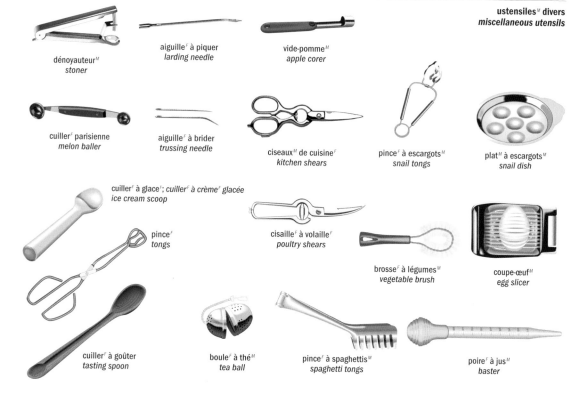

dénoyauteur^M
stoner

aiguille^F à piquer
larding needle

vide-pomme^M
apple corer

cuiller^F parisienne
melon baller

aiguille^F à brider
trussing needle

ciseaux^M de cuisine^F
kitchen shears

pince^F à escargots^M
snail tongs

plat^M à escargots^M
snail dish

cuiller^F à glace^F; *cuiller^F à crème^F glacée*
ice cream scoop

pince^F
tongs

cisaille^F à volaille^F
poultry shears

brosse^F à légumes^M
vegetable brush

coupe-œuf^M
egg slicer

cuiller^F à goûter
tasting spoon

boule^F à thé^M
tea ball

pince^F à spaghettis^M
spaghetti tongs

poire^F à jus^M
baster

batterie^F de cuisine^F

cooking utensils

wok^M
wok set

tajine^M
tajine

couvercle^M
lid

grille^F
rack

wok^M
wok

collier^M
burner ring

poissonnière^F
fish poacher

service^M à fondue^F
fondue set

caquelon^M
fondue pot

grille^F
rack

support^M
stand

couvercle^M
lid

réchaud^M
burner

lèchefrite^F
dripping pan

terrine^F
terrine

plats^M à rôtir
roasting pans

autocuiseur^M
pressure cooker

régulateur^M de pression^F
pressure regulator

soupape^F
safety valve

faitout^M
Dutch oven

marmite^F
stock pot

couscoussier^M
couscous kettle

poêle^F à frire
frying pan

cuit-vapeur^M
steamer

pocheuse^F
egg poacher

sauteuse^F
sauté pan

poêlon^M
small saucepan

diable^M
diable

poêle^F à crêpes^F
pancake pan

panier^M cuit-vapeur^M
steamer basket

bain-marie^M
double boiler

casserole^F
saucepan

appareils^M électroménagers

pour cuire
for cooking

four^M à micro-ondes^F
microwave oven

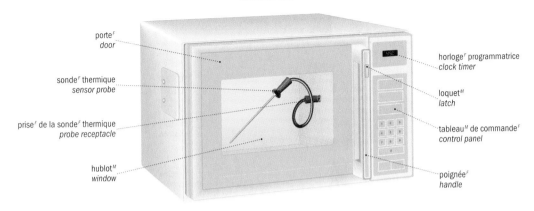

porte^F
door

sonde^F thermique
sensor probe

prise^F de la sonde^F thermique
probe receptacle

hublot^M
window

horloge^F programmatrice
clock timer

loquet^M
latch

tableau^M de commande^F
control panel

poignée^F
handle

gaufrier^M-gril^M
waffle iron

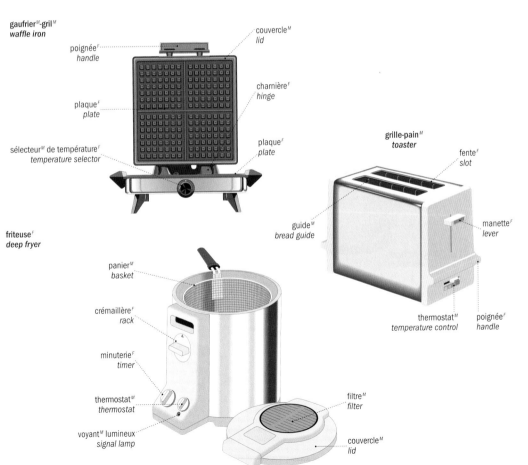

couvercle^M
lid

poignée^F
handle

charnière^F
hinge

plaque^F
plate

sélecteur^M de température^F
temperature selector

plaque^F
plate

grille-pain^M
toaster

fente^F
slot

guide^M
bread guide

manette^F
lever

friteuse^F
deep fryer

panier^M
basket

crémaillère^F
rack

minuterie^F
timer

thermostat^M
thermostat

voyant^M lumineux
signal lamp

filtre^M
filter

couvercle^M
lid

thermostat^M
temperature control

poignée^F
handle

raclette^F-gril^M
raclette with grill

poêlon^M
dish

surface^F de cuisson^F
cooking plate

socle^M
base

cuit-vapeur^M électrique
electric steamer

bols^M de cuisson^F
cooking dishes

indicateur^M de niveau^M d'eau^F
water level indicator

voyant^M lumineux
signal lamp

minuterie^F
timer

gril^M barbecue^M
indoor electric grill

poignée^F isolante
insulated handle

bac^M ramasse-jus^M
drip pan

surface^F de cuisson^F
cooking surface

thermostat^M réglable
adjustable thermostat

robot^M boulanger^M
bread machine

couvercle^M
lid

tableau^M de commande^F
control panel

hublot^M
window

moule^M à pain^M
loaf pan

gril^M électrique
griddle

surface^F de cuisson^F
cooking surface

poignée^F
handle

commande^F amovible
detachable control

collecteur^M de graisse^F
grease well

ALIMENTATION ET CUISINE

appareils^M électroménagers divers

miscellaneous domestic appliances

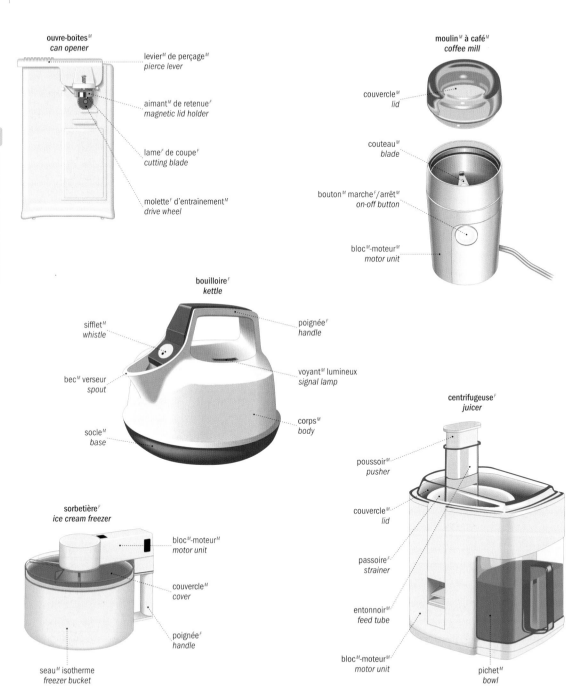

ouvre-boîtes^M
can opener

levier^M de perçage^M
pierce lever

aimant^M de retenue^F
magnetic lid holder

lame^F de coupe^F
cutting blade

molette^F d'entraînement^M
drive wheel

moulin^M à café^M
coffee mill

couvercle^M
lid

couteau^M
blade

bouton^M marche^F/arrêt^M
on-off button

bloc^M-moteur^M
motor unit

bouilloire^F
kettle

sifflet^M
whistle

poignée^F
handle

bec^M verseur
spout

voyant^M lumineux
signal lamp

socle^M
base

corps^M
body

centrifugeuse^F
juicer

poussoir^M
pusher

sorbetière^F
ice cream freezer

couvercle^M
lid

bloc^M-moteur^M
motor unit

couvercle^M
cover

passoire^F
strainer

poignée^F
handle

entonnoir^M
feed tube

seau^M isotherme
freezer bucket

bloc^M-moteur^M
motor unit

pichet^M
bowl

cafetières^F

coffee makers

cafetière^F filtre^M
automatic drip coffee maker

réservoir^M
reservoir

niveau^M d'eau^F
water level

voyant^M lumineux
signal lamp

interrupteur^M
on-off switch

couvercle^M
lid

panier^M
basket

verseuse^F
carafe

plaque^F chauffante
warming plate

cafetière^F napolitaine
Neapolitan coffee maker

machine^F à espresso^M
espresso machine

interrupteur^M
on-off switch

presse-café^M
tamper

cuvette^F ramasse-gouttes^M
drip tray

buse^F vapeur^F
steam nozzle

manette^F vapeur^F
steam control knob

porte-filtre^M
filter holder

réservoir^M d'eau^F
water tank

cafetière^F à infusion^F
vacuum coffee maker

tulipe^F
upper bowl

tige^F
stem

ballon^M
lower bowl

cafetière^F à piston^M
plunger

cafetière^F espresso^M
espresso coffee maker

percolateur^M
percolator

bec^M verseur
spout

voyant^M lumineux
signal lamp

extérieur^M d'une maison^F

exterior of a house

MAISON

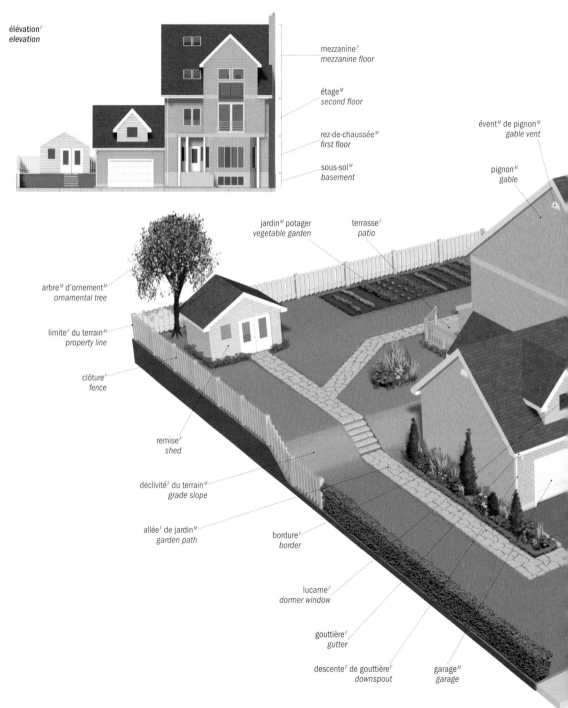

élévation^F
elevation

mezzanine^F
mezzanine floor

étage^M
second floor

rez-de-chaussée^M
first floor

sous-sol^M
basement

évent^M de pignon^M
gable vent

pignon^M
gable

jardin^M potager
vegetable garden

terrasse^F
patio

arbre^M d'ornement^M
ornamental tree

limite^F du terrain^M
property line

clôture^F
fence

remise^F
shed

déclivité^F du terrain^M
grade slope

allée^F de jardin^M
garden path

bordure^F
border

lucarne^F
dormer window

gouttière^F
gutter

descente^F de gouttière^F
downspout

garage^M
garage

extérieur^M d'une maison^F

MAISON

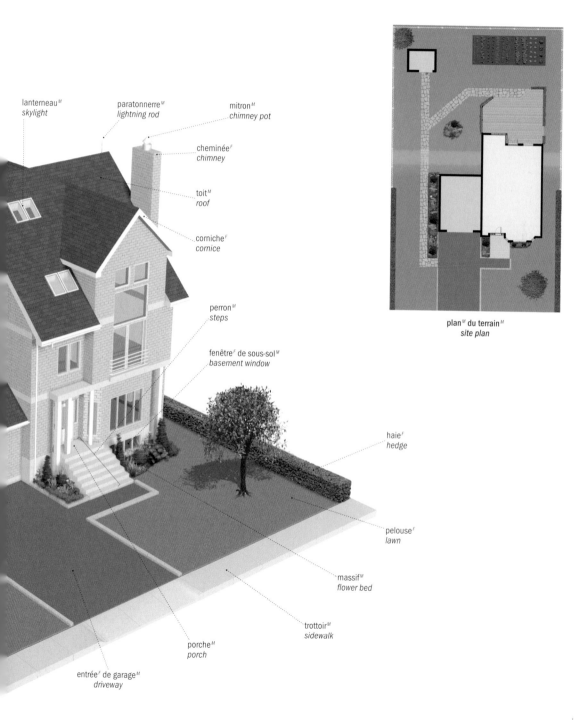

lanterneau^M
skylight

paratonnerre^M
lightning rod

mitron^M
chimney pot

cheminée^F
chimney

toit^M
roof

corniche^F
cornice

perron^M
steps

fenêtre^F de sous-sol^M
basement window

haie^F
hedge

pelouse^F
lawn

massif^M
flower bed

trottoir^M
sidewalk

porche^M
porch

entrée^F de garage^M
driveway

plan^M du terrain^M
site plan

piscine^F

pool

piscine^F hors sol^M
above ground swimming pool

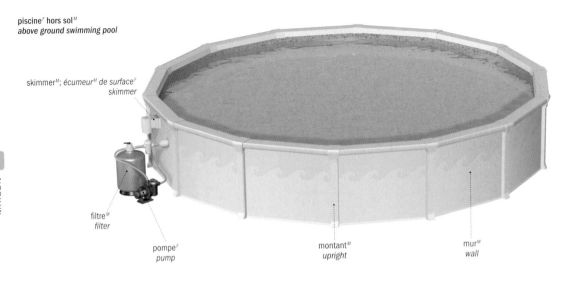

skimmer^M; écumeur^M de surface^F
skimmer

filtre^M
filter

pompe^F
pump

montant^M
upright

mur^M
wall

piscine^F enterrée; *piscine^F creusée*
in-ground swimming pool

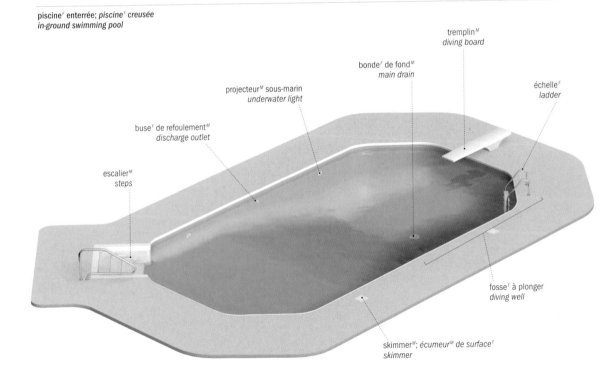

tremplin^M
diving board

bonde^F de fond^M
main drain

échelle^F
ladder

projecteur^M sous-marin
underwater light

buse^F de refoulement^M
discharge outlet

escalier^M
steps

fosse^F à plonger
diving well

skimmer^M; écumeur^M de surface^F
skimmer

MAISON

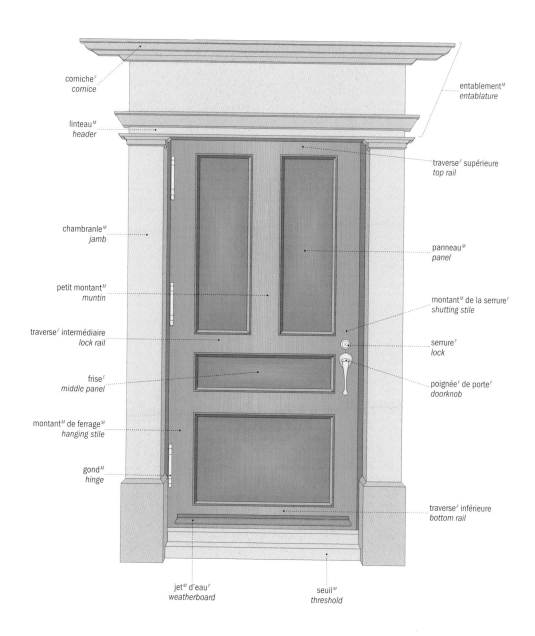

corniche^F
cornice

entablement^M
entablature

linteau^M
header

traverse^F supérieure
top rail

chambranle^M
jamb

panneau^M
panel

petit montant^M
muntin

montant^M de la serrure^F
shutting stile

traverse^F intermédiaire
lock rail

serrure^F
lock

frise^F
middle panel

poignée^F de porte^F
doorknob

montant^M de ferrage^M
hanging stile

gond^M
hinge

traverse^F inférieure
bottom rail

jet^M d'eau^F
weatherboard

seuil^M
threshold

serrure^F

lock

MAISON

vue^F d'ensemble^M
general view

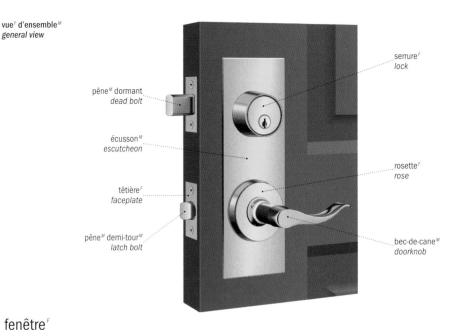

pêne^M dormant
dead bolt

serrure^F
lock

écusson^M
escutcheon

rosette^F
rose

têtière^F
faceplate

pêne^M demi-tour^M
latch bolt

bec-de-cane^M
doorknob

fenêtre^F

window

structure^F
structure

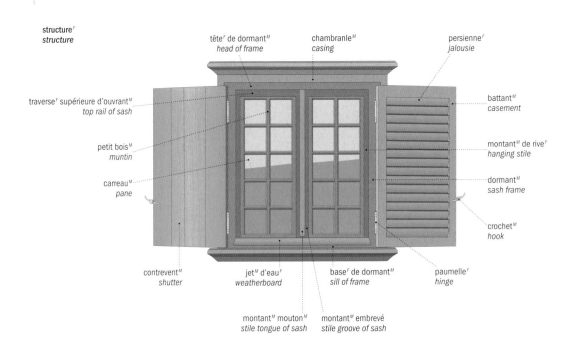

tête^F de dormant^M
head of frame

chambranle^M
casing

persienne^F
jalousie

traverse^F supérieure d'ouvrant^M
top rail of sash

battant^M
casement

petit bois^M
muntin

montant^M de rive^F
hanging stile

carreau^M
pane

dormant^M
sash frame

crochet^M
hook

contrevent^M
shutter

jet^M d'eau^F
weatherboard

base^F de dormant^M
sill of frame

paumelle^F
hinge

montant^M mouton^M
stile tongue of sash

montant^M embrevé
stile groove of sash

MAISON

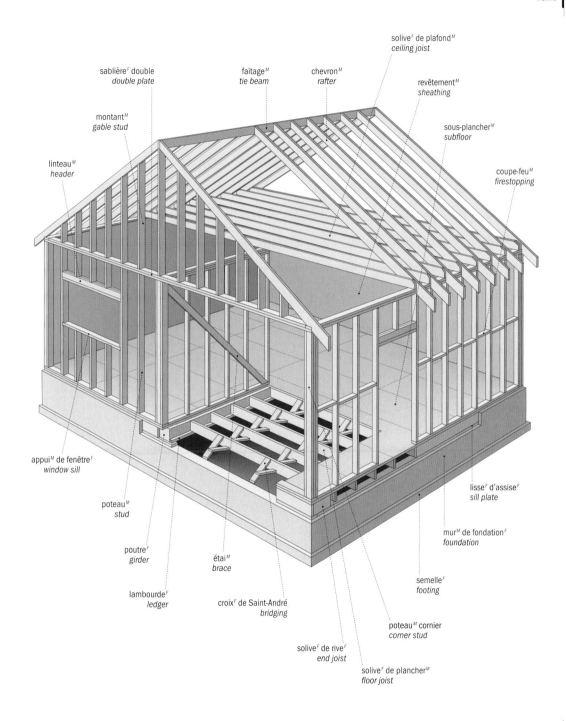

solive^F de plafond^M
ceiling joist

sablière^F double
double plate

faîtage^M
tie beam

chevron^M
rafter

revêtement^M
sheathing

montant^M
gable stud

sous-plancher^M
subfloor

linteau^M
header

coupe-feu^M
firestopping

appui^M de fenêtre^F
window sill

lisse^F d'assise^F
sill plate

poteau^M
stud

mur^M de fondation^F
foundation

poutre^F
girder

étai^M
brace

semelle^F
footing

lambourde^F
ledger

croix^F de Saint-André
bridging

poteau^M cornier
corner stud

solive^F de rive^F
end joist

solive^F de plancher^M
floor joist

principales pièces^F d'une maison^F

main rooms

rez-de-chaussée^M
first floor

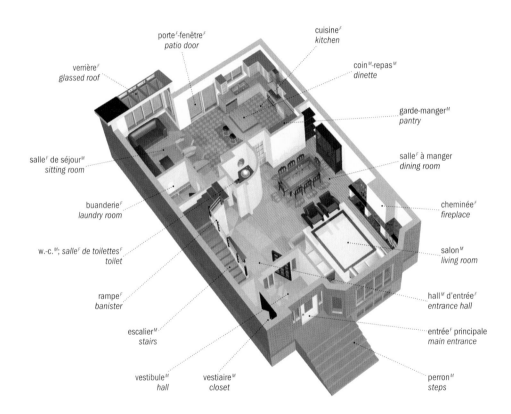

porte^F-fenêtre^F
patio door

cuisine^F
kitchen

verrière^F
glassed roof

coin^M-repas^M
dinette

garde-manger^M
pantry

salle^F de séjour^M
sitting room

salle^F à manger
dining room

buanderie^F
laundry room

cheminée^F
fireplace

w.-c.^M; salle^F de toilettes^F
toilet

salon^M
living room

rampe^F
banister

hall^M d'entrée^F
entrance hall

escalier^M
stairs

entrée^F principale
main entrance

vestibule^M
hall

vestiaire^M
closet

perron^M
steps

MAISON

principales pièces^F d'une maison^F

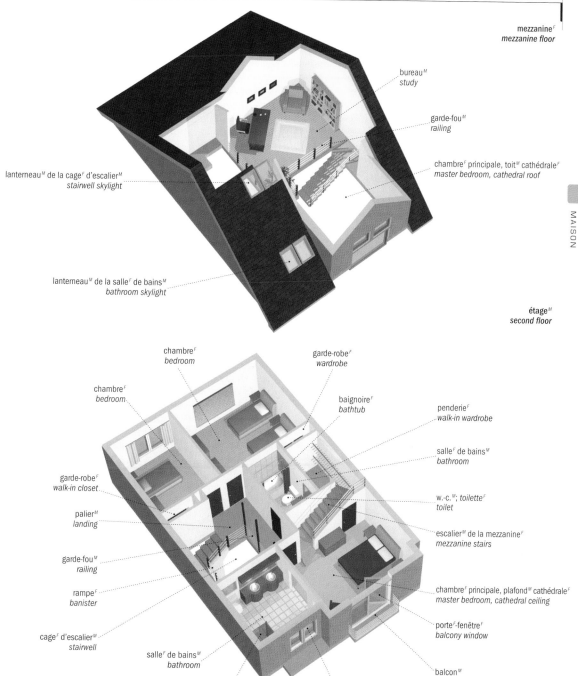

mezzanine^F
mezzanine floor

bureau^M
study

garde-fou^M
railing

lanterneau^M de la cage^F d'escalier^M
stairwell skylight

chambre^F principale, toit^M cathédrale^F
master bedroom, cathedral roof

lanterneau^M de la salle^F de bains^M
bathroom skylight

MAISON

étage^M
second floor

chambre^F
bedroom

garde-robe^F
wardrobe

chambre^F
bedroom

baignoire^F
bathtub

penderie^F
walk-in wardrobe

salle^F de bains^M
bathroom

garde-robe^F
walk-in closet

w.-c.^M; toilette^F
toilet

palier^M
landing

escalier^M de la mezzanine^F
mezzanine stairs

garde-fou^M
railing

chambre^F principale, plafond^M cathédrale^F
master bedroom, cathedral ceiling

rampe^F
banister

porte^F-fenêtre^F
balcony window

cage^F d'escalier^M
stairwell

salle^F de bains^M
bathroom

balcon^M
balcony

douche^F
shower

fenêtre^F
window

parquet^M

wood flooring

parquet^M sur chape^F de ciment^M
wood flooring on cement screed

parquet^M sur ossature^F de bois^M
wood flooring on wooden structure

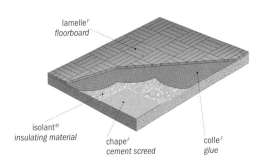

lamelle^F
floorboard

isolant^M
insulating material

chape^F
cement screed

colle^F
glue

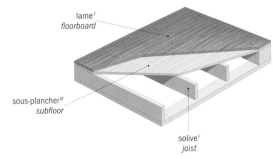

lame^F
floorboard

sous-plancher^M
subfloor

solive^F
joist

arrangements^M des parquets^M
wood flooring arrangements

parquet^M à coupe^F perdue
overlay flooring

parquet^M à coupe^F de pierre^F
strip flooring with alternate joints

parquet^M à bâtons^M rompus
herringbone parquet

parquet^M en chevrons^M
herringbone pattern

parquet^M mosaïque^F
inlaid parquet

parquet^M en vannerie^F
basket weave pattern

parquet^M d'Arenberg
Arenberg parquet

parquet^M Chantilly
Chantilly parquet

parquet^M Versailles
Versailles parquet

revêtements^M de sol^M textiles

textile floor coverings

tapis^M
rug

moquette^F
pile carpet

velours^M
pile

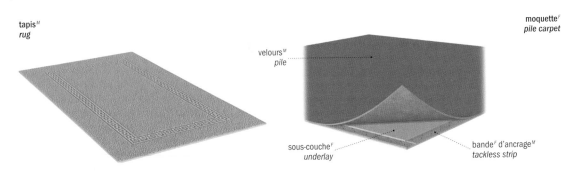

sous-couche^F
underlay

bande^F d'ancrage^M
tackless strip

MAISON

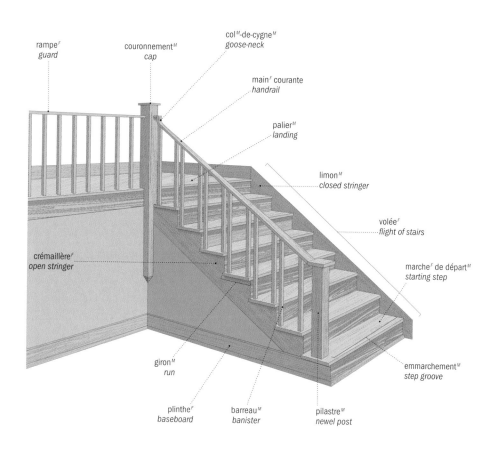

rampe^F
guard

couronnement^M
cap

col^M-de-cygne^M
goose-neck

main^F courante
handrail

palier^M
landing

limon^M
closed stringer

volée^F
flight of stairs

crémaillère^F
open stringer

marche^F de départ^M
starting step

giron^M
run

emmarchement^M
step groove

plinthe^F
baseboard

barreau^M
banister

pilastre^M
newel post

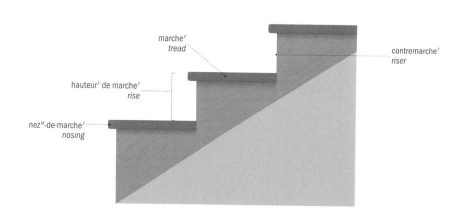

marche^F
tread

contremarche^F
riser

hauteur^F de marche^F
rise

nez^M-de-marche^F
nosing

chauffage^M au bois^M

wood firing

MAISON

cheminée^F à foyer^M ouvert
fireplace

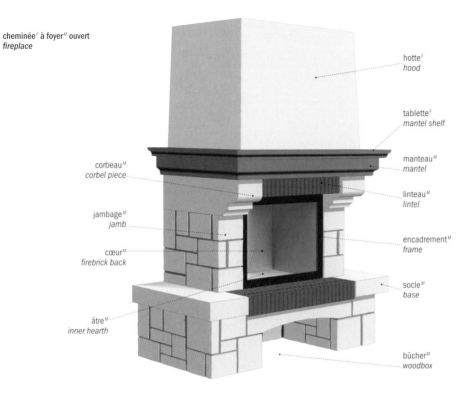

hotte^F
hood

tablette^F
mantel shelf

manteau^M
mantel

corbeau^M
corbel piece

linteau^M
lintel

jambage^M
jamb

encadrement^M
frame

cœur^M
firebrick back

socle^M
base

âtre^M
inner hearth

bûcher^M
woodbox

poêle^M à combustion^F lente
slow-burning stove

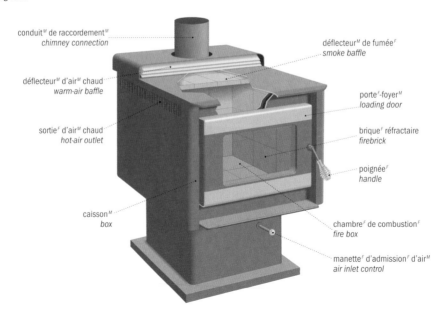

conduit^M de raccordement^M
chimney connection

déflecteur^M de fumée^F
smoke baffle

déflecteur^M d'air^M chaud
warm-air baffle

porte^F-foyer^M
loading door

sortie^F d'air^M chaud
hot-air outlet

brique^F réfractaire
firebrick

poignée^F
handle

caisson^M
box

chambre^F de combustion^F
fire box

manette^F d'admission^F d'air^M
air inlet control

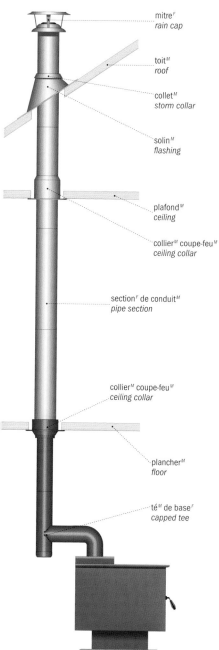

cheminée^F
chimney

mitre^F
rain cap

toit^M
roof

collet^M
storm collar

solin^M
flashing

plafond^M
ceiling

collier^M coupe-feu^M
ceiling collar

section^F de conduit^M
pipe section

collier^M coupe-feu^M
ceiling collar

plancher^M
floor

té^M de base^F
capped tee

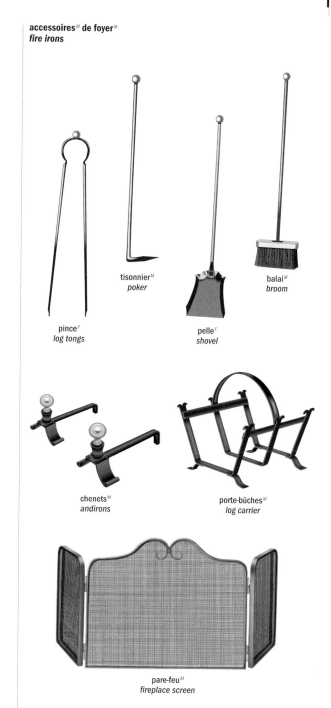

accessoires^M de foyer^M
fire irons

tisonnier^M
poker

balai^M
broom

pince^F
log tongs

pelle^F
shovel

chenets^M
andirons

porte-bûches^M
log carrier

pare-feu^M
fireplace screen

MAISON

circuit^M de plomberie^F

plumbing system

MAISON

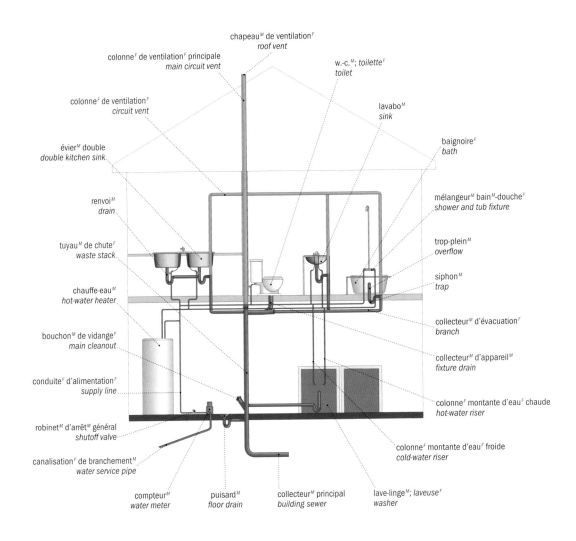

chapeau^M de ventilation^F
roof vent

colonne^F de ventilation^F principale
main circuit vent

w.-c. ^{M}; toilette^F
toilet

colonne^F de ventilation^F
circuit vent

lavabo^M
sink

évier^M double
double kitchen sink

baignoire^F
bath

renvoi^M
drain

mélangeur^M bain^M-douche^F
shower and tub fixture

tuyau^M de chute^F
waste stack

trop-plein^M
overflow

chauffe-eau^M
hot-water heater

siphon^M
trap

collecteur^M d'évacuation^F
branch

bouchon^M de vidange^F
main cleanout

collecteur^M d'appareil^M
fixture drain

conduite^F d'alimentation^F
supply line

colonne^F montante d'eau^F chaude
hot-water riser

robinet^M d'arrêt^M général
shutoff valve

colonne^F montante d'eau^F froide
cold-water riser

canalisation^F de branchement^M
water service pipe

compteur^M
water meter

puisard^M
floor drain

collecteur^M principal
building sewer

lave-linge^M; *laveuse^F*
washer

circuit^M de ventilation^F
ventilating circuit

circuit^M d'évacuation^F
draining circuit

circuit^M d'eau^F froide
cold-water circuit

circuit^M d'eau^F chaude
hot-water circuit

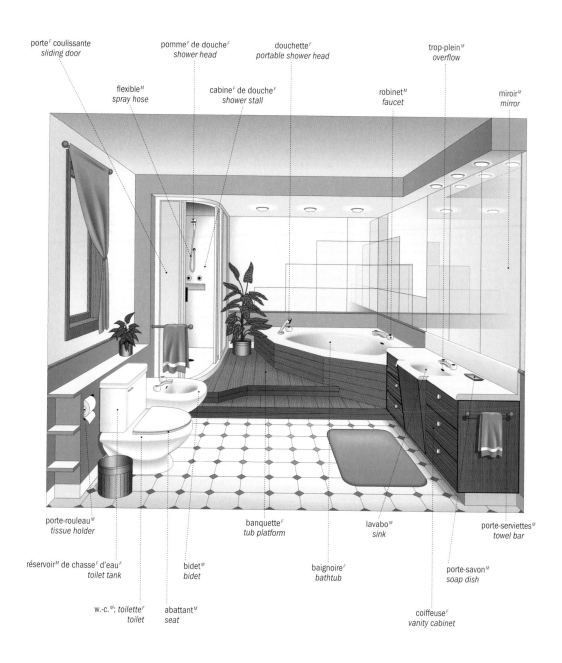

porte^F coulissante
sliding door

pomme^F de douche^F
shower head

douchette^F
portable shower head

trop-plein^M
overflow

flexible^M
spray hose

cabine^F de douche^F
shower stall

robinet^M
faucet

miroir^M
mirror

MAISON

porte-rouleau^M
tissue holder

banquette^F
tub platform

lavabo^M
sink

porte-serviettes^M
towel bar

réservoir^M de chasse^F d'eau^F
toilet tank

bidet^M
bidet

baignoire^F
bathtub

porte-savon^M
soap dish

w.-c.^M; toilette^F
toilet

abattant^M
seat

coiffeuse^F
vanity cabinet

w.-c. ᴹ; *toilette*ᶠ

toilet

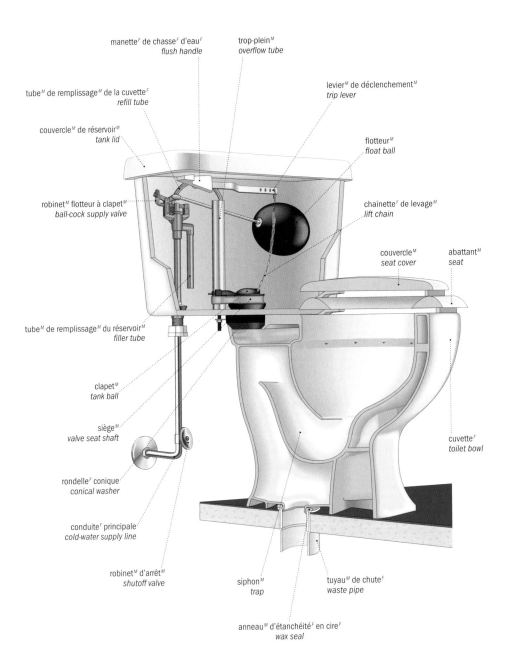

manette ᶠ de chasse ᶠ d'eau ᶠ
flush handle

trop-plein ᴹ
overflow tube

tube ᴹ de remplissage ᴹ de la cuvette ᶠ
refill tube

levier ᴹ de déclenchement ᴹ
trip lever

couvercle ᴹ de réservoir ᴹ
tank lid

flotteur ᴹ
float ball

robinet ᴹ flotteur à clapet ᴹ
ball-cock supply valve

chaînette ᶠ de levage ᴹ
lift chain

couvercle ᴹ
seat cover

abattant ᴹ
seat

tube ᴹ de remplissage ᴹ du réservoir ᴹ
filler tube

clapet ᴹ
tank ball

cuvette ᶠ
toilet bowl

siège ᴹ
valve seat shaft

rondelle ᶠ conique
conical washer

conduite ᶠ principale
cold-water supply line

robinet ᴹ d'arrêt ᴹ
shutoff valve

siphon ᴹ
trap

tuyau ᴹ de chute ᶠ
waste pipe

anneau ᴹ d'étanchéité ᶠ en cire ᶠ
wax seal

MAISON

exemples^M de branchement^M

évier^M-broyeur^M
garbage disposal sink

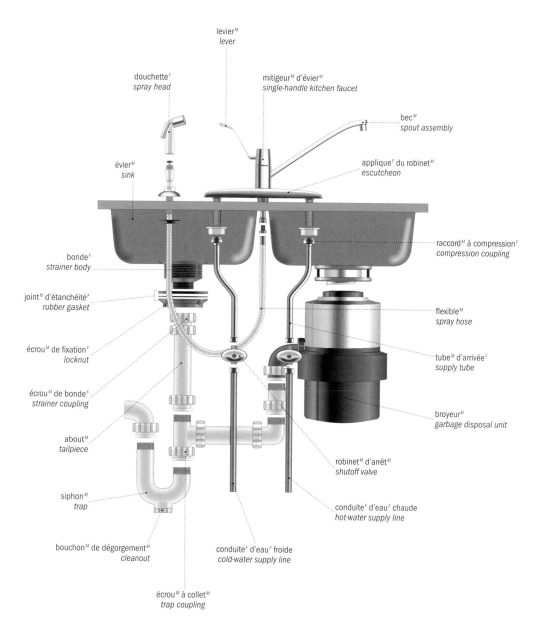

levier^M
lever

douchette^F
spray head

mitigeur^M d'évier^M
single-handle kitchen faucet

bec^M
spout assembly

évier^M
sink

applique^F du robinet^M
escutcheon

raccord^M à compression^F
compression coupling

bonde^F
strainer body

joint^M d'étanchéité^F
rubber gasket

flexible^M
spray hose

écrou^M de fixation^F
locknut

tube^M d'arrivée^F
supply tube

écrou^M de bonde^F
strainer coupling

broyeur^M
garbage disposal unit

about^M
tailpiece

robinet^M d'arrêt^M
shutoff valve

siphon^M
trap

conduite^F d'eau^F chaude
hot-water supply line

bouchon^M de dégorgement^M
cleanout

conduite^F d'eau^F froide
cold-water supply line

écrou^M à collet^M
trap coupling

MAISON

branchement^M au réseau^M

network connection

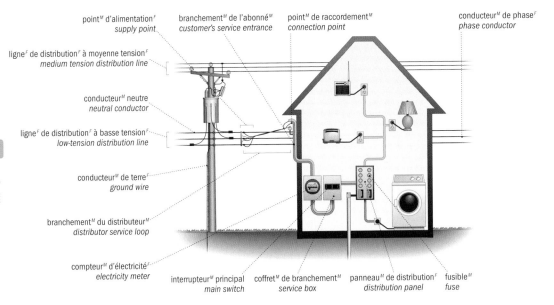

point^M d'alimentation^F
supply point

branchement^M de l'abonné^M
customer's service entrance

point^M de raccordement^M
connection point

conducteur^M de phase^F
phase conductor

ligne^F de distribution^F à moyenne tension^F
medium tension distribution line

conducteur^M neutre
neutral conductor

ligne^F de distribution^F à basse tension^F
low-tension distribution line

conducteur^M de terre^F
ground wire

branchement^M du distributeur^M
distributor service loop

compteur^M d'électricité^F
electricity meter

interrupteur^M principal
main switch

coffret^M de branchement^M
service box

panneau^M de distribution^F
distribution panel

fusible^M
fuse

dispositifs^M de contact^M

contact devices

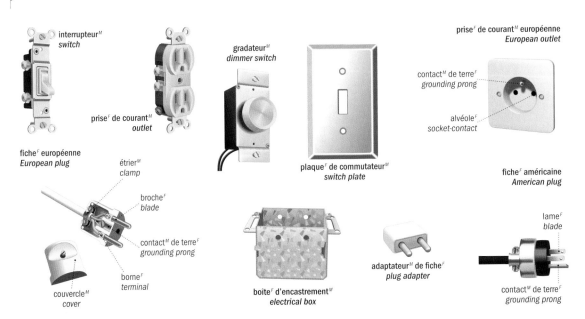

interrupteur^M
switch

gradateur^M
dimmer switch

prise^F de courant^M européenne
European outlet

contact^M de terre^F
grounding prong

prise^F de courant^M
outlet

alvéole^F
socket-contact

fiche^F européenne
European plug

étrier^M
clamp

broche^F
blade

plaque^F de commutateur^M
switch plate

fiche^F américaine
American plug

contact^M de terre^F
grounding prong

lame^F
blade

couvercle^M
cover

borne^F
terminal

boîte^F d'encastrement^M
electrical box

adaptateur^M de fiche^F
plug adapter

contact^M de terre^F
grounding prong

lampe^F à incandescence^F
incandescent lamp

gaz^M inerte
inert gas

filament^M
filament

bouton^M
button

support^M
support

entrée^F de courant^M
lead-in wire

pied^M
stem

déflecteur^M de chaleur^F
heat deflecting disc

pincement^M
pinch

queusot^M
exhaust tube

culot^M
base

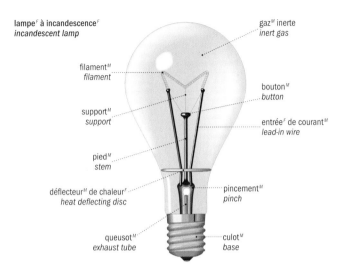

ampoule^F
bulb

douille^F de lampe^F
lamp socket

lampe^F à économie^F d'énergie^F
energy saving bulb

tube^M fluorescent
fluorescent tube

ampoule^F
bulb

attache^F du tube^M
tube retention clip

plaque^F de montage^M
mounting plate

ballast^M électronique
electronic ballast

boîtier^M
housing

culot^M
base

culot^M à vis^F
screw base

culot^M à baïonnette^F
bayonet base

lampe^F à halogène^M
tungsten-halogen lamp

tube^M fluorescent
fluorescent tube

couche^F fluorescente
phosphorescent coating

culot^M à broches^F
pin base

tube^M
bulb

broche^F
pin

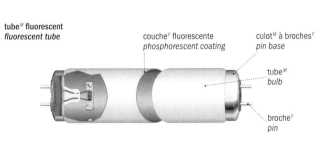

broche^F
pin

MAISON

fauteuil^M

armchair

parties^F
parts

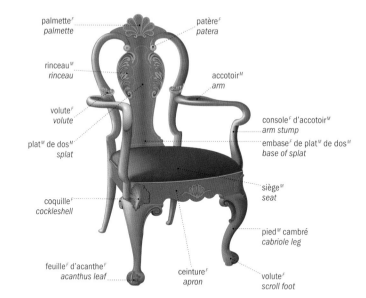

palmette^F
palmette

patère^F
patera

rinceau^M
rinceau

accotoir^M
arm

volute^F
volute

console^F d'accotoir^M
arm stump

plat^M de dos^M
splat

embase^F de plat^M de dos^M
base of splat

siège^M
seat

coquille^F
cockleshell

pied^M cambré
cabriole leg

feuille^F d'acanthe^F
acanthus leaf

ceinture^F
apron

volute^F
scroll foot

exemples^M de fauteuils^M
examples of armchairs

fauteuil^M Wassily
Wassily chair

fauteuil^M metteur^M en scène^F
director's chair

berceuse^F
rocking chair

cabriolet^M
cabriolet

méridienne^F
méridienne

récamier^M
récamier

fauteuil^M club^M
club chair

bergère^F
bergère

canapé^M
sofa

causeuse^F
love seat

canapé^M capitonné
chesterfield

parties^F
parts

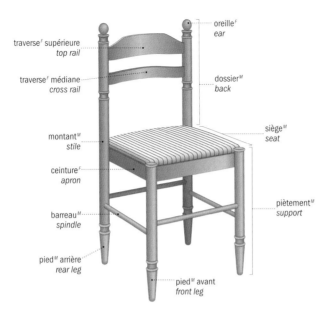

oreille^F
ear

traverse^F supérieure
top rail

traverse^F médiane
cross rail

dossier^M
back

montant^M
stile

siège^M
seat

ceinture^F
apron

barreau^M
spindle

piètement^M
support

pied^M arrière
rear leg

pied^M avant
front leg

exemples^M **de chaises**^F
examples of chairs

chaise^F berçante
rocking chair

chaises^F empilables
stacking chairs

chaise^F pliante
folding chair

chaise^F longue
chaise longue

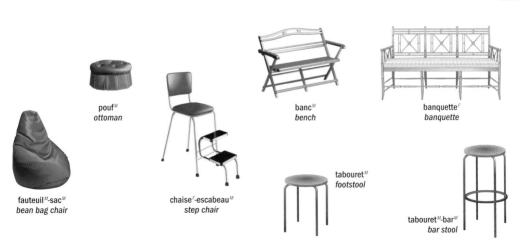
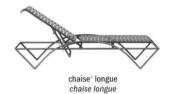

pouf^M
ottoman

banc^M
bench

banquette^F
banquette

fauteuil^M-sac^M
bean bag chair

chaise^F-escabeau^M
step chair

tabouret^M
footstool

tabouret^M-bar^M
bar stool

MAISON

201

table^F

table

table^F à abattants^M
gate-leg table

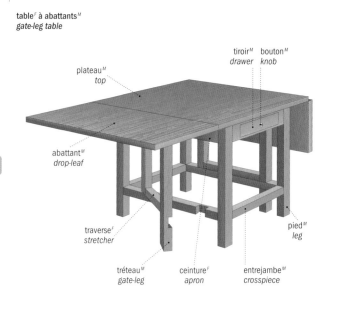

tiroir^M bouton^M
drawer *knob*

plateau^M
top

abattant^M
drop-leaf

traverse^F
stretcher

pied^M
leg

tréteau^M
gate-leg

ceinture^F
apron

entrejambe^M
crosspiece

exemples^M de tables^F
examples of tables

table^F à rallonges^F
extension table

plateau^M
top

rallonge^F
extension

tables^F gigognes
nest of tables

desserte^F
serving cart

meubles^M de rangement^M

storage furniture

armoire^F
armoire

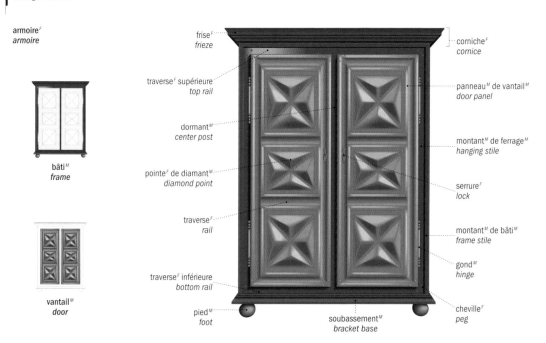

bâti^M
frame

vantail^M
door

frise^F
frieze

traverse^F supérieure
top rail

dormant^M
center post

pointe^F de diamant^M
diamond point

traverse^F
rail

traverse^F inférieure
bottom rail

pied^M
foot

soubassement^M
bracket base

corniche^F
cornice

panneau^M de vantail^M
door panel

montant^M de ferrage^M
hanging stile

serrure^F
lock

montant^M de bâti^M
frame stile

gond^M
hinge

cheville^F
peg

casier^M
compartment

abattant^M
fall front

coffre^M
linen chest

secrétaire^M
secretary

commode^F
dresser

MAISON

penderie^F
closet

tablette^F
shelf

armoire^F-penderie^F
wardrobe

tiroir^M
drawer

chiffonnier^M
chiffonier

vitrine^F
display cabinet

encoignure^F
corner cupboard

buffet^M-vaisselier^M
glass-fronted display cabinet

buffet^M
buffet

bar^M
cocktail cabinet

lit^M

bed

MAISON

canapé^M convertible
sofa bed

futon^M
futon

cadre^M
frame

parties^F
parts

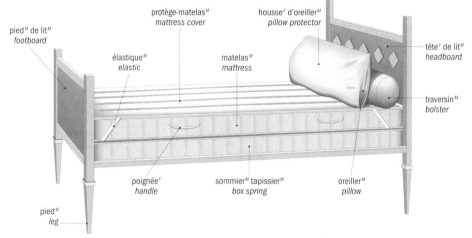

protège-matelas^M
mattress cover

housse^F d'oreiller^M
pillow protector

pied^M de lit^M
footboard

élastique^M
elastic

matelas^M
mattress

tête^F de lit^M
headboard

traversin^M
bolster

poignée^F
handle

sommier^M tapissier^M
box spring

oreiller^M
pillow

pied^M
leg

literie^F
linen

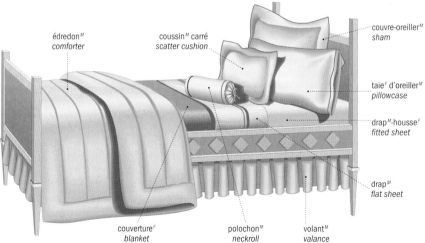

édredon^M
comforter

coussin^M carré
scatter cushion

couvre-oreiller^M
sham

taie^F d'oreiller^M
pillowcase

drap^M-housse^F
fitted sheet

drap^M
flat sheet

couverture^F
blanket

polochon^M
neckroll

volant^M
valance

meubles^M d'enfants^M
children's furniture

lit^M pliant
playpen

plan^M à langer
changing table

bordure^F
top rail

filet^M
mesh

matelas^M
mattress

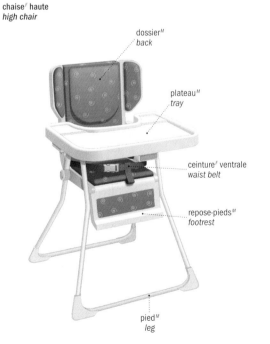

rehausseur^M
booster seat

accoudoir^M
armrest

dossier^M
back

siège^M
seat

table^F à langer
changing table

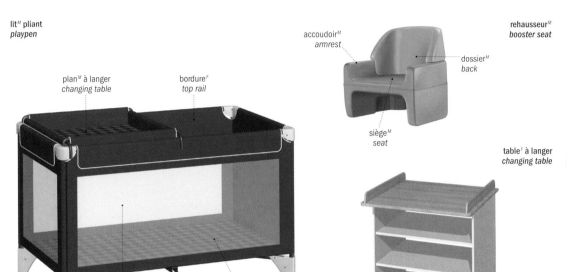

chaise^F haute
high chair

dossier^M
back

plateau^M
tray

ceinture^F ventrale
waist belt

repose-pieds^M
footrest

pied^M
leg

lit^M à barreaux^M
crib

tête^F de lit^M
headboard

barrière^F
barrier

barreau^M
slat

roulette^F
caster

tiroir^M
drawer

matelas^M
mattress

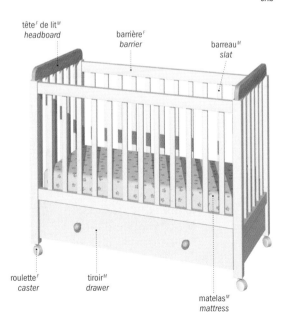

luminaires^M

lights

plafonnier^M
ceiling fitting

suspension^F
hanging pendant

spot^M à pince^F
clamp spotlight

lampe^F de bureau^M halogène
halogen desk lamp

bras^M
arm

lampe^F d'architecte^M
adjustable lamp

socle^M
base

interrupteur^M
on-off switch

bras^M
arm

abat-jour^M
shade

lampe^F liseuse
bed lamp

ressort^M
spring

support^M de fixation^F
adjustable clamp

socle^M
base

abat-jour^M
shade

pied^M
stand

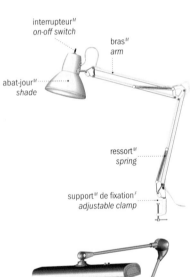

lampadaire^M
floor lamp

lampe^F de table^F
table lamp

lampe^F de bureau^M
desk lamp

MAISON

MAISON

lustre^M
chandelier

coupelle^F
bobeche

pendeloque^F
crystal drop

pampille^F
crystal button

fût^M
column

rail^M d'éclairage^M
track lighting

gouttière^F
bar frame

manette^F de contact^M
contact lever

transformateur^M
transformer

spot^M
spot

lanterne^F murale
wall lantern

applique^F
wall fitting

applique^F orientable
swivel wall lamp

rampe^F d'éclairage^M
strip light

lanterne^F de pied^M
post lantern

appareils^M électroménagers

domestic appliances

fer^M à vapeur^F
steam iron

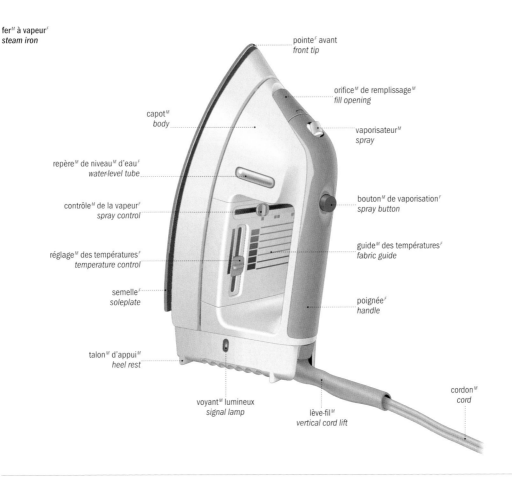

pointe^F avant
front tip

orifice^M de remplissage^M
fill opening

capot^M
body

vaporisateur^M
spray

repère^M de niveau^M d'eau^F
water-level tube

contrôle^M de la vapeur^F
spray control

bouton^M de vaporisation^F
spray button

réglage^M des températures^F
temperature control

guide^M des températures^F
fabric guide

semelle^F
soleplate

poignée^F
handle

talon^M d'appui^M
heel rest

cordon^M
cord

voyant^M lumineux
signal lamp

lève-fil^M
vertical cord lift

aspirateur^M à main^F
hand vacuum cleaner

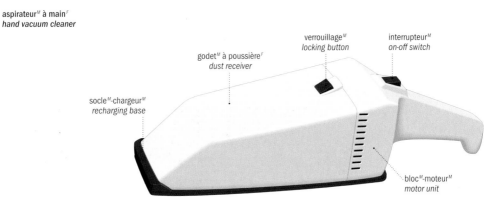

verrouillage^M
locking button

interrupteur^M
on-off switch

godet^M à poussière^F
dust receiver

socle^M-chargeur^M
recharging base

bloc^M-moteur^M
motor unit

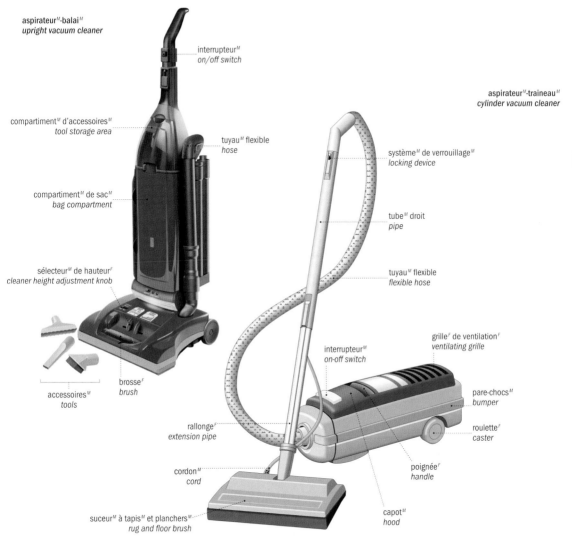

aspirateur^M-balai^M
upright vacuum cleaner

interrupteur^M
on/off switch

aspirateur^M-traîneau^M
cylinder vacuum cleaner

compartiment^M d'accessoires^M
tool storage area

tuyau^M flexible
hose

système^M de verrouillage^M
locking device

compartiment^M de sac^M
bag compartment

tube^M droit
pipe

tuyau^M flexible
flexible hose

sélecteur^M de hauteur^F
cleaner height adjustment knob

grille^F de ventilation^F
ventilating grille

interrupteur^M
on-off switch

pare-chocs^M
bumper

accessoires^M
tools

brosse^F
brush

roulette^F
caster

rallonge^F
extension pipe

cordon^M
cord

poignée^F
handle

suceur^M à tapis^M et planchers^M
rug and floor brush

capot^M
hood

MAISON

accessoires^M
cleaning tools

suceur^M triangulaire à tissus^M
upholstery nozzle

brosse^F à épousseter
dusting brush

suceur^M plat
crevice tool

brosse^F à planchers^M
floor brush

appareils^M électroménagers

hotte^F
range hood

filtre^M
filter

serpentin^M
surface element

élément^M tubulaire
tubular element

borne^F
terminal

cuvette^F
drip bowl

anneau^M
trim ring

cuisinière^F à gaz^M
gas range

grille^F
grate

couvercle^M de propreté^F
lid

brûleur^M
burner

table^F de travail^M
cooktop

robinets^M
burner control knobs

tableau^M de commande^F
control panel

poignée^F
handle

porte^F
door

hublot^M
window

four^M
oven

grille^F
rack

tiroir^M
drawer

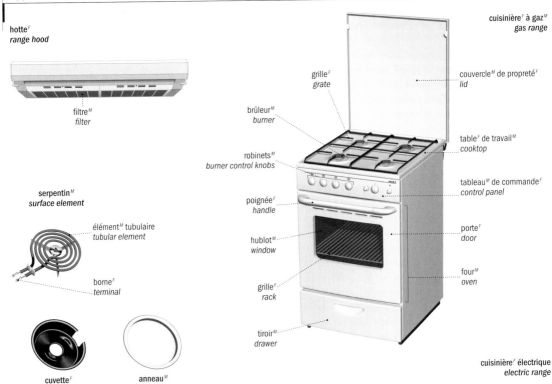

cuisinière^F électrique
electric range

réglage^M du four^M
oven control knob

horloge^F programmatrice
clock timer

voyant^M lumineux
signal lamp

dosseret^M
backguard

bouton^M de commande^F
control knob

prise^F chronométrée
timed outlet

tableau^M de commande^F
control panel

surface^F de cuisson^F
cooktop

serpentin^M
surface element

rebord^M
cooktop edge

grille^F
rack

poignée^F
handle

four^M
oven

hublot^M
window

tiroir^M
drawer

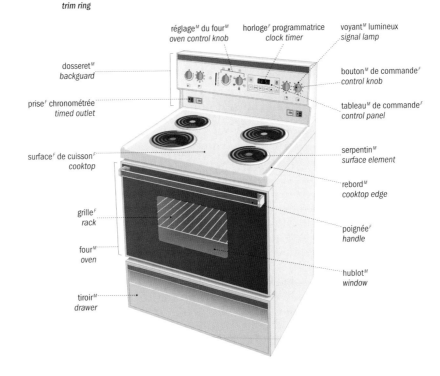

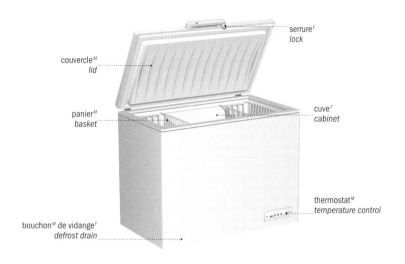

congélateur^M coffre^M
chest freezer

serrure^F
lock

couvercle^M
lid

panier^M
basket

cuve^F
cabinet

thermostat^M
temperature control

bouchon^M de vidange^F
defrost drain

réfrigérateur^M
refrigerator

MAISON

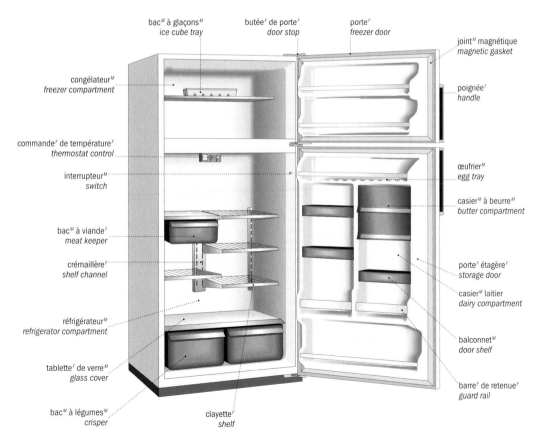

bac^M à glaçons^M
ice cube tray

butée^F de porte^F
door stop

porte^F
freezer door

joint^M magnétique
magnetic gasket

congélateur^M
freezer compartment

poignée^F
handle

commande^F de température^F
thermostat control

œufrier^M
egg tray

interrupteur^M
switch

casier^M à beurre^M
butter compartment

bac^M à viande^F
meat keeper

crémaillère^F
shelf channel

porte^F étagère^F
storage door

casier^M laitier
dairy compartment

réfrigérateur^M
refrigerator compartment

balconnet^M
door shelf

tablette^F de verre^M
glass cover

barre^F de retenue^F
guard rail

bac^M à légumes^M
crisper

clayette^F
shelf

appareils^M électroménagers

MAISON

lave-linge^M; *laveuse*^F
washer

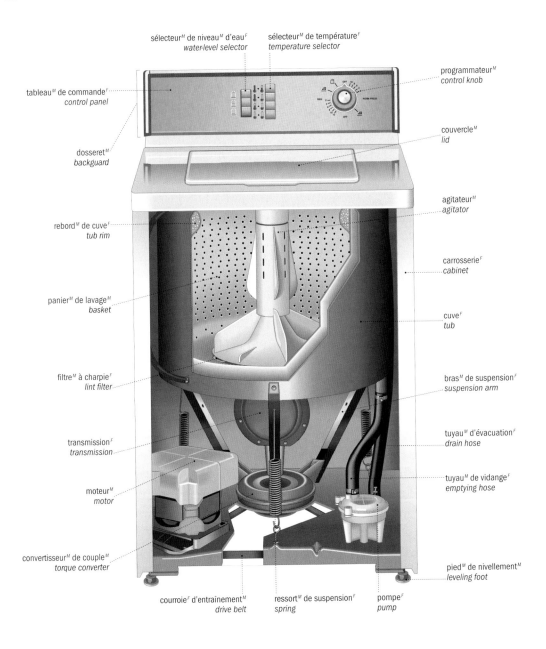

sélecteur^M de niveau^M d'eau^F
water-level selector

sélecteur^M de température^F
temperature selector

programmateur^M
control knob

tableau^M de commande^F
control panel

couvercle^M
lid

dosseret^M
backguard

agitateur^M
agitator

rebord^M de cuve^F
tub rim

carrosserie^F
cabinet

panier^M de lavage^M
basket

cuve^F
tub

filtre^M à charpie^F
lint filter

bras^M de suspension^F
suspension arm

transmission^F
transmission

tuyau^M d'évacuation^F
drain hose

moteur^M
motor

tuyau^M de vidange^F
emptying hose

convertisseur^M de couple^M
torque converter

pied^M de nivellement^M
leveling foot

courroie^F d'entraînement^M
drive belt

ressort^M de suspension^F
spring

pompe^F
pump

sèche-linge^M électrique; *sécheuse*^F
electric dryer

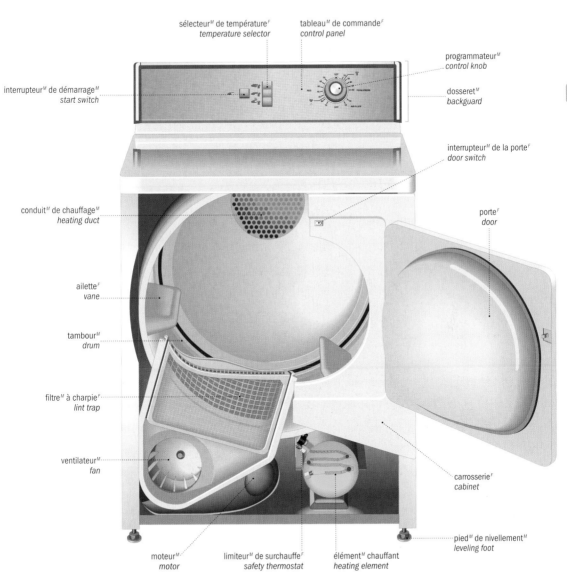

sélecteur^M de température^F
temperature selector

tableau^M de commande^F
control panel

programmateur^M
control knob

interrupteur^M de démarrage^M
start switch

dosseret^M
backguard

interrupteur^M de la porte^F
door switch

conduit^M de chauffage^M
heating duct

porte^F
door

ailette^F
vane

tambour^M
drum

filtre^M à charpie^F
lint trap

ventilateur^M
fan

carrosserie^F
cabinet

pied^M de nivellement^M
leveling foot

moteur^M
motor

limiteur^M de surchauffe^F
safety thermostat

élément^M chauffant
heating element

MAISON

appareils^ᵛ électroménagers

tableau^M de commande^F
control panel

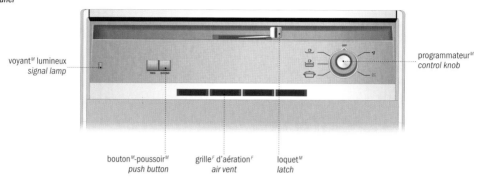

voyant^M lumineux
signal lamp

programmateur^M
control knob

bouton^M-poussoir^M
push button

grille^F d'aération^F
air vent

loquet^M
latch

lave-vaisselle^M
dishwasher

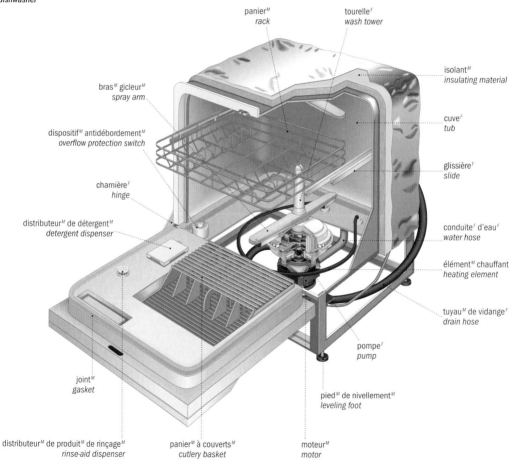

panier^M
rack

tourelle^F
wash tower

isolant^M
insulating material

bras^M gicleur^M
spray arm

cuve^F
tub

dispositif^M antidébordement^M
overflow protection switch

charnière^F
hinge

glissière^F
slide

distributeur^M de détergent^M
detergent dispenser

conduite^F d'eau^F
water hose

élément^M chauffant
heating element

tuyau^M de vidange^F
drain hose

pompe^F
pump

joint^M
gasket

pied^M de nivellement^M
leveling foot

distributeur^M de produit^M de rinçage^M
rinse-aid dispenser

panier^M à couverts^M
cutlery basket

moteur^M
motor

articles^M ménagers

torchon^M
kitchen towel

pelle^F à poussière^F; *porte-poussière*^M
dustpan

balai^M
broom

balai^M à franges^F; *vadrouille*^F
mop

éponge^F à récurer
scouring pad

manche^M
handle

brosse^F
brush

monture^F
block

fibres^F
fibers

poubelle^F
refuse container

couvercle^M
lid

fibres^F
fibers

poignée^F
handle

seau^M
pail

bec^M verseur
pouring spout

anse^F
handle

MAISON

BRICOLAGE ET JARDINAGE

plomberie*F* : outils*M*

plumbing tools

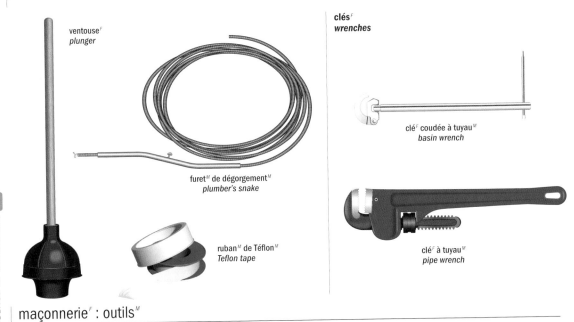

ventouse*F*
plunger

clés*F*
wrenches

clé*F* coudée à tuyau*M*
basin wrench

furet*M* de dégorgement*M*
plumber's snake

ruban*M* de Téflon*M*
Teflon tape

clé*F* à tuyau*M*
pipe wrench

maçonnerie*F* : outils*M*

masonry tools

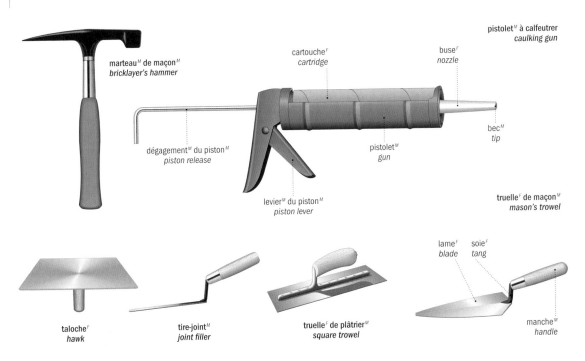

marteau*M* de maçon*M*
bricklayer's hammer

cartouche*F*
cartridge

buse*F*
nozzle

pistolet*M* à calfeutrer
caulking gun

dégagement*M* du piston*M*
piston release

pistolet*M*
gun

bec*M*
tip

levier*M* du piston*M*
piston lever

truelle*F* de maçon*M*
mason's trowel

lame*F*
blade

soie*F*
tang

taloche*F*
hawk

tire-joint*M*
joint filler

truelle*F* de plâtrier*M*
square trowel

manche*M*
handle

électricité^F : outils^M

electricity tools

BRICOLAGE ET JARDINAGE

baladeuse^F
drop light

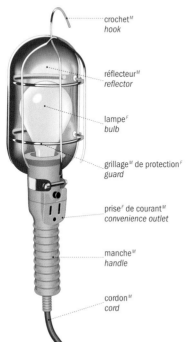

crochet^M
hook

réflecteur^M
reflector

lampe^F
bulb

grillage^M de protection^F
guard

prise^F de courant^M
convenience outlet

manche^M
handle

cordon^M
cord

vérificateur^M de circuit^M
neon tester

capuchon^M de connexion^F
wire nut

vérificateur^M de prise^F de courant^M
receptacle analyzer

vérificateur^M de tension^F
voltage tester

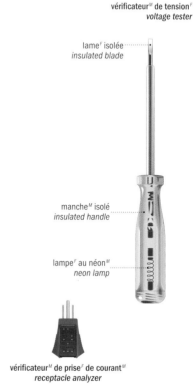

lame^F isolée
insulated blade

manche^M isolé
insulated handle

lampe^F au néon^M
neon lamp

pince^F universelle
multipurpose tool

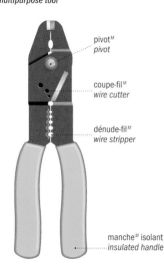

pivot^M
pivot

coupe-fil^M
wire cutter

dénude-fil^M
wire stripper

manche^M isolant
insulated handle

pince^F à long bec^M
needle-nose pliers

pince^F d'électricien^M
lineman's pliers

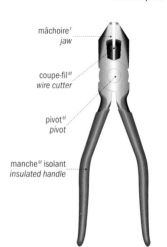

mâchoire^F
jaw

coupe-fil^M
wire cutter

pivot^M
pivot

manche^M isolant
insulated handle

soudage^M : outils^M

soldering and welding tools

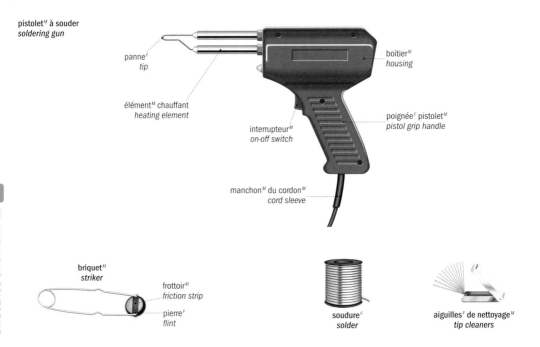

pistolet^M à souder
soldering gun

panne^F
tip

élément^M chauffant
heating element

interrupteur^M
on-off switch

boîtier^M
housing

poignée^F pistolet^M
pistol grip handle

manchon^M du cordon^M
cord sleeve

briquet^M
striker

frottoir^M
friction strip

pierre^F
flint

soudure^F
solder

aiguilles^F de nettoyage^M
tip cleaners

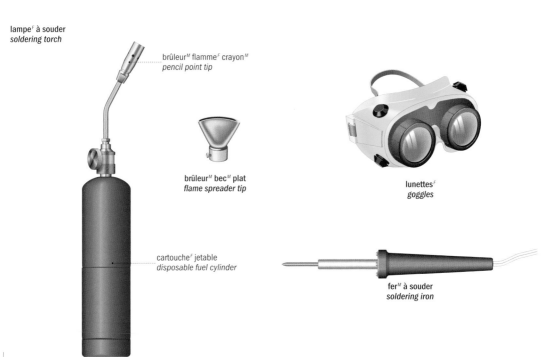

lampe^F à souder
soldering torch

brûleur^M flamme^F crayon^M
pencil point tip

brûleur^M bec^M plat
flame spreader tip

lunettes^F
goggles

cartouche^F jetable
disposable fuel cylinder

fer^M à souder
soldering iron

peinture^F d'entretien^M

painting upkeep

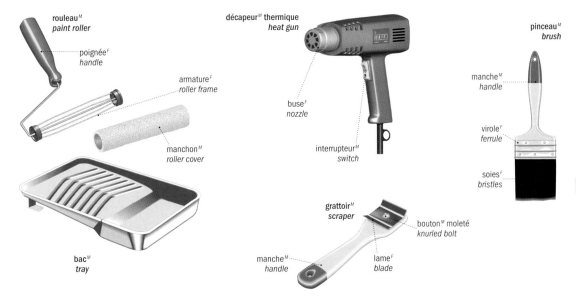

rouleau^M
paint roller

poignée^F
handle

armature^F
roller frame

manchon^M
roller cover

bac^M
tray

décapeur^M thermique
heat gun

buse^F
nozzle

interrupteur^M
switch

pinceau^M
brush

manche^M
handle

virole^F
ferrule

soies^F
bristles

grattoir^M
scraper

bouton^M moleté
knurled bolt

manche^M
handle

lame^F
blade

BRICOLAGE ET JARDINAGE

échelles^F et escabeaux^M

ladders and stepladders

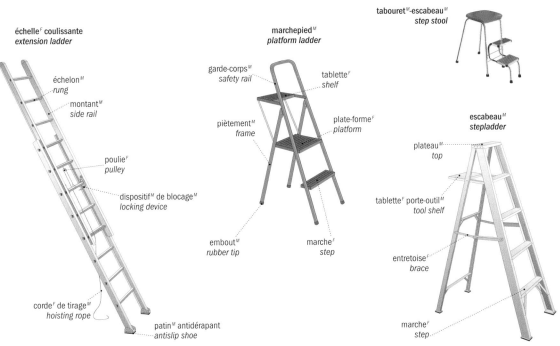

échelle^F coulissante
extension ladder

échelon^M
rung

montant^M
side rail

poulie^F
pulley

dispositif^M de blocage^M
locking device

corde^F de tirage^M
hoisting rope

patin^M antidérapant
antislip shoe

marchepied^M
platform ladder

garde-corps^M
safety rail

tablette^F
shelf

plate-forme^F
platform

piètement^M
frame

embout^M
rubber tip

marche^F
step

tabouret^M-escabeau^M
step stool

escabeau^M
stepladder

plateau^M
top

tablette^F porte-outil^M
tool shelf

entretoise^F
brace

marche^F
step

menuiserie^F : outils^M pour clouer

carpentry: nailing tools

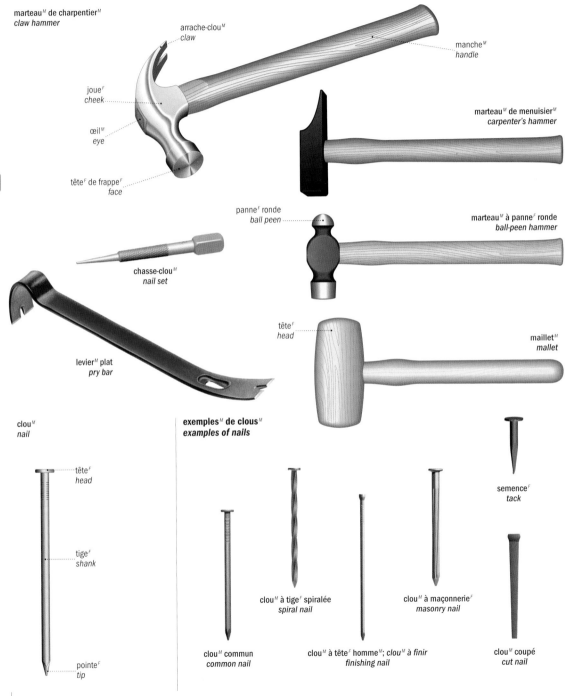

marteau^M de charpentier^M
claw hammer

arrache-clou^M
claw

manche^M
handle

joue^F
cheek

œil^M
eye

tête^F de frappe^F
face

chasse-clou^M
nail set

levier^M plat
pry bar

marteau^M de menuisier^M
carpenter's hammer

panne^F ronde
ball peen

marteau^M à panne^F ronde
ball-peen hammer

tête^F
head

maillet^M
mallet

clou^M
nail

tête^F
head

tige^F
shank

pointe^F
tip

exemples^M de clous^M
examples of nails

semence^F
tack

clou^M à tige^F spiralée
spiral nail

clou^M à maçonnerie^F
masonry nail

clou^M commun
common nail

clou^M à tête^F homme^M; clou^M à finir
finishing nail

clou^M coupé
cut nail

menuiserie*F* : outils*M* pour visser

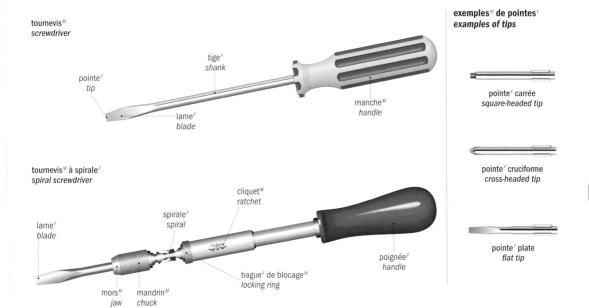

tournevis*M*
screwdriver

tige*F*
shank

pointe*F*
tip

manche*M*
handle

lame*F*
blade

exemples*M* **de pointes***F*
examples of tips

pointe*F* carrée
square-headed tip

pointe*F* cruciforme
cross-headed tip

pointe*F* plate
flat tip

tournevis*M* **à spirale***F*
spiral screwdriver

cliquet*M*
ratchet

spirale*F*
spiral

lame*F*
blade

poignée*F*
handle

bague*F* de blocage*M*
locking ring

mors*M*
jaw

mandrin*M*
chuck

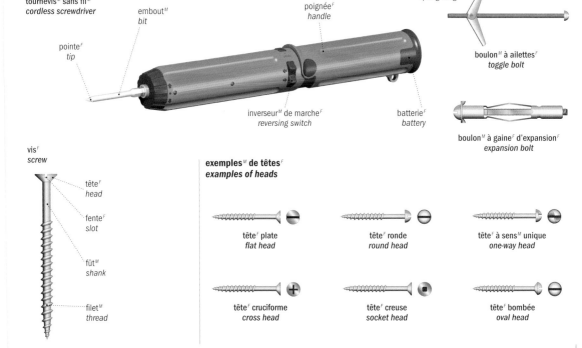

tournevis*M* **sans fil***M*
cordless screwdriver

embout*M*
bit

poignée*F*
handle

pointe*F*
tip

inverseur*M* de marche*F*
reversing switch

batterie*F*
battery

ailette*F* à ressort*M*
spring wing

boulon*M* à ailettes*F*
toggle bolt

boulon*M* à gaine*F* d'expansion*F*
expansion bolt

vis*F*
screw

tête*F*
head

fente*F*
slot

fût*M*
shank

filet*M*
thread

exemples*M* **de têtes***F*
examples of heads

tête*F* plate
flat head

tête*F* ronde
round head

tête*F* à sens*M* unique
one-way head

tête*F* cruciforme
cross head

tête*F* creuse
socket head

tête*F* bombée
oval head

menuiserie : outils pour serrer

BRICOLAGE ET JARDINAGE

serre-joint^M
C-clamp

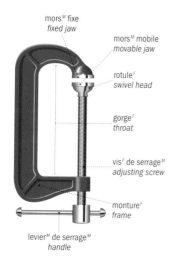

mors^M fixe
fixed jaw

mors^M mobile
movable jaw

rotule^F
swivel head

gorge^F
throat

vis^F de serrage^M
adjusting screw

monture^F
frame

levier^M de serrage^M
handle

étau^M
vise

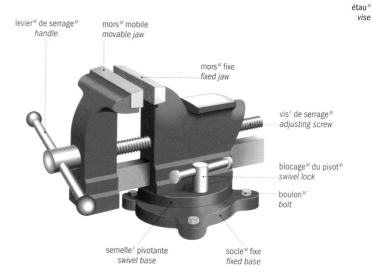

levier^M de serrage^M
handle

mors^M mobile
movable jaw

mors^M fixe
fixed jaw

vis^F de serrage^M
adjusting screw

blocage^M du pivot^M
swivel lock

boulon^M
bolt

semelle^F pivotante
swivel base

socle^M fixe
fixed base

serre-joint^M à tuyau^M
pipe clamp

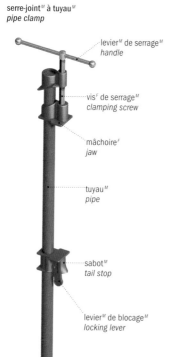

levier^M de serrage^M
handle

vis^F de serrage^M
clamping screw

mâchoire^F
jaw

tuyau^M
pipe

sabot^M
tail stop

levier^M de blocage^M
locking lever

établi^M étau^M
work bench and vise

cale^F
peg

mâchoires^F
jaws

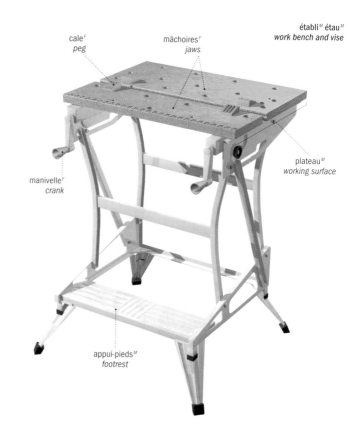

manivelle^F
crank

plateau^M
working surface

appui-pieds^M
footrest

menuiserie^F : instruments^M de traçage^M et de mesure^F

carpentry: measuring and marking tools

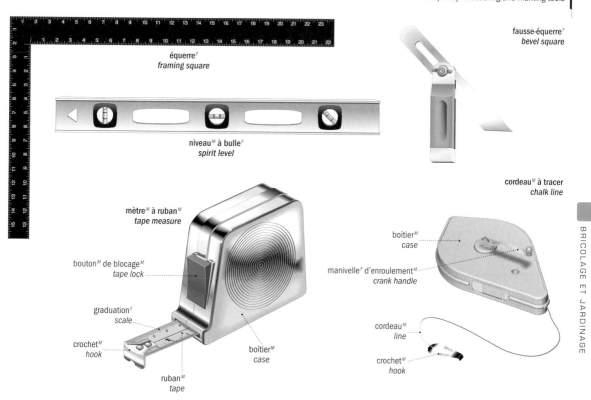

équerre^F
framing square

fausse-équerre^F
bevel square

niveau^M à bulle^F
spirit level

cordeau^M à tracer
chalk line

mètre^M à ruban^M
tape measure

boîtier^M
case

bouton^M de blocage^M
tape lock

manivelle^F d'enroulement^M
crank handle

graduation^F
scale

crochet^M
hook

cordeau^M
line

boîtier^M
case

crochet^M
hook

ruban^M
tape

menuiserie^F : matériel^M divers

carpentry: miscellaneous material

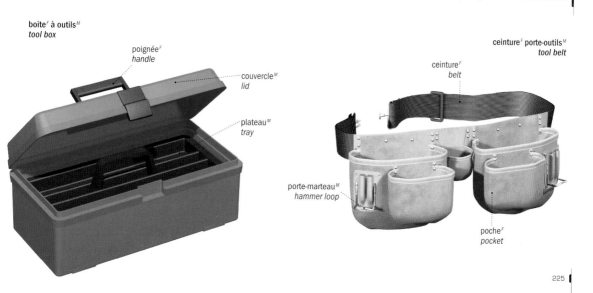

boîte^F à outils^M
tool box

poignée^F
handle

couvercle^M
lid

plateau^M
tray

ceinture^F porte-outils^M
tool belt

ceinture^F
belt

porte-marteau^M
hammer loop

poche^F
pocket

menuiserie^F : outils^M pour scier

carpentry: sawing tools

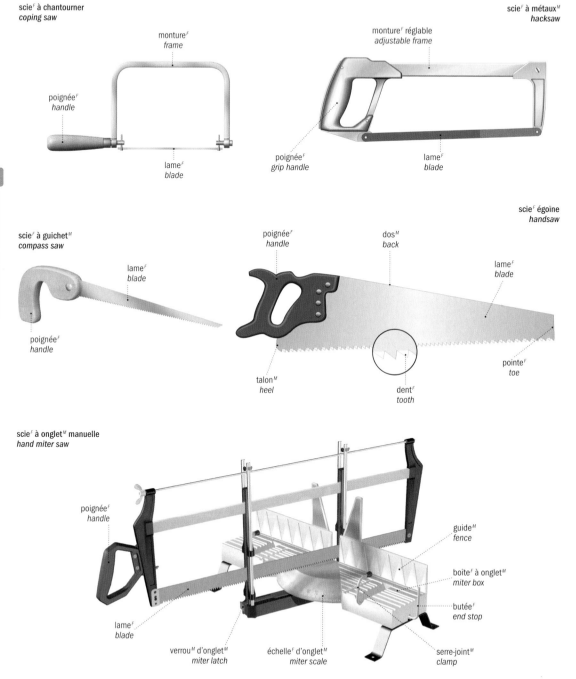

scie^F à chantourner
coping saw

monture^F
frame

poignée^F
handle

lame^F
blade

scie^F à métaux^M
hacksaw

monture^F réglable
adjustable frame

poignée^F
grip handle

lame^F
blade

scie^F à guichet^M
compass saw

lame^F
blade

poignée^F
handle

scie^F égoïne
handsaw

poignée^F
handle

dos^M
back

lame^F
blade

talon^M
heel

dent^F
tooth

pointe^F
toe

scie^F à onglet^M manuelle
hand miter saw

poignée^F
handle

guide^M
fence

boîte^F à onglet^M
miter box

butée^F
end stop

lame^F
blade

verrou^M d'onglet^M
miter latch

échelle^F d'onglet^M
miter scale

serre-joint^M
clamp

scie^F sauteuse
jig saw

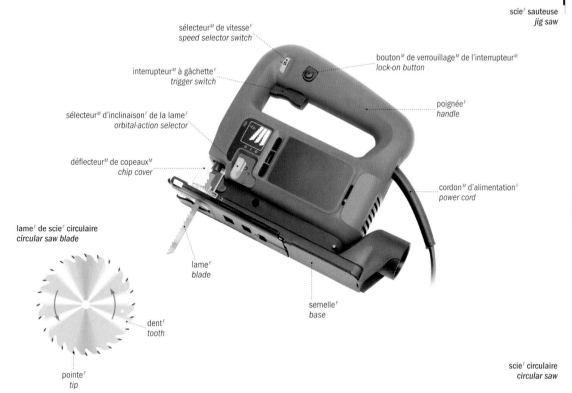

sélecteur^M de vitesse^F
speed selector switch

bouton^M de verrouillage^M de l'interrupteur^M
lock-on button

interrupteur^M à gâchette^F
trigger switch

poignée^F
handle

sélecteur^M d'inclinaison^F de la lame^F
orbital-action selector

déflecteur^M de copeaux^M
chip cover

cordon^M d'alimentation^F
power cord

lame^F de scie^F circulaire
circular saw blade

lame^F
blade

semelle^F
base

dent^F
tooth

pointe^F
tip

scie^F circulaire
circular saw

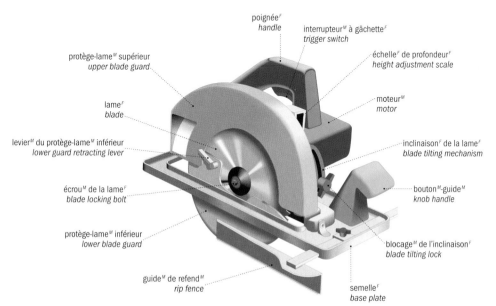

poignée^F
handle

interrupteur^M à gâchette^F
trigger switch

protège-lame^M supérieur
upper blade guard

échelle^F de profondeur^F
height adjustment scale

lame^F
blade

moteur^M
motor

levier^M du protège-lame^M inférieur
lower guard retracting lever

inclinaison^F de la lame^F
blade tilting mechanism

écrou^M de la lame^F
blade locking bolt

bouton^M-guide^M
knob handle

protège-lame^M inférieur
lower blade guard

blocage^M de l'inclinaison^F
blade tilting lock

guide^M de refend^M
rip fence

semelle^F
base plate

menuiserie^F : outils^M pour percer

carpentry: drilling tools

perceuse^F-visseuse^F sans fil^M
cordless drill-driver

sélecteur^M de vitesse^F de rotation^F
speed selector switch

embout^M de vissage^M
screwdriver bit

mandrin^M autoserrant
keyless chuck

bague^F de réglage^M du couple^M de serrage^M
torque adjustment collar

batterie^F
battery pack

interrupteur^M à gâchette^F
trigger switch

inverseur^M de marche^F
reversing switch

batterie^F
battery pack

chargeur^M
charger

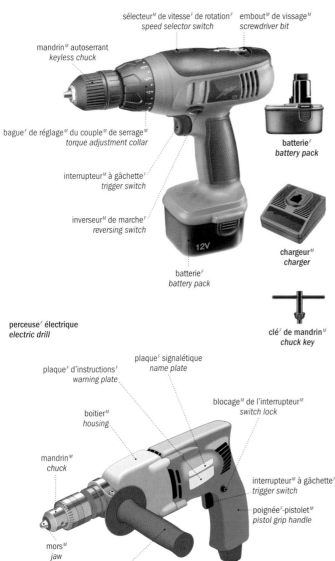

perceuse^F électrique
electric drill

plaque^F signalétique
name plate

plaque^F d'instructions^F
warning plate

blocage^M de l'interrupteur^M
switch lock

boîtier^M
housing

mandrin^M
chuck

interrupteur^M à gâchette^F
trigger switch

poignée^F-pistolet^M
pistol grip handle

mors^M
jaw

manchon^M de câble^M
cable sleeve

poignée^F auxiliaire
auxiliary handle

fiche^F
plug

câble^M
cable

clé^F de mandrin^M
chuck key

exemples^M de mèches^F et de forets^M
examples of bits and drills

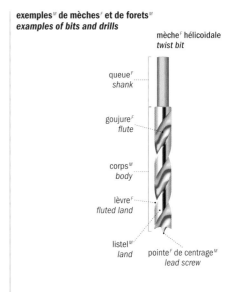

mèche^F hélicoïdale
twist bit

queue^F
shank

goujure^F
flute

corps^M
body

lèvre^F
fluted land

listel^M
land

pointe^F de centrage^M
lead screw

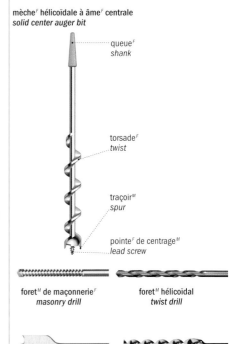

mèche^F hélicoïdale à âme^F centrale
solid center auger bit

queue^F
shank

torsade^F
twist

traçoir^M
spur

pointe^F de centrage^M
lead screw

foret^M de maçonnerie^F
masonry drill

foret^M hélicoïdal
twist drill

mèche^F à centre^M plat
spade bit

mèche^F hélicoïdale à double torsade^F
double-twist auger bit

menuiserie^F : outils^M pour façonner

carpentry: shaping tools

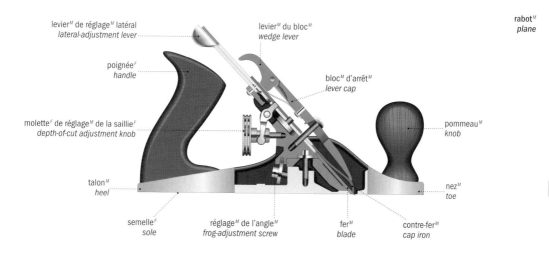

rabot^M
plane

levier^M de réglage^M latéral
lateral-adjustment lever

levier^M du bloc^M
wedge lever

poignée^F
handle

bloc^M d'arrêt^M
lever cap

molette^F de réglage^M de la saillie^F
depth-of-cut adjustment knob

pommeau^M
knob

talon^M
heel

nez^M
toe

semelle^F
sole

réglage^M de l'angle^M
frog-adjustment screw

fer^M
blade

contre-fer^M
cap iron

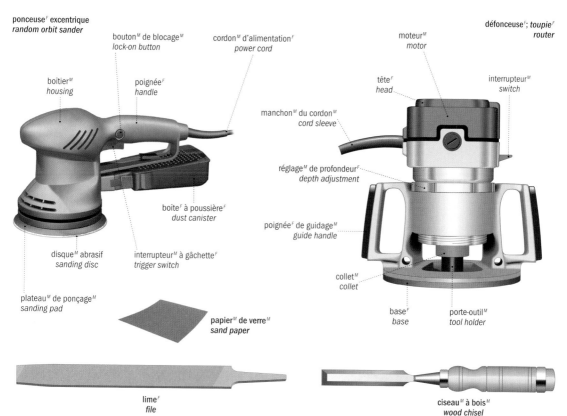

ponceuse^F excentrique
random orbit sander

bouton^M de blocage^M
lock-on button

cordon^M d'alimentation^F
power cord

moteur^M
motor

défonceuse^F; toupie^F
router

boîtier^M
housing

poignée^F
handle

tête^F
head

interrupteur^M
switch

manchon^M du cordon^M
cord sleeve

réglage^M de profondeur^F
depth adjustment

boîte^F à poussière^F
dust canister

poignée^F de guidage^M
guide handle

disque^M abrasif
sanding disc

interrupteur^M à gâchette^F
trigger switch

collet^M
collet

plateau^M de ponçage^M
sanding pad

base^F
base

porte-outil^M
tool holder

papier^M de verre^M
sand paper

lime^F
file

ciseau^M à bois^M
wood chisel

BRICOLAGE ET JARDINAGE

jardin^M d'agrément^M

pleasure garden

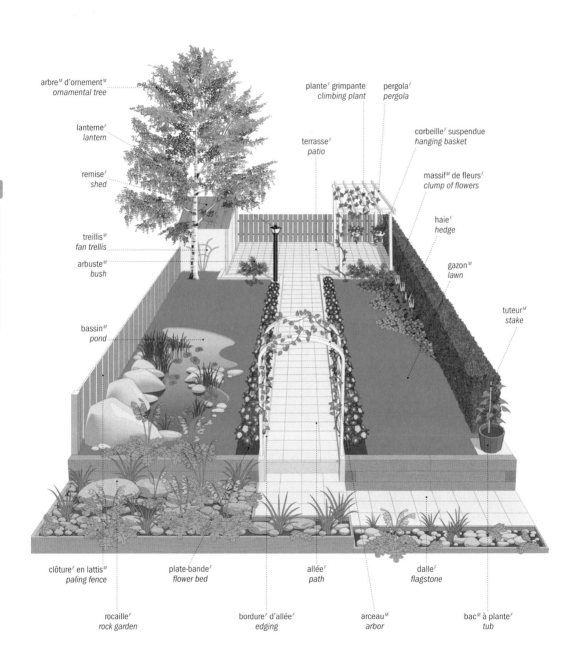

arbre^M d'ornement^M
ornamental tree

lanterne^F
lantern

remise^F
shed

treillis^M
fan trellis

arbuste^M
bush

bassin^M
pond

plante^F grimpante
climbing plant

pergola^F
pergola

terrasse^F
patio

corbeille^F suspendue
hanging basket

massif^M de fleurs^F
clump of flowers

haie^F
hedge

gazon^M
lawn

tuteur^M
stake

clôture^F en lattis^M
paling fence

plate-bande^F
flower bed

allée^F
path

dalle^F
flagstone

rocaille^F
rock garden

bordure^F d'allée^F
edging

arceau^M
arbor

bac^M à plante^F
tub

équipement^M divers

équipement^M divers

miscellaneous equipment

bac^M à compost^M
compost bin

brouette^F
wheelbarrow

caisse^F
tray

brancard^M
handle

pied^M
leg

roue^F
wheel

outils^M pour semer et planter

seeding and planting tools

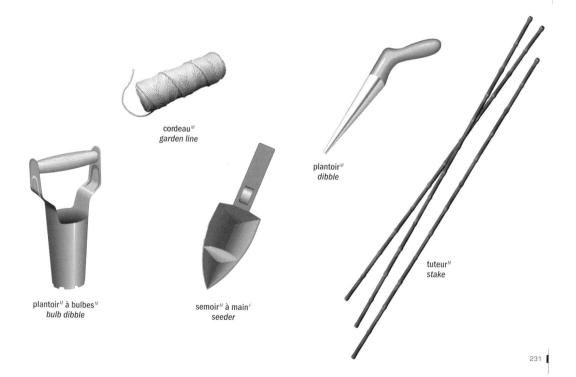

cordeau^M
garden line

plantoir^M
dibble

plantoir^M à bulbes^M
bulb dibble

semoir^M à main^F
seeder

tuteur^M
stake

jeu^M de petits outils^M

hand tools

griffe^F à fleurs^F
small hand cultivator

transplantoir^M
trowel

tire-racine^M
weeder

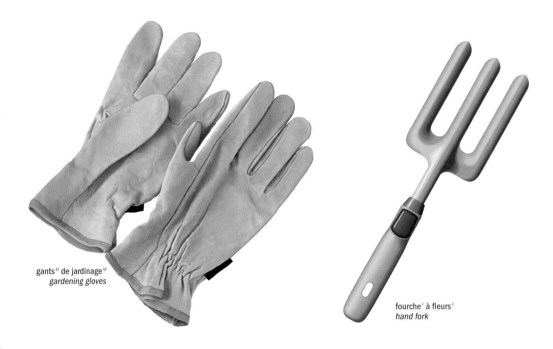

gants^M de jardinage^M
gardening gloves

fourche^F à fleurs^F
hand fork

outils^M pour remuer la terre^F

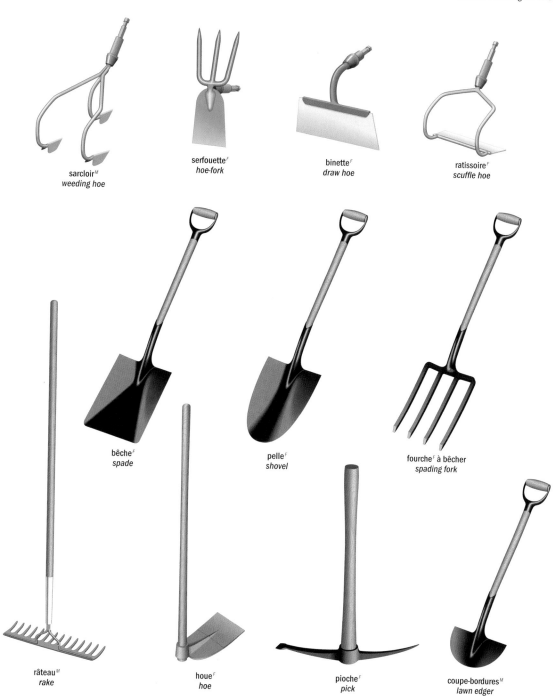

sarcloir^M
weeding hoe

serfouette^F
hoe-fork

binette^F
draw hoe

ratissoire^F
scuffle hoe

bêche^F
spade

pelle^F
shovel

fourche^F à bêcher
spading fork

râteau^M
rake

houe^F
hoe

pioche^F
pick

coupe-bordures^M
lawn edger

BRICOLAGE ET JARDINAGE

outils^M pour couper

pruning and cutting tools

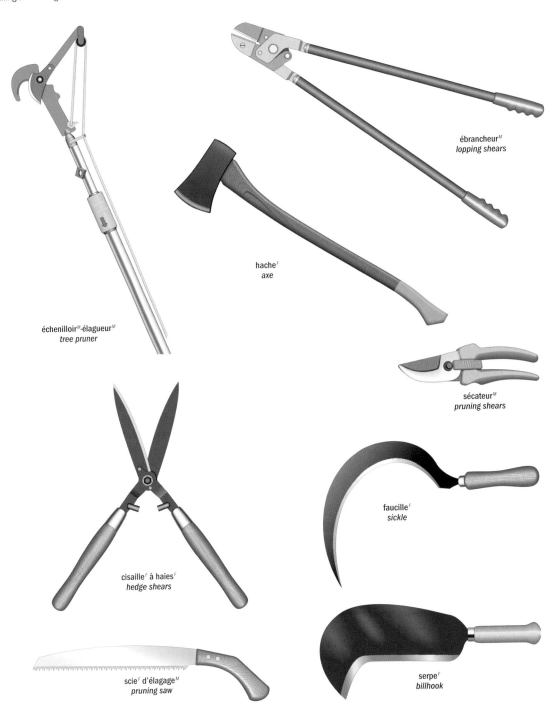

ébrancheur^M
lopping shears

hache^F
axe

échenilloir^M-élagueur^M
tree pruner

sécateur^M
pruning shears

faucille^F
sickle

cisaille^F à haies^F
hedge shears

scie^F d'élagage^M
pruning saw

serpe^F
billhook

outils^M pour couper

taille-haies^M
hedge trimmer

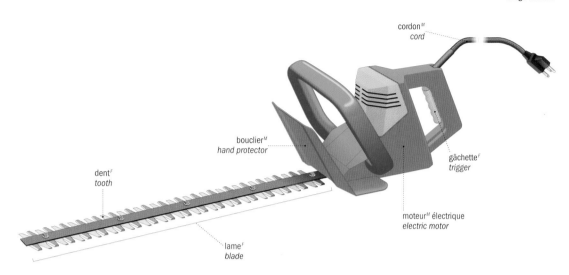

cordon^M
cord

bouclier^M
hand protector

gâchette^F
trigger

dent^F
tooth

moteur^M électrique
electric motor

lame^F
blade

tronçonneuse^F
chainsaw

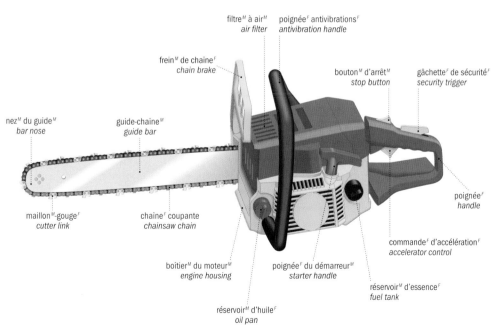

filtre^M à air^M
air filter

poignée^F antivibrations^F
antivibration handle

frein^M de chaîne^F
chain brake

bouton^M d'arrêt^M
stop button

gâchette^F de sécurité^F
security trigger

nez^M du guide^M
bar nose

guide-chaîne^M
guide bar

poignée^F
handle

maillon^M-gouge^F
cutter link

chaîne^F coupante
chainsaw chain

commande^F d'accélération^F
accelerator control

boîtier^M du moteur^M
engine housing

poignée^F du démarreur^M
starter handle

réservoir^M d'essence^F
fuel tank

réservoir^M d'huile^F
oil pan

outils^M pour arroser

watering tools

vaporisateur^M
sprayer

pistolet^M arrosoir^M
spray nozzle

pistolet^M d'arrosage^M
pistol nozzle

tuyau^M perforé
sprinkler hose

pulvérisateur^M
tank sprayer

arrosoir^M
watering can

anse^F
handle

pomme^F
rose

balancier^M
metal arm

brise-jet^M
diffuser pin

arroseur^M canon^M
impulse sprinkler

buse^F
nozzle

déflecteur^M
deflector

bague^F de réglage^M
trip lever

raccord^M de tuyau^M
hose connector

traineau^M
sled

dévidoir^M sur roues^F
hose trolley

arroseur^M oscillant
oscillating sprinkler

dévidoir^M
reel

tuyau^M d'arrosage^M
garden hose

raccord^M de robinet^M
tap connector

manivelle^F
trolley crank

arroseur^M rotatif
revolving sprinkler

lance^F d'arrosage^M
hose nozzle

bras^M
arm

soins^M de la pelouse^F

taille-bordures^M
edger

balai^M à feuilles^F
lawn rake

cordon^M
cord

moteur^M électrique
electric motor

carter^M de sécurité^F
security casing

aérateur^M à gazon^M
lawn aerator

fil^M de nylon^M
nylon yarn

guidon^M
handle

sélecteur^M de régime^M
speed control

poignée^F de sécurité^F
safety handle

clé^F de contact^M
ignition key

tondeuse^F à moteur^M
power mower

bac^M de ramassage^M
grassbox

démarreur^M manuel
starter

moteur^M
motor

bouchon^M de remplissage^M
filler cap

câble^M d'accélération^F
accelerator cable

déflecteur^M
deflector

bougie^F
spark plug

carter^M
casing

BRICOLAGE ET JARDINAGE

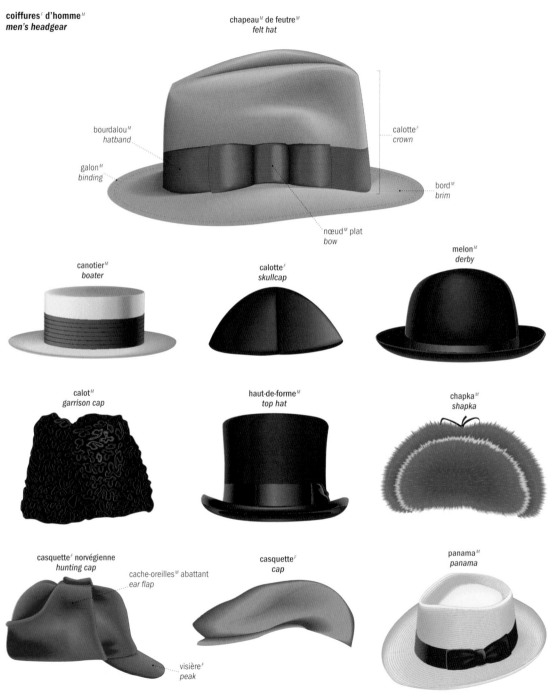

coiffures F d'homme M
men's headgear

chapeau M de feutre M
felt hat

bourdalou M
hatband

galon M
binding

calotte F
crown

bord M
brim

nœud M plat
bow

canotier M
boater

calotte F
skullcap

melon M
derby

calot M
garrison cap

haut-de-forme M
top hat

chapka M
shapka

casquette F norvégienne
hunting cap

cache-oreilles M abattant
ear flap

casquette F
cap

panama M
panama

visière F
peak

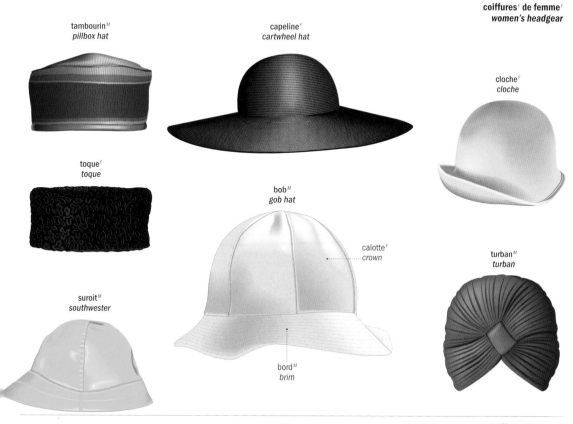

coiffures^F de femme^F
women's headgear

tambourin^M
pillbox hat

capeline^F
cartwheel hat

cloche^F
cloche

toque^F
toque

bob^M
gob hat

calotte^F
crown

turban^M
turban

suroit^M
southwester

bord^M
brim

coiffures^F unisexes
unisex headgear

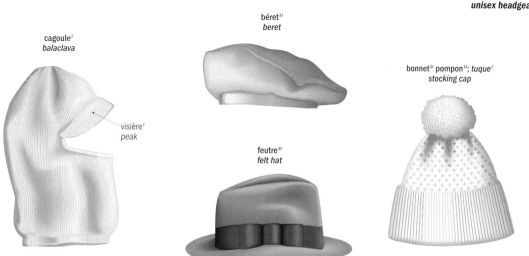

cagoule^F
balaclava

béret^M
beret

bonnet^M pompon^M; tuque^F
stocking cap

visière^F
peak

feutre^M
felt hat

chaussures^F d'homme^M
men's shoes

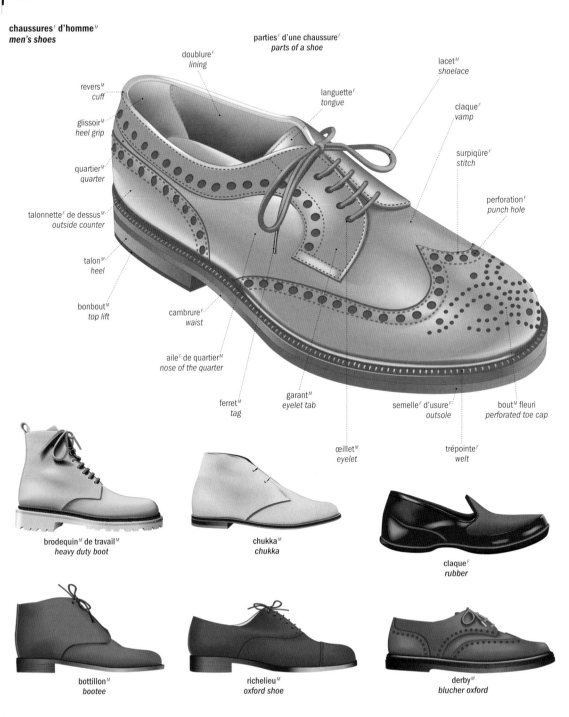

parties^F d'une chaussure^F
parts of a shoe

doublure^F
lining

revers^M
cuff

glissoir^M
heel grip

quartier^M
quarter

talonnette^F de dessus^M
outside counter

talon^M
heel

bonbout^M
top lift

cambrure^F
waist

aile^F de quartier^M
nose of the quarter

ferret^M
tag

garant^M
eyelet tab

œillet^M
eyelet

languette^F
tongue

lacet^M
shoelace

claque^F
vamp

surpiqûre^F
stitch

perforation^F
punch hole

semelle^F d'usure^F
outsole

bout^M fleuri
perforated toe cap

trépointe^F
welt

brodequin^M de travail^M
heavy duty boot

chukka^M
chukka

claque^F
rubber

bottillon^M
bootee

richelieu^M
oxford shoe

derby^M
blucher oxford

VÊTEMENTS

chaussures^F de femme^F
women's shoes

sandale^F
sandal

ballerine^F
ballerina

escarpin^M-sandale^F
sling back shoe

escarpin^M
pump

salomé^M
T-strap shoe

Charles IX^M
one-bar shoe

trotteur^M
casual shoe

cuissarde^F
thigh-boot

botte^F
boot

bottine^F
ankle boot

VÊTEMENTS

chaussures^F unisexes
unisex shoes

mule^F
mule

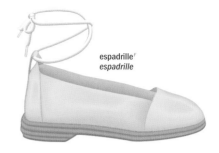

espadrille^F
espadrille

tennis^M
tennis shoe

loafer^M; flâneur^M
loafer

nu-pied^M
sandal

mocassin^M
moccasin

tong^M
thong

socque^M
clog

sandalette^F
sandal

brodequin^M de randonnée^F
hiking boot

gants^M d'homme^M
men's gloves

dos^M d'un gant^M
back of a glove

paume^F d'un gant^M
palm of a glove

fourchette^F
fourchette

doigt^M
glove finger

pouce^M
thumb

paume^F
palm

fenêtre^F
opening

perforation^F
perforation

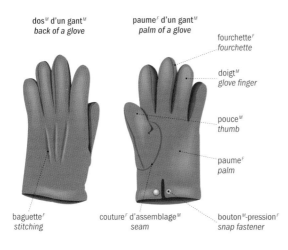

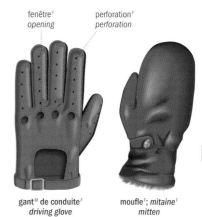

baguette^F
stitching

couture^F d'assemblage^M
seam

bouton^M-pression^F
snap fastener

gant^M de conduite^F
driving glove

moufle^F; mitaine^F
mitten

gants^M de femme^F
women's gloves

gant^M à crispin^M
gauntlet

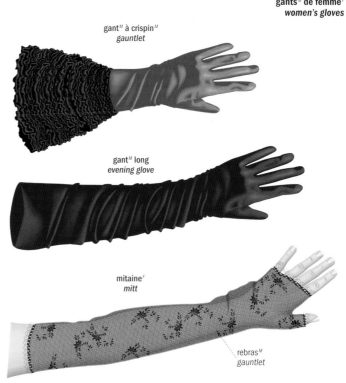

gant^M long
evening glove

gant^M court
short glove

mitaine^F
mitt

gant^M saxe
wrist-length glove

rebras^M
gauntlet

veston^M et veste^F
jackets

veston^M croisé
double-breasted jacket

col^M
collar

revers^M à cran^M aigu
peaked lapel

doublure^F
lining

pochette^F
breast welt pocket

manche^F
sleeve

rabat^M
flap

poche^F-ticket^M
outside ticket pocket

poche^F plaquée
patch pocket

fente^F latérale
side back vent

gilet^M
vest

encolure^F en V
V-neck

doublure^F
lining

patte^F
welt

devant^M
front

découpe^F
seam

poche^F gilet^M
welt pocket

tirant^M de réglage^M
adjustable waist tab

veste^F droite
single-breasted jacket

revers^M
lapel

cran^M
notch

devant^M
front

doublure^F
lining

pochette^F
pocket handkerchief

dos^M
back

manche^F
sleeve

poche^F tiroir^M
flap pocket

fente^F médiane
center back vent

chemise^F
shirt

col^M
collar

empiècement^M
yoke

manche^F montée
set-in sleeve

pointe^F de col^M
collar point

poche^F poitrine^F
breast pocket

patte^F de boutonnage^M
buttoned placket

devant^M
front

patte^F capucin^M
pointed tab end

bouton^M
button

poignet^M
cuff

pan^M
shirttail

col^M pointes^F boutonnées
buttondown collar

lavallière^F
ascot tie

baleine^F de col^M
collar stay

nœud^M papillon^M
bow tie

col^M italien
spread collar

VÊTEMENTS

cravate^F
necktie

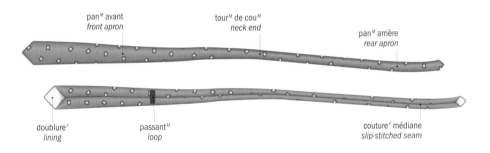

pan^M avant
front apron

tour^M de cou^M
neck end

pan^M arrière
rear apron

doublure^F
lining

passant^M
loop

couture^F médiane
slip-stitched seam

pantalon^M
pants

passant^M
belt loop

ceinture^F montée
waistband

poche^F cavalière
front top pocket

pli^M plat
knife pleat

patte^F boutonnée
waistband extension

braguette^F
fly

pli^M
crease

revers^M
cuff

poche^F-revolver^M
back pocket

pince^F
suspender clip

bretelles^F
suspenders

bande^F élastique
elastic webbing

coulisse^F
adjustment slide

patte^F
leather end

boutonnière^F
button loop

ceinture^F
belt

surpiqûre^F
top stitching

croûte^F de cuir^M
panel

capucin^M
tip

cran^M
punch hole

passant^M
belt loop

ardillon^M
tongue

boucle^F
buckle

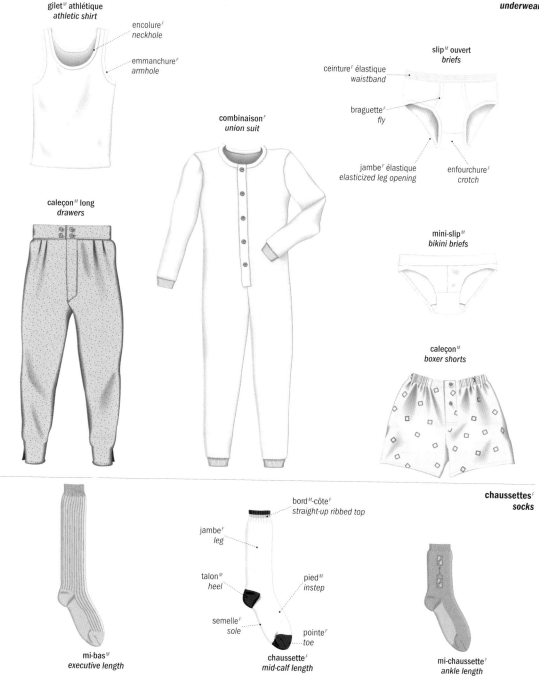

sous-vêtements^M
underwear

gilet^M athlétique
athletic shirt

encolure^F
neckhole

emmanchure^F
armhole

slip^M ouvert
briefs

ceinture^F élastique
waistband

braguette^F
fly

jambe^F élastique
elasticized leg opening

enfourchure^F
crotch

combinaison^F
union suit

caleçon^M long
drawers

mini-slip^M
bikini briefs

caleçon^M
boxer shorts

VÊTEMENTS

chaussettes^F
socks

bord^M-côte^F
straight-up ribbed top

jambe^F
leg

talon^M
heel

pied^M
instep

semelle^F
sole

pointe^F
toe

mi-bas^M
executive length

chaussette^F
mid-calf length

mi-chaussette^F
ankle length

manteaux^M et blousons^M
coats

imperméable^M
raincoat

col^M
collar

manche^F raglan
raglan sleeve

revers^M cranté
notched lapel

patte^F
tab

poche^F raglan
broad welt side pocket

boutonnière^F
buttonhole

pan^M
side panel

pardessus^M
overcoat

revers^M cranté
notched lapel

poche^F poitrine^F
breast pocket

pince^F de taille^F
breast dart

poche^F à rabat^M
flap pocket

trench^M
trench coat

patte^F d'épaule^F
epaulet

col^M transformable
two-way collar

manche^F raglan
raglan sleeve

bavolet^M
gun flap

passant^M
sleeve strap loop

double boutonnage^M
double-breasted buttoning

paletot^M
three-quarter coat

ceinture^F
belt

patte^F de serrage^M
sleeve strap

passant^M
belt loop

poche^F raglan
broad welt side pocket

boucle^F de ceinture^F
frame

VÊTEMENTS

parka^F; *parka^M*
parka

canadienne^F
sheepskin jacket

patte^F à boutons^M-pression^F
snap-fastening tab

fermeture^F à glissière^F
zipper

duffle-coat^M; *corvette^F*
duffle coat

capuchon^M
hood

empiècement^M
yoke

brandebourg^M
frog

poche^F plaquée
patch pocket

bûchette^F
toggle fastening

blouson^M court
jacket

blouson^M long
windbreaker

bouton^M-pression^F
snap fastener

ceinture^F montée
waistband

cordon^M coulissant
drawstring

poche^F repose-bras^M
hand-warmer pocket

ceinture^F élastique
elastic waistband

VÊTEMENTS

VÊTEMENTS

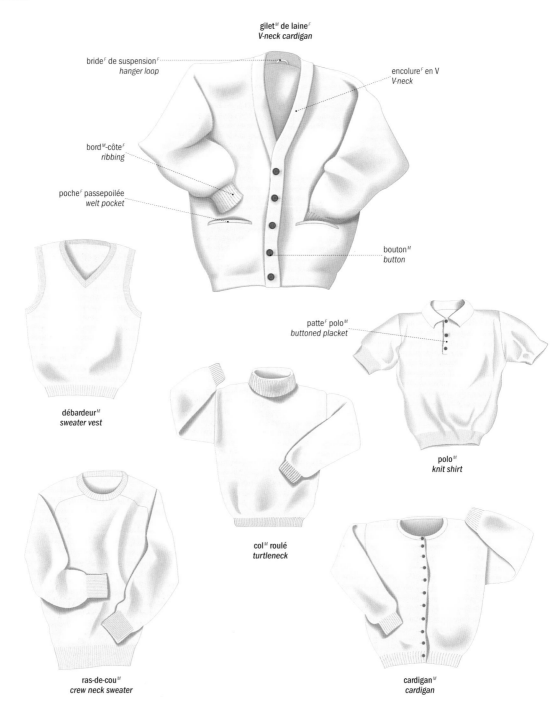

gilet^M de laine^F
V-neck cardigan

bride^F de suspension^F
hanger loop

encolure^F en V
V-neck

bord^M-côte^F
ribbing

poche^F passepoilée
welt pocket

bouton^M
button

patte^F polo^M
buttoned placket

débardeur^M
sweater vest

polo^M
knit shirt

col^M roulé
turtleneck

ras-de-cou^M
crew neck sweater

cardigan^M
cardigan

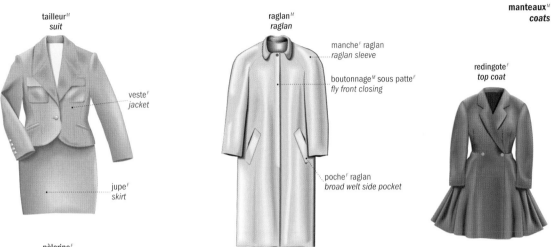

manteaux^M
coats

tailleur^M
suit

raglan^M
raglan

manche^F raglan
raglan sleeve

boutonnage^M sous patte^F
fly front closing

redingote^F
top coat

veste^F
jacket

poche^F raglan
broad welt side pocket

jupe^F
skirt

pèlerine^F
pelerine

pèlerine^F
pelerine

cape^F
cape

caban^M
pea jacket

col^M tailleur^M
tailored collar

poche^F repose-bras^M
hand-warmer pocket

passe-bras^M
arm slit

poche^F prise dans une couture^F
seam pocket

fausse poche^F
mock pocket

manteau^M
overcoat

paletot^M
car coat

veste^F
jacket

poncho^M
poncho

VÊTEMENTS

251

exemples^M de robes^F
examples of dresses

robe^F fourreau^M
sheath dress

robe^F princesse^F
princess dress

robe^F-manteau^M
coat dress

robe^F-polo^M
polo dress

robe^F de maison^F
house dress

robe^F chemisier^M
shirtwaist dress

robe^F taille^F basse
drop waist dress

robe^F trapèze^M
trapeze dress

robe^F bain^M-de-soleil^M
sundress

robe^F enveloppe^F
wraparound dress

robe^F tunique^F
tunic dress

chasuble^F
jumper

exemples^M de jupes^F
examples of skirts

jupe^F à lés^M
gored skirt

kilt^M
kilt

paréo^M
sarong

jupe^F portefeuille^M
wraparound skirt

jupe^F fourreau^M
sheath skirt

jupe^F à volants^M étagés
ruffled skirt

jupe^F droite
straight skirt

jupe^F à empiècement^M
yoke skirt

jupe^F froncée
gather skirt

jupe^F-culotte^F
culottes

exemples^M de plis^M
examples of pleats

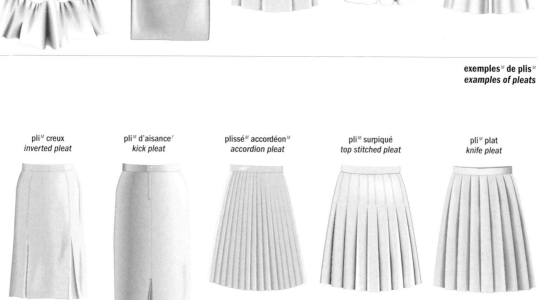

pli^M creux
inverted pleat

pli^M d'aisance^F
kick pleat

plissé^M accordéon^M
accordion pleat

pli^M surpiqué
top stitched pleat

pli^M plat
knife pleat

VÊTEMENTS

VÊTEMENTS

exemples^M de pantalons^M
examples of pants

short^M
shorts

bermuda^M
Bermuda shorts

knicker^M
knickers

corsaire^M
pedal pushers

jean^M
jeans

fuseau^M
ski pants

sous-pied^M
footstrap

combinaison^F-pantalon^M
jumpsuit

salopette^F
overalls

pantalon^M pattes^F d'éléphant^M
bell bottoms

vestes^F et pulls^M
jackets, vest and sweaters

boléro^M
bolero

spencer^M
spencer

blazer^M
blazer

saharienne^F
safari jacket

gilet^M
vest

tandem^M
twin-set

ras-de-cou^M
crew neck sweater

cardigan^M
cardigan

poche^F soufflet^M
gusset pocket

exemples^M de chemisiers^M
examples of blouses

corsage^M-culotte^F
body shirt

marinière^F
middy

patte^F d'entrejambe^M
crotch piece

empiècement^M
yoke

fronce^F
gather

pan^M
shirttail

chemisier^M classique
classic blouse

tablier^M-blouse^F
smock

liquette^F
mini shirtdress

tunique^F
tunic

cache-cœur^M
wrapover top

polo^M
polo shirt

casaque^F
over-blouse

VÊTEMENTS

vêtements^M de nuit^F
nightwear

kimono^M
kimono

chemise^F de nuit^F
nightgown

nuisette^F
baby doll

pyjama^M
pajamas

déshabillé^M
negligee

peignoir^M
bathrobe

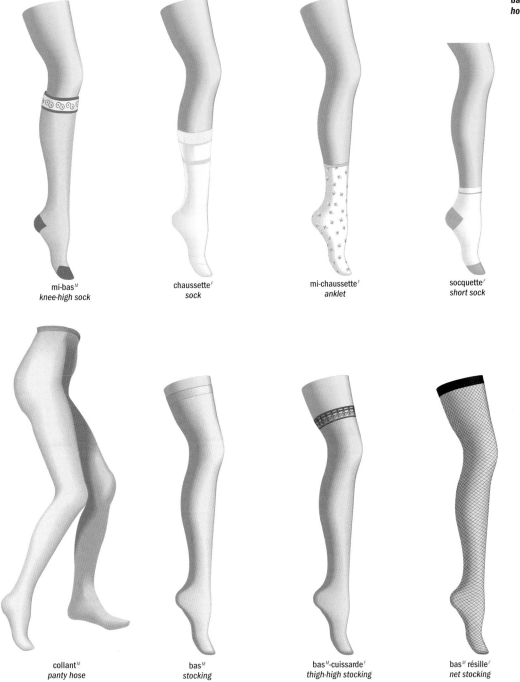

mi-bas^M
knee-high sock

chaussette^F
sock

mi-chaussette^F
anklet

socquette^F
short sock

collant^M
panty hose

bas^M
stocking

bas^M-cuissarde^F
thigh-high stocking

bas^M résille^F
net stocking

VÊTEMENTS

sous-vêtements^M
underwear

combiné^M
corselette

caraco^M; *camisole^F*
camisole

teddy^M; *combinaison^F-culotte^F*
teddy

body^M; *combiné-slip^M*
body suit

combiné^M-culotte^F
panty corselette

jupon^M
half-slip

découpe^F princesse^F
princess seaming

fond^M de robe^F
foundation slip

combinaison^F-jupon^M
slip

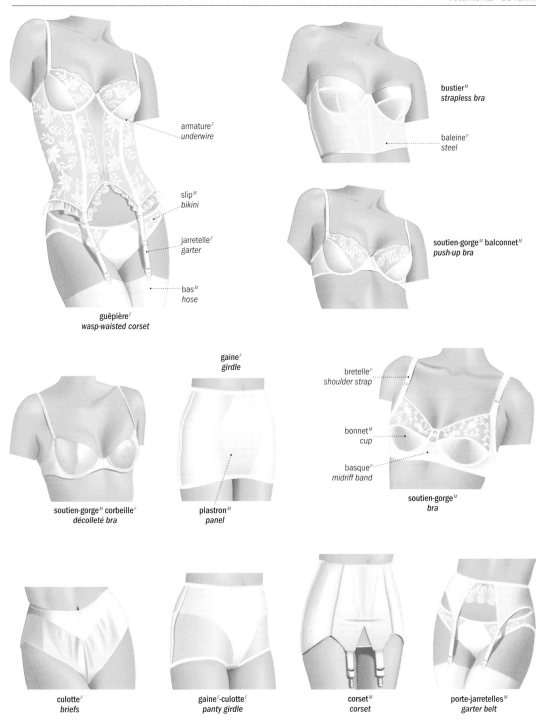

armature^F
underwire

slip^M
bikini

jarretelle^F
garter

bas^M
hose

guêpière^F
wasp-waisted corset

bustier^M
strapless bra

baleine^F
steel

soutien-gorge^M balconnet^M
push-up bra

gaine^F
girdle

bretelle^F
shoulder strap

bonnet^M
cup

basque^F
midriff band

soutien-gorge^M corbeille^F
décolleté bra

plastron^M
panel

soutien-gorge^M
bra

culotte^F
briefs

gaine^F-culotte^F
panty girdle

corset^M
corset

porte-jarretelles^M
garter belt

VÊTEMENTS

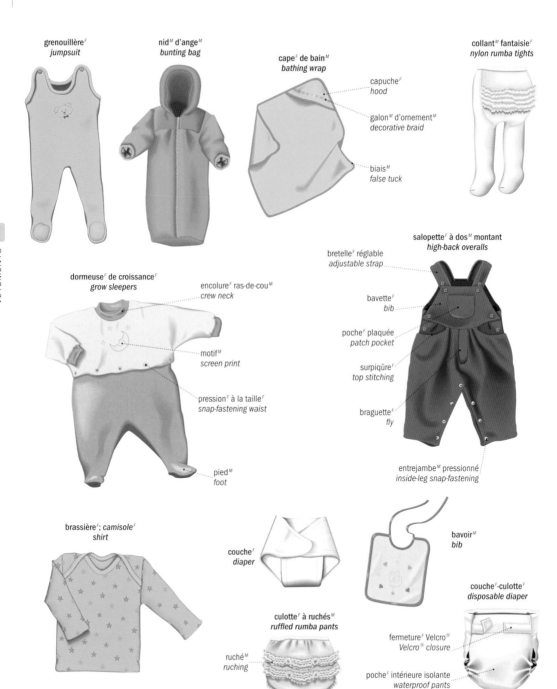

grenouillère^F
jumpsuit

nid^M d'ange^M
bunting bag

cape^F de bain^M
bathing wrap

capuche^F
hood

galon^M d'ornement^M
decorative braid

biais^M
false tuck

collant^M fantaisie^F
nylon rumba tights

salopette^F à dos^M montant
high-back overalls

bretelle^F réglable
adjustable strap

bavette^F
bib

poche^F plaquée
patch pocket

surpiqûre^F
top stitching

braguette^F
fly

dormeuse^F de croissance^F
grow sleepers

encolure^F ras-de-cou^M
crew neck

motif^M
screen print

pression^F à la taille^F
snap-fastening waist

pied^M
foot

entrejambe^M pressionné
inside-leg snap-fastening

brassière^F; camisole^F
shirt

couche^F
diaper

bavoir^M
bib

couche^F-culotte^F
disposable diaper

culotte^F à ruchés^M
ruffled rumba pants

fermeture^F Velcro®
Velcro® closure

ruché^M
ruching

poche^F intérieure isolante
waterproof pants

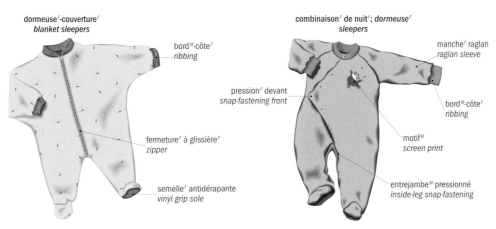

dormeuse^F-couverture^F
blanket sleepers

bord^M-côte^F
ribbing

pression^F devant
snap-fastening front

fermeture^F à glissière^F
zipper

semelle^F antidérapante
vinyl grip sole

combinaison^F de nuit^F; dormeuse^F
sleepers

manche^F raglan
raglan sleeve

bord^M-côte^F
ribbing

motif^M
screen print

entrejambe^M pressionné
inside-leg snap-fastening

vêtements^M d'enfant^M

children's clothing

VÊTEMENTS

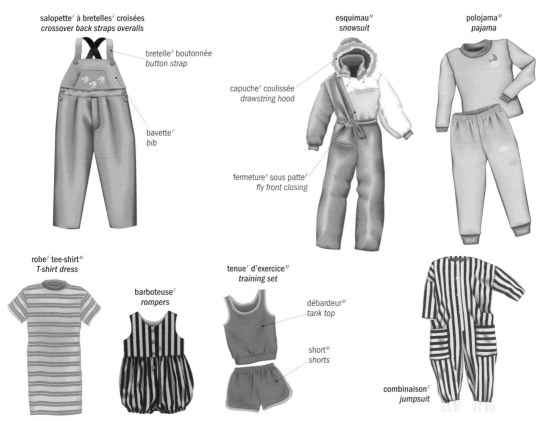

salopette^F à bretelles^F croisées
crossover back straps overalls

bretelle^F boutonnée
button strap

bavette^F
bib

esquimau^M
snowsuit

capuche^F coulissée
drawstring hood

fermeture^F sous patte^F
fly front closing

polojama^M
pajama

robe^F tee-shirt^M
T-shirt dress

barboteuse^F
rompers

tenue^F d'exercice^M
training set

débardeur^M
tank top

short^M
shorts

combinaison^F
jumpsuit

tenue^F d'exercice^M

sportswear

chaussure^F de sport^M
running shoe

languette^F
tongue

doublure^F
lining

aile^F de quartier^M
nose of the quarter

col^M
collar

contrefort^M
counter

quartier^M
quarter

surpiqûre^F
stitch

talon^M
heel

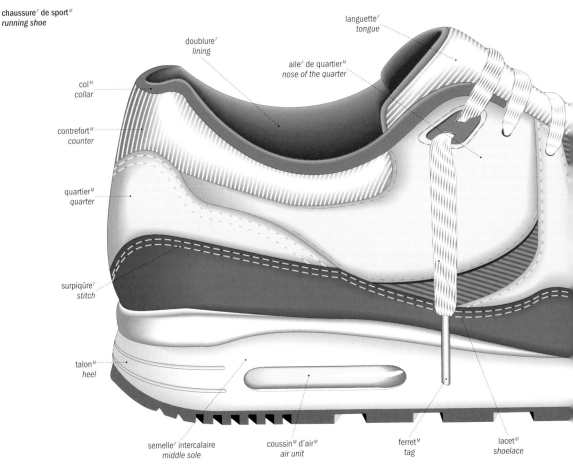

semelle^F intercalaire
middle sole

coussin^M d'air^M
air unit

ferret^M
tag

lacet^M
shoelace

survêtement^M
training suit

pantalon^M molleton^M
sweat pants

pull^M à capuche^F
hooded sweat shirt

pull^M d'entrainement^M
sweat shirt

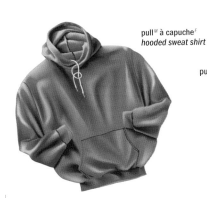

slip^M de bain^M
swimming trunks

maillot^M de bain^M
swimsuit

vêtement^M d'exercice^M
exercise wear

justaucorps^M
leotard

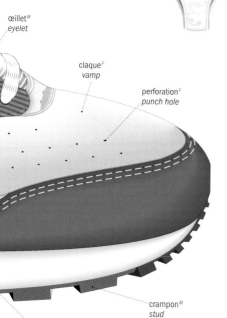

œillet^M
eyelet

claque^F
vamp

perforation^F
punch hole

collant^M sans pied^M
footless tights

crampon^M
stud

semelle^F d'usure^F
outsole

jambière^F
leg-warmer

pantalon^M
pants

anorak^M
anorak

short^M boxeur^M
boxer shorts

débardeur^M
tank top

VÊTEMENTS

bijouterie^F

jewelry

boucles^F d'oreille^F
earrings

boucles^F d'oreille^F à pince^F
clip earrings

boucles^F d'oreille^F à vis^F
screw earrings

boucles^F d'oreille^F à tige^F
pierced earrings

pendants^M d'oreille^F
drop earrings

anneaux^M
hoop earrings

colliers^M
necklaces

sautoir^M
rope

sautoir^M, longueur^F opéra^M
opera-length necklace

collier^M de perles^F, longueur^F matinée^F
matinee-length necklace

collier^M de soirée^F
bib necklace

collier^M-de-chien^M
velvet-band choker

ras-de-cou^M
choker

pendentif^M
pendant

médaillon^M
locket

bracelets^M
bracelets

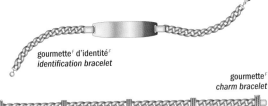

gourmette^F d'identité^F
identification bracelet

gourmette^F
charm bracelet

bracelet^M tubulaire
bangle

bagues^F
rings

jonc^M
band ring

chevalière^F
signet ring

bague^F solitaire^M
solitaire ring

bague^F de fiançailles^F
engagement ring

alliance^F
wedding ring

manucure^F

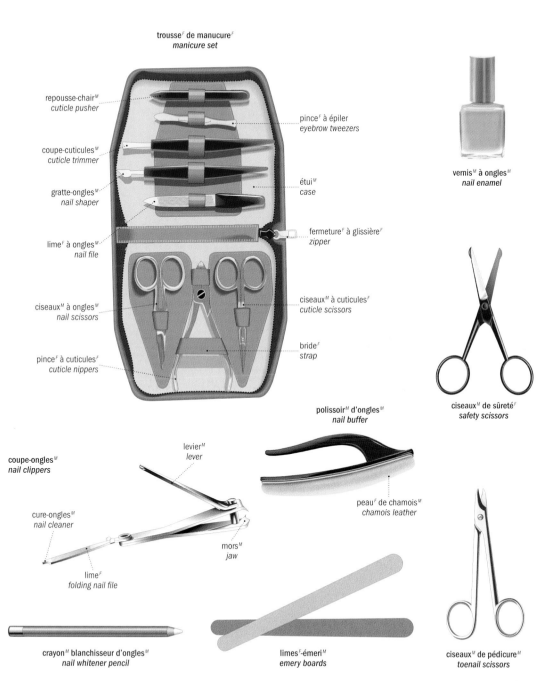

trousse^F de manucure^F
manicure set

repousse-chair^M
cuticle pusher

pince^F à épiler
eyebrow tweezers

coupe-cuticules^M
cuticle trimmer

gratte-ongles^M
nail shaper

étui^M
case

lime^F à ongles^M
nail file

fermeture^F à glissière^F
zipper

ciseaux^M à ongles^M
nail scissors

ciseaux^M à cuticules^F
cuticle scissors

pince^F à cuticules^F
cuticle nippers

bride^F
strap

vernis^M à ongles^M
nail enamel

ciseaux^M de sûreté^F
safety scissors

polissoir^M d'ongles^M
nail buffer

levier^M
lever

coupe-ongles^M
nail clippers

cure-ongles^M
nail cleaner

peau^F de chamois^M
chamois leather

mors^M
jaw

lime^F
folding nail file

crayon^M blanchisseur d'ongles^M
nail whitener pencil

limes^F-émeri^M
emery boards

ciseaux^M de pédicure^M
toenail scissors

maquillage^M

makeup

maquillage^M
facial makeup

poudrier^M
compact

pinceau^M pour fard^M à joues^F
blusher brush

houpette^F
powder puff

fard^M à joues^F en poudre^F
powder blusher

poudre^F pressée
pressed powder

éponge^F synthétique
synthetic sponge

poudre^F libre
loose powder

pinceau^M pour poudre^F libre
loose powder brush

fond^M de teint^M liquide
liquid foundation

pinceau^M éventail^M
fan brush

---

maquillage^M **des yeux**^M
eye makeup

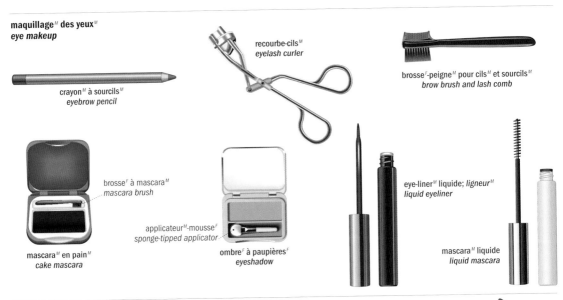

recourbe-cils^M
eyelash curler

brosse^F-peigne^M pour cils^M et sourcils^M
brow brush and lash comb

crayon^M à sourcils^M
eyebrow pencil

brosse^F à mascara^M
mascara brush

eye-liner^M liquide; ligneur^M
liquid eyeliner

applicateur^M-mousse^F
sponge-tipped applicator

mascara^M en pain^M
cake mascara

ombre^F à paupières^F
eyeshadow

mascara^M liquide
liquid mascara

---

maquillage^M **des lèvres**^F
lip makeup

pinceau^M à lèvres^F
lipbrush

crayon^M contour^M des lèvres^F
lipliner

rouge^M à lèvres^F
lipstick

PARURE ET OBJETS PERSONNELS

soins^M du corps^M

bouchon^M
stopper

flacon^M
bottle

eau^F de parfum^M
eau de parfum

savon^M de toilette^F
toilet soap

revitalisant^M capillaire
hair conditioner

shampooing^M
shampoo

colorant^M capillaire
haircolor

déodorant^M
deodorant

eau^F de toilette^F
eau de toilette

bain^M moussant
bubble bath

gant^M de toilette^F
washcloth

débarbouillette^F
washcloth

gant^M de crin^M
massage glove

éponge^F végétale
vegetable sponge

drap^M de bain^M
bath sheet

serviette^F de toilette^F
bath towel

brosse^F pour le bain^M
bath brush

éponge^F de mer^F
natural sponge

brosse^F pour le dos^M
back brush

PARURE ET OBJETS PERSONNELS

coiffure^F

hairdressing

brosses^F à cheveux^M
hairbrushes

brosse^F pneumatique
flat-back brush

brosse^F ronde
round brush

brosse^F anglaise
quill brush

brosse^F-araignée^F
vent brush

peignes^M
combs

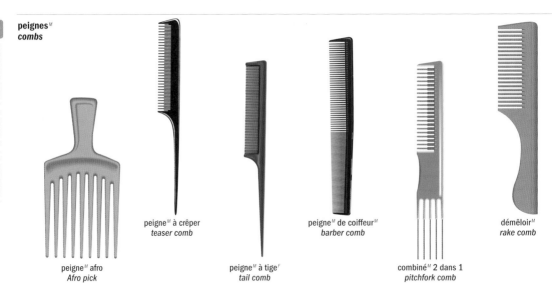

peigne^M à crêper
teaser comb

peigne^M de coiffeur^M
barber comb

démêloir^M
rake comb

peigne^M afro
Afro pick

peigne^M à tige^F
tail comb

combiné^M 2 dans 1
pitchfork comb

bigoudi^M
hair roller

rouleau^M
roller

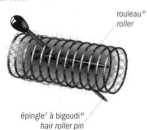

épingle^F à cheveux^M
hairpin

pince^F à cheveux^M
bobby pin

épingle^F à bigoudi^M
hair roller pin

pince^F à boucles^F de cheveux^M
wave clip

pince^F de mise^F en plis^M
hair clip

barrette^F
barrette

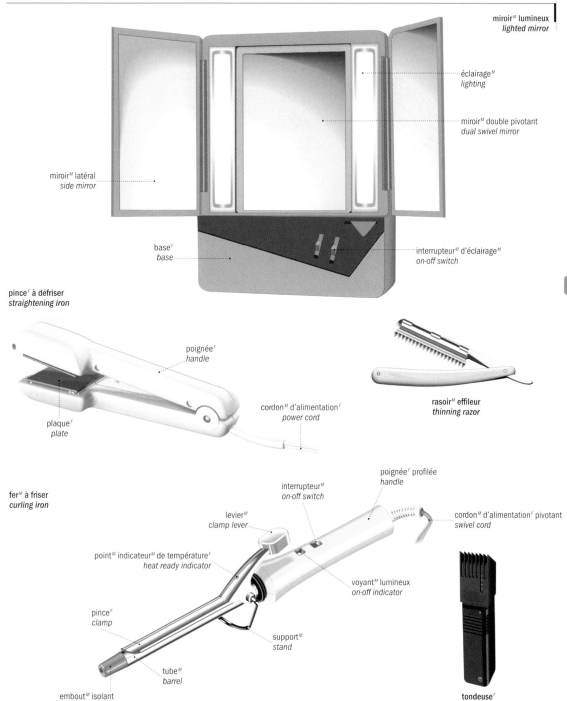

miroir^M lumineux
lighted mirror

éclairage^M
lighting

miroir^M double pivotant
dual swivel mirror

miroir^M latéral
side mirror

base^F
base

interrupteur^M d'éclairage^M
on-off switch

pince^F à défriser
straightening iron

poignée^F
handle

cordon^M d'alimentation^F
power cord

plaque^F
plate

rasoir^M effileur
thinning razor

fer^M à friser
curling iron

poignée^F profilée
handle

interrupteur^M
on-off switch

levier^M
clamp lever

cordon^M d'alimentation^F pivotant
swivel cord

point^M indicateur^M de température^F
heat ready indicator

voyant^M lumineux
on-off indicator

pince^F
clamp

support^M
stand

tube^M
barrel

embout^M isolant
cool tip

tondeuse^F
clippers

coiffure

ciseaux^M de coiffeur^M
haircutting scissors

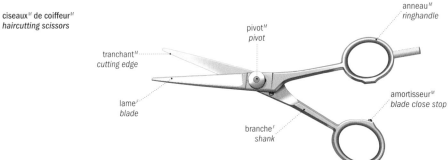

anneau^M
ringhandle

pivot^M
pivot

tranchant^M
cutting edge

amortisseur^M
blade close stop

lame^F
blade

branche^F
shank

ciseaux^M sculpteurs
notched single-edged thinning scissors

ciseaux^M à effiler
notched double-edged thinning scissors

lame^F dentée
notched edge

lame^F droite
blade

dent^F
tooth

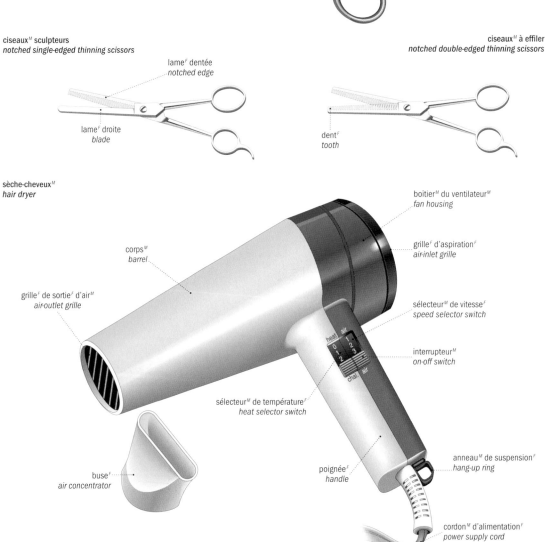

sèche-cheveux^M
hair dryer

boitier^M du ventilateur^M
fan housing

corps^M
barrel

grille^F d'aspiration^F
air-inlet grille

grille^F de sortie^F d'air^M
air-outlet grille

sélecteur^M de vitesse^F
speed selector switch

interrupteur^M
on-off switch

sélecteur^M de température^F
heat selector switch

buse^F
air concentrator

poignée^F
handle

anneau^M de suspension^F
hang-up ring

cordon^M d'alimentation^F
power supply cord

rasage^M

shaving

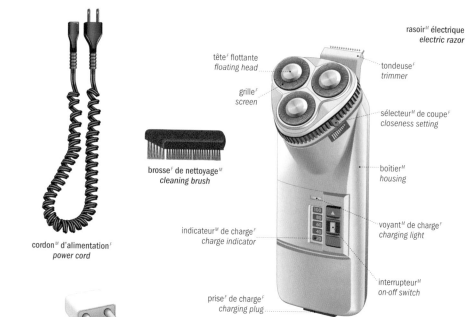

rasoir^M électrique
electric razor

tête^F flottante
floating head

grille^F
screen

tondeuse^F
trimmer

sélecteur^M de coupe^F
closeness setting

boîtier^M
housing

voyant^M de charge^F
charging light

indicateur^M de charge^F
charge indicator

interrupteur^M
on-off switch

prise^F de charge^F
charging plug

brosse^F de nettoyage^M
cleaning brush

mousse^F à raser
shaving foam

cordon^M d'alimentation^F
power cord

blaireau^M
shaving brush

soie^F
bristle

adaptateur^M de fiche^F
plug adapter

après-rasage^M
after shave

rasoir^M à manche^M
straight razor

lame^F
blade

manche^M
handle

pivot^M
pivot

bol^M à raser
shaving mug

distributeur^M de lames^F
blade injector

lame^F à double tranchant^M
double-edged blade

rasoir^M à double tranchant^M
double-edged razor

tête^F
head

anneau^M
collar

manche^M
handle

rasoir^M jetable
disposable razor

PARURE ET OBJETS PERSONNELS

hygiène^F dentaire

dental care

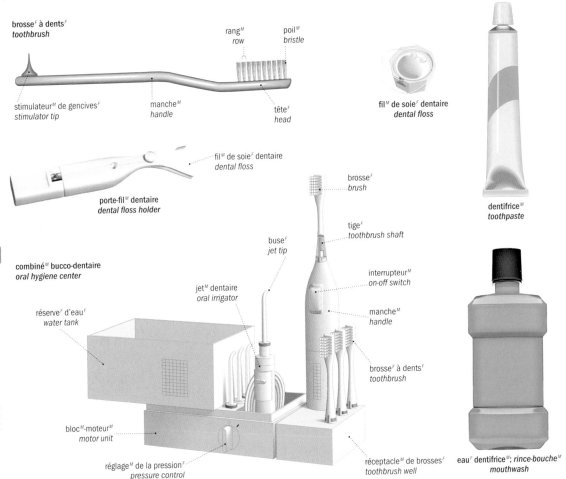

brosse^F à dents^F
toothbrush

rang^M
row

poil^M
bristle

stimulateur^M de gencives^F
stimulator tip

manche^M
handle

tête^F
head

fil^M de soie^F dentaire
dental floss

fil^M de soie^F dentaire
dental floss

porte-fil^M dentaire
dental floss holder

brosse^F
brush

tige^F
toothbrush shaft

buse^F
jet tip

interrupteur^M
on-off switch

combiné^M bucco-dentaire
oral hygiene center

jet^M dentaire
oral irrigator

manche^M
handle

réserve^F d'eau^F
water tank

brosse^F à dents^F
toothbrush

dentifrice^M
toothpaste

bloc^M-moteur^M
motor unit

réglage^M de la pression^F
pressure control

réceptacle^M de brosses^F
toothbrush well

eau^F dentifrice^M; *rince-bouche*^M
mouthwash

lentilles^F de contact^M

contact lenses

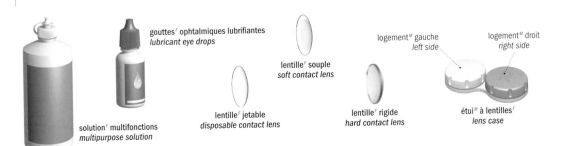

solution^F multifonctions
multipurpose solution

gouttes^F ophtalmiques lubrifiantes
lubricant eye drops

lentille^F souple
soft contact lens

lentille^F jetable
disposable contact lens

lentille^F rigide
hard contact lens

logement^M gauche
left side

logement^M droit
right side

étui^M à lentilles^F
lens case

PARURE ET OBJETS PERSONNELS

lunettes^F

eyeglasses

parties^F des lunettes^F
eyeglasses parts

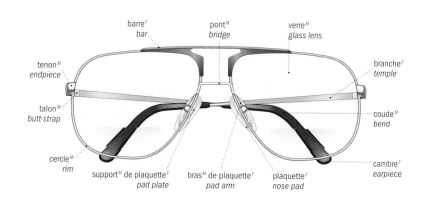

barre^F
bar

pont^M
bridge

verre^M
glass lens

tenon^M
endpiece

branche^F
temple

talon^M
butt-strap

coude^M
bend

cercle^M
rim

support^M de plaquette^F
pad plate

bras^M de plaquette^F
pad arm

plaquette^F
nose pad

cambre^F
earpiece

exemples^M de lunettes^F
examples of eyeglasses

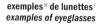

lorgnette^F
opera glasses

lunettes^F de soleil^M
sunglasses

demi-lune^F
half-glasses

parapluie^M et canne^F

umbrella and stick

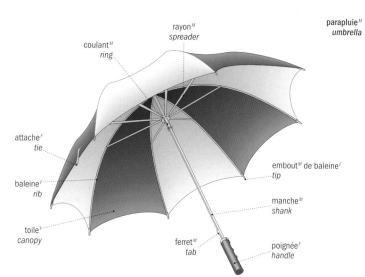

parapluie^M
umbrella

porte-parapluies^M
umbrella stand

coulant^M
ring

rayon^M
spreader

attache^F
tie

embout^M de baleine^F
tip

baleine^F
rib

manche^M
shank

toile^F
canopy

ferret^M
tab

poignée^F
handle

canne^F
walking stick

PARURE ET OBJETS PERSONNELS

articles^M de maroquinerie^F

leather goods

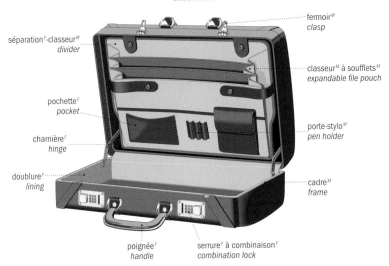

mallette^F porte-documents^M
attaché case

séparation^F-classeur^M
divider

fermoir^M
clasp

classeur^M à soufflets^M
expandable file pouch

pochette^F
pocket

porte-stylo^M
pen holder

charnière^F
hinge

doublure^F
lining

cadre^M
frame

poignée^F
handle

serrure^F à combinaison^F
combination lock

porte-documents^M à soufflet^M
bottom-fold portfolio

poignée^F rentrante
retractable handle

poche^F extérieure
exterior pocket

serviette^F
briefcase

patte^F
tab

serrure^F à clé^F
key lock

soufflet^M
gusset

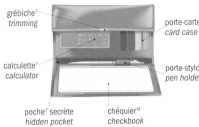

portefeuille^M chéquier^M
checkbook/secretary clutch

grébiche^F
trimming

porte-cartes^M
card case

calculette^F
calculator

porte-stylo^M
pen holder

poche^F secrète
hidden pocket

chéquier^M
checkbook

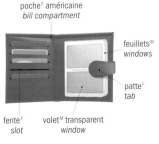

porte-cartes^M
card case

poche^F américaine
bill compartment

feuillets^M
windows

patte^F
tab

fente^F
slot

volet^M transparent
window

articles^M de maroquinerie^F

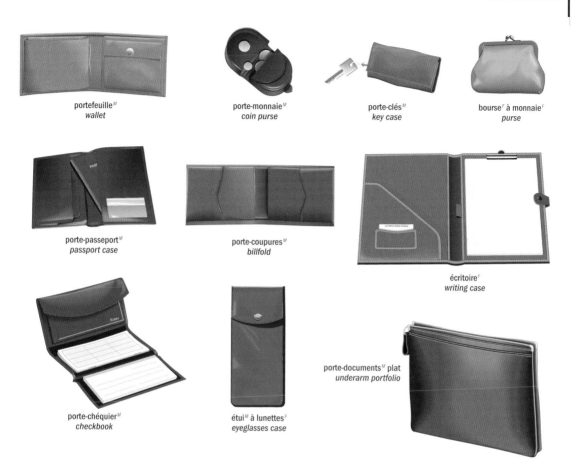

portefeuille^M
wallet

porte-monnaie^M
coin purse

porte-clés^M
key case

bourse^F à monnaie^F
purse

porte-passeport^M
passport case

porte-coupures^M
billfold

écritoire^F
writing case

porte-chéquier^M
checkbook

étui^M à lunettes^F
eyeglasses case

porte-documents^M plat
underarm portfolio

sacs^M à main^F

handbags

sac^M seau^M
drawstring bag

sac^M cartable^M
satchel bag

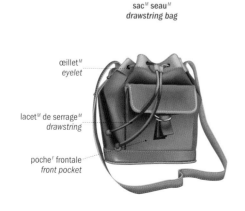

œillet^M
eyelet

lacet^M de serrage^M
drawstring

poche^F frontale
front pocket

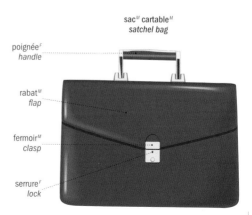

poignée^F
handle

rabat^M
flap

fermoir^M
clasp

serrure^F
lock

sacs^M à main^F

sacs^M à main^F

sac^M boîte^F
box bag

balluchon^M
drawstring bag

sac^M à bandoulière^F
shoulder bag

boucle^F
buckle

bandoulière^F
shoulder strap

manchon^M
muff

sac^M besace^F
hobo bag

sac^M accordéon^M
accordion bag

soufflet^M
gusset

sac^M fourre-tout^M
tote bag

pochette^F d'homme^M
men's bag

sac^M marin^M
sea bag

sac^M polochon^M
duffel bag

sac^M à provisions^F
carrier bag

cabas^M
shopping bag

bagages^M

luggage

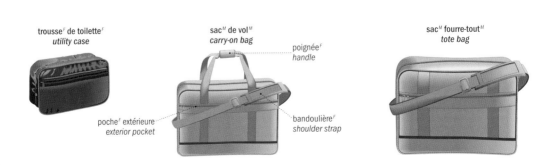

trousse^F de toilette^F
utility case

sac^M de vol^M
carry-on bag

poignée^F
handle

poche^F extérieure
exterior pocket

bandoulière^F
shoulder strap

sac^M fourre-tout^M
tote bag

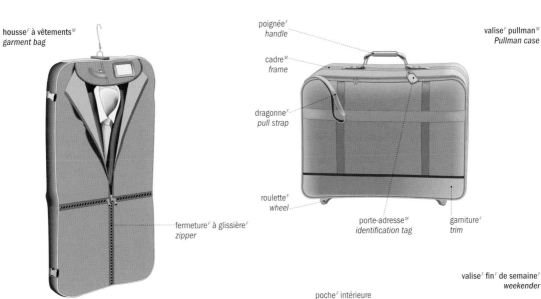

housse^F à vêtements^M
garment bag

poignée^F
handle

valise^F pullman^M
Pullman case

cadre^M
frame

dragonne^F
pull strap

roulette^F
wheel

fermeture^F à glissière^F
zipper

porte-adresse^M
identification tag

garniture^F
trim

valise^F fin^F de semaine^F
weekender

poche^F intérieure
interior pocket

mallette^F de toilette^F
vanity case

panneau^M de séparation^F
curtain

miroir^M
mirror

charnière^F
hinge

sangle^F serre-vêtements^M
garment strap

plateau^M
cosmetic tray

serrure^F
lock

coque^F
shell

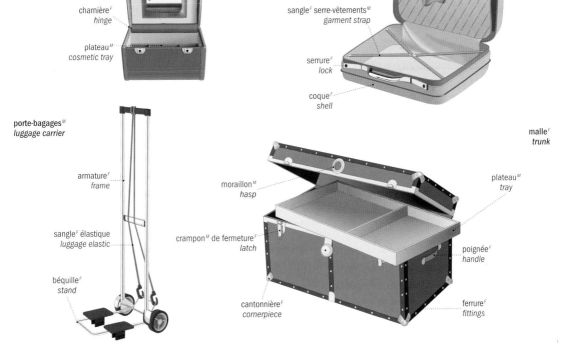

porte-bagages^M
luggage carrier

malle^F
trunk

armature^F
frame

moraillon^M
hasp

plateau^M
tray

sangle^F élastique
luggage elastic

crampon^M de fermeture^F
latch

poignée^F
handle

béquille^F
stand

cantonnière^F
cornerpiece

ferrure^F
fittings

pyramide^F

pyramid

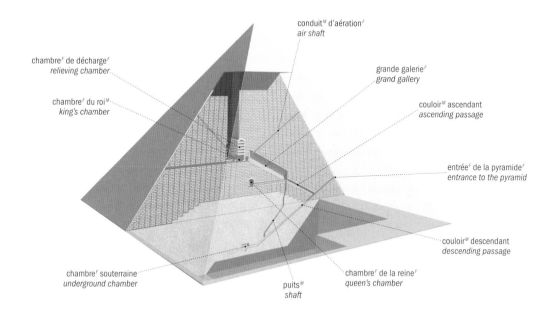

conduit^M d'aération^F
air shaft

chambre^F de décharge^F
relieving chamber

chambre^F du roi^M
king's chamber

grande galerie^F
grand gallery

couloir^M ascendant
ascending passage

entrée^F de la pyramide^F
entrance to the pyramid

couloir^M descendant
descending passage

chambre^F souterraine
underground chamber

puits^M
shaft

chambre^F de la reine^F
queen's chamber

théâtre^M grec

Greek theater

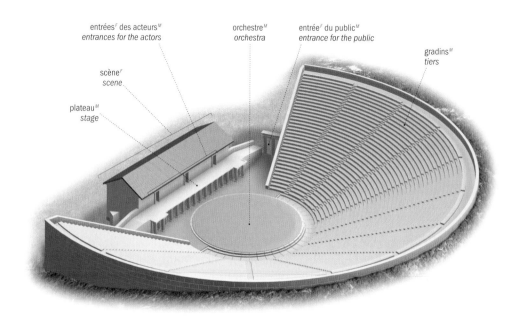

entrées^F des acteurs^M
entrances for the actors

orchestre^M
orchestra

entrée^F du public^M
entrance for the public

gradins^M
tiers

scène^F
scene

plateau^M
stage

temple^M grec

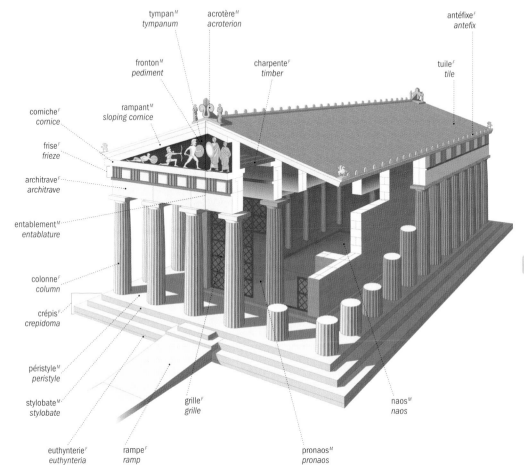

tympan^M
tympanum

acrotère^M
acroterion

antéfixe^F
antefix

fronton^M
pediment

charpente^F
timber

tuile^F
tile

corniche^F
cornice

rampant^M
sloping cornice

frise^F
frieze

architrave^F
architrave

entablement^M
entablature

colonne^F
column

crépis^F
crepidoma

péristyle^M
peristyle

stylobate^M
stylobate

naos^M
naos

euthynterie^F
euthynteria

rampe^F
ramp

grille^F
grille

pronaos^M
pronaos

ARTS ET ARCHITECTURE

plan^M
plan

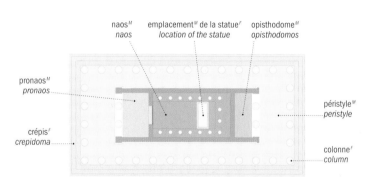

naos^M
naos

emplacement^M de la statue^F
location of the statue

opisthodome^M
opisthodomos

pronaos^M
pronaos

péristyle^M
peristyle

crépis^F
crepidoma

colonne^F
column

maison^F romaine

Roman house

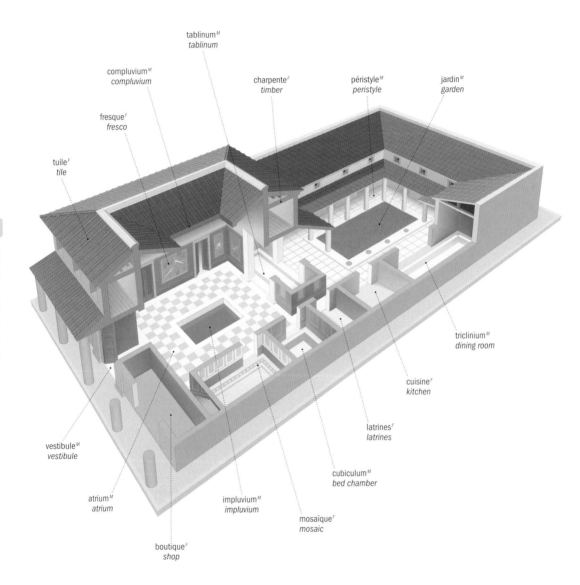

tablinum^M
tablinum

compluvium^M
compluvium

charpente^F
timber

péristyle^M
peristyle

jardin^M
garden

fresque^F
fresco

tuile^F
tile

triclinium^M
dining room

cuisine^F
kitchen

vestibule^M
vestibule

latrines^F
latrines

cubiculum^M
bed chamber

atrium^M
atrium

impluvium^M
impluvium

mosaïque^F
mosaic

boutique^F
shop

ARTS ET ARCHITECTURE

amphithéâtre^M romain

Roman amphitheater

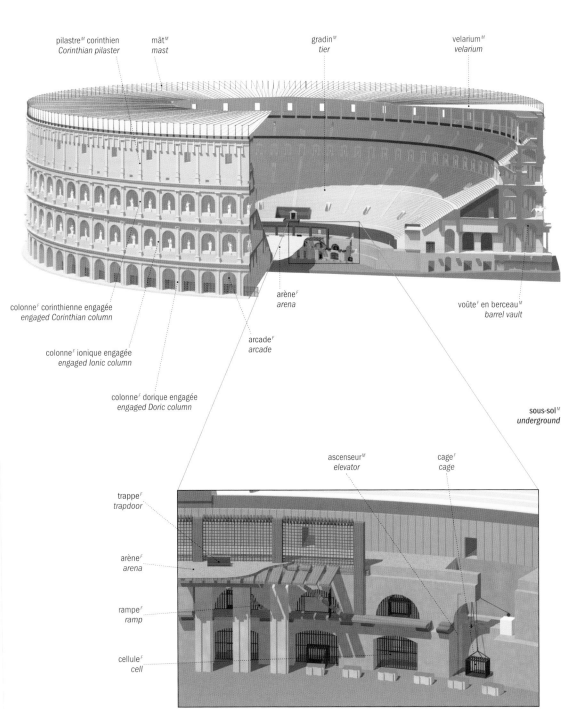

pilastre^M corinthien
Corinthian pilaster

mât^M
mast

gradin^M
tier

velarium^M
velarium

colonne^F corinthienne engagée
engaged Corinthian column

colonne^F ionique engagée
engaged Ionic column

colonne^F dorique engagée
engaged Doric column

arène^F
arena

arcade^F
arcade

voûte^F en berceau^M
barrel vault

sous-sol^M
underground

ascenseur^M
elevator

cage^F
cage

trappe^F
trapdoor

arène^F
arena

rampe^F
ramp

cellule^F
cell

cathédrale^F

cathedral

cathédrale^F gothique
Gothic cathedral

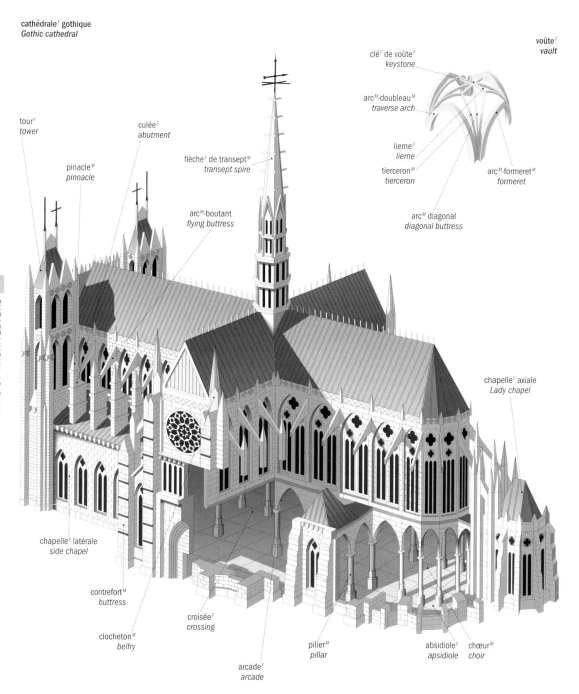

voûte^F
vault

clé^F de voûte^F
keystone

arc^M-doubleau^M
traverse arch

lierne^F
lierne

tierceron^M
tierceron

arc^M-formeret^M
formeret

arc^M diagonal
diagonal buttress

tour^F
tower

culée^F
abutment

pinacle^M
pinnacle

flèche^F de transept^M
transept spire

arc^M-boutant
flying buttress

chapelle^F axiale
Lady chapel

chapelle^F latérale
side chapel

contrefort^M
buttress

clocheton^M
belfry

croisée^F
crossing

arcade^F
arcade

pilier^M
pillar

absidiole^F
apsidiole

chœur^M
choir

façade^F
façade

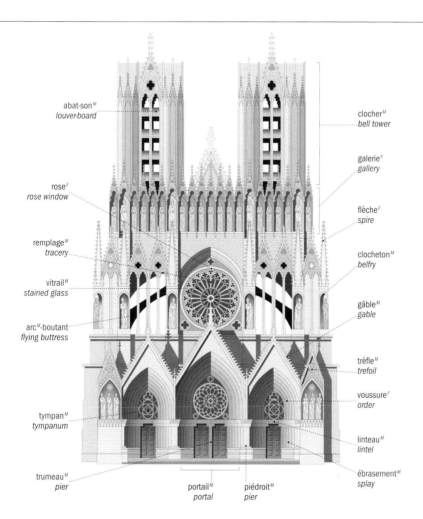

abat-son^M
louver-board

clocher^M
bell tower

galerie^F
gallery

rose^F
rose window

flèche^F
spire

remplage^M
tracery

clocheton^M
belfry

vitrail^M
stained glass

gâble^M
gable

arc^M-boutant
flying buttress

trèfle^M
trefoil

voussure^F
order

tympan^M
tympanum

linteau^M
lintel

trumeau^M
pier

ébrasement^M
splay

portail^M
portal

piédroit^M
pier

plan^M
plan

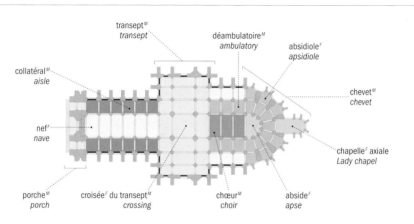

transept^M
transept

déambulatoire^M
ambulatory

absidiole^F
apsidiole

collatéral^M
aisle

chevet^M
chevet

nef^F
nave

chapelle^F axiale
Lady chapel

porche^M
porch

croisée^F du transept^M
crossing

chœur^M
choir

abside^F
apse

éléments^M d'architecture^F

elements of architecture

exemples^M de portes^F
examples of doors

couronne^F
canopy

vantail^M
wing

porte^F à tambour^M manuelle
manual revolving door

détecteur^M de mouvement^M
motion detector

porte^F coulissante automatique
automatic sliding door

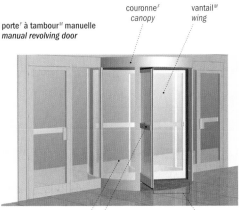

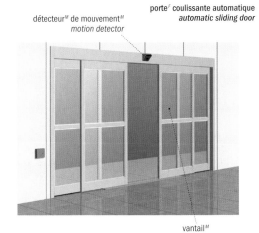

sas^M
enclosure

barre^F de poussée^F
push bar

compartiment^M
compartment

vantail^M
wing

lanière^F
strip

porte^F classique
conventional door

porte^F pliante
folding door

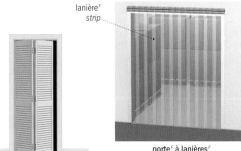

porte^F à lanières^F
strip door

porte^F coupe-feu
fire door

porte^F accordéon^M
sliding folding door

porte^F coulissante
sliding door

porte^F de garage^M sectionnelle
sectional garage door

porte^F de garage^M basculante
up and over garage door

éléments^M d'architecture^F

exemples^M de fenêtres^F
examples of windows

fenêtre^F en accordéon^M
sliding folding window

fenêtre^F à la française^F
French window

fenêtre^F à l'anglaise^F
casement window

fenêtre^F à jalousies^F
louvered window

fenêtre^F coulissante
sliding window

fenêtre^F à guillotine^F
sash window

fenêtre^F basculante
horizontal pivoting window

fenêtre^F pivotante
vertical pivoting window

ascenseur^M

elevator

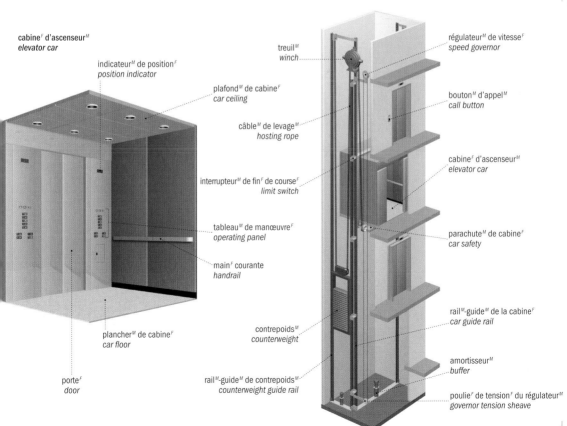

cabine^F d'ascenseur^M
elevator car

indicateur^M de position^F
position indicator

plafond^M de cabine^F
car ceiling

câble^M de levage^M
hosting rope

interrupteur^M de fin^F de course^F
limit switch

tableau^M de manœuvre^F
operating panel

main^F courante
handrail

plancher^M de cabine^F
car floor

porte^F
door

treuil^M
winch

contrepoids^M
counterweight

rail^M-guide^M de contrepoids^M
counterweight guide rail

régulateur^M de vitesse^F
speed governor

bouton^M d'appel^M
call button

cabine^F d'ascenseur^M
elevator car

parachute^M de cabine^F
car safety

rail^M-guide^M de la cabine^F
car guide rail

amortisseur^M
buffer

poulie^F de tension^F du régulateur^M
governor tension sheave

ARTS ET ARCHITECTURE

maisons^F traditionnelles

traditional houses

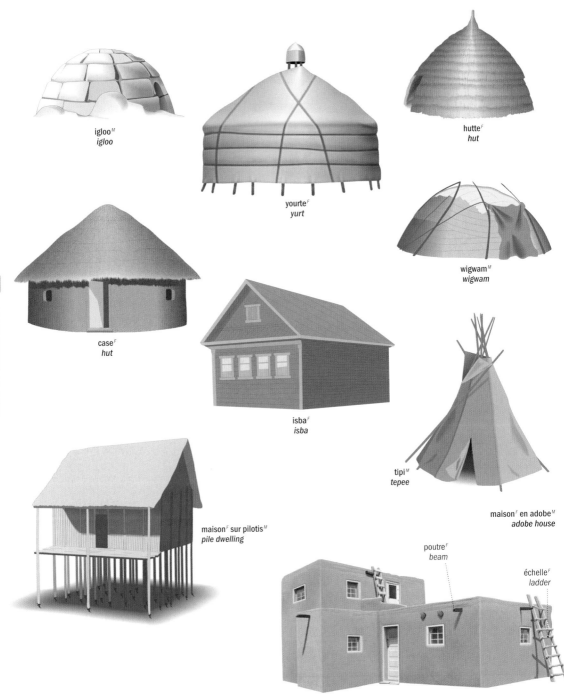

igloo^M
igloo

yourte^F
yurt

hutte^F
hut

wigwam^M
wigwam

case^F
hut

isba^F
isba

tipi^M
tepee

maison^F sur pilotis^M
pile dwelling

maison^F en adobe^M
adobe house

poutre^F
beam

échelle^F
ladder

maisons^F de ville^F

maison^F à deux étages^M
two-storey house

maison^F de plain-pied^M
one-storey house

maison^F jumelée
semi-detached cottage

maisons^F en rangée^F
town houses

appartements^M en copropriété^F
condominiums

tour^F d'habitation^F
high-rise apartment

ARTS ET ARCHITECTURE

plateau^M de tournage^M

movie set

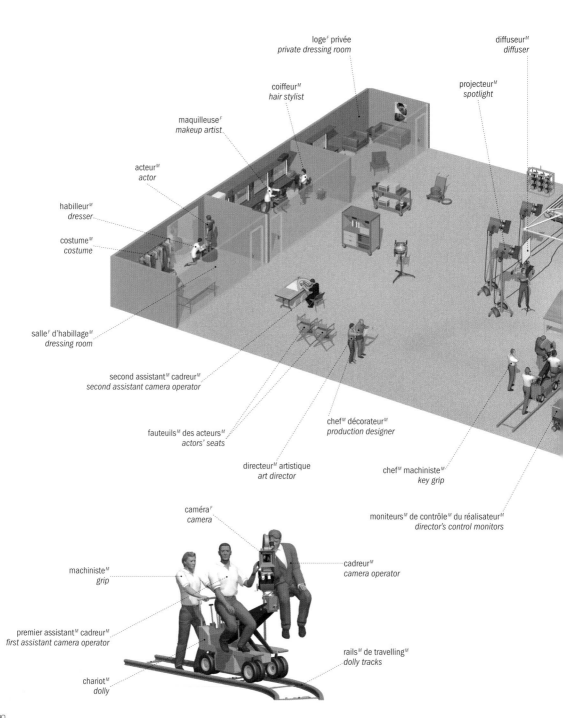

loge^F privée
private dressing room

diffuseur^M
diffuser

coiffeur^M
hair stylist

projecteur^M
spotlight

maquilleuse^F
makeup artist

acteur^M
actor

habilleur^M
dresser

costume^M
costume

salle^F d'habillage^M
dressing room

second assistant^M cadreur^M
second assistant camera operator

fauteuils^M des acteurs^M
actors' seats

chef^M décorateur^M
production designer

directeur^M artistique
art director

chef^M machiniste^M
key grip

caméra^F
camera

moniteurs^M de contrôle^M du réalisateur^M
director's control monitors

machiniste^M
grip

cadreur^M
camera operator

premier assistant^M cadreur^M
first assistant camera operator

rails^M de travelling^M
dolly tracks

chariot^M
dolly

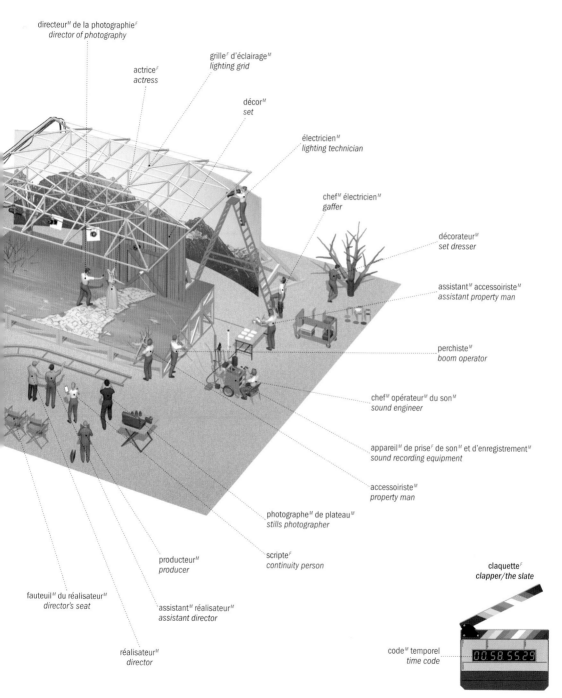

directeur^M de la photographie^F
director of photography

grille^F d'éclairage^M
lighting grid

actrice^F
actress

décor^M
set

électricien^M
lighting technician

chef^M électricien^M
gaffer

décorateur^M
set dresser

assistant^M accessoiriste^M
assistant property man

perchiste^M
boom operator

chef^M opérateur^M du son^M
sound engineer

appareil^M de prise^F de son^M et d'enregistrement^M
sound recording equipment

accessoiriste^M
property man

photographe^M de plateau^M
stills photographer

scripte^F
continuity person

producteur^M
producer

fauteuil^M du réalisateur^M
director's seat

assistant^M réalisateur^M
assistant director

réalisateur^M
director

claquette^F
clapper/the slate

code^M temporel
time code

00.58.55.29

ARTS ET ARCHITECTURE

salle^F de spectacle^M

theater

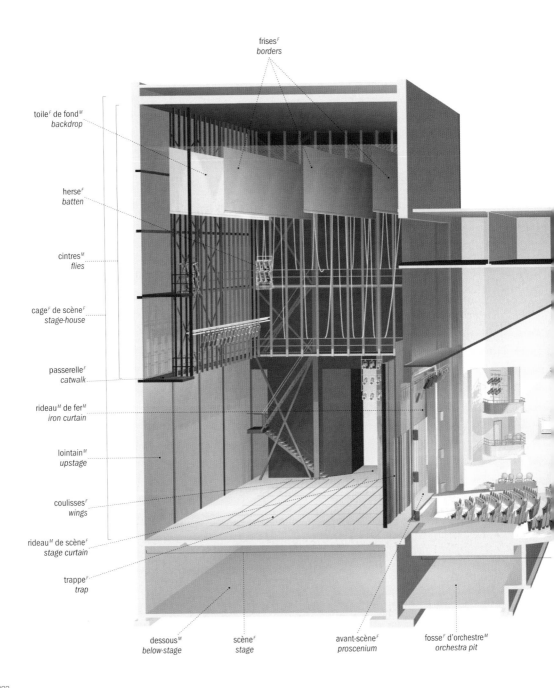

frises^F
borders

toile^F de fond^M
backdrop

herse^F
batten

cintres^M
flies

cage^F de scène^F
stage-house

passerelle^F
catwalk

rideau^M de fer^M
iron curtain

lointain^M
upstage

coulisses^F
wings

rideau^M de scène^F
stage curtain

trappe^F
trap

dessous^M
below-stage

scène^F
stage

avant-scène^F
proscenium

fosse^F d'orchestre^M
orchestra pit

ARTS ET ARCHITECTURE

scène^F
stage

rampe^F
lights

frise^F
border

rideau^M de scène^F
stage curtain

lointain^M
upstage

côté^M jardin^M
prompt side

côté^M cour^F
opposite prompt side

projecteurs^M
spotlights

plafond^M acoustique
acoustic ceiling

régie^F
control room

bar^M
bar

foyers^M
foyers

escalier^M
stairs

loge^F d'artiste^M
dressing room

salle^F
house

parterre^M
parterre

côté^M
side

centre^M
center

corbeille^F
mezzanine

loge^F
box

rangée^F
row

balcon^M
balcony

fauteuil^M
seat

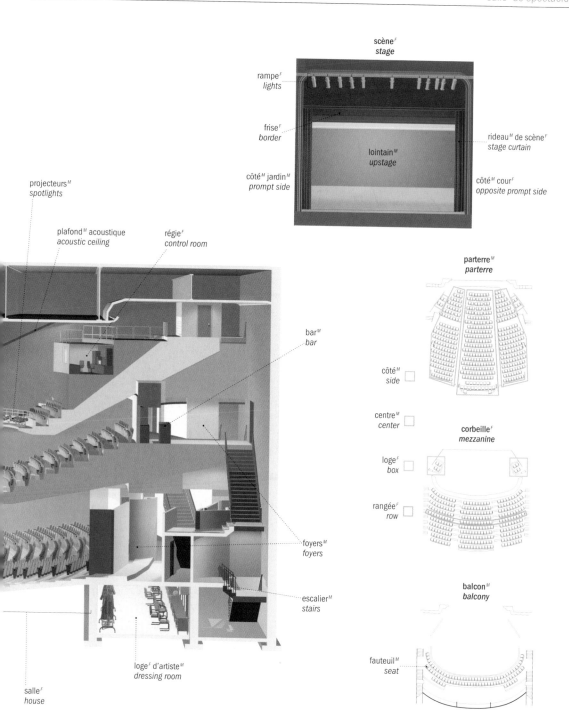

ARTS ET ARCHITECTURE

cinéma^M

movie theater

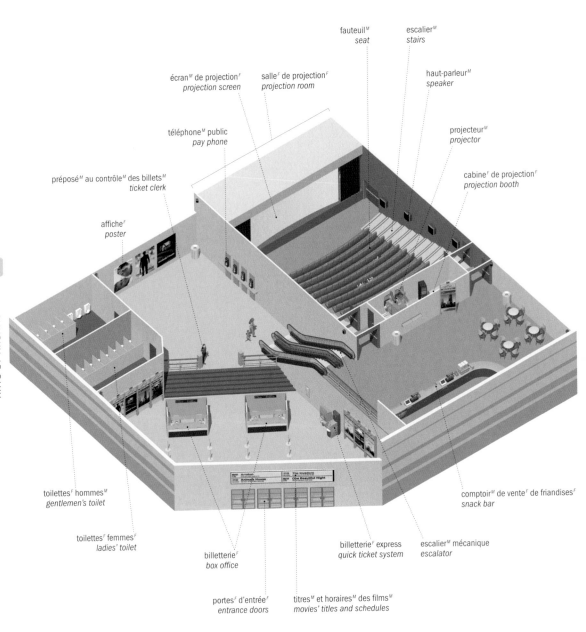

fauteuil^M
seat

escalier^M
stairs

écran^M de projection^F
projection screen

salle^F de projection^F
projection room

haut-parleur^M
speaker

téléphone^M public
pay phone

projecteur^M
projector

préposé^M au contrôle^M des billets^M
ticket clerk

cabine^F de projection^F
projection booth

affiche^F
poster

toilettes^F hommes^M
gentlemen's toilet

comptoir^M de vente^F de friandises^F
snack bar

toilettes^F femmes^F
ladies' toilet

billetterie^F express
quick ticket system

escalier^M mécanique
escalator

billetterie^F
box office

portes^F d'entrée^F
entrance doors

titres^M et horaires^M des films^M
movies' titles and schedules

orchestre^M symphonique

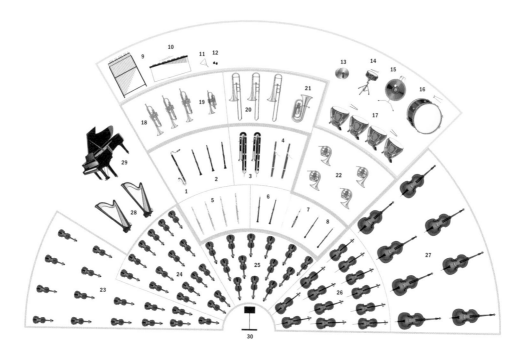

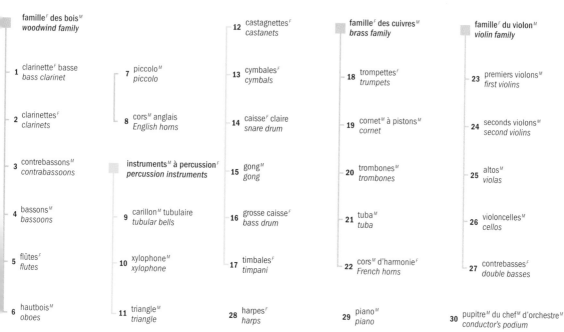

famille^F des bois^M
woodwind family

1 clarinette^F basse
bass clarinet

2 clarinettes^F
clarinets

3 contrebassons^M
contrabassoons

4 bassons^M
bassoons

5 flûtes^F
flutes

6 hautbois^M
oboes

7 piccolo^M
piccolo

8 cors^M anglais
English horns

instruments^M à percussion^F
percussion instruments

9 carillon^M tubulaire
tubular bells

10 xylophone^M
xylophone

11 triangle^M
triangle

12 castagnettes^F
castanets

13 cymbales^F
cymbals

14 caisse^F claire
snare drum

15 gong^M
gong

16 grosse caisse^F
bass drum

17 timbales^F
timpani

28 harpes^F
harps

famille^F des cuivres^M
brass family

18 trompettes^F
trumpets

19 cornet^M à pistons^M
cornet

20 trombones^M
trombones

21 tuba^M
tuba

22 cors^M d'harmonie^F
French horns

29 piano^M
piano

famille^F du violon^M
violin family

23 premiers violons^M
first violins

24 seconds violons^M
second violins

25 altos^M
violas

26 violoncelles^M
cellos

27 contrebasses^F
double basses

30 pupitre^M du chef^M d'orchestre^M
conductor's podium

instruments^M traditionnels

traditional musical instruments

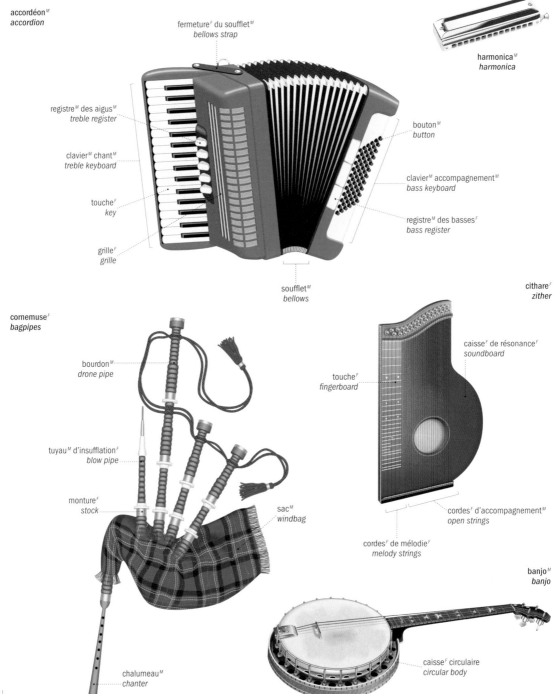

accordéon^M
accordion

fermeture^F du soufflet^M
bellows strap

harmonica^M
harmonica

registre^M des aigus^M
treble register

bouton^M
button

clavier^M chant^M
treble keyboard

clavier^M accompagnement^M
bass keyboard

touche^F
key

registre^M des basses^F
bass register

grille^F
grille

soufflet^M
bellows

cithare^F
zither

cornemuse^F
bagpipes

bourdon^M
drone pipe

caisse^F de résonance^F
soundboard

touche^F
fingerboard

tuyau^M d'insufflation^F
blow pipe

monture^F
stock

sac^M
windbag

cordes^F d'accompagnement^M
open strings

cordes^F de mélodie^F
melody strings

banjo^M
banjo

chalumeau^M
chanter

caisse^F circulaire
circular body

ARTS ET ARCHITECTURE

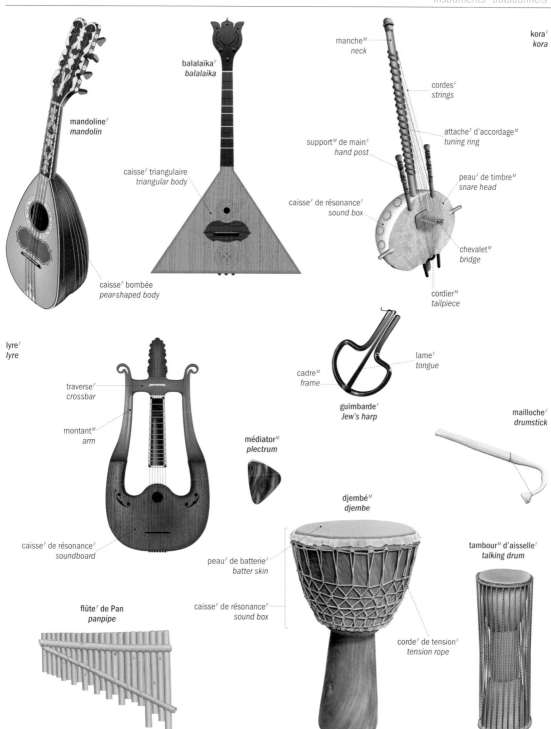

mandoline^F
mandolin

caisse^F bombée
pear-shaped body

balalaïka^F
balalaika

caisse^F triangulaire
triangular body

manche^M
neck

cordes^F
strings

support^M de main^F
hand post

attache^F d'accordage^M
tuning ring

caisse^F de résonance^F
sound box

peau^F de timbre^M
snare head

chevalet^M
bridge

cordier^M
tailpiece

kora^F
kora

lyre^F
lyre

traverse^F
crossbar

montant^M
arm

caisse^F de résonance^F
soundboard

médiator^M
plectrum

cadre^M
frame

lame^F
tongue

guimbarde^F
Jew's harp

mailloche^F
drumstick

djembé^M
djembe

peau^F de batterie^F
batter skin

caisse^F de résonance^F
sound box

corde^F de tension^F
tension rope

tambour^M d'aisselle^F
talking drum

flûte^F de Pan
panpipe

ARTS ET ARCHITECTURE

297

notation^F musicale

musical notation

portée^F
staff

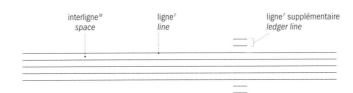

interligne^M
space

ligne^F
line

ligne^F supplémentaire
ledger line

clés^F
clefs

clé^F de sol^M
G clef

clé^F de fa^M
F clef

clé^F d'ut^M
C clef

mesures^F
time signatures

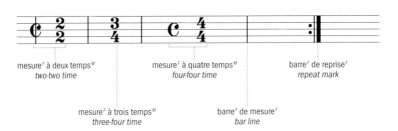

mesure^F à deux temps^M
two-two time

mesure^F à quatre temps^M
four-four time

barre^F de reprise^F
repeat mark

mesure^F à trois temps^M
three-four time

barre^F de mesure^F
bar line

intervalles^M
intervals

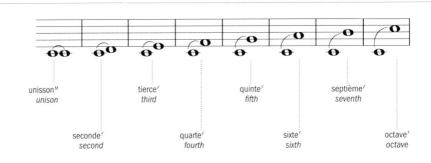

unisson^M
unison

tierce^F
third

quinte^F
fifth

septième^F
seventh

seconde^F
second

quarte^F
fourth

sixte^F
sixth

octave^F
octave

gamme^F
scale

| do^M | ré^M | mi^M | fa^M | sol^M | la^M | si^M | do^M |
| C | D | E | F | G | A | B | C |

notation^F musicale

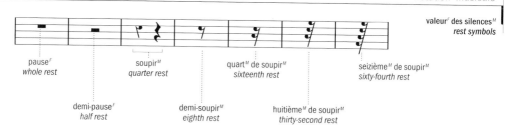

valeur^F des silences^M
rest symbols

pause^F
whole rest

soupir^M
quarter rest

quart^M de soupir^M
sixteenth rest

seizième^M de soupir^M
sixty-fourth rest

demi-pause^F
half rest

demi-soupir^M
eighth rest

huitième^M de soupir^M
thirty-second rest

ornements^M
ornaments

appoggiature^F
appoggiatura

trille^M
trill

gruppetto^M
turn

mordant^M
mordent

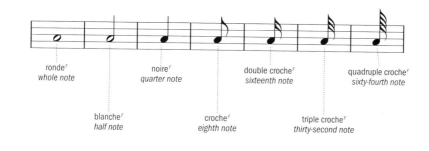

valeur^F des notes^F
note symbols

ronde^F
whole note

noire^F
quarter note

double croche^F
sixteenth note

quadruple croche^F
sixty-fourth note

blanche^F
half note

croche^F
eighth note

triple croche^F
thirty-second note

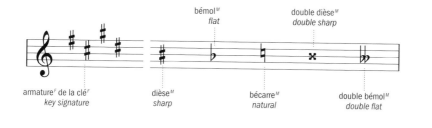

altérations^F
accidentals

bémol^M
flat

double dièse^M
double sharp

armature^F de la clé^F
key signature

dièse^M
sharp

bécarre^M
natural

double bémol^M
double flat

autres signes^M
other signs

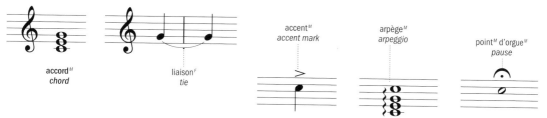

accent^M
accent mark

arpège^M
arpeggio

point^M d'orgue^M
pause

accord^M
chord

liaison^F
tie

ARTS ET ARCHITECTURE

exemples^M de groupes^M instrumentaux

examples of instrumental groups

ARTS ET ARCHITECTURE

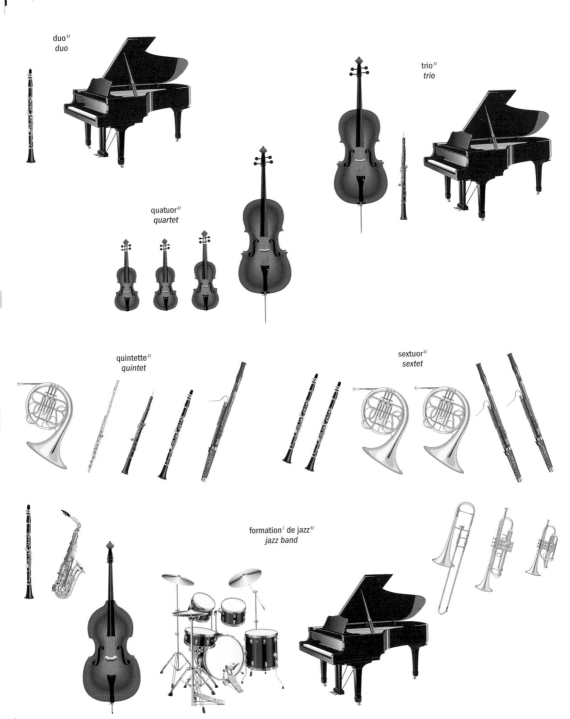

duo^M
duo

trio^M
trio

quatuor^M
quartet

quintette^M
quintet

sextuor^M
sextet

formation^F de jazz^M
jazz band

instruments^M à cordes^F

stringed instruments

archet^M
bow

tête^F
head

pointe^F
point

baguette^F
stick

mèche^F
hair

poignée^F
handle

talon^M
heel

hausse^F
frog

vis^F
screw

violon^M
violin

cheville^F
peg

volute^F
scroll

chevillier^M
peg box

sillet^M
nut

manche^M
neck

touche^F
fingerboard

corde^F
string

table^F d'harmonie^F
soundboard

filet^M
purfling

échancrure^F
waist

éclisse^F
rib

chevalet^M
bridge

ouïe^F
sound hole

cordier^M
tailpiece

mentonnière^F
chin rest

bouton^M
end button

famille^F du violon^M
violin family

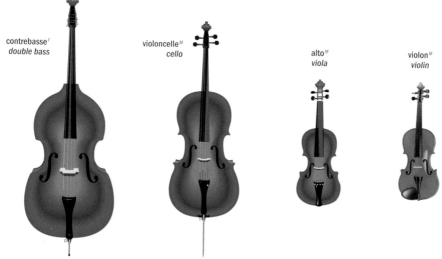

contrebasse^F
double bass

violoncelle^M
cello

alto^M
viola

violon^M
violin

ARTS ET ARCHITECTURE

instruments^M à cordes^F

harpe^F
harp

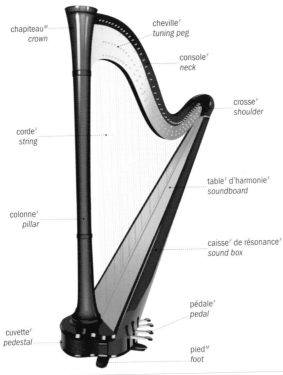

chapiteau^M
crown

cheville^F
tuning peg

console^F
neck

crosse^F
shoulder

corde^F
string

table^F d'harmonie^F
soundboard

colonne^F
pillar

caisse^F de résonance^F
sound box

pédale^F
pedal

cuvette^F
pedestal

pied^M
foot

guitare^F acoustique
acoustic guitar

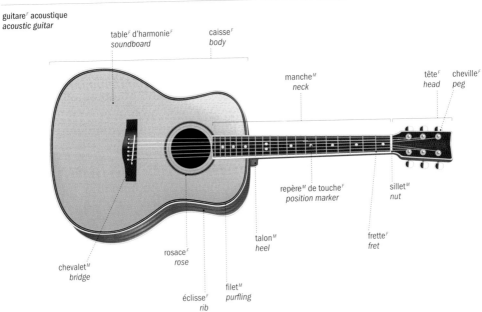

table^F d'harmonie^F
soundboard

caisse^F
body

manche^M
neck

tête^F
head

cheville^F
peg

repère^M de touche^F
position marker

sillet^M
nut

talon^M
heel

frette^F
fret

chevalet^M
bridge

rosace^F
rose

filet^M
purfling

éclisse^F
rib

guitare^F électrique
electric guitar

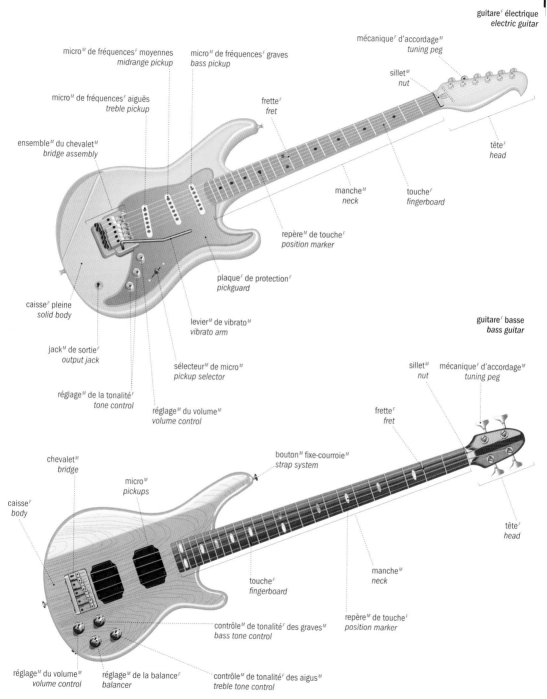

micro^M de fréquences^F moyennes
midrange pickup

micro^M de fréquences^F graves
bass pickup

mécanique^F d'accordage^M
tuning peg

micro^M de fréquences^F aiguës
treble pickup

frette^F
fret

sillet^M
nut

ensemble^M du chevalet^M
bridge assembly

tête^F
head

manche^M
neck

touche^F
fingerboard

repère^M de touche^F
position marker

caisse^F pleine
solid body

plaque^F de protection^F
pickguard

guitare^F basse
bass guitar

jack^M de sortie^F
output jack

levier^M de vibrato^M
vibrato arm

sillet^M
nut

mécanique^F d'accordage^M
tuning peg

sélecteur^M de micro^M
pickup selector

réglage^M de la tonalité^F
tone control

réglage^M du volume^M
volume control

frette^F
fret

chevalet^M
bridge

bouton^M fixe-courroie^M
strap system

micro^M
pickups

tête^F
head

caisse^F
body

manche^M
neck

touche^F
fingerboard

repère^M de touche^F
position marker

contrôle^M de tonalité^F des graves^M
bass tone control

réglage^M du volume^M
volume control

réglage^M de la balance^F
balancer

contrôle^M de tonalité^F des aigus^M
treble tone control

ARTS ET ARCHITECTURE

instruments^M à clavier^M

keyboard instruments

piano^M droit
upright piano

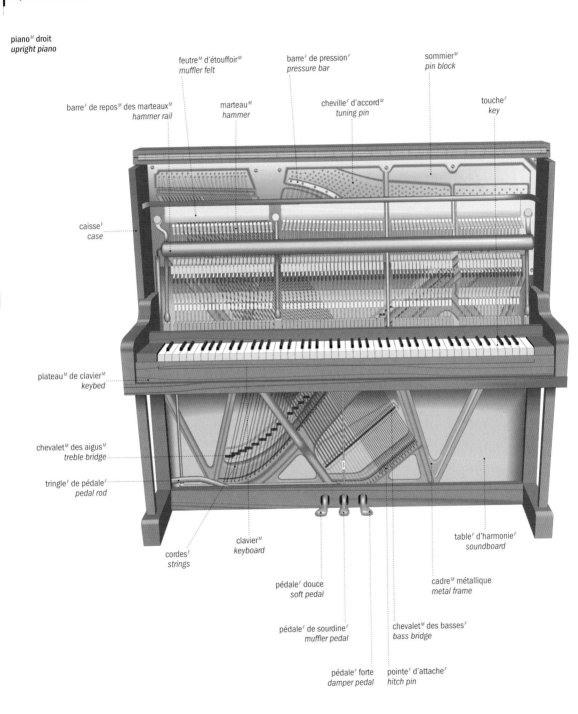

feutre^M d'étouffoir^M
muffler felt

barre^F de pression^F
pressure bar

sommier^M
pin block

barre^F de repos^M des marteaux^M
hammer rail

marteau^M
hammer

cheville^F d'accord^M
tuning pin

touche^F
key

caisse^F
case

plateau^M de clavier^M
keybed

chevalet^M des aigus^M
treble bridge

tringle^F de pédale^F
pedal rod

cordes^F
strings

clavier^M
keyboard

table^F d'harmonie^F
soundboard

pédale^F douce
soft pedal

cadre^M métallique
metal frame

pédale^F de sourdine^F
muffler pedal

chevalet^M des basses^F
bass bridge

pédale^F forte
damper pedal

pointe^F d'attache^F
hitch pin

orgue^M
organ

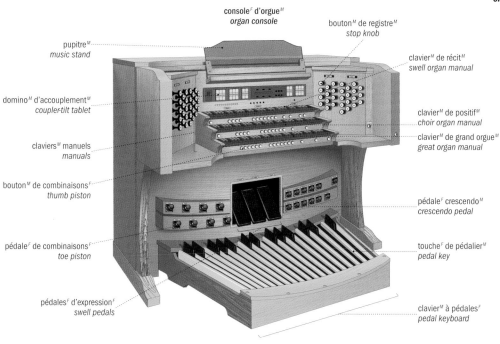

console^F d'orgue^M
organ console

bouton^M de registre^M
stop knob

pupitre^M
music stand

clavier^M de récit^M
swell organ manual

domino^M d'accouplement^M
coupler-tilt tablet

clavier^M de positif^M
choir organ manual

claviers^M manuels
manuals

clavier^M de grand orgue^M
great organ manual

bouton^M de combinaisons^F
thumb piston

pédale^F crescendo^M
crescendo pedal

pédale^F de combinaisons^F
toe piston

touche^F de pédalier^M
pedal key

pédales^F d'expression^F
swell pedals

clavier^M à pédales^F
pedal keyboard

tuyau^M à anche^F
reed pipe

tuyau^M à bouche^F
flue pipe

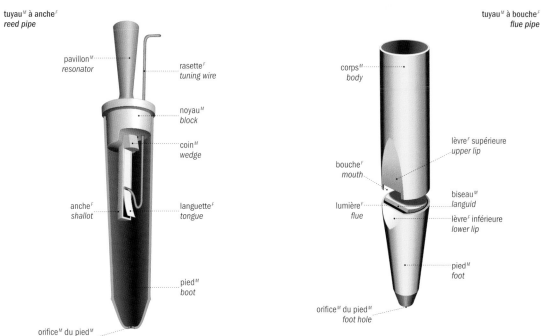

pavillon^M
resonator

rasette^F
tuning wire

corps^M
body

noyau^M
block

coin^M
wedge

lèvre^F supérieure
upper lip

bouche^F
mouth

anche^F
shallot

languette^F
tongue

lumière^F
flue

biseau^M
languid

lèvre^F inférieure
lower lip

pied^M
boot

pied^M
foot

orifice^M du pied^M
foot hole

orifice^M du pied^M
foot hole

ARTS ET ARCHITECTURE

instruments^M à vent^M

wind instruments

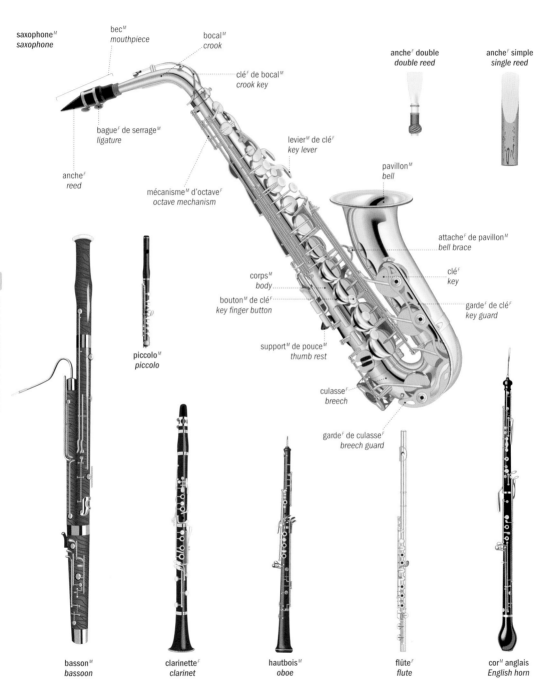

saxophone^M
saxophone

bec^M
mouthpiece

bocal^M
crook

anche^F **double**
double reed

anche^F **simple**
single reed

clé^F de bocal^M
crook key

bague^F de serrage^M
ligature

levier^M de clé^F
key lever

pavillon^M
bell

anche^F
reed

mécanisme^M d'octave^F
octave mechanism

attache^F de pavillon^M
bell brace

corps^M
body

clé^F
key

bouton^M de clé^F
key finger button

garde^F de clé^F
key guard

support^M de pouce^M
thumb rest

culasse^F
breech

garde^F de culasse^F
breech guard

piccolo^M
piccolo

basson^M
bassoon

clarinette^F
clarinet

hautbois^M
oboe

flûte^F
flute

cor^M anglais
English horn

ARTS ET ARCHITECTURE

trompette^F
trumpet

bouton^M de piston^M
finger button

crochet^M de petit doigt^M
little finger hook

pavillon^M
bell

branche^F d'embouchure^F
mouthpipe

bague^F
ring

boisseau^M d'embouchure^F
mouthpiece receiver

embouchure^F
mouthpiece

coulisse^F d'accord^M
tuning slide

coulisse^F du premier piston^M
first valve slide

coulisse^F du troisième piston^M
third valve slide

soupape^F d'évacuation^F
water key

crochet^M de pouce^M
thumb hook

piston^M
valve

corps^M de piston^M
valve casing

coulisse^F du deuxième piston^M
second valve slide

sourdine^F
mute

cor^M d'harmonie^F
French horn

cornet^M à pistons^M
cornet

clairon^M
bugle

saxhorn^M
saxhorn

tuba^M
tuba

trombone^M
trombone

ARTS ET ARCHITECTURE

instruments^M à percussion^F

percussion instruments

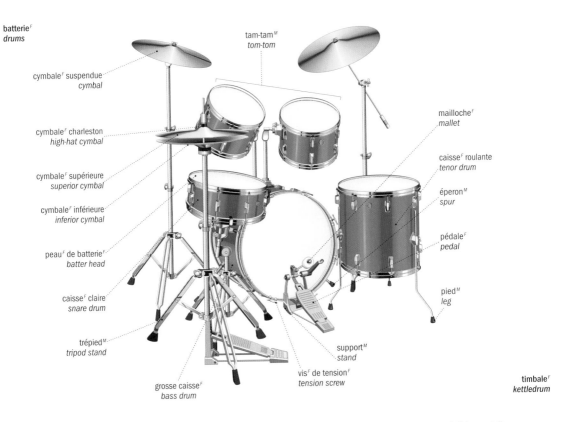

batterie^F
drums

tam-tam^M
tom-tom

cymbale^F suspendue
cymbal

cymbale^F charleston
high-hat cymbal

cymbale^F supérieure
superior cymbal

cymbale^F inférieure
inferior cymbal

peau^F de batterie^F
batter head

caisse^F claire
snare drum

trépied^M
tripod stand

grosse caisse^F
bass drum

vis^F de tension^F
tension screw

support^M
stand

malloche^F
mallet

caisse^F roulante
tenor drum

éperon^M
spur

pédale^F
pedal

pied^M
leg

timbale^F
kettledrum

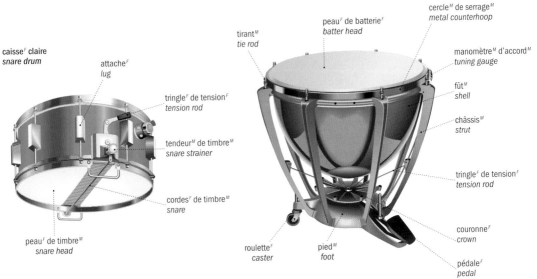

caisse^F claire
snare drum

attache^F
lug

tringle^F de tension^F
tension rod

tendeur^M de timbre^M
snare strainer

cordes^F de timbre^M
snare

peau^F de timbre^M
snare head

tirant^M
tie rod

peau^F de batterie^F
batter head

cercle^M de serrage^M
metal counterhoop

manomètre^M d'accord^M
tuning gauge

fût^M
shell

châssis^M
strut

tringle^F de tension^F
tension rod

couronne^F
crown

pédale^F
pedal

roulette^F
caster

pied^M
foot

ARTS ET ARCHITECTURE

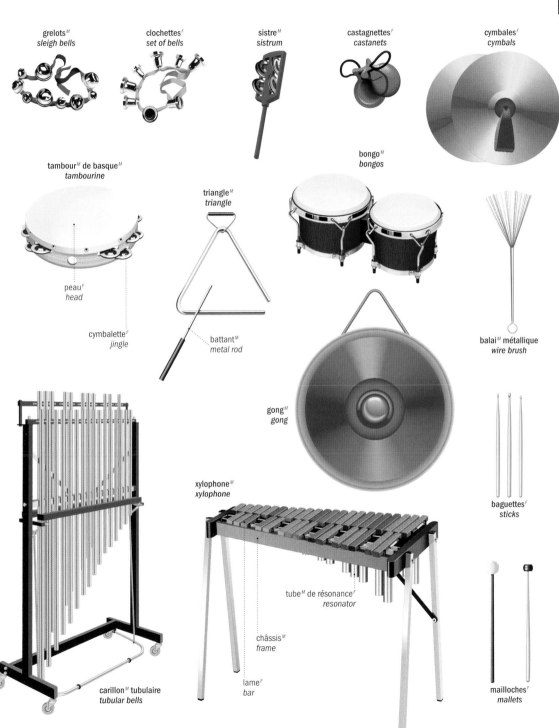

grelots^M
sleigh bells

clochettes^F
set of bells

sistre^M
sistrum

castagnettes^F
castanets

cymbales^F
cymbals

tambour^M de basque^M
tambourine

triangle^M
triangle

bongo^M
bongos

peau^F
head

cymbalette^F
jingle

battant^M
metal rod

balai^M métallique
wire brush

gong^M
gong

baguettes^F
sticks

xylophone^M
xylophone

tube^M de résonance^F
resonator

châssis^M
frame

carillon^M tubulaire
tubular bells

lame^F
bar

mailloches^F
mallets

ARTS ET ARCHITECTURE

instruments^M électroniques

electronic instruments

séquenceur^M
sequencer

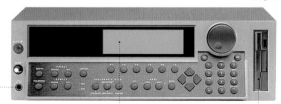

échantillonneur^M
sampler

prise^F casque^M
headphone jack

expandeur^M
expander

affichage^M des fonctions^F
function display

lecteur^M de disquette^F
disk drive

synthétiseur^M
synthesizer

contrôle^M du volume^M
volume control

modification^F fine des variables^F
fine data entry control

lecteur^M de disquette^F
disk drive

fonctions^F système^M
system buttons

affichage^M des fonctions^F
function display

contrôle^M du séquenceur^M
sequencer control

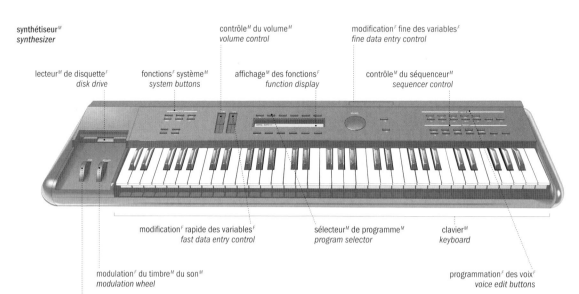

modification^F rapide des variables^F
fast data entry control

sélecteur^M de programme^M
program selector

clavier^M
keyboard

modulation^F du timbre^M du son^M
modulation wheel

programmation^F des voix^F
voice edit buttons

modulation^F de la hauteur^F du son^M
pitch wheel

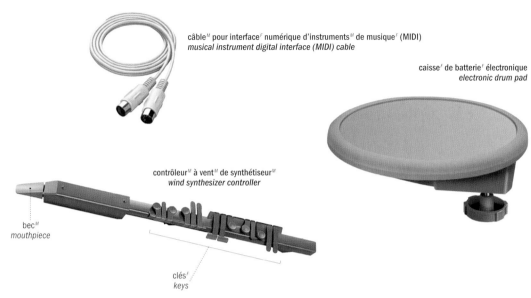

câble^M pour interface^F numérique d'instruments^M de musique^F (MIDI)
musical instrument digital interface (MIDI) cable

caisse^F de batterie^F électronique
electronic drum pad

contrôleur^M à vent^M de synthétiseur^M
wind synthesizer controller

bec^M
mouthpiece

clés^F
keys

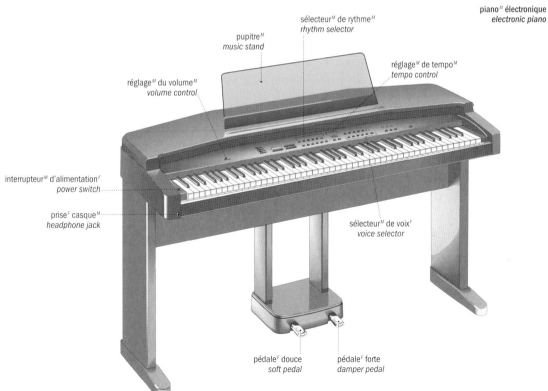

piano^M électronique
electronic piano

sélecteur^M de rythme^M
rhythm selector

pupitre^M
music stand

réglage^M de tempo^M
tempo control

réglage^M du volume^M
volume control

interrupteur^M d'alimentation^F
power switch

prise^F casque^M
headphone jack

sélecteur^M de voix^F
voice selector

pédale^F douce
soft pedal

pédale^F forte
damper pedal

ARTS ET ARCHITECTURE

instruments^M d'écriture^F

writing instruments

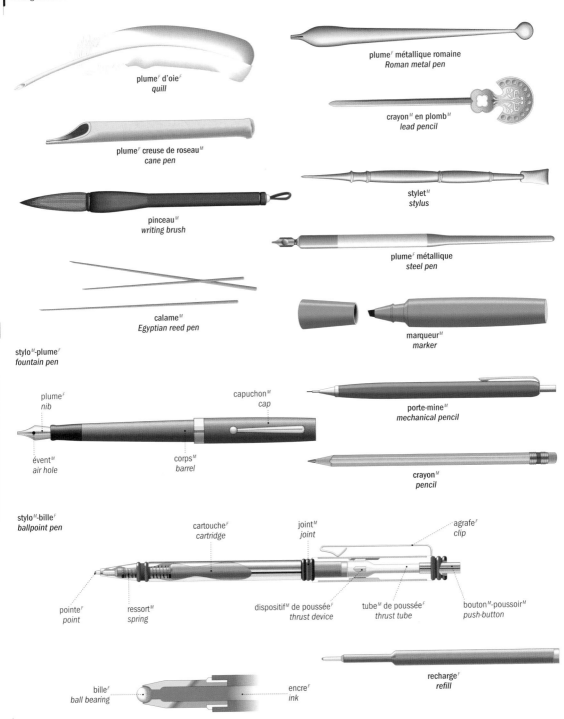

plume^F d'oie^F
quill

plume^F métallique romaine
Roman metal pen

plume^F creuse de roseau^M
cane pen

crayon^M en plomb^M
lead pencil

pinceau^M
writing brush

stylet^M
stylus

calame^M
Egyptian reed pen

plume^F métallique
steel pen

marqueur^M
marker

stylo^M-plume^F
fountain pen

plume^F
nib

capuchon^M
cap

porte-mine^M
mechanical pencil

évent^M
air hole

corps^M
barrel

crayon^M
pencil

stylo^M-bille^F
ballpoint pen

cartouche^F
cartridge

joint^M
joint

agrafe^F
clip

pointe^F
point

ressort^M
spring

dispositif^M de poussée^F
thrust device

tube^M de poussée^F
thrust tube

bouton^M-poussoir^M
push-button

bille^F
ball bearing

encre^F
ink

recharge^F
refill

COMMUNICATIONS ET BUREAUTIQUE

journal^M

newspaper

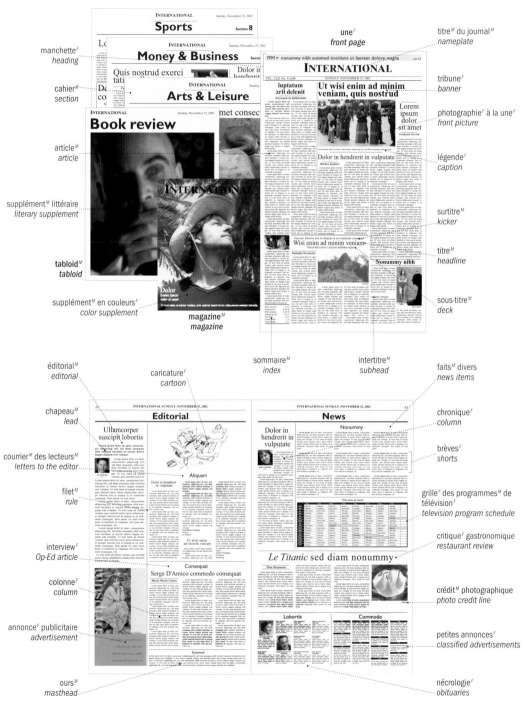

manchette^F
heading

cahier^M
section

article^M
article

supplément^M littéraire
literary supplement

tabloïd^M
tabloid

supplément^M en couleurs^F
color supplement

magazine^M
magazine

une^F
front page

titre^M du journal^M
nameplate

tribune^F
banner

photographie^F à la une^F
front picture

légende^F
caption

surtitre^M
kicker

titre^M
headline

sous-titre^M
deck

éditorial^M
editorial

caricature^F
cartoon

sommaire^M
index

intertitre^M
subhead

faits^M divers
news items

chapeau^M
lead

chronique^F
column

courrier^M des lecteurs^M
letters to the editor

brèves^F
shorts

filet^M
rule

grille^F des programmes^M de télévision^F
television program schedule

interview^F
Op-Ed article

critique^F gastronomique
restaurant review

colonne^F
column

crédit^M photographique
photo credit line

annonce^F publicitaire
advertisement

petites annonces^F
classified advertisements

ours^M
masthead

nécrologie^F
obituaries

photographie*F*

photography

appareil*M* à visée*F* reflex mono-objectif*M* : vue*F* avant
single-lens reflex (SLR) camera: front view

rebobinage*M*
film rewind knob

griffe*F* porte-accessoires*M*
accessory shoe

correction*F* d'exposition*F*
exposure adjustment knob

contact*M* électrique
hot-shoe contact

mode*M* d'entraînement*M* du film*M*
film advance mode

écran*M* de contrôle*M*
control panel

mode*M* d'exposition*F*
exposure mode

sélecteur*M* de fonctions*F*
command control dial

surimpression*F*
multiple exposure mode

commutateur*M* marche*F*/arrêt*M*
on-off switch

sensibilité*F* du film*M*
film speed

déclencheur*M*
shutter release button

prise*F* de télécommande*F*
remote control terminal

témoin*M* du retardateur*M*
self-timer indicator

mode*M* de mise*F* au point*M*
focus mode selector

boîtier*M*
camera body

déverrouillage*M* de l'objectif*M*
lens release button

objectif*M*
objective lens

vérification*F* de la profondeur*F* de champ*M*
depth-of-field preview button

objectifs*M*
lenses

accessoires*M* de l'objectif*M*
lens accessories

téléobjectif*M*
telephoto lens

objectif*M* zoom*M*
zoom lens

objectif*M* grand-angulaire
wide-angle lens

objectif*M* macro
macro lens

capuchon*M* d'objectif*M*
lens cap

parasoleil*M*
lens hood

filtre*M* de polarisation*F*
polarizing filter

touche de sélection des menus
menu button

commutateur d'alimentation
power switch

appareil à visée reflex numérique : dos
digital reflex camera: camera back

touche d'affichage des réglages
settings display button

viseur
viewfinder

œillet d'attache
strap eyelet

couvercle
cover

touche de saut d'images
multi-image jump button

prises vidéo et numérique
video and digital terminals

touche d'index/agrandissement
index/enlarge button

prise de télécommande
remote control terminal

carte de mémoire
compact memory card

touche de visualisation des images
image review button

écran à cristaux liquides
liquid crystal display

touche d'effacement
erase button

sélecteur quadridirectionnel
four-way selector

bouton d'éjection
eject button

appareils photographiques
still cameras

Polaroid®
Polaroid® camera

appareil reflex 6 X 6 mono-objectif
medium format SLR (6 x 6)

appareil à télémètre couplé
rangefinder

appareil numérique
digital camera

appareil jetable
disposable camera

chambre photographique
view camera

télédiffusion^F par satellite^M

broadcast satellite communication

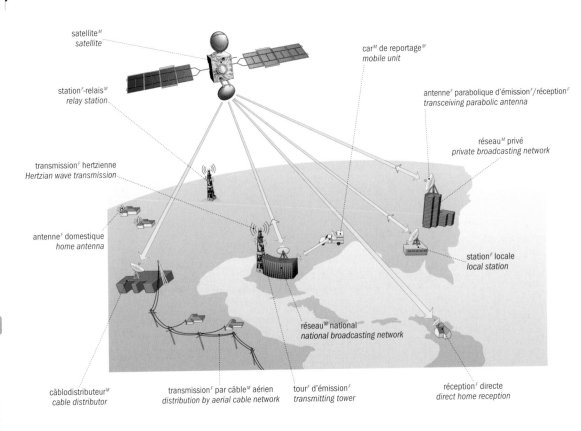

satellite^M
satellite

car^M de reportage^M
mobile unit

station^F-relais^M
relay station

antenne^F parabolique d'émission^F/réception^F
transceiving parabolic antenna

réseau^M privé
private broadcasting network

transmission^F hertzienne
Hertzian wave transmission

antenne^F domestique
home antenna

station^F locale
local station

réseau^M national
national broadcasting network

câblodistributeur^M
cable distributor

transmission^F par câble^M aérien
distribution by aerial cable network

tour^F d'émission^F
transmitting tower

réception^F directe
direct home reception

satellites^M de télécommunications^F

telecommunication satellites

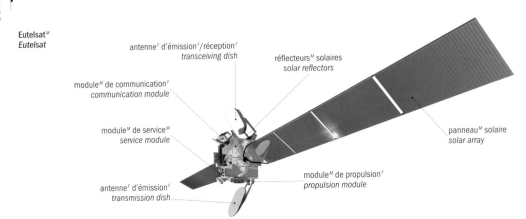

Eutelsat^M
Eutelsat

antenne^F d'émission^F/réception^F
transceiving dish

réflecteurs^M solaires
solar reflectors

module^M de communication^F
communication module

module^M de service^M
service module

panneau^M solaire
solar array

antenne^F d'émission^F
transmission dish

module^M de propulsion^F
propulsion module

télécommunications^F par satellite^M

télécommunications^F par satellite^M

telecommunications by satellite

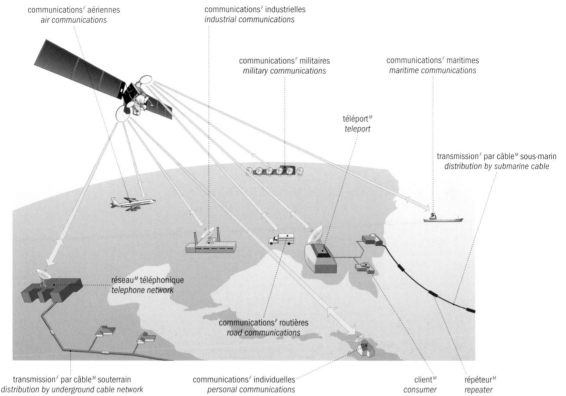

communications^F aériennes
air communications

communications^F industrielles
industrial communications

communications^F militaires
military communications

communications^F maritimes
maritime communications

téléport^M
teleport

transmission^F par câble^M sous-marin
distribution by submarine cable

réseau^M téléphonique
telephone network

communications^F routières
road communications

transmission^F par câble^M souterrain
distribution by underground cable network

communications^F individuelles
personal communications

client^M
consumer

répéteur^M
repeater

satellites^M de télécommunications^F

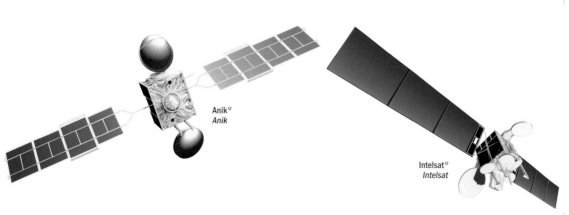

Anik^M
Anik

Intelsat^M
Intelsat

COMMUNICATIONS ET BUREAUTIQUE

télévision^F

television

téléviseur^M
television set

coffret^M
cabinet

écran^M
screen

lampes^F témoins^M
indicators

capteur^M de télécommande^F
remote control sensor

boutons^M de réglage^M
tuning controls

interrupteur^M d'alimentation^F
power button

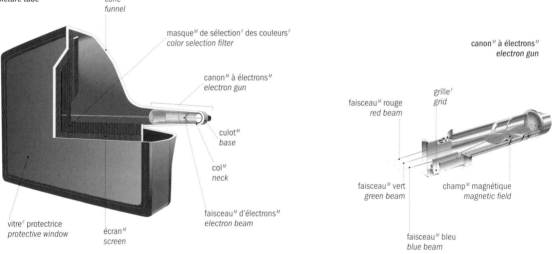

tube^M-image^F
picture tube

cône^M
funnel

masque^M de sélection^F des couleurs^F
color selection filter

canon^M à électrons^M
electron gun

culot^M
base

col^M
neck

vitre^F protectrice
protective window

écran^M
screen

faisceau^M d'électrons^M
electron beam

canon^M à électrons^M
electron gun

faisceau^M rouge
red beam

grille^F
grid

faisceau^M vert
green beam

champ^M magnétique
magnetic field

faisceau^M bleu
blue beam

lecteur^M de DVD^M vidéo
DVD player

interrupteur^M d'alimentation^F
power button

plateau^M de chargement^M
disc tray

afficheur^M
display

disque^M numérique polyvalent (DVD)
digital versatile disc (DVD)

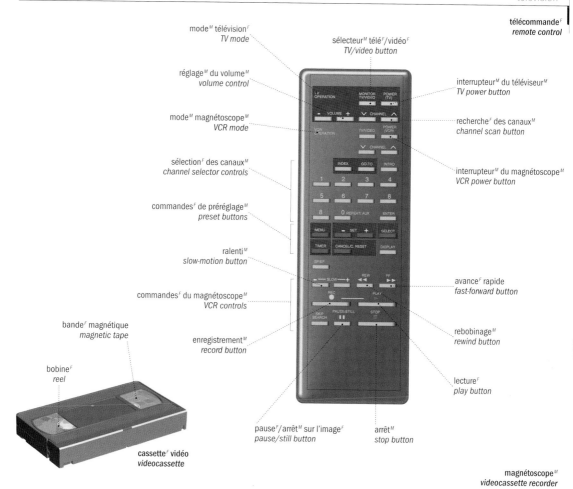

télécommande
remote control

mode télévision
TV mode

sélecteur télé/vidéo
TV/video button

réglage du volume
volume control

interrupteur du téléviseur
TV power button

mode magnétoscope
VCR mode

recherche des canaux
channel scan button

sélection des canaux
channel selector controls

interrupteur du magnétoscope
VCR power button

commandes de préréglage
preset buttons

ralenti
slow-motion button

commandes du magnétoscope
VCR controls

avance rapide
fast-forward button

bande magnétique
magnetic tape

enregistrement
record button

rebobinage
rewind button

bobine
reel

lecture
play button

cassette vidéo
videocassette

pause/arrêt sur l'image
pause/still button

arrêt
stop button

magnétoscope
videocassette recorder

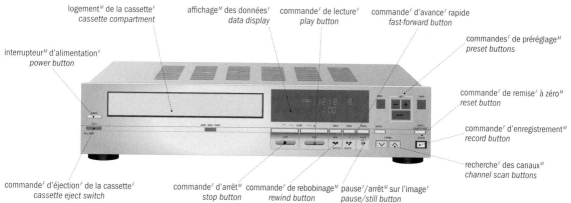

logement de la cassette
cassette compartment

affichage des données
data display

commande de lecture
play button

commande d'avance rapide
fast-forward button

commandes de préréglage
preset buttons

interrupteur d'alimentation
power button

commande de remise à zéro
reset button

commande d'enregistrement
record button

recherche des canaux
channel scan buttons

commande d'éjection de la cassette
cassette eject switch

commande d'arrêt
stop button

commande de rebobinage
rewind button

pause/arrêt sur l'image
pause/still button

COMMUNICATIONS ET BUREAUTIQUE

télévision^F

caméscope^M analogique : vue^F avant
analog camcorder: front view

touche^F de raccord^M d'enregistrement^M
edit search button

objectif^M zoom^M
zoom lens

microphone^M
microphone

molette^F de réglage^M près/loin
near/far dial

sélecteur^M de mise^F au point^M
focus selector

viseur^M électronique
electronic viewfinder

œilleton^M
eyecup

commandes^F de la bande^F vidéo
videotape operation controls

panneau^M de l'écran^M
display panel

commutateur^M de prise^F de vues^F nocturne
nightshot switch

commutateur^M alimentation^F/fonctions^F
power/functions switch

logement^M de la cassette^F
cassette compartment

adaptateur^M de cassette^F vidéo compacte
compact videocassette adapter

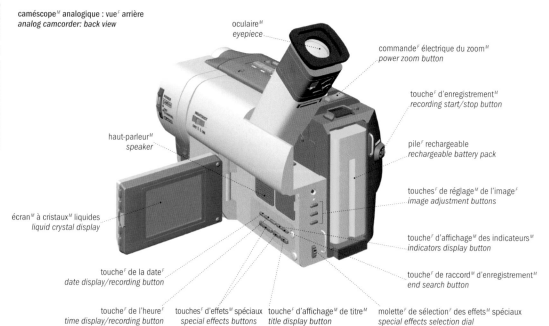

caméscope^M analogique : vue^F arrière
analog camcorder: back view

oculaire^M
eyepiece

commande^F électrique du zoom^M
power zoom button

touche^F d'enregistrement^M
recording start/stop button

haut-parleur^M
speaker

pile^F rechargeable
rechargeable battery pack

touches^F de réglage^M de l'image^F
image adjustment buttons

écran^M à cristaux^M liquides
liquid crystal display

touche^F d'affichage^M des indicateurs^M
indicators display button

touche^F de la date^F
date display/recording button

touche^F de raccord^M d'enregistrement^M
end search button

touche^F de l'heure^F
time display/recording button

touches^F d'effets^M spéciaux
special effects buttons

touche^F d'affichage^M de titre^M
title display button

molette^F de sélection^F des effets^M spéciaux
special effects selection dial

antenne^F parabolique
dish antenna

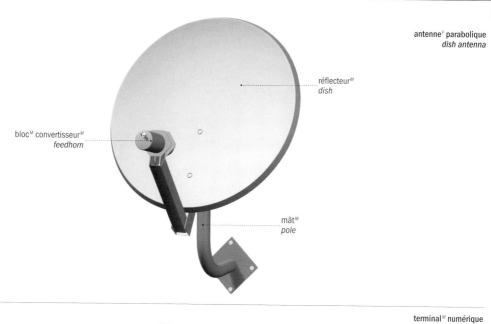

réflecteur^M
dish

bloc^M convertisseur^M
feedhorn

mât^M
pole

terminal^M numérique
receiver

lecteur^M de carte^F
card reader

télécommande^F
remote control

cinéma^M maison^F
home theater

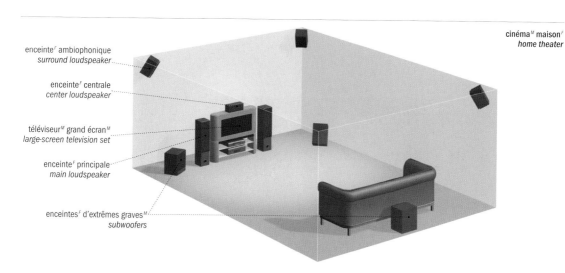

enceinte^F ambiophonique
surround loudspeaker

enceinte^F centrale
center loudspeaker

téléviseur^M grand écran^M
large-screen television set

enceinte^F principale
main loudspeaker

enceintes^F d'extrêmes graves^M
subwoofers

COMMUNICATIONS ET BUREAUTIQUE

chaîne^F stéréo

sound reproducing system

ampli^M-syntoniseur^M : vue^F avant
ampli-tuner: front view

voyants^M d'indication^F du mode^M sonore
sound mode lights

voyants^M d'entrée^F
input lights

touche^F de sélection^F du magnétophone^M
tape recorder select button

sélecteur^M de mode^M sonore
sound mode selector

contrôle^M du champ^M sonore
sound field control

touche^F de sélection^F d'entrée^F
input select button

interrupteur^M d'alimentation^F
power button

touches^F de sélection^F des enceintes^F
loudspeaker system select buttons

prise^F casque^M
headphone jack

touches^F de sélection^F des stations^F
tuning buttons

touche^F de présélection^F
preset tuning button

touche^F de modulation^F
band select button

touche^F mémoire^F
memory button

touche^F de sélection^F du mode^M FM
FM mode select button

afficheur^M
display

réglage^M du volume^M
volume control

sélecteur^M d'entrée^F
input selector

équilibrage^M des haut-parleurs^M
balance control

contrôle^M de tonalité^F des graves^M
bass tone control

contrôle^M de tonalité^F des aigus^M
treble tone control

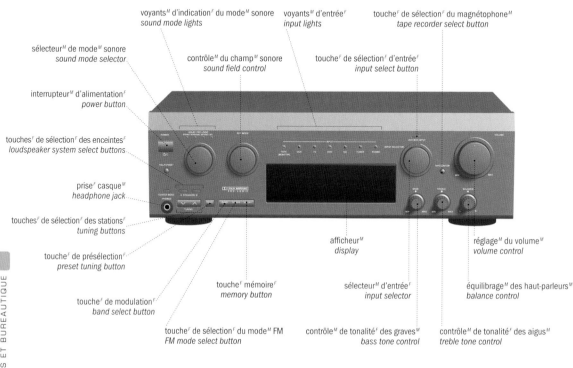

ampli^M-syntoniseur^M : vue^F arrière
ampli-tuner: back view

borne^F de mise^F à la terre^F
ground terminal

ventilateur^M
cooling fan

cordon^M d'alimentation^F
power cord

bornes^F de raccordement^M des antennes^F
antenna terminals

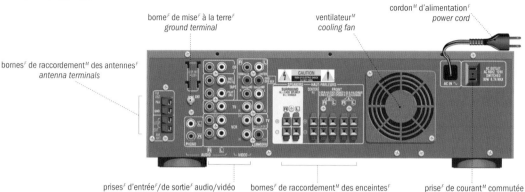

prises^F d'entrée^F/de sortie^F audio/vidéo
input/output audio/video jacks

bornes^F de raccordement^M des enceintes^F
loudspeaker terminals

prise^F de courant^M commutée
switched outlet

COMMUNICATIONS ET BUREAUTIQUE

platine^F cassette^F
cassette tape deck

bouton^M de remise^F à zéro^M
counter reset button

sélecteur^M de bandes^F
tape selector

avance^F rapide
fast-forward button

bouton^M d'éjection^F
eject button

compteur^M
tape counter

lecture^F
play button

indicateur^M de niveau^M
peak level meter

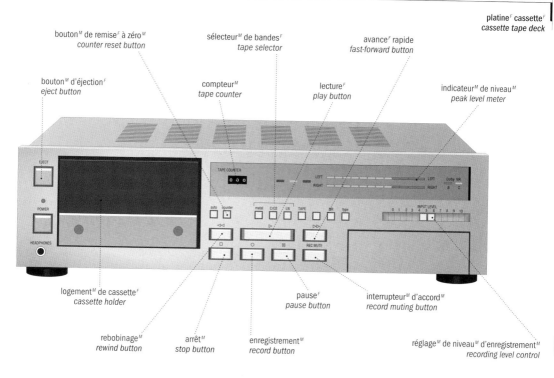

logement^M de cassette^F
cassette holder

pause^F
pause button

interrupteur^M d'accord^M
record muting button

rebobinage^M
rewind button

arrêt^M
stop button

enregistrement^M
record button

réglage^M de niveau^M d'enregistrement^M
recording level control

interrupteur^M d'alimentation^F
power button

voyants^M de contrôle^M
indicators

lecteur^M de disque^M compact
compact disc player

logement^M du plateau^M
disc compartment

numéro^M de la piste^F
track number

touche^F mémoire^F
memory button

touches^F de répétition^F
repeat buttons

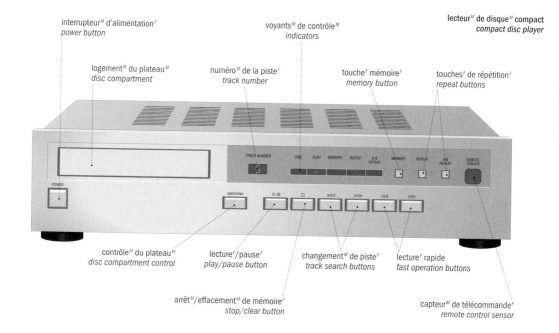

contrôle^M du plateau^M
disc compartment control

lecture^F/pause^F
play/pause button

changement^M de piste^F
track search buttons

lecture^F rapide
fast operation buttons

arrêt^M/effacement^M de mémoire^F
stop/clear button

capteur^M de télécommande^F
remote control sensor

COMMUNICATIONS ET BUREAUTIQUE

chaîne^F stéréo

casque^M d'écoute^F
headphones

serre-tête^M
headband

glissière^F d'ajustement^M
adjusting band

résonateur^M
resonator

écouteur^M
earphone

câble^M de raccordement^M
connecting cable

fiche^F pour jack^M
plug

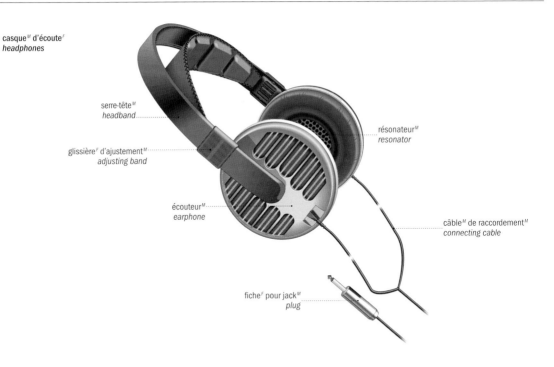

enceinte^F acoustique
loudspeakers

canal^M droit
right channel

canal^M gauche
left channel

haut-parleur^M d'aigus^M
tweeter

haut-parleur^M de médium^M
midrange

treillis^M
speaker cover

haut-parleur^M de graves^M
woofer

membrane^F
diaphragm

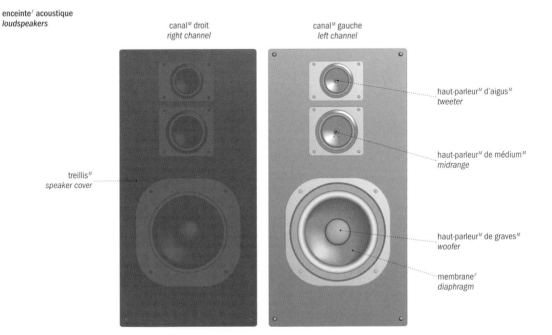

minichaîne^F stéréo

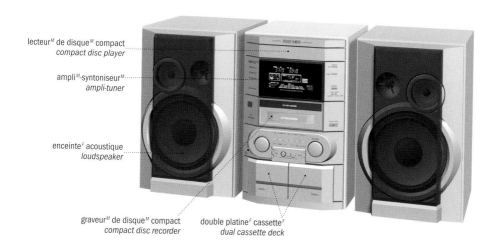

lecteur^M de disque^M compact
compact disc player

ampli^M-syntoniseur^M
ampli-tuner

enceinte^F acoustique
loudspeaker

graveur^M de disque^M compact
compact disc recorder

double platine^F cassette^F
dual cassette deck

appareils^M de son^M portatifs

portable sound systems

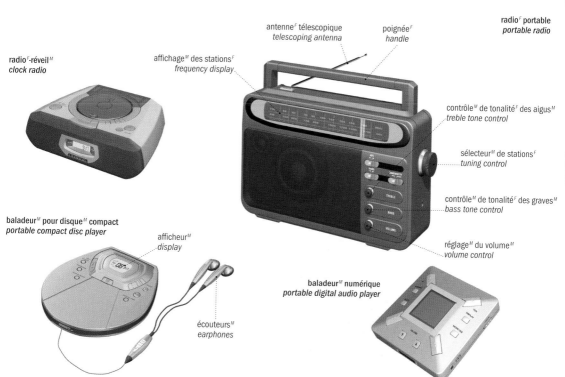

radio^F-réveil^M
clock radio

affichage^M des stations^F
frequency display

antenne^F télescopique
telescoping antenna

poignée^F
handle

radio^F portable
portable radio

contrôle^M de tonalité^F des aigus^M
treble tone control

sélecteur^M de stations^F
tuning control

contrôle^M de tonalité^F des graves^M
bass tone control

baladeur^M pour disque^M compact
portable compact disc player

afficheur^M
display

réglage^M du volume^M
volume control

écouteurs^M
earphones

baladeur^M numérique
portable digital audio player

COMMUNICATIONS ET BUREAUTIQUE

appareils^M de son^M portatifs

baladeur^M
personal radio cassette player

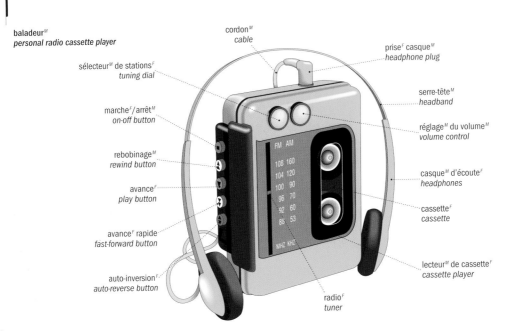

cordon^M
cable

prise^F casque^M
headphone plug

sélecteur^M de stations^F
tuning dial

serre-tête^M
headband

marche^F/arrêt^M
on-off button

réglage^M du volume^M
volume control

rebobinage^M
rewind button

casque^M d'écoute^F
headphones

avance^F
play button

cassette^F
cassette

avance^F rapide
fast-forward button

lecteur^M de cassette^F
cassette player

auto-inversion^F
auto-reverse button

radio^F
tuner

radiocassette^F laser^M
portable CD radio cassette recorder

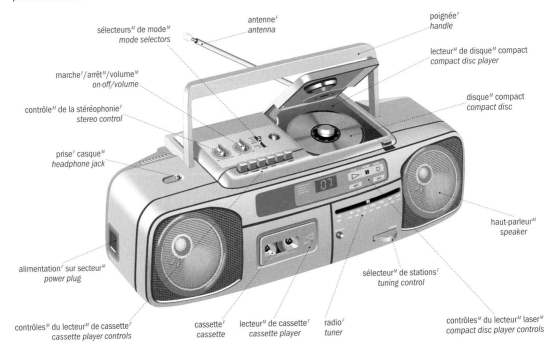

sélecteurs^M de mode^M
mode selectors

antenne^F
antenna

poignée^F
handle

lecteur^M de disque^M compact
compact disc player

marche^F/arrêt^M/volume^M
on-off/volume

disque^M compact
compact disc

contrôle^M de la stéréophonie^F
stereo control

prise^F casque^M
headphone jack

haut-parleur^M
speaker

alimentation^F sur secteur^M
power plug

sélecteur^M de stations^F
tuning control

contrôles^M du lecteur^M de cassette^F
cassette player controls

cassette^F
cassette

lecteur^M de cassette^F
cassette player

radio^F
tuner

contrôles^M du lecteur^M laser^M
compact disc player controls

COMMUNICATIONS ET BUREAUTIQUE

communication^F par téléphone^M

communication by telephone

téléphone^M portable
portable cellular telephone

téléavertisseur^M numérique
numeric pager

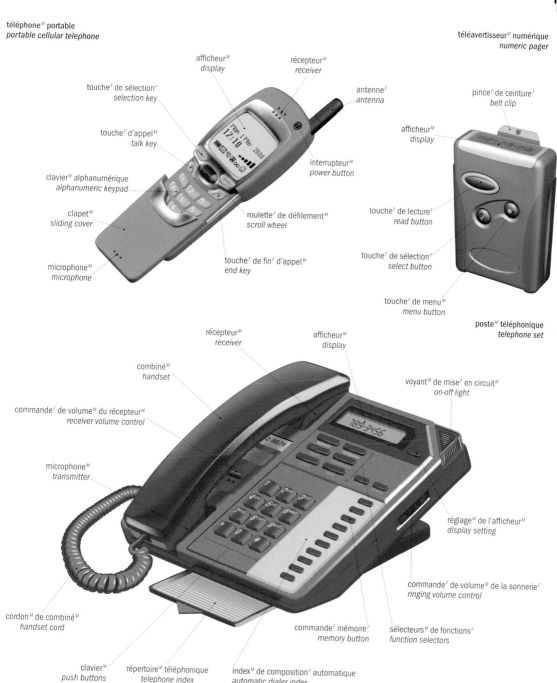

afficheur^M
display

récepteur^M
receiver

touche^F de sélection^F
selection key

antenne^F
antenna

pince^F de ceinture^F
belt clip

touche^F d'appel^M
talk key

afficheur^M
display

clavier^M alphanumérique
alphanumeric keypad

interrupteur^M
power button

clapet^M
sliding cover

roulette^F de défilement^M
scroll wheel

touche^F de lecture^F
read button

microphone^M
microphone

touche^F de fin^F d'appel^M
end key

touche^F de sélection^F
select button

touche^F de menu^M
menu button

récepteur^M
receiver

afficheur^M
display

poste^M téléphonique
telephone set

combiné^M
handset

voyant^M de mise^F en circuit^M
on-off light

commande^F de volume^M du récepteur^M
receiver volume control

microphone^M
transmitter

réglage^M de l'afficheur^M
display setting

cordon^M de combiné^M
handset cord

commande^F de volume^M de la sonnerie^F
ringing volume control

clavier^M
push buttons

répertoire^M téléphonique
telephone index

index^M de composition^F automatique
automatic dialer index

commande^F mémoire^F
memory button

sélecteurs^M de fonctions^F
function selectors

COMMUNICATIONS ET BUREAUTIQUE

communication^F par téléphone^M

répondeur^M téléphonique
telephone answering machine

voyant^M de réception^F de messages^M
calls indicator

cassette^F messages^M
incoming message cassette

voyant^M de mise^F en circuit^M
power-on light

cassette^F annonce^F
outgoing announcement cassette

voyant^M de réponse^F automatique
auto answer indicator

écoute^F
listen button

avance^F rapide
fast-forward button

microphone^M
microphone

haut-parleur^M
speaker

mise^F en marche^F
on/play button

enregistrement^M
record announcement button

arrêt^M
stop button

effacement^M
erase button

rebobinage^M
rewind button

commande^F de volume^M
volume control

bouton^M de mise^F en circuit^M
power-on button

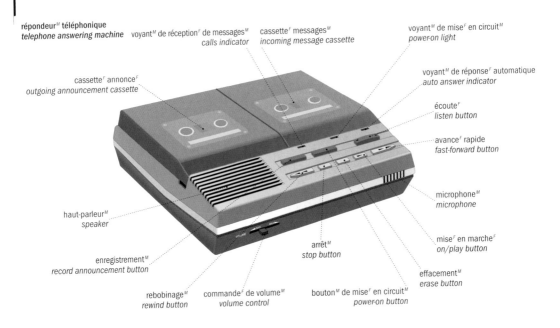

télécopieur^M
facsimile machine

sortie^F des originaux^M
sent document tray

réception^F des messages^M
receiving tray

entrée^F des originaux^M
document-to-be-sent position

guide-papier^M
paper guide

panneau^M de fonctions^F
function keys

touche^F de correction^F
reset key

écran^M d'affichage^M
data display

mise^F en marche^F
start key

panneau^M de commande^F
control keys

touche^F de composition^F automatique
number key

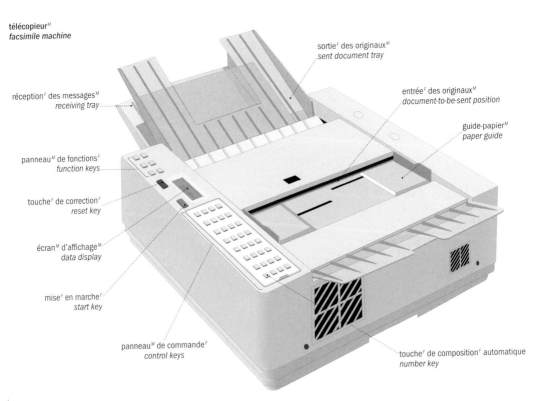

COMMUNICATIONS ET BUREAUTIQUE

micro-ordinateur^M
personal computer

écran^M
video monitor

réglage^M vertical
vertical control

réglage^M horizontal
horizontal control

réglage^M de centrage^M
centering control

réglage^M du contraste^M
contrast control

témoin^M d'alimentation^F
power indicator

interrupteur^M
power switch

réglage^M de la luminosité^F
brightness control

boitier^M tour^F : vue^F arrière
tower case: back view

boitier^M tour^F : vue^F avant
tower case: front view

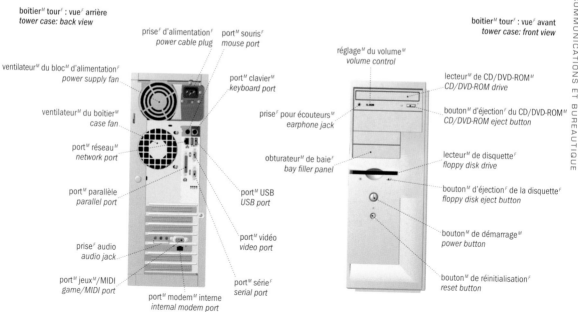

prise^F d'alimentation^F
power cable plug

port^M souris^F
mouse port

réglage^M du volume^M
volume control

ventilateur^M du bloc^M d'alimentation^F
power supply fan

port^M clavier^M
keyboard port

lecteur^M de CD/DVD-ROM^M
CD/DVD-ROM drive

ventilateur^M du boitier^M
case fan

prise^F pour écouteurs^M
earphone jack

bouton^M d'éjection^F du CD/DVD-ROM^M
CD/DVD-ROM eject button

port^M réseau^M
network port

obturateur^M de baie^F
bay filler panel

lecteur^M de disquette^F
floppy disk drive

port^M parallèle
parallel port

port^M USB
USB port

bouton^M d'éjection^F de la disquette^F
floppy disk eject button

prise^F audio
audio jack

port^M vidéo
video port

bouton^M de démarrage^M
power button

port^M jeux^M/MIDI
game/MIDI port

port^M série^F
serial port

bouton^M de réinitialisation^F
reset button

port^M modem^M interne
internal modem port

périphériques^M d'entrée^F

input devices

clavier^M et pictogrammes^M
keyboard and pictograms

COMMUNICATIONS ET BUREAUTIQUE

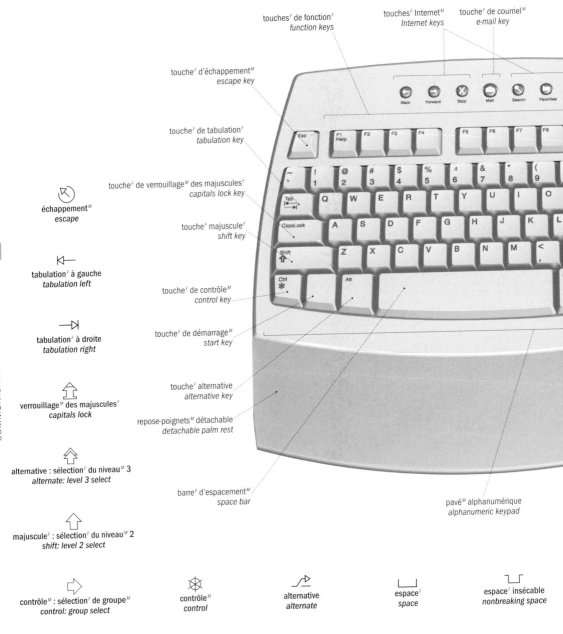

touches^F de fonction^F
function keys

touches^F Internet^M
Internet keys

touche^F de courriel^M
e-mail key

touche^F d'échappement^M
escape key

touche^F de tabulation^F
tabulation key

touche^F de verrouillage^M des majuscules^F
capitals lock key

touche^F majuscule^F
shift key

touche^F de contrôle^M
control key

touche^F de démarrage^M
start key

touche^F alternative
alternative key

repose-poignets^M détachable
detachable palm rest

barre^F d'espacement^M
space bar

pavé^M alphanumérique
alphanumeric keypad

échappement^M
escape

tabulation^F à gauche
tabulation left

tabulation^F à droite
tabulation right

verrouillage^M des majuscules^F
capitals lock

alternative : sélection^F du niveau^M 3
alternate: level 3 select

majuscule^F : sélection^F du niveau^M 2
shift: level 2 select

contrôle^M : sélection^F de groupe^M
control: group select

contrôle^M
control

alternative
alternate

espace^F
space

espace^F insécable
nonbreaking space

périphériques^M d'entrée^F

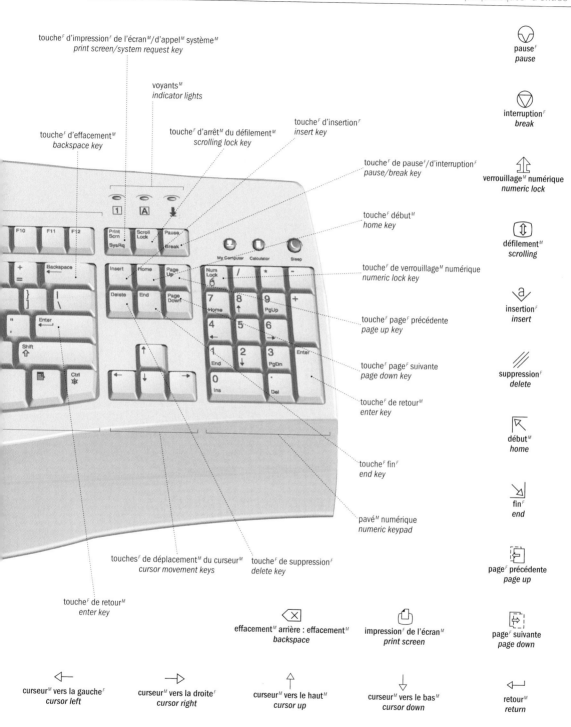

touche^F d'impression^F de l'écran^M/d'appel^M système^M
print screen/system request key

voyants^M
indicator lights

touche^F d'arrêt^M du défilement^M
scrolling lock key

touche^F d'insertion^F
insert key

touche^F d'effacement^M
backspace key

touche^F de pause^F/d'interruption^F
pause/break key

touche^F début^M
home key

touche^F de verrouillage^M numérique
numeric lock key

touche^F page^F précédente
page up key

touche^F page^F suivante
page down key

touche^F de retour^M
enter key

touche^F fin^F
end key

pavé^M numérique
numeric keypad

touches^F de déplacement^M du curseur^M
cursor movement keys

touche^F de suppression^F
delete key

touche^F de retour^M
enter key

pause^F
pause

interruption^F
break

verrouillage^M numérique
numeric lock

défilement^M
scrolling

insertion^F
insert

suppression^F
delete

début^M
home

fin^F
end

page^F précédente
page up

effacement^M arrière : effacement^M
backspace

impression^F de l'écran^M
print screen

page^F suivante
page down

curseur^M vers la gauche^F
cursor left

curseur^M vers la droite^F
cursor right

curseur^M vers le haut^M
cursor up

curseur^M vers le bas^M
cursor down

retour^M
return

COMMUNICATIONS ET BUREAUTIQUE

périphériques^M d'entrée^F

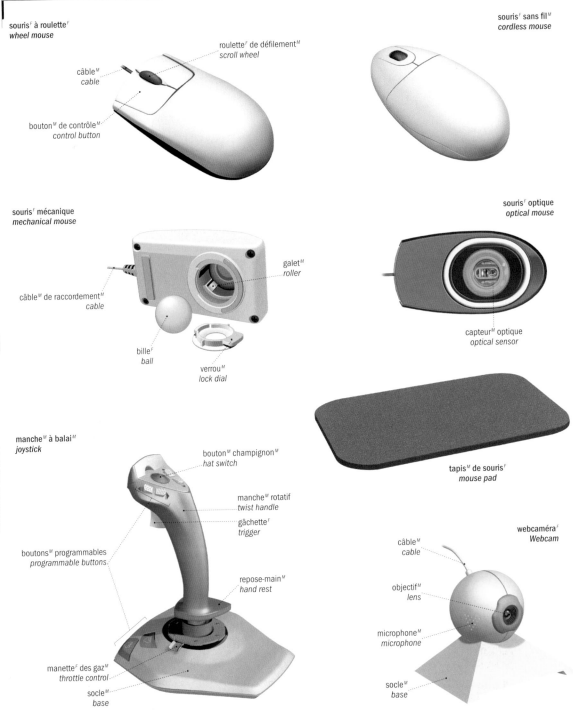

souris^F à roulette^F
wheel mouse

roulette^F de défilement^M
scroll wheel

câble^M
cable

bouton^M de contrôle^M
control button

souris^F sans fil^M
cordless mouse

souris^F mécanique
mechanical mouse

galet^M
roller

câble^M de raccordement^M
cable

bille^F
ball

verrou^M
lock dial

souris^F optique
optical mouse

capteur^M optique
optical sensor

tapis^M de souris^F
mouse pad

manche^M à balai^M
joystick

bouton^M champignon^M
hat switch

manche^M rotatif
twist handle

gâchette^F
trigger

boutons^M programmables
programmable buttons

repose-main^M
hand rest

manette^F des gaz^M
throttle control

socle^M
base

webcaméra^F
Webcam

câble^M
cable

objectif^M
lens

microphone^M
microphone

socle^M
base

COMMUNICATIONS ET BUREAUTIQUE

périphériques^M de sortie^F

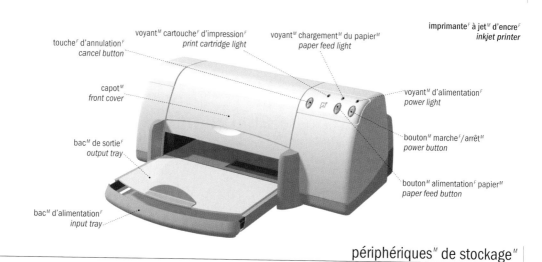

imprimante^F à jet^M d'encre^F
inkjet printer

touche^F d'annulation^F
cancel button

voyant^M cartouche^F d'impression^F
print cartridge light

voyant^M chargement^M du papier^M
paper feed light

capot^M
front cover

voyant^M d'alimentation^F
power light

bac^M de sortie^F
output tray

bouton^M marche^F/arrêt^M
power button

bac^M d'alimentation^F
input tray

bouton^M alimentation^F papier^M
paper feed button

périphériques^M de stockage^M

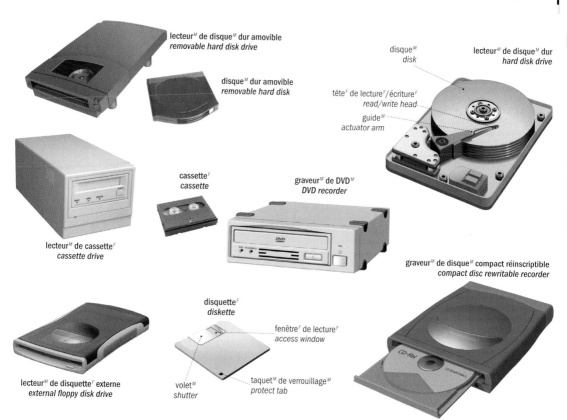

lecteur^M de disque^M dur amovible
removable hard disk drive

disque^M dur amovible
removable hard disk

disque^M
disk

lecteur^M de disque^M dur
hard disk drive

tête^F de lecture^F/écriture^F
read/write head

guide^M
actuator arm

cassette^F
cassette

graveur^M de DVD^M
DVD recorder

lecteur^M de cassette^F
cassette drive

graveur^M de disque^M compact réinscriptible
compact disc rewritable recorder

disquette^F
diskette

fenêtre^F de lecture^F
access window

lecteur^M de disquette^F externe
external floppy disk drive

volet^M
shutter

taquet^M de verrouillage^M
protect tab

Internet^M

Internet

adresse^F URL^F (localisateur^M universel de ressources^F)
URL (uniform resource locator)

protocole^M de communication^F
communication protocol

nom^M de domaine^M
domain name

format^M du fichier^M
file format

http://www.un.org/aboutun/index.htm

double barre^F oblique
double virgule

domaine^M de second niveau^M
second-level domain

fichier^M
file

serveur^M
server

domaine^M de premier niveau^M
top-level domain

répertoire^M
directory

navigateur^M
browser

station^F-relais^M à micro-ondes^F
microwave relay station

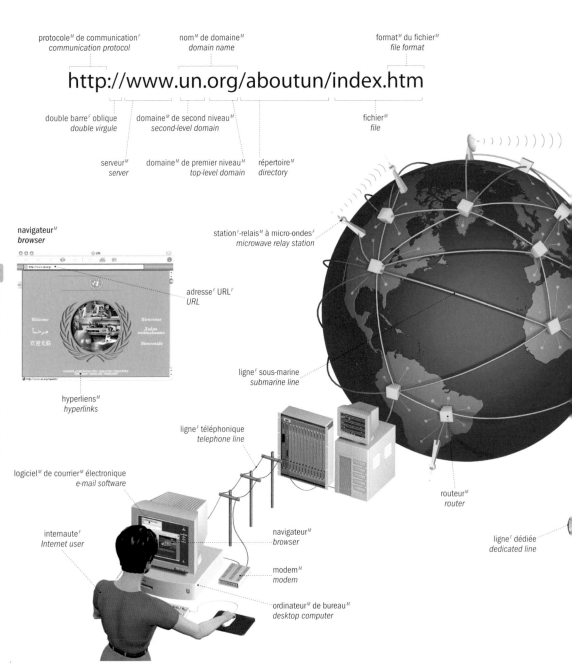

adresse^F URL^F
URL

hyperliens^M
hyperlinks

ligne^F sous-marine
submarine line

ligne^F téléphonique
telephone line

logiciel^M de courrier^M électronique
e-mail software

routeur^M
router

internaute^F
Internet user

navigateur^M
browser

ligne^F dédiée
dedicated line

modem^M
modem

ordinateur^M de bureau^M
desktop computer

COMMUNICATIONS ET BUREAUTIQUE

utilisations^F d'Internet^M

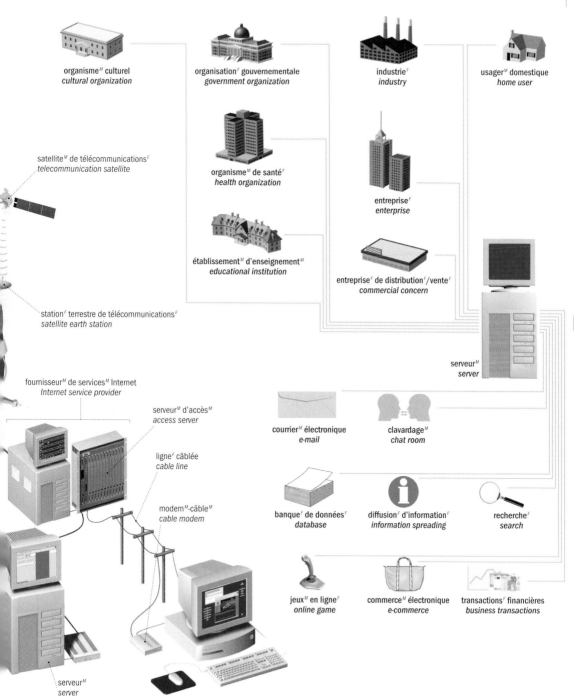

organisme^M culturel
cultural organization

organisation^F gouvernementale
government organization

industrie^F
industry

usager^M domestique
home user

satellite^M de télécommunications^F
telecommunication satellite

organisme^M de santé^F
health organization

entreprise^F
enterprise

établissement^M d'enseignement^M
educational institution

entreprise^F de distribution^F/vente^F
commercial concern

station^F terrestre de télécommunications^F
satellite earth station

serveur^M
server

fournisseur^M de services^M Internet
Internet service provider

serveur^M d'accès^M
access server

courrier^M électronique
e-mail

clavardage^M
chat room

ligne^F câblée
cable line

modem^M-câble^M
cable modem

banque^F de données^F
database

diffusion^F d'information^F
information spreading

recherche^F
search

jeux^M en ligne^F
online game

commerce^M électronique
e-commerce

transactions^F financières
business transactions

serveur^M
server

COMMUNICATIONS ET BUREAUTIQUE

ordinateur^M portable

laptop computer

ordinateur^M portable : vue^F avant
laptop computer: front view

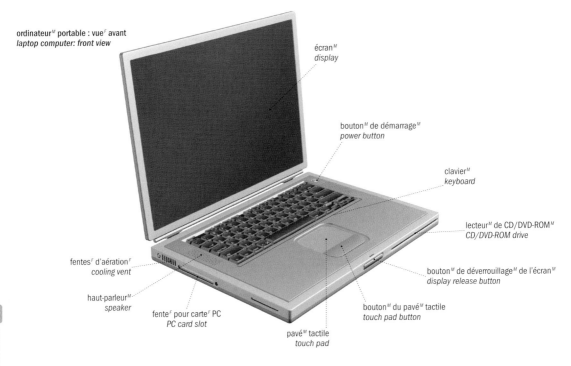

écran^M
display

bouton^M de démarrage^M
power button

clavier^M
keyboard

lecteur^M de CD/DVD-ROM^M
CD/DVD-ROM drive

bouton^M de déverrouillage^M de l'écran^M
display release button

bouton^M du pavé^M tactile
touch pad button

fentes^F d'aération^F
cooling vent

haut-parleur^M
speaker

fente^F pour carte^F PC
PC card slot

pavé^M tactile
touch pad

ordinateur^M portable : vue^F arrière
laptop computer: rear view

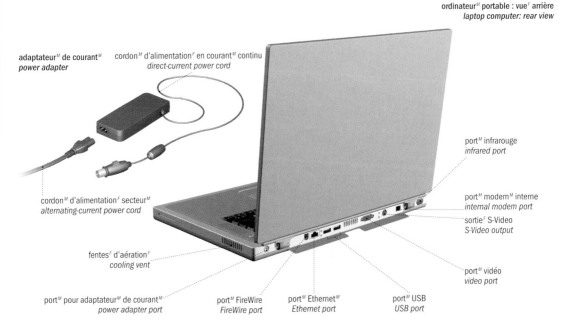

adaptateur^M de courant^M
power adapter

cordon^M d'alimentation^F en courant^M continu
direct-current power cord

port^M infrarouge
infrared port

port^M modem^M interne
internal modem port

sortie^F S-Video
S-Video output

cordon^M d'alimentation^F secteur^M
alternating-current power cord

port^M vidéo
video port

fentes^F d'aération^F
cooling vent

port^M pour adaptateur^M de courant^M
power adapter port

port^M FireWire
FireWire port

port^M Ethernet^M
Ethernet port

port^M USB
USB port

ordinateur^M de poche^F

handheld computer

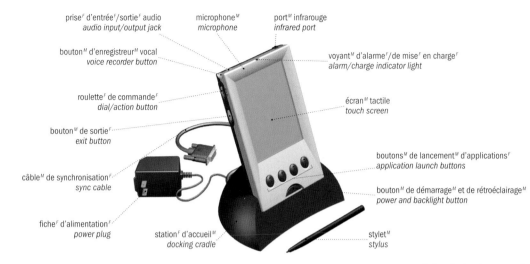

prise^F d'entrée^F/sortie^F audio
audio input/output jack

microphone^M
microphone

port^M infrarouge
infrared port

bouton^M d'enregistreur^M vocal
voice recorder button

voyant^M d'alarme^F/de mise^F en charge^F
alarm/charge indicator light

roulette^F de commande^F
dial/action button

écran^M tactile
touch screen

bouton^M de sortie^F
exit button

boutons^M de lancement^M d'applications^F
application launch buttons

câble^M de synchronisation^F
sync cable

bouton^M de démarrage^M et de rétroéclairage^M
power and backlight button

fiche^F d'alimentation^F
power plug

station^F d'accueil^M
docking cradle

stylet^M
stylus

articles^M de bureau^M

stationery

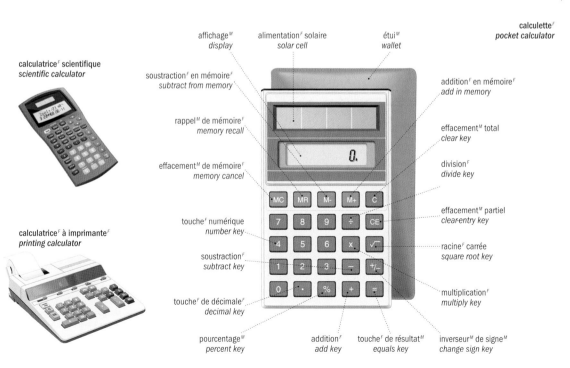

calculette^F
pocket calculator

calculatrice^F scientifique
scientific calculator

affichage^M
display

alimentation^F solaire
solar cell

étui^M
wallet

soustraction^F en mémoire^F
subtract from memory

addition^F en mémoire^F
add in memory

rappel^M de mémoire^F
memory recall

effacement^M total
clear key

effacement^M de mémoire^F
memory cancel

division^F
divide key

calculatrice^F à imprimante^F
printing calculator

touche^F numérique
number key

effacement^M partiel
clear-entry key

soustraction^F
subtract key

racine^F carrée
square root key

touche^F de décimale^F
decimal key

multiplication^F
multiply key

pourcentage^M
percent key

addition^F
add key

touche^F de résultat^M
equals key

inverseur^M de signe^M
change sign key

COMMUNICATIONS ET BUREAUTIQUE

articles^M de bureau^M

pour l'emploi^M du temps^M
for time management

calendrier^M-mémorandum^M
tear-off calendar

bloc^M-éphéméride^F
calendar pad

organiseur^M
organizer

écran^M
display

pavé^M alphabétique
alphabetical keypad

pavé^M numérique
numeric keypad

agenda^M
appointment book

bloc^M-notes^F
memo pad

pour la correspondance^F
for correspondence

tampon^M encreur
stamp pad

timbre^M caoutchouc^M
rubber stamp

numéroteur^M
numbering machine

timbre^M dateur
dater

boîte^F à courrier^M
desk tray

fichier^M rotatif
rotary file

répertoire^M téléphonique
telephone index

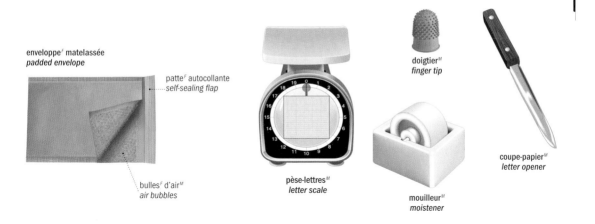

enveloppe^F matelassée
padded envelope

patte^F autocollante
self-sealing flap

bulles^F d'air^M
air bubbles

pèse-lettres^M
letter scale

doigtier^M
finger tip

mouilleur^M
moistener

coupe-papier^M
letter opener

pour le classement^M
for filing

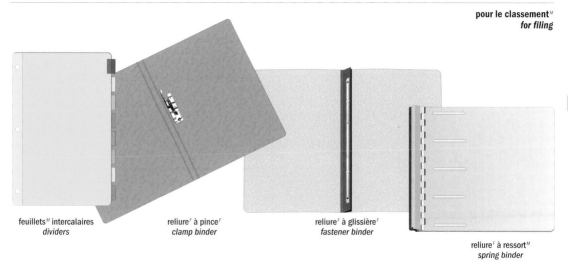

feuillets^M intercalaires
dividers

reliure^F à pince^F
clamp binder

reliure^F à glissière^F
fastener binder

reliure^F à ressort^M
spring binder

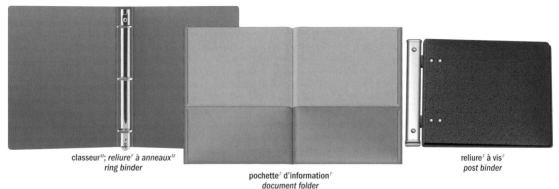

classeur^M; reliure^F à anneaux^M
ring binder

pochette^F d'information^F
document folder

reliure^F à vis^F
post binder

COMMUNICATIONS ET BUREAUTIQUE

articles^M de bureau^M

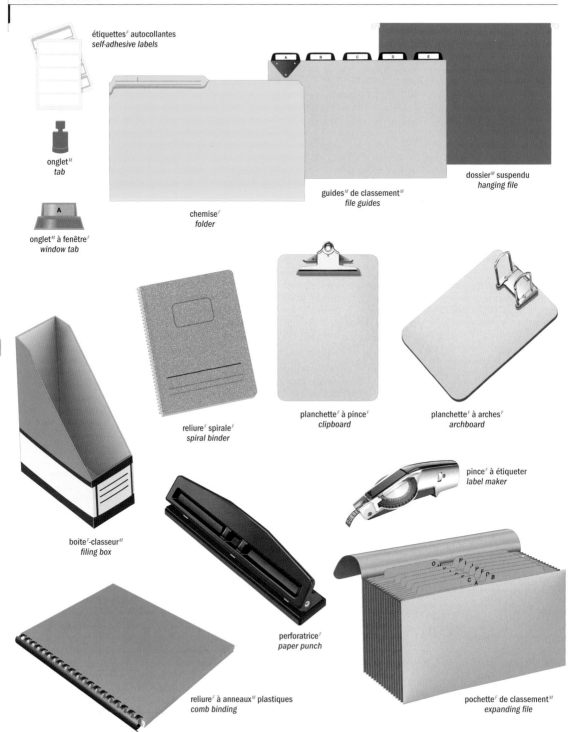

étiquettes^F autocollantes
self-adhesive labels

onglet^M
tab

onglet^M à fenêtre^F
window tab

chemise^F
folder

guides^M de classement^M
file guides

dossier^M suspendu
hanging file

reliure^F spirale^F
spiral binder

planchette^F à pince^F
clipboard

planchette^F à arches^F
archboard

boîte^F-classeur^M
filing box

perforatrice^F
paper punch

pince^F à étiqueter
label maker

reliure^F à anneaux^M plastiques
comb binding

pochette^F de classement^M
expanding file

COMMUNICATIONS ET BUREAUTIQUE

articles^M divers
miscellaneous articles

trombones^M
paper clips

punaises^F
thumb tacks

attaches^F parisiennes
paper fasteners

dévidoir^M pistolet^M
box sealing tape dispenser

moyeu^M
hub

guide-bande^M
tape guide

vis^F de réglage^M de tension^F
tension adjusting screw

lame^F
cutting blade

taille-crayon^M
pencil sharpener

gomme^F
eraser

pique-notes^M
bill-file

poignée^F
handle

dégrafeuse^F
staple remover

dévidoir^M de ruban^M adhésif
tape dispenser

bâtonnet^M de colle^F
glue stick

agrafeuse^F
stapler

agrafes^F
staples

serre-livres^M
book ends

distributeur^M de trombones^M
paper clip holder

aimant^M
magnet

taille-crayon^M
pencil sharpener

tableau^M d'affichage^M; babillard^M
bulletin board

tête^F de coupe^F
cutting head

corbeille^F à papier^M
waste basket

corbeille^F à papier^M
waste basket

surface^F d'affichage^M
posting surface

destructeur^M de documents^M; déchiqueteuse^F
paper shredder

COMMUNICATIONS ET BUREAUTIQUE

système^M routier

road system

coupe^F d'une route^F
cross section of a road

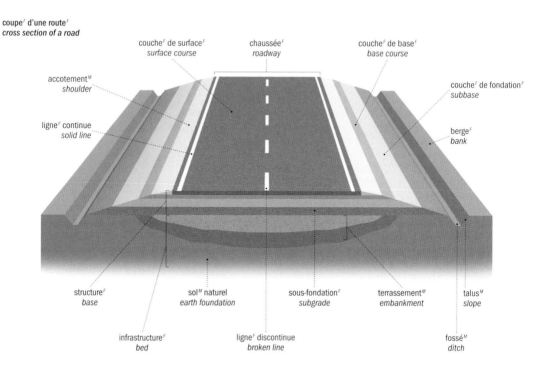

couche^F de surface^F
surface course

chaussée^F
roadway

couche^F de base^F
base course

accotement^M
shoulder

couche^F de fondation^F
subbase

ligne^F continue
solid line

berge^F
bank

structure^F
base

sol^M naturel
earth foundation

sous-fondation^F
subgrade

terrassement^M
embankment

talus^M
slope

infrastructure^F
bed

ligne^F discontinue
broken line

fossé^M
ditch

exemples^M d'échangeurs^M
examples of interchanges

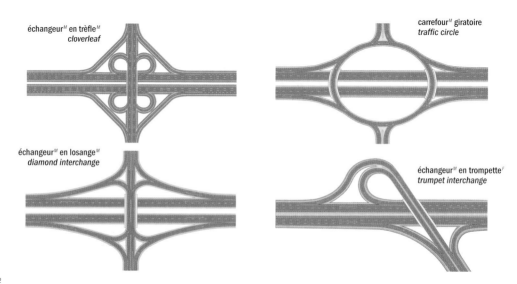

échangeur^M en trèfle^M
cloverleaf

carrefour^M giratoire
traffic circle

échangeur^M en losange^M
diamond interchange

échangeur^M en trompette^F
trumpet interchange

système^M routier

échangeur^M en trèfle^M
cloverleaf

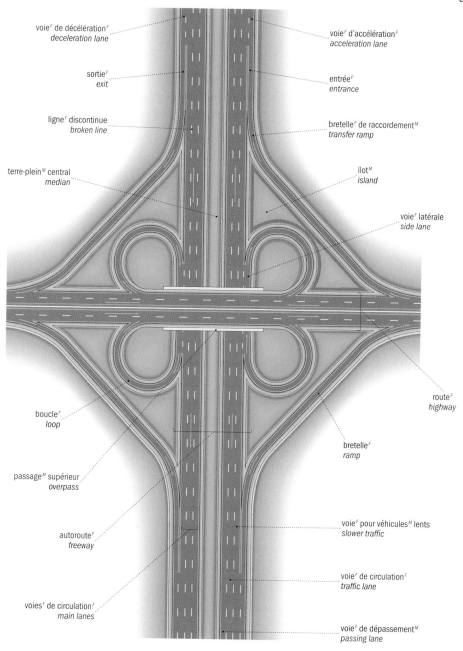

voie^F de décélération^F
deceleration lane

voie^F d'accélération^F
acceleration lane

sortie^F
exit

entrée^F
entrance

ligne^F discontinue
broken line

bretelle^F de raccordement^M
transfer ramp

terre-plein^M central
median

îlot^M
island

voie^F latérale
side lane

boucle^F
loop

route^F
highway

passage^M supérieur
overpass

bretelle^F
ramp

autoroute^F
freeway

voie^F pour véhicules^M lents
slower traffic

voie^F de circulation^F
traffic lane

voies^F de circulation^F
main lanes

voie^F de dépassement^M
passing lane

TRANSPORT ET MACHINERIE

ponts^M fixes
fixed bridges

pont^M à poutre^F
beam bridge

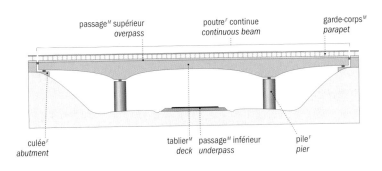

passage^M supérieur
overpass

poutre^F continue
continuous beam

garde-corps^M
parapet

culée^F
abutment

tablier^M
deck

passage^M inférieur
underpass

pile^F
pier

pont^M suspendu à câble^M porteur
suspension bridge

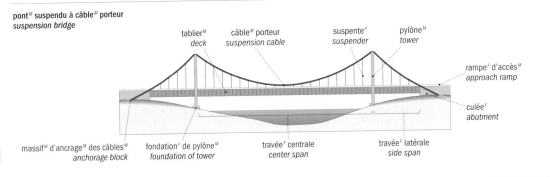

tablier^M
deck

câble^M porteur
suspension cable

suspente^F
suspender

pylône^M
tower

rampe^F d'accès^M
approach ramp

culée^F
abutment

massif^M d'ancrage^M des câbles^M
anchorage block

fondation^F de pylône^M
foundation of tower

travée^F centrale
center span

travée^F latérale
side span

pont^M cantilever
cantilever bridge

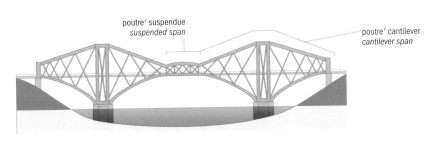

poutre^F suspendue
suspended span

poutre^F cantilever
cantilever span

ponts^M mobiles
movable bridges

pont^M tournant
swing bridge

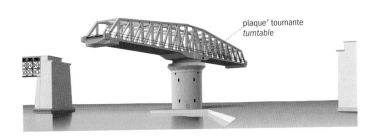

plaque^F tournante
turntable

ponts^M mobiles

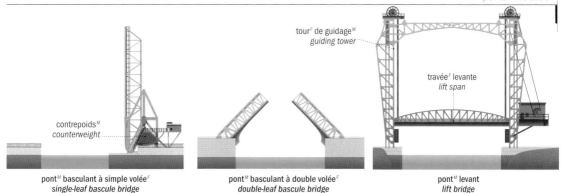

contrepoids^M
counterweight

tour^F de guidage^M
guiding tower

travée^F levante
lift span

pont^M basculant à simple volée^F
single-leaf bascule bridge

pont^M basculant à double volée^F
double-leaf bascule bridge

pont^M levant
lift bridge

tunnel^M routier

road tunnel

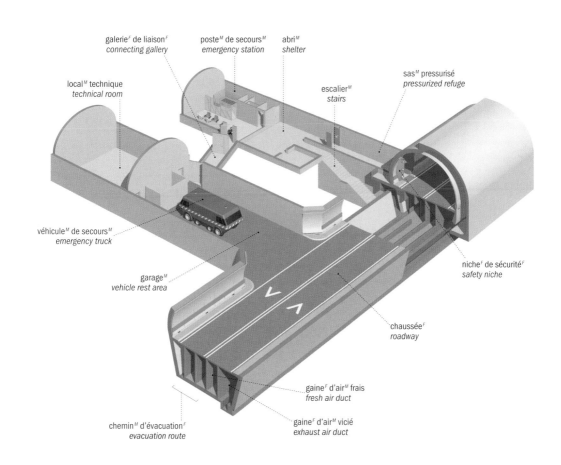

galerie^F de liaison^F
connecting gallery

poste^M de secours^M
emergency station

abri^M
shelter

escalier^M
stairs

sas^M pressurisé
pressurized refuge

local^M technique
technical room

véhicule^M de secours^M
emergency truck

garage^M
vehicle rest area

niche^F de sécurité^F
safety niche

chaussée^F
roadway

gaine^F d'air^M frais
fresh air duct

chemin^M d'évacuation^F
evacuation route

gaine^F d'air^M vicié
exhaust air duct

TRANSPORT ET MACHINERIE

station^F-service^M

service station

TRANSPORT ET MACHINERIE

distributeur^M d'essence^F
gasoline pump

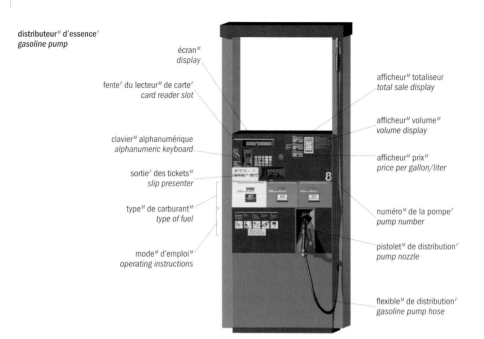

écran^M
display

fente^F du lecteur^M de carte^F
card reader slot

afficheur^M totaliseur
total sale display

afficheur^M volume^M
volume display

clavier^M alphanumérique
alphanumeric keyboard

afficheur^M prix^M
price per gallon/liter

sortie^F des tickets^M
slip presenter

type^M de carburant^M
type of fuel

numéro^M de la pompe^F
pump number

pistolet^M de distribution^F
pump nozzle

mode^M d'emploi^M
operating instructions

flexible^M de distribution^F
gasoline pump hose

station^F-service^M
service station

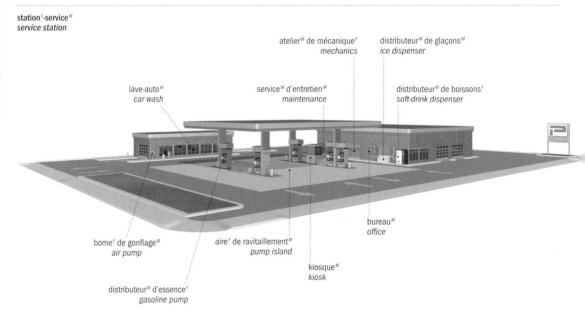

atelier^M de mécanique^F
mechanics

distributeur^M de glaçons^M
ice dispenser

lave-auto^M
car wash

service^M d'entretien^M
maintenance

distributeur^M de boissons^F
soft-drink dispenser

borne^F de gonflage^M
air pump

aire^F de ravitaillement^M
pump island

bureau^M
office

distributeur^M d'essence^F
gasoline pump

kiosque^M
kiosk

automobile^F

automobile

exemples^M de carrosseries^F
examples of bodies

voiture^F micro-compacte
micro compact car

voiture^F sport^M
sports car

trois-portes^F
hatchback

coach^M
two-door sedan

cabriolet^M; décapotable^F
convertible

berline^F
four-door sedan

break^M; familiale^F
station wagon

fourgonnette^F
minivan

véhicule^M tout-terrain^M
sport-utility vehicle

camionnette^F
pickup truck

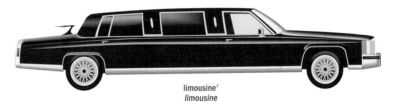

limousine^F
limousine

TRANSPORT ET MACHINERIE

automobile[F]

carrosserie[F]
body

pare-brise[M]
windshield

rétroviseur[M] extérieur
outside mirror

essuie-glace[M]
windshield wiper

auvent[M]
cowl

gicleur[M] de lave-glace[M]
washer nozzle

capot[M]
hood

calandre[F]
grille

moulure[F] de pare-chocs[M]
bumper molding

phare[M]
headlight

carénage[M] avant
front fascia

aile[F]
fender

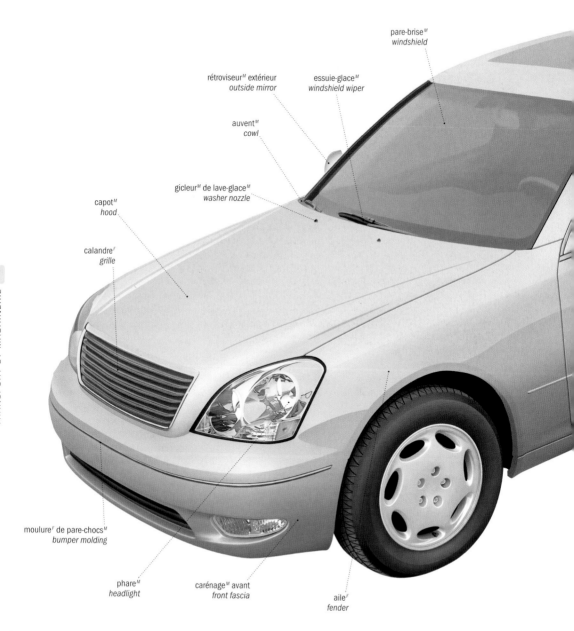

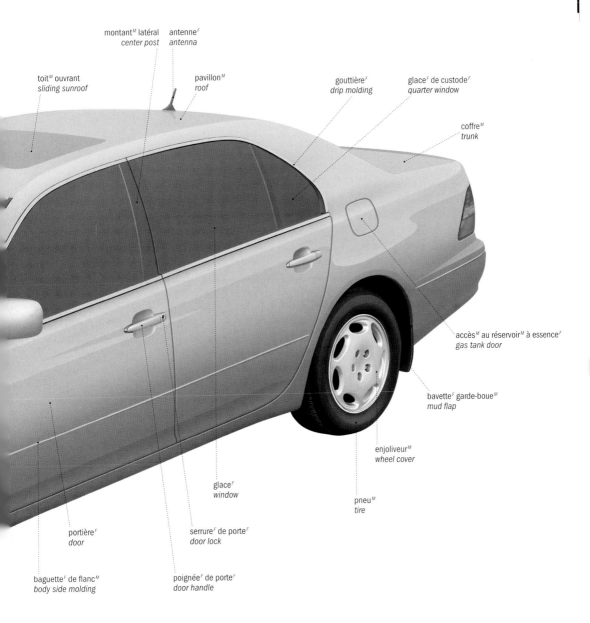

montant^M latéral
center post

antenne^F
antenna

toit^M ouvrant
sliding sunroof

pavillon^M
roof

gouttière^F
drip molding

glace^F de custode^F
quarter window

coffre^M
trunk

accès^M au réservoir^M à essence^F
gas tank door

bavette^F garde-boue^M
mud flap

enjoliveur^M
wheel cover

glace^F
window

pneu^M
tire

portière^F
door

serrure^F de porte^F
door lock

baguette^F de flanc^M
body side molding

poignée^F de porte^F
door handle

TRANSPORT ET MACHINERIE

automobile[F]

principaux organes[M] des systèmes[M] automobiles
automobile systems: main parts

TRANSPORT ET MACHINERIE

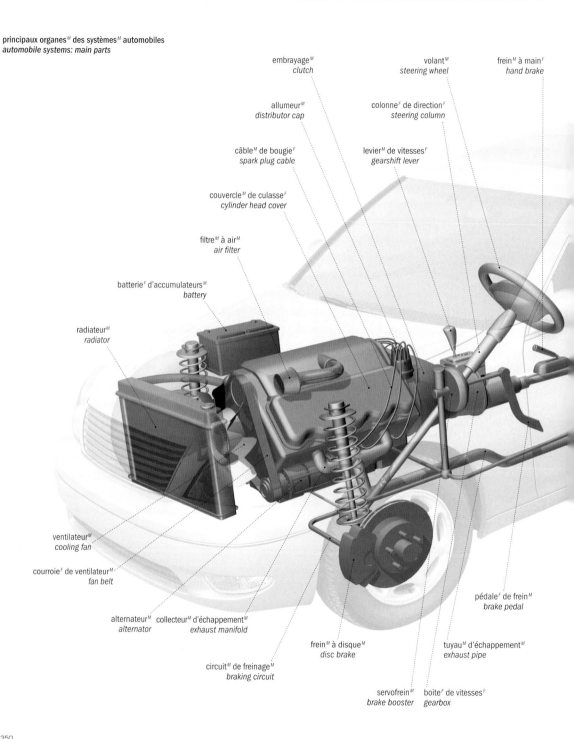

embrayage[M]
clutch

volant[M]
steering wheel

frein[M] à main[F]
hand brake

allumeur[M]
distributor cap

colonne[F] de direction[F]
steering column

câble[M] de bougie[F]
spark plug cable

levier[M] de vitesses[F]
gearshift lever

couvercle[M] de culasse[F]
cylinder head cover

filtre[M] à air[M]
air filter

batterie[F] d'accumulateurs[M]
battery

radiateur[M]
radiator

ventilateur[M]
cooling fan

courroie[F] de ventilateur[M]
fan belt

alternateur[M]
alternator

collecteur[M] d'échappement[M]
exhaust manifold

pédale[F] de frein[M]
brake pedal

tuyau[M] d'échappement[M]
exhaust pipe

frein[M] à disque[M]
disc brake

circuit[M] de freinage[M]
braking circuit

servofrein[M]
brake booster

boîte[F] de vitesses[F]
gearbox

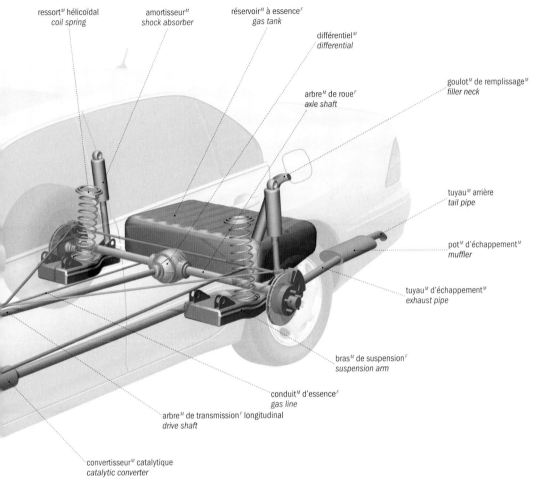

ressort^M hélicoïdal
coil spring

amortisseur^M
shock absorber

réservoir^M à essence^F
gas tank

différentiel^M
differential

arbre^M de roue^F
axle shaft

goulot^M de remplissage^M
filler neck

tuyau^M arrière
tail pipe

pot^M d'échappement^M
muffler

tuyau^M d'échappement^M
exhaust pipe

bras^M de suspension^F
suspension arm

conduit^M d'essence^F
gas line

arbre^M de transmission^F longitudinal
drive shaft

convertisseur^M catalytique
catalytic converter

systèmes^M automobiles
automobile systems

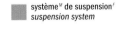

système^M de suspension^F
suspension system

système^M de transmission^F
transmission system

système^M d'alimentation^F en essence^F
gas supply system

système^M de direction^F
steering system

système^M de freinage^M
braking system

système^M électrique
electrical system

système^M d'échappement^M
exhaust system

moteur^M à essence^F
gasoline engine

système^M de refroidissement^M
cooling system

TRANSPORT ET MACHINERIE

automobile*F*

feux*M* avant
headlights

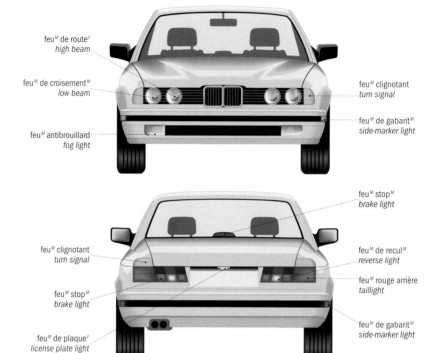

feu*M* de route*F*
high beam

feu*M* de croisement*M*
low beam

feu*M* antibrouillard
fog light

feu*M* clignotant
turn signal

feu*M* de gabarit*M*
side-marker light

feux*M* arrière
taillights

feu*M* clignotant
turn signal

feu*M* stop*M*
brake light

feu*M* de plaque*F*
license plate light

feu*M* stop*M*
brake light

feu*M* de recul*M*
reverse light

feu*M* rouge arrière
taillight

feu*M* de gabarit*M*
side-marker light

portière*F*
door

poignée*F* intérieure
interior door handle

glace*F*
window

poignée*F* de maintien*M*
assist grip

bouton*M* de verrouillage*M*
interior door lock button

commande*F* du rétroviseur*M*
outside mirror control

appui*M*-bras*M*
armrest

manivelle*F* de lève-glace*M*
window regulator handle

serrure*F*
lock

charnière*F*
hinge

panneau*M* de garnissage*M*
trim panel

vide-poches*M*
accessory pocket

caisson*M* de porte*F*
inner door shell

TRANSPORT ET MACHINERIE

siège^M-baquet^M : vue^F de face^F
bucket seat: front view

siège^M-baquet^M : vue^F de profil^M
bucket seat: side view

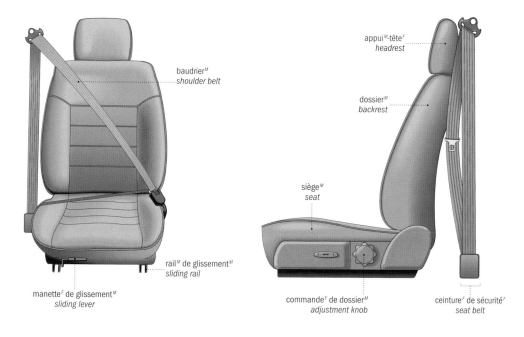

appui^M-tête^F
headrest

baudrier^M
shoulder belt

dossier^M
backrest

siège^M
seat

rail^M de glissement^M
sliding rail

manette^F de glissement^M
sliding lever

commande^F de dossier^M
adjustment knob

ceinture^F de sécurité^F
seat belt

banquette^F arrière
rear seat

appui^M-bras^M
armrest

sangle^F
webbing

boucle^F
buckle

banquette^F
bench seat

automobile^F

tableau^M de bord^M
dashboard

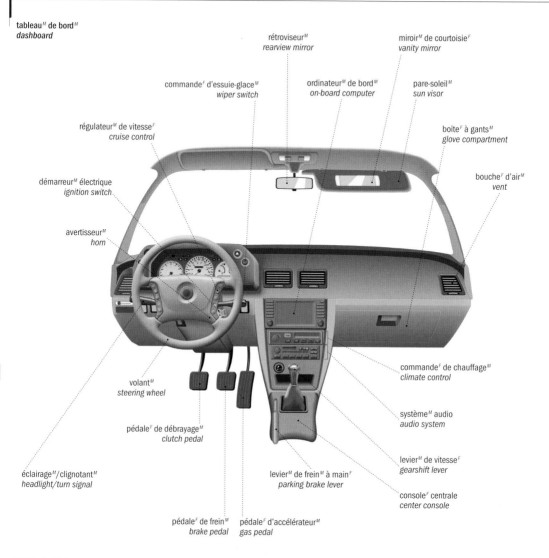

rétroviseur^M
rearview mirror

miroir^M de courtoisie^F
vanity mirror

commande^F d'essuie-glace^M
wiper switch

ordinateur^M de bord^M
on-board computer

pare-soleil^M
sun visor

régulateur^M de vitesse^F
cruise control

boîte^F à gants^M
glove compartment

démarreur^M électrique
ignition switch

bouche^F d'air^M
vent

avertisseur^M
horn

commande^F de chauffage^M
climate control

volant^M
steering wheel

système^M audio
audio system

pédale^F de débrayage^M
clutch pedal

levier^M de vitesse^F
gearshift lever

éclairage^M/clignotant^M
headlight/turn signal

levier^M de frein^M à main^F
parking brake lever

console^F centrale
center console

pédale^F de frein^M
brake pedal

pédale^F d'accélérateur^M
gas pedal

système^M de retenue^F à sacs^M gonflables
air bag restraint system

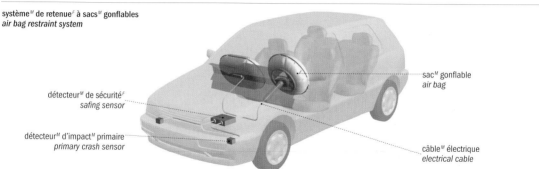

sac^M gonflable
air bag

détecteur^M de sécurité^F
safing sensor

détecteur^M d'impact^M primaire
primary crash sensor

câble^M électrique
electrical cable

instruments[M] de bord[M]
instrument panel

témoin[M] de charge[F]
alternator warning light

témoin[M] de niveau[M] d'huile[F]
oil warning light

indicateur[M] de température[F]
temperature indicator

témoin[M] des feux[M] de route[F]
high beam indicator light

témoin[M] de bas niveau[M] de carburant[M]
low fuel warning light

indicateur[M] de niveau[M] de carburant[M]
fuel indicator

lampes[F] témoins[M]
warning lights

témoin[M] de clignotants[M]
turn signal indicator

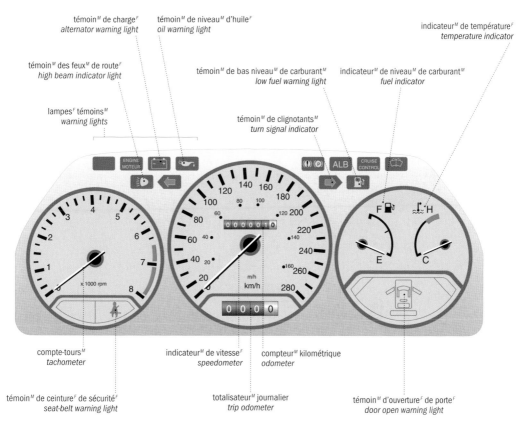

compte-tours[M]
tachometer

indicateur[M] de vitesse[F]
speedometer

compteur[M] kilométrique
odometer

témoin[M] de ceinture[F] de sécurité[F]
seat-belt warning light

totalisateur[M] journalier
trip odometer

témoin[M] d'ouverture[F] de porte[F]
door open warning light

essuie-glace[M]
windshield wiper

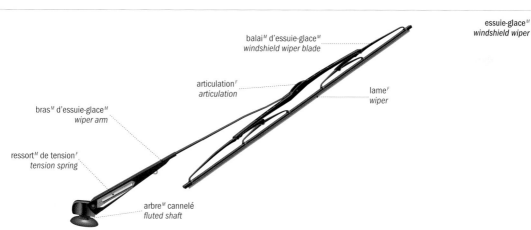

balai[M] d'essuie-glace[M]
windshield wiper blade

articulation[F]
articulation

lame[F]
wiper

bras[M] d'essuie-glace[M]
wiper arm

ressort[M] de tension[F]
tension spring

arbre[M] cannelé
fluted shaft

TRANSPORT ET MACHINERIE

automobile^F

accessoires^M
accessories

câbles^M de démarrage^M
jumper cables

tapis^M de plancher^M
floor mat

pince^F noire
black clamp

store^M à enroulement^M automatique
roller shade

pince^F rouge
red clamp

câble^M
cable

balai^M à neige^F à grattoir^M
snow brush with scraper

ferrure^F d'attelage^M
ball mount

clé^F en croix^F
four-way lug wrench

boule^F d'attelage^M
hitch ball

porte-skis^M
ski rack

porte-vélos^M
bike carrier

cric^M
jack

pare-soleil^M
sun visor

manivelle^F
handle

housse^F pour automobile^F
car cover

siège^M de sécurité^F pour enfant^M
child safety seat

TRANSPORT ET MACHINERIE

freins ^{M}

frein ^{M} à disque ^{M}
disc brake

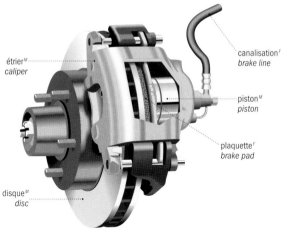

étrier ^{M}
caliper

canalisation ^{F}
brake line

piston ^{M}
piston

plaquette ^{F}
brake pad

disque ^{M}
disc

frein ^{M} à tambour ^{M}
drum brake

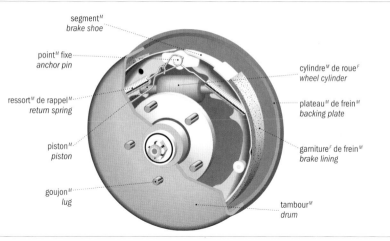

segment ^{M}
brake shoe

point ^{M} fixe
anchor pin

ressort ^{M} de rappel ^{M}
return spring

piston ^{M}
piston

goujon ^{M}
lug

cylindre ^{M} de roue ^{F}
wheel cylinder

plateau ^{M} de frein ^{M}
backing plate

garniture ^{F} de frein ^{M}
brake lining

tambour ^{M}
drum

système ^{M} de freinage ^{M} antiblocage
antilock braking system (ABS)

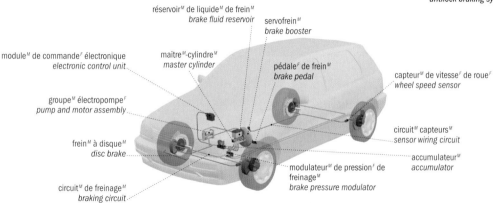

réservoir ^{M} de liquide ^{M} de frein ^{M}
brake fluid reservoir

servofrein ^{M}
brake booster

module ^{M} de commande ^{F} électronique
electronic control unit

maître ^{M}-cylindre ^{M}
master cylinder

pédale ^{F} de frein ^{M}
brake pedal

capteur ^{M} de vitesse ^{F} de roue ^{F}
wheel speed sensor

groupe ^{M} électropompe ^{F}
pump and motor assembly

frein ^{M} à disque ^{M}
disc brake

circuit ^{M} de freinage ^{M}
braking circuit

modulateur ^{M} de pression ^{F} de
freinage ^{M}
brake pressure modulator

circuit ^{M} capteurs ^{M}
sensor wiring circuit

accumulateur ^{M}
accumulator

TRANSPORT ET MACHINERIE

pneu^M

tire

spécifications^F techniques
technical specifications

sculptures^F
tread design

bourrelet^M
rubbing strip

flanc^M
rubber wall

talon^M
bead

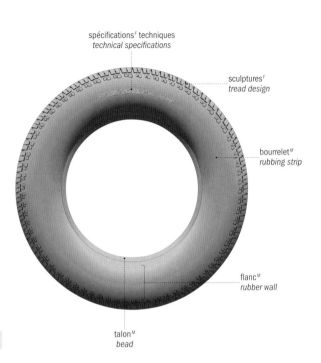

exemples^M de pneus^M
examples of tires

pneu^M de performance^F
performance tire

pneu^M toutes saisons^F
all-season tire

pneu^M à crampons^M
studded tire

pneu^M d'hiver^M
winter tire

pneu^M autoroutier
touring tire

radiateur^M

radiator

bouchon^M de remplissage^M
filler cap

ventilateur^M
cooling fan

thermocontact^M
temperature sensor

durite^F de radiateur^M
lower radiator hose

grille^F
grille

moteur^M électrique
electric fan motor

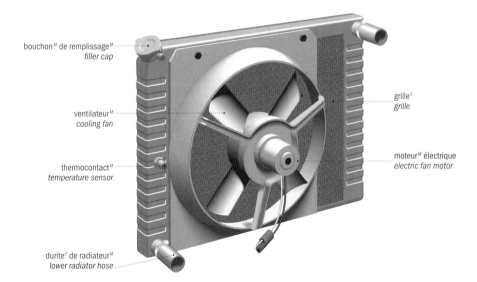

bougie^F d'allumage^M

spark plug

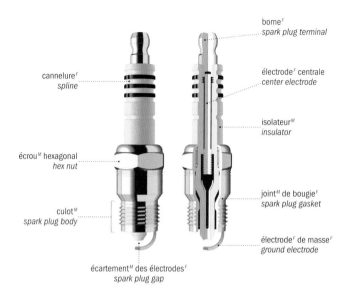

cannelure^F
spline

écrou^M hexagonal
hex nut

culot^M
spark plug body

borne^F
spark plug terminal

électrode^F centrale
center electrode

isolateur^M
insulator

joint^M de bougie^F
spark plug gasket

électrode^F de masse^F
ground electrode

écartement^M des électrodes^F
spark plug gap

batterie^F d'accumulateurs^M

battery

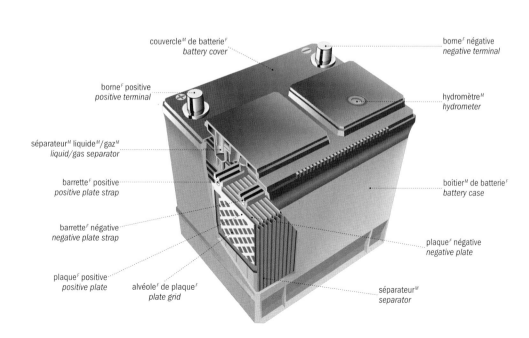

couvercle^M de batterie^F
battery cover

borne^F positive
positive terminal

séparateur^M liquide^M/gaz^M
liquid/gas separator

barrette^F positive
positive plate strap

barrette^F négative
negative plate strap

plaque^F positive
positive plate

alvéole^F de plaque^F
plate grid

borne^F négative
negative terminal

hydromètre^M
hydrometer

boîtier^M de batterie^F
battery case

plaque^F négative
negative plate

séparateur^M
separator

TRANSPORT ET MACHINERIE

moteur^M à essence^F

gasoline engine

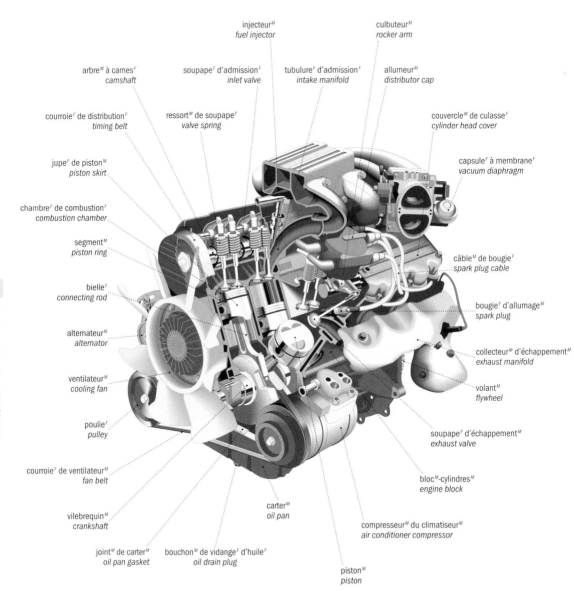

injecteur^M
fuel injector

culbuteur^M
rocker arm

arbre^M à cames^F
camshaft

soupape^F d'admission^F
inlet valve

tubulure^F d'admission^F
intake manifold

allumeur^M
distributor cap

courroie^F de distribution^F
timing belt

ressort^M de soupape^F
valve spring

couvercle^M de culasse^F
cylinder head cover

jupe^F de piston^M
piston skirt

capsule^F à membrane^F
vacuum diaphragm

chambre^F de combustion^F
combustion chamber

segment^M
piston ring

câble^M de bougie^F
spark plug cable

bielle^F
connecting rod

bougie^F d'allumage^M
spark plug

alternateur^M
alternator

collecteur^M d'échappement^M
exhaust manifold

ventilateur^M
cooling fan

volant^M
flywheel

poulie^F
pulley

soupape^F d'échappement^M
exhaust valve

courroie^F de ventilateur^M
fan belt

bloc^M-cylindres^M
engine block

vilebrequin^M
crankshaft

carter^M
oil pan

compresseur^M du climatiseur^M
air conditioner compressor

joint^M de carter^M
oil pan gasket

bouchon^M de vidange^F d'huile^F
oil drain plug

piston^M
piston

caravane^F

caravan

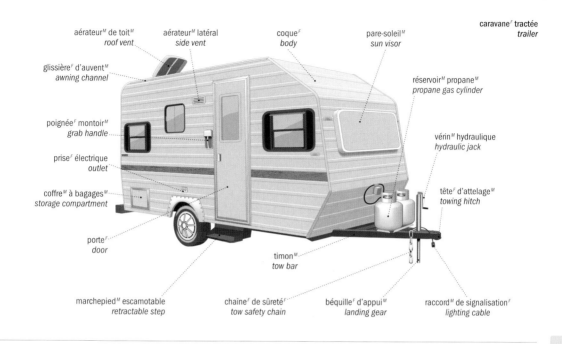

caravane^F tractée
trailer

aérateur^M de toit^M
roof vent

aérateur^M latéral
side vent

coque^F
body

pare-soleil^M
sun visor

glissière^F d'auvent^M
awning channel

réservoir^M propane^M
propane gas cylinder

poignée^F montoir^M
grab handle

vérin^M hydraulique
hydraulic jack

prise^F électrique
outlet

coffre^M à bagages^M
storage compartment

tête^F d'attelage^M
towing hitch

porte^F
door

timon^M
tow bar

marchepied^M escamotable
retractable step

chaîne^F de sûreté^F
tow safety chain

béquille^F d'appui^M
landing gear

raccord^M de signalisation^F
lighting cable

tente^F-caravane^F
tent trailer

toit^M
roof

auvent^M
canopy

lit^M
bunk

fenêtre^F
window

roue^F de secours^M
spare tire

coque^F
body

béquille^F d'appoint^M
stabilizer jack

porte^F moustiquaire^F
screen door

auto^F-caravane^F
motor home

climatiseur^M
air conditioner

porte-bagages^M
luggage rack

échelle^F
ladder

TRANSPORT ET MACHINERIE

autobus^M

bus

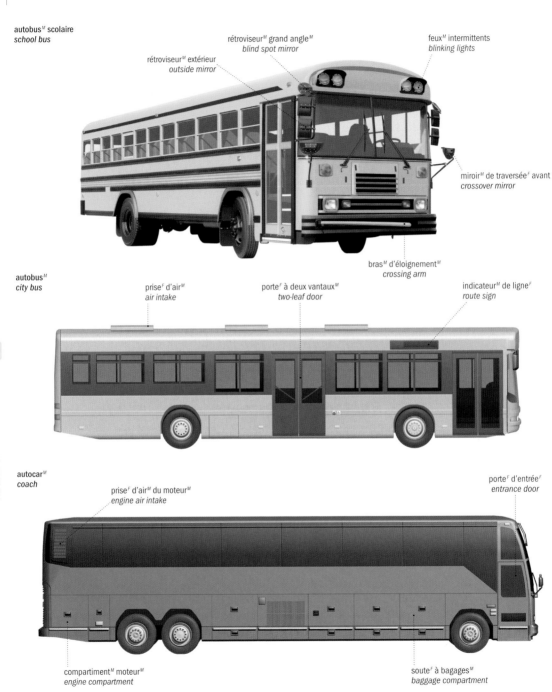

autobus^M scolaire
school bus

rétroviseur^M grand angle^M
blind spot mirror

feux^M intermittents
blinking lights

rétroviseur^M extérieur
outside mirror

miroir^M de traversée^F avant
crossover mirror

bras^M d'éloignement^M
crossing arm

autobus^M
city bus

prise^F d'air^M
air intake

porte^F à deux vantaux^M
two-leaf door

indicateur^M de ligne^F
route sign

autocar^M
coach

prise^F d'air^M du moteur^M
engine air intake

porte^F d'entrée^F
entrance door

compartiment^M moteur^M
engine compartment

soute^F à bagages^M
baggage compartment

autobus^M à impériale^F
double-deck bus

indicateur^M de ligne^F
route sign

impériale^F
upper deck

minibus^M
minibus

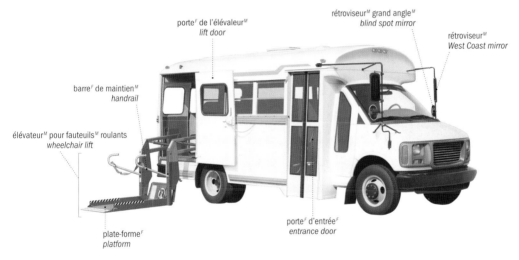

porte^F de l'élévateur^M
lift door

rétroviseur^M grand angle^M
blind spot mirror

rétroviseur^M
West Coast mirror

barre^F de maintien^M
handrail

élévateur^M pour fauteuils^M roulants
wheelchair lift

plate-forme^F
platform

porte^F d'entrée^F
entrance door

autobus^M articulé
articulated bus

section^F articulée
articulated joint

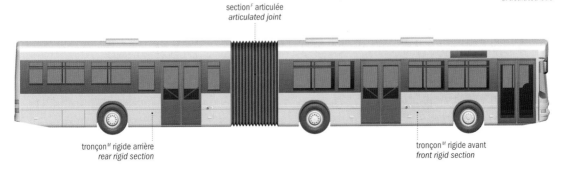

tronçon^M rigide arrière
rear rigid section

tronçon^M rigide avant
front rigid section

TRANSPORT ET MACHINERIE

camionnage^M

trucking

tracteur^M routier
truck tractor

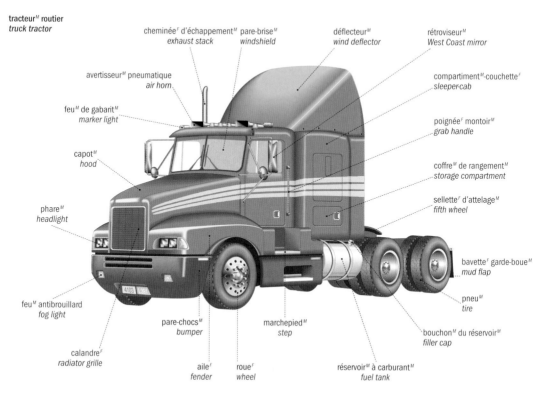

cheminée^F d'échappement^M
exhaust stack

pare-brise^M
windshield

déflecteur^M
wind deflector

rétroviseur^M
West Coast mirror

avertisseur^M pneumatique
air horn

compartiment^M-couchette^F
sleeper-cab

feu^M de gabarit^M
marker light

poignée^F montoir^M
grab handle

capot^M
hood

coffre^M de rangement^M
storage compartment

phare^M
headlight

sellette^F d'attelage^M
fifth wheel

bavette^F garde-boue^M
mud flap

feu^M antibrouillard
fog light

pneu^M
tire

pare-chocs^M
bumper

marchepied^M
step

bouchon^M du réservoir^M
filler cap

calandre^F
radiator grille

aile^F
fender

roue^F
wheel

réservoir^M à carburant^M
fuel tank

exemples^M de camions^M
examples of trucks

citerne^F
tank body

camion^M-citerne^F
tank truck

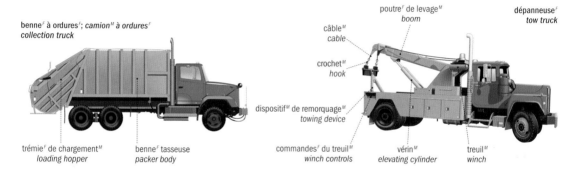

benne^F à ordures^F; camion^M à ordures^F
collection truck

poutre^F de levage^M
boom

dépanneuse^F
tow truck

câble^M
cable

crochet^M
hook

dispositif^M de remorquage^M
towing device

trémie^F de chargement^M
loading hopper

benne^F tasseuse
packer body

commandes^F du treuil^M
winch controls

vérin^M
elevating cylinder

treuil^M
winch

camionnage^M

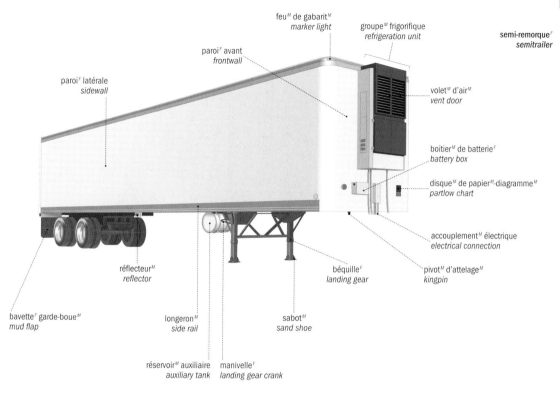

feu^M de gabarit^M
marker light

groupe^M frigorifique
refrigeration unit

semi-remorque^F
semitrailer

paroi^F avant
frontwall

paroi^F latérale
sidewall

volet^M d'air^M
vent door

boitier^M de batterie^F
battery box

disque^M de papier^M-diagramme^M
partlow chart

accouplement^M électrique
electrical connection

réflecteur^M
reflector

béquille^F
landing gear

pivot^M d'attelage^M
kingpin

bavette^F garde-boue^M
mud flap

longeron^M
side rail

sabot^M
sand shoe

réservoir^M auxiliaire
auxiliary tank

manivelle^F
landing gear crank

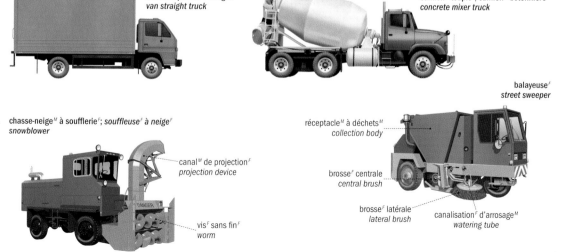

camion^M porteur^M fourgon^M
van straight truck

camion^M-toupie^F; camion^M-bétonnière^F
concrete mixer truck

balayeuse^F
street sweeper

chasse-neige^M à soufflerie^F; souffleuse^F à neige^F
snowblower

réceptacle^M à déchets^M
collection body

canal^M de projection^F
projection device

brosse^F centrale
central brush

brosse^F latérale
lateral brush

canalisation^F d'arrosage^M
watering tube

vis^F sans fin^F
worm

TRANSPORT ET MACHINERIE

moto^F

motorcycle

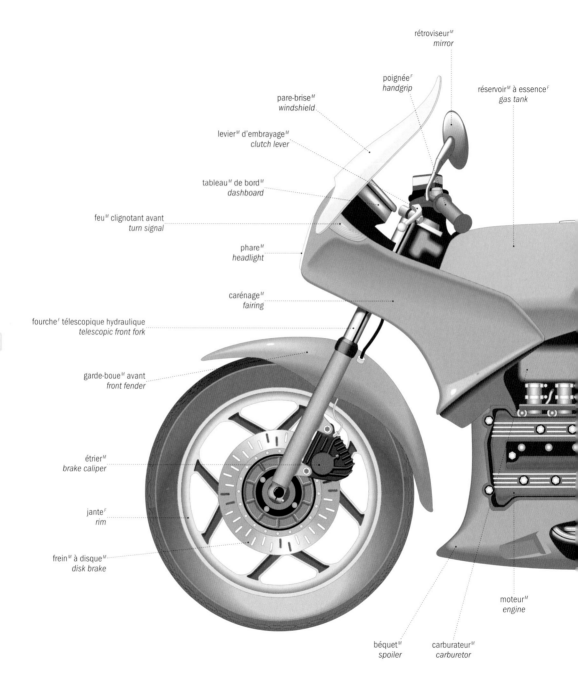

rétroviseur^M
mirror

poignée^F
handgrip

réservoir^M à essence^F
gas tank

pare-brise^M
windshield

levier^M d'embrayage^M
clutch lever

tableau^M de bord^M
dashboard

feu^M clignotant avant
turn signal

phare^M
headlight

carénage^M
fairing

fourche^F télescopique hydraulique
telescopic front fork

garde-boue^M avant
front fender

étrier^M
brake caliper

jante^F
rim

frein^M à disque^M
disk brake

moteur^M
engine

béquet^M
spoiler

carburateur^M
carburetor

casque^M de protection^F
protective helmet

coque^F
bubble

charnière^F de la visière^F
visor hinge

visière^F
visor

grille^F d'entrée^F d'air^M
air inlet

mentonnière^F
chin protector

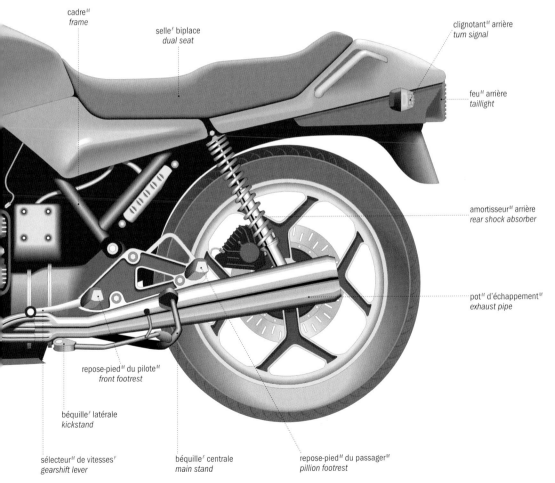

cadre^M
frame

selle^F biplace
dual seat

clignotant^M arrière
turn signal

feu^M arrière
taillight

amortisseur^M arrière
rear shock absorber

pot^M d'échappement^M
exhaust pipe

repose-pied^M du pilote^M
front footrest

béquille^F latérale
kickstand

sélecteur^M de vitesses^F
gearshift lever

béquille^F centrale
main stand

repose-pied^M du passager^M
pillion footrest

TRANSPORT ET MACHINERIE

moto^F

tableau^M de bord^M
motorcycle dashboard

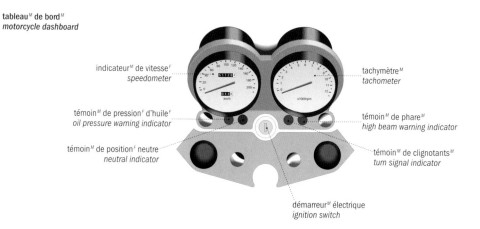

indicateur^M de vitesse^F
speedometer

tachymètre^M
tachometer

témoin^M de pression^F d'huile^F
oil pressure warning indicator

témoin^M de phare^M
high beam warning indicator

témoin^M de position^F neutre
neutral indicator

témoin^M de clignotants^M
turn signal indicator

démarreur^M électrique
ignition switch

moto^F : vue^F en plongée^F
motorcycle: view from above

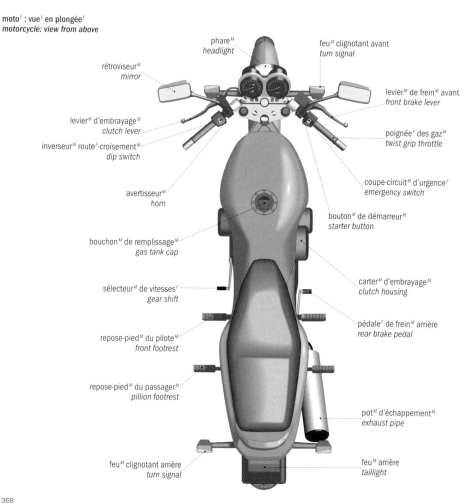

phare^M
headlight

feu^M clignotant avant
turn signal

rétroviseur^M
mirror

levier^M de frein^M avant
front brake lever

levier^M d'embrayage^M
clutch lever

poignée^F des gaz^M
twist grip throttle

inverseur^M route^F-croisement^M
dip switch

avertisseur^M
horn

coupe-circuit^M d'urgence^F
emergency switch

bouton^M de démarreur^M
starter button

bouchon^M de remplissage^M
gas tank cap

sélecteur^M de vitesses^F
gear shift

carter^M d'embrayage^M
clutch housing

repose-pied^M du pilote^M
front footrest

pédale^F de frein^M arrière
rear brake pedal

repose-pied^M du passager^M
pillion footrest

pot^M d'échappement^M
exhaust pipe

feu^M clignotant arrière
turn signal

feu^M arrière
taillight

TRANSPORT ET MACHINERIE

moto^F

scooter^M
motor scooter

selle^F
seat

rétroviseur^M
mirror

porte-bagages^M
luggage rack

tablier^M
apron

plancher^M
floorboard

cyclomoteur^M
moped

porte-bagages^M
carrier

béquille^F latérale
kickstand

exemples^M de motos^F
examples of motorcycles

selle^F
seat

moto^F tout-terrain
off-road motorcycle

fourche^F télescopique
telescopic front fork

pneu^M à crampons^M
knobby tread tire

moto^F de tourisme^M
touring motorcycle

antenne^F
antenna

pare-brise^M
windshield

dossier^M
backrest

coffre^M
top box

sacoche^F
saddlebag

selle^F passager^M
passenger seat

selle^F conducteur^M
driver seat

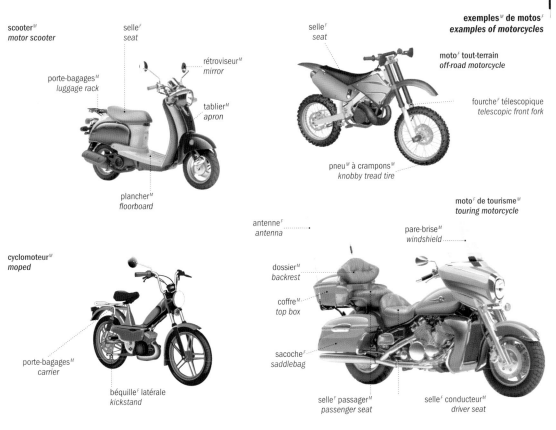

quad^M

4 X 4 all-terrain vehicle

porte-bagages^M arrière
rear cargo rack

selle^F
seat

réservoir^M à essence^F
gas tank

poignée^F
handgrip

garde-boue^M arrière
rear fender

pare-chocs^M
bumper

pot^M d'échappement^M
muffler

amortisseur^M avant
front shock absorber

sélecteur^M de vitesses^F
gearshift lever

TRANSPORT ET MACHINERIE

bicyclette

mécanisme de propulsion
power train

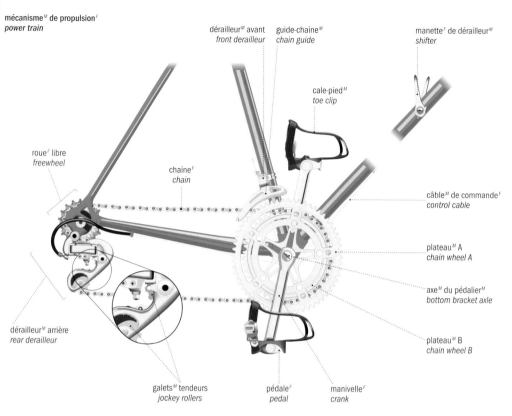

dérailleur avant
front derailleur

guide-chaîne
chain guide

manette de dérailleur
shifter

cale-pied
toe clip

roue libre
freewheel

chaîne
chain

câble de commande
control cable

plateau A
chain wheel A

axe du pédalier
bottom bracket axle

dérailleur arrière
rear derailleur

plateau B
chain wheel B

galets tendeurs
jockey rollers

pédale
pedal

manivelle
crank

accessoires
accessories

cadenas
lock

casque de protection
protective helmet

trousse de dépannage
tool kit

sacoche
bicycle bag

siège de vélo pour enfant
child carrier

TRANSPORT ET MACHINERIE

tricycle^M d'enfant^M
child's tricycle

exemples^M **de bicyclettes**^F
examples of bicycles

vélo^M cross^M
BMX bike

bicyclette^F hollandaise
Dutch bicycle

bicyclette^F tout-terrain
mountain bike

bicyclette^F de ville^F
city bicycle

bicyclette^F de course^F
road bicycle

bicyclette^F de tourisme^M
touring bicycle

tandem^M
tandem bicycle

TRANSPORT ET MACHINERIE

gare^F de voyageurs^M

passenger station

locaux^M administratifs
office

panneau^M indicateur
indicator board

chariot^M à bagages^M
baggage cart

consigne^F automatique
baggage lockers

verrière^F
glassed roof

structure^F métallique
metal structure

numéro^M de quai^M
platform number

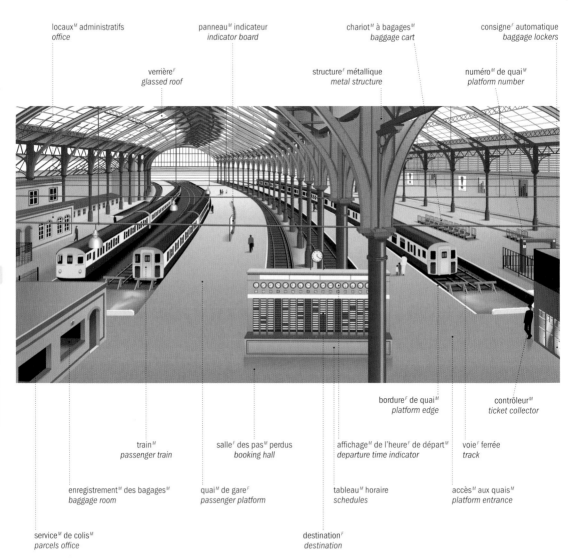

bordure^F de quai^M
platform edge

contrôleur^M
ticket collector

train^M
passenger train

salle^F des pas^M perdus
booking hall

affichage^M de l'heure^F de départ^M
departure time indicator

voie^F ferrée
track

enregistrement^M des bagages^M
baggage room

quai^M de gare^F
passenger platform

tableau^M horaire
schedules

accès^M aux quais^M
platform entrance

service^M de colis^M
parcels office

destination^F
destination

gare^F

railroad station

gare^F de voyageurs^M
passenger station

quai^M
station platform

train^M de banlieue^F
commuter train

grandes lignes^F
main line

voie^F de banlieue^F
suburban commuter railroad

voie^F de service^M
subsidiary track

butoir^M
bumper

passage^M à niveau^M
level crossing

parking^M; stationnement^M
parking

abri^M
platform shelter

passerelle^F
footbridge

sémaphore^M
semaphore

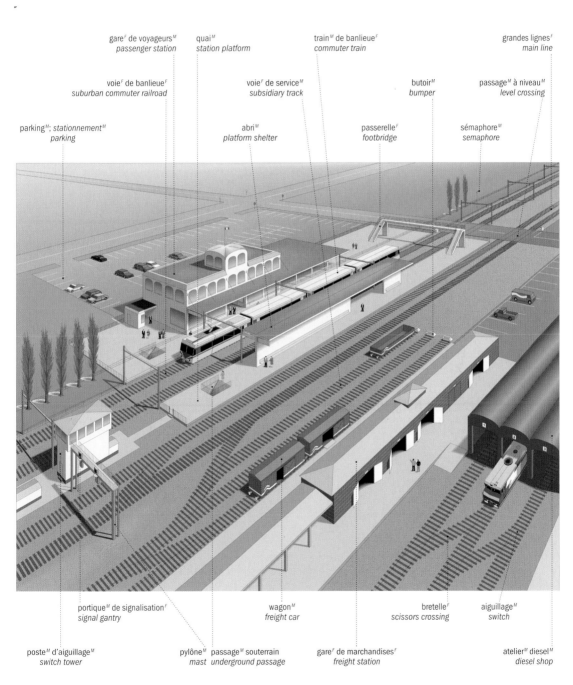

TRANSPORT ET MACHINERIE

portique^M de signalisation^F
signal gantry

wagon^M
freight car

bretelle^F
scissors crossing

aiguillage^M
switch

poste^M d'aiguillage^M
switch tower

pylône^M   passage^M souterrain
mast   underground passage

gare^F de marchandises^F
freight station

atelier^M diesel^M
diesel shop

train^M à grande vitesse^F (T.G.V.)

high-speed train

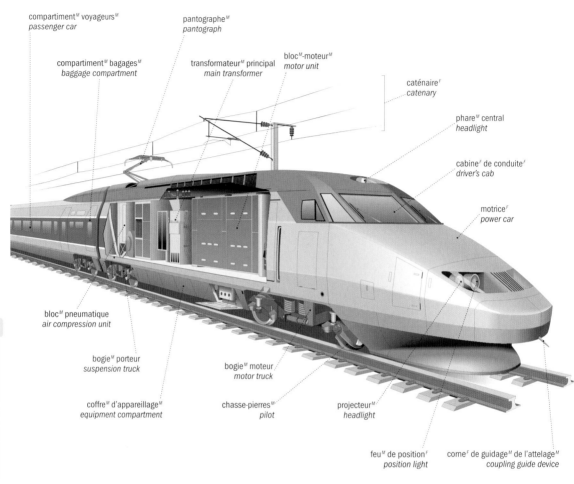

compartiment^M voyageurs^M
passenger car

compartiment^M bagages^M
baggage compartment

pantographe^M
pantograph

transformateur^M principal
main transformer

bloc^M-moteur^M
motor unit

caténaire^F
catenary

phare^M central
headlight

cabine^F de conduite^F
driver's cab

motrice^F
power car

bloc^M pneumatique
air compression unit

bogie^M porteur
suspension truck

bogie^M moteur
motor truck

coffre^M d'appareillage^M
equipment compartment

chasse-pierres^M
pilot

projecteur^M
headlight

feu^M de position^F
position light

corne^F de guidage^M de l'attelage^M
coupling guide device

types^M de voitures^F

types of passenger cars

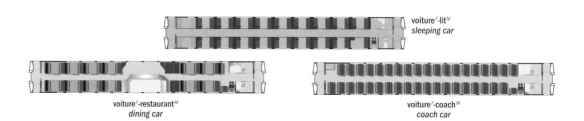

voiture^F-lit^M
sleeping car

voiture^F-restaurant^M
dining car

voiture^F-coach^M
coach car

locomotive^F diesel-électrique

locomotive^F diesel-électrique

diesel-electric locomotive

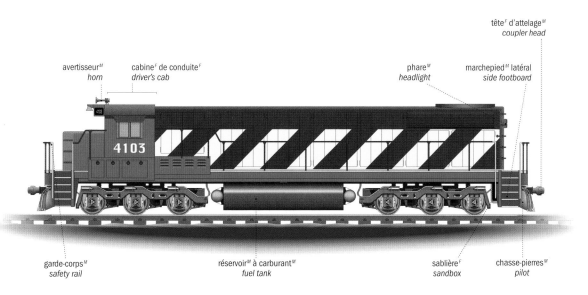

tête^F d'attelage^M
coupler head

avertisseur^M
horn

cabine^F de conduite^F
driver's cab

phare^M
headlight

marchepied^M latéral
side footboard

4103

garde-corps^M
safety rail

réservoir^M à carburant^M
fuel tank

sablière^F
sandbox

chasse-pierres^M
pilot

exemples^M de wagons^M

examples of freight cars

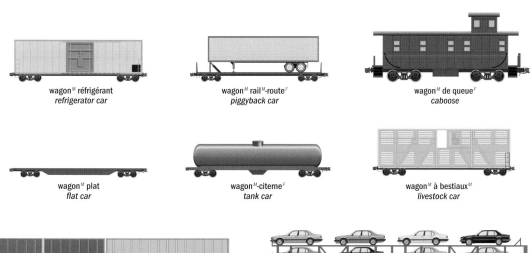

wagon^M réfrigérant
refrigerator car

wagon^M rail^M-route^F
piggyback car

wagon^M de queue^F
caboose

wagon^M plat
flat car

wagon^M-citerne^F
tank car

wagon^M à bestiaux^M
livestock car

wagon^M porte-conteneurs^M
container car

wagon^M porte-automobiles^M
automobile car

chemin^M de fer^M métropolitain

subway

station^F de métro^M
subway station

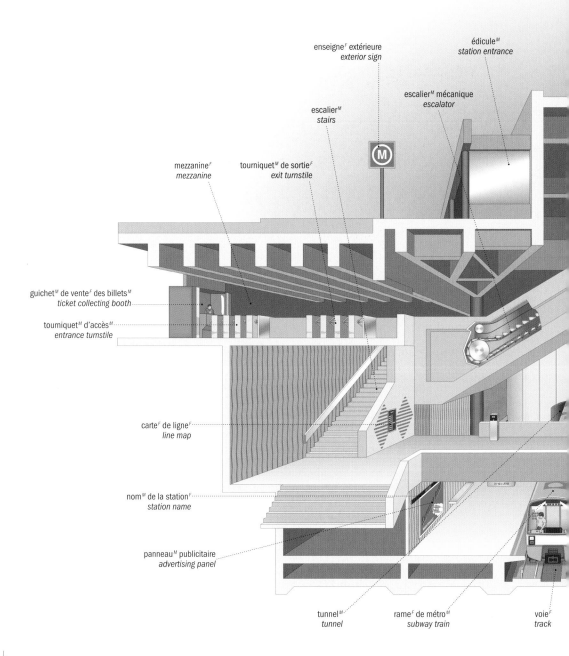

enseigne^F extérieure
exterior sign

édicule^M
station entrance

escalier^M mécanique
escalator

escalier^M
stairs

mezzanine^F
mezzanine

tourniquet^M de sortie^F
exit turnstile

guichet^M de vente^F des billets^M
ticket collecting booth

tourniquet^M d'accès^M
entrance turnstile

carte^F de ligne^F
line map

nom^M de la station^F
station name

panneau^M publicitaire
advertising panel

tunnel^M
tunnel

rame^F de métro^M
subway train

voie^F
track

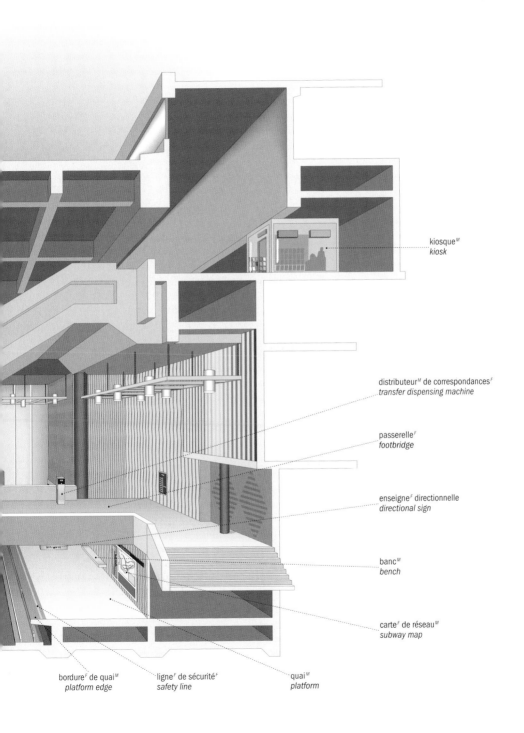

kiosque^M
kiosk

distributeur^M de correspondances^F
transfer dispensing machine

passerelle^F
footbridge

enseigne^F directionnelle
directional sign

banc^M
bench

carte^F de réseau^M
subway map

bordure^F de quai^M
platform edge

ligne^F de sécurité^F
safety line

quai^M
platform

TRANSPORT ET MACHINERIE

chemin^M de fer^M métropolitain

voiture^F
passenger car

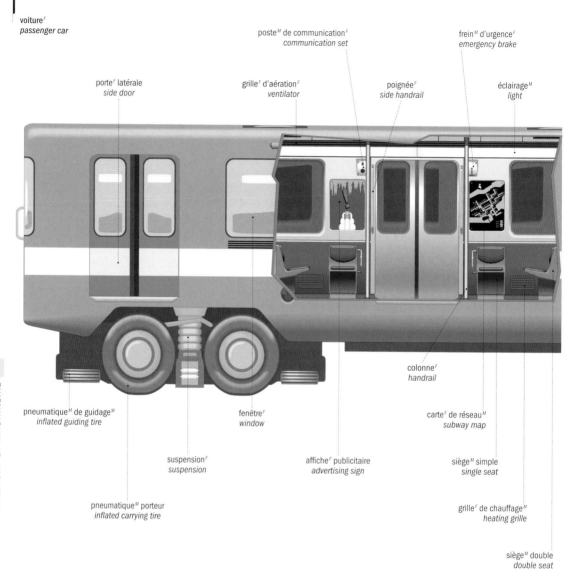

poste^M de communication^F
communication set

frein^M d'urgence^F
emergency brake

porte^F latérale
side door

grille^F d'aération^F
ventilator

poignée^F
side handrail

éclairage^M
light

pneumatique^M de guidage^M
inflated guiding tire

fenêtre^F
window

colonne^F
handrail

carte^F de réseau^M
subway map

suspension^F
suspension

affiche^F publicitaire
advertising sign

siège^M simple
single seat

pneumatique^M porteur
inflated carrying tire

grille^F de chauffage^M
heating grille

siège^M double
double seat

rame^F de métro^M
subway train

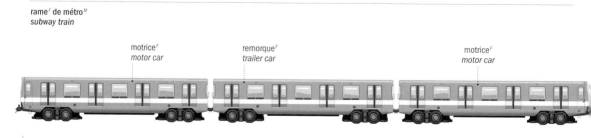

motrice^F
motor car

remorque^F
trailer car

motrice^F
motor car

port^M maritime

harbor

écluse^F
canal lock

portique^M de chargement^M de conteneurs^M
container-loading bridge

terminal^M pétrolier
oil terminal

bassin^M de radoub^M
dry dock

hangar^M de transit^M
transit shed

pétrolier^M
tanker

grue^F à flèche^F
quayside crane

terminal^M de vrac^M
bulk terminal

entrepôt^M frigorifique
cold shed

transbordeur^M
ferryboat

porte^F
gate

quai^M
quay

phare^M
lighthouse

gare^F maritime
passenger terminal

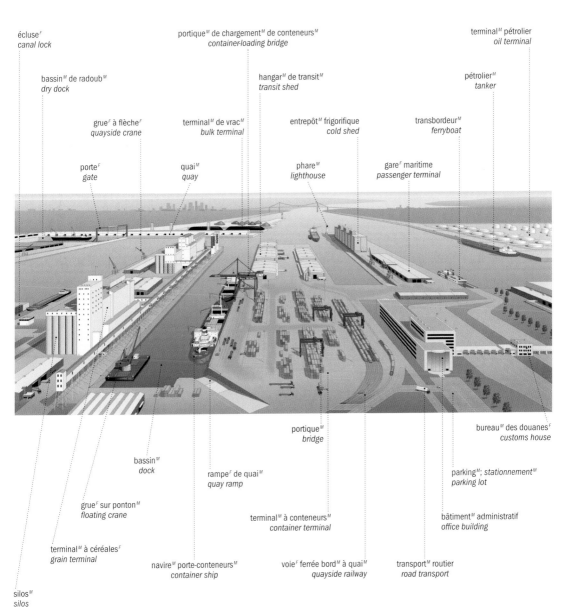

portique^M
bridge

bureau^M des douanes^F
customs house

bassin^M
dock

rampe^F de quai^M
quay ramp

parking^M; stationnement^M
parking lot

grue^F sur ponton^M
floating crane

terminal^M à conteneurs^M
container terminal

bâtiment^M administratif
office building

terminal^M à céréales^F
grain terminal

navire^M porte-conteneurs^M
container ship

voie^F ferrée bord^M à quai^M
quayside railway

transport^M routier
road transport

silos^M
silos

exemples^M de bateaux^M et d'embarcations^F

examples of boats and ships

navire^M de forage^M
drill ship

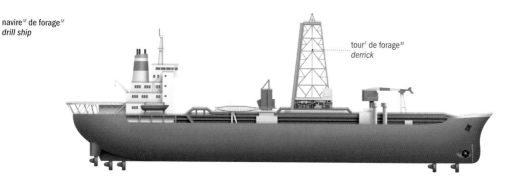

tour^F de forage^M
derrick

vraquier^M
bulk carrier

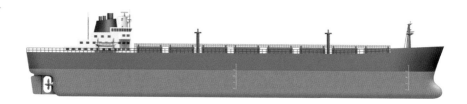

navire^M porte-conteneurs^M
container ship

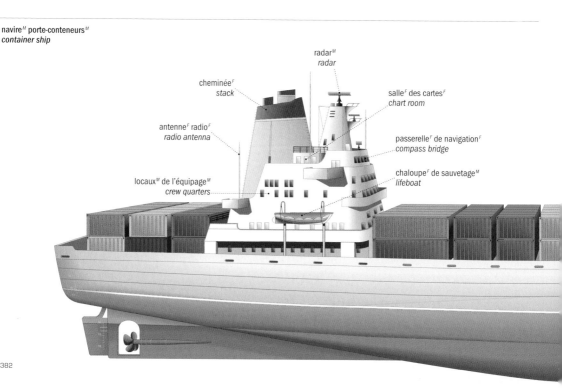

radar^M
radar

cheminée^F
stack

salle^F des cartes^F
chart room

antenne^F radio^F
radio antenna

passerelle^F de navigation^F
compass bridge

locaux^M de l'équipage^M
crew quarters

chaloupe^F de sauvetage^M
lifeboat

exemples^M de bateaux^M et d'embarcations^F

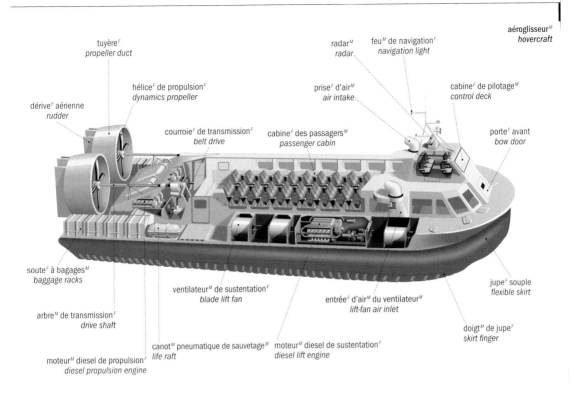

aéroglisseur^M
hovercraft

tuyère^F
propeller duct

radar^M
radar

feu^M de navigation^F
navigation light

hélice^F de propulsion^F
dynamics propeller

prise^F d'air^M
air intake

cabine^F de pilotage^M
control deck

dérive^F aérienne
rudder

courroie^F de transmission^F
belt drive

cabine^F des passagers^M
passenger cabin

porte^F avant
bow door

soute^F à bagages^M
baggage racks

ventilateur^M de sustentation^F
blade lift fan

entrée^F d'air^M du ventilateur^M
lift-fan air inlet

jupe^F souple
flexible skirt

arbre^M de transmission^F
drive shaft

doigt^M de jupe^F
skirt finger

canot^M pneumatique de sauvetage^M
life raft

moteur^M diesel de sustentation^F
diesel lift engine

moteur^M diesel de propulsion^F
diesel propulsion engine

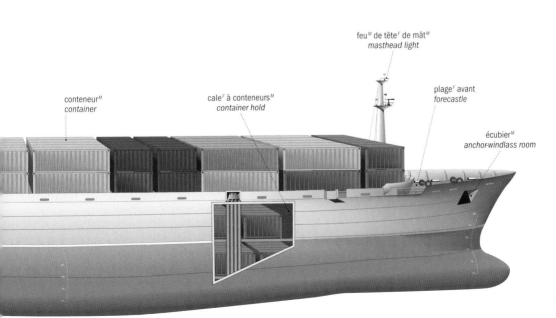

feu^M de tête^F de mât^M
masthead light

conteneur^M
container

cale^F à conteneurs^M
container hold

plage^F avant
forecastle

écubier^M
anchor-windlass room

exemples^M de bateaux^M et d'embarcations^F

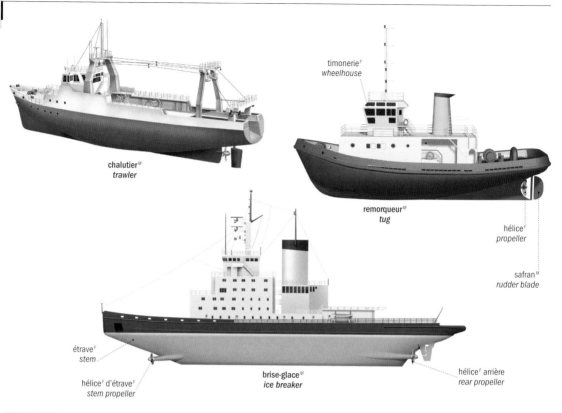

chalutier^M
trawler

timonerie^F
wheelhouse

remorqueur^M
tug

hélice^F
propeller

safran^M
rudder blade

étrave^F
stem

hélice^F d'étrave^F
stem propeller

brise-glace^M
ice breaker

hélice^F arrière
rear propeller

pétrolier^M
tanker

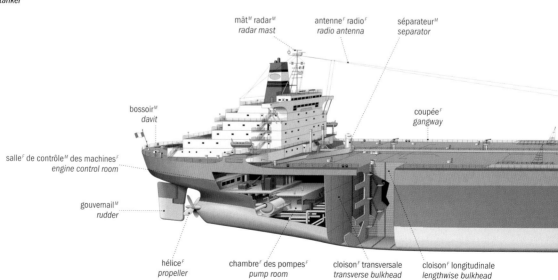

mât^M radar^M
radar mast

antenne^F radio^F
radio antenna

séparateur^M
separator

bossoir^M
davit

coupée^F
gangway

salle^F de contrôle^M des machines^F
engine control room

gouvernail^M
rudder

hélice^F
propeller

chambre^F des pompes^F
pump room

cloison^F transversale
transverse bulkhead

cloison^F longitudinale
lengthwise bulkhead

exemples^M de bateaux^M et d'embarcations^F

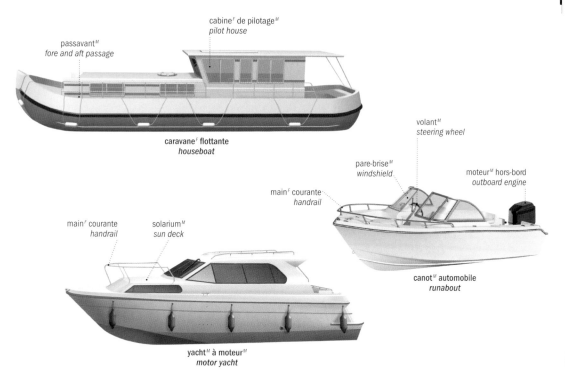

cabine^F de pilotage^M
pilot house

passavant^M
fore and aft passage

caravane^F flottante
houseboat

volant^M
steering wheel

pare-brise^M
windshield

moteur^M hors-bord
outboard engine

main^F courante
handrail

main^F courante
handrail

solarium^M
sun deck

canot^M automobile
runabout

yacht^M à moteur^M
motor yacht

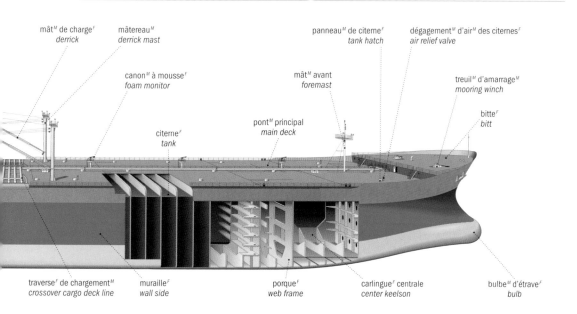

mât^M de charge^F
derrick

mâtereau^M
derrick mast

panneau^M de citerne^F
tank hatch

dégagement^M d'air^M des citernes^F
air relief valve

canon^M à mousse^F
foam monitor

mât^M avant
foremast

treuil^M d'amarrage^M
mooring winch

pont^M principal
main deck

bitte^F
bitt

citerne^F
tank

traverse^F de chargement^M
crossover cargo deck line

muraille^F
wall side

porque^F
web frame

carlingue^F centrale
center keelson

bulbe^M d'étrave^F
bulb

TRANSPORT ET MACHINERIE

exemples^M de bateaux^M et d'embarcations^F

transbordeur^M
ferry

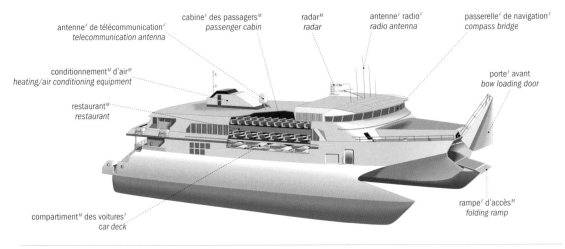

antenne^F de télécommunication^F
telecommunication antenna

cabine^F des passagers^M
passenger cabin

radar^M
radar

antenne^F radio^F
radio antenna

passerelle^F de navigation^F
compass bridge

conditionnement^M d'air^M
heating/air conditioning equipment

porte^F avant
bow loading door

restaurant^M
restaurant

compartiment^M des voitures^F
car deck

rampe^F d'accès^M
folding ramp

paquebot^M
passenger liner

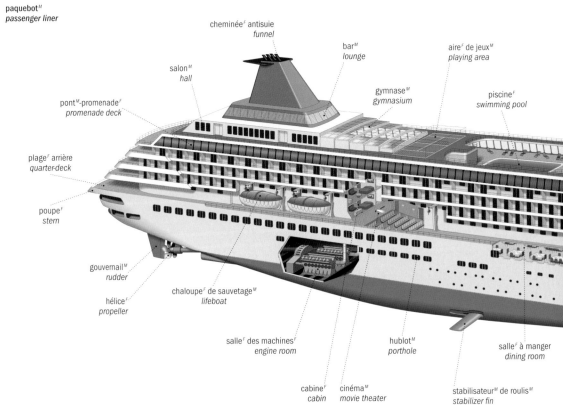

cheminée^F antisuie
funnel

bar^M
lounge

aire^F de jeux^M
playing area

salon^M
hall

gymnase^M
gymnasium

piscine^F
swimming pool

pont^M-promenade^F
promenade deck

plage^F arrière
quarter-deck

poupe^F
stern

gouvernail^M
rudder

hélice^F
propeller

chaloupe^F de sauvetage^M
lifeboat

salle^F des machines^F
engine room

hublot^M
porthole

salle^F à manger
dining room

cabine^F
cabin

cinéma^M
movie theater

stabilisateur^M de roulis^M
stabilizer fin

exemples^M de bateaux^M et d'embarcations^F

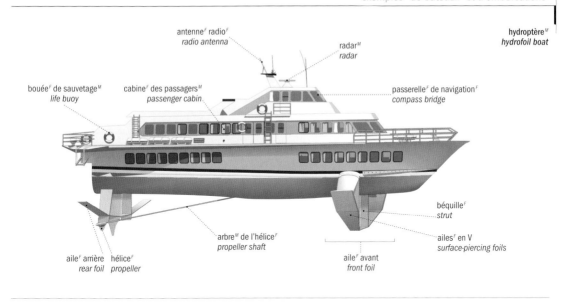

hydroptère^M
hydrofoil boat

antenne^F radio^F
radio antenna

radar^M
radar

bouée^F de sauvetage^M
life buoy

cabine^F des passagers^M
passenger cabin

passerelle^F de navigation^F
compass bridge

béquille^F
strut

arbre^M de l'hélice^F
propeller shaft

ailes^F en V
surface-piercing foils

aile^F arrière
rear foil

hélice^F
propeller

aile^F avant
front foil

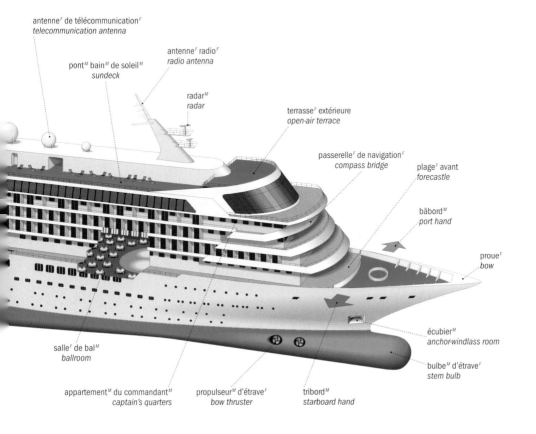

antenne^F de télécommunication^F
telecommunication antenna

antenne^F radio^F
radio antenna

pont^M bain^M de soleil^M
sundeck

radar^M
radar

terrasse^F extérieure
open-air terrace

passerelle^F de navigation^F
compass bridge

plage^F avant
forecastle

bâbord^M
port hand

proue^F
bow

écubier^M
anchor-windlass room

bulbe^M d'étrave^F
stem bulb

salle^F de bal^M
ballroom

appartement^M du commandant^M
captain's quarters

propulseur^M d'étrave^F
bow thruster

tribord^M
starboard hand

TRANSPORT ET MACHINERIE

aéroport^M

airport

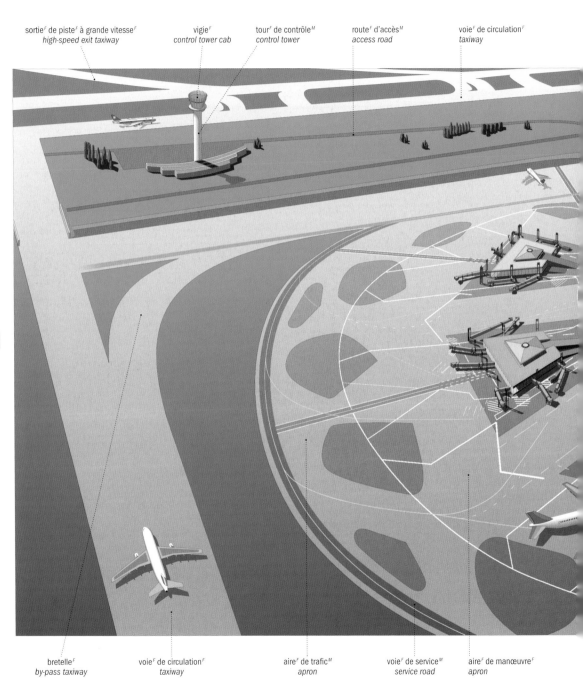

sortie^F de piste^F à grande vitesse^F
high-speed exit taxiway

vigie^F
control tower cab

tour^F de contrôle^M
control tower

route^F d'accès^M
access road

voie^F de circulation^F
taxiway

bretelle^F
by-pass taxiway

voie^F de circulation^F
taxiway

aire^F de trafic^M
apron

voie^F de service^M
service road

aire^F de manœuvre^F
apron

aérogare^F de passagers^M
passenger terminal

hangar^M
maintenance hangar

aire^F de stationnement^M
parking area

passerelle^F télescopique
telescopic corridor

aire^F de service^M
service area

quai^M d'embarquement^M
boarding walkway

marques^F de circulation^F
taxiway line

aérogare^F satellite^M
radial passenger loading area

TRANSPORT ET MACHINERIE

aéroport^M

aérogare^F
passenger terminal

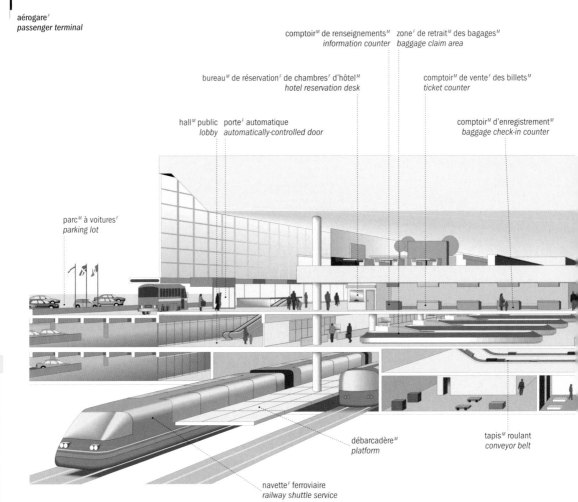

comptoir^M de renseignements^M
information counter

zone^F de retrait^M des bagages^M
baggage claim area

bureau^M de réservation^F de chambres^F d'hôtel^M
hotel reservation desk

comptoir^M de vente^F des billets^M
ticket counter

hall^M public
lobby

porte^F automatique
automatically-controlled door

comptoir^M d'enregistrement^M
baggage check-in counter

parc^M à voitures^F
parking lot

débarcadère^M
platform

tapis^M roulant
conveyor belt

navette^F ferroviaire
railway shuttle service

piste^F
runway

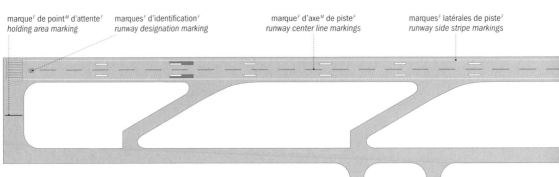

marque^F de point^M d'attente^F
holding area marking

marques^F d'identification^F
runway designation marking

marque^F d'axe^M de piste^F
runway center line markings

marques^F latérales de piste^F
runway side stripe markings

TRANSPORT ET MACHINERIE

contrôle^M de sécurité^F
security check

boutique^F hors taxe^F
duty-free shop

terrasse^F
observation deck

tableau^M d'affichage^M des vols^M
flight information board

expédition^F du fret^M
freight expedition

contrôle^M des passeports^M
passport control

salle^F d'embarquement^M
boarding room

transbordeur^M
passenger transfer vehicle

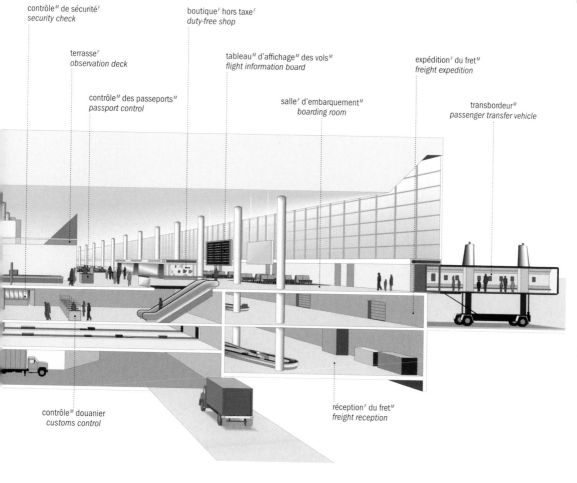

contrôle^M douanier
customs control

réception^F du fret^M
freight reception

sortie^F de piste^F
exit taxiway

marque^F d'aire^F de prise^F de contact^M
runway touchdown zone marking

marques^F de seuil^M de piste^F
runway threshold markings

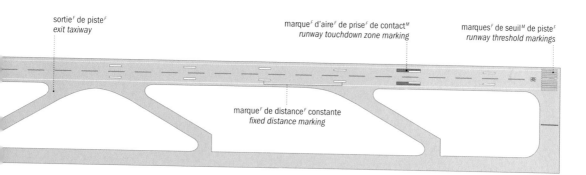

marque^F de distance^F constante
fixed distance marking

avion^M long-courrier^M

long-range jet

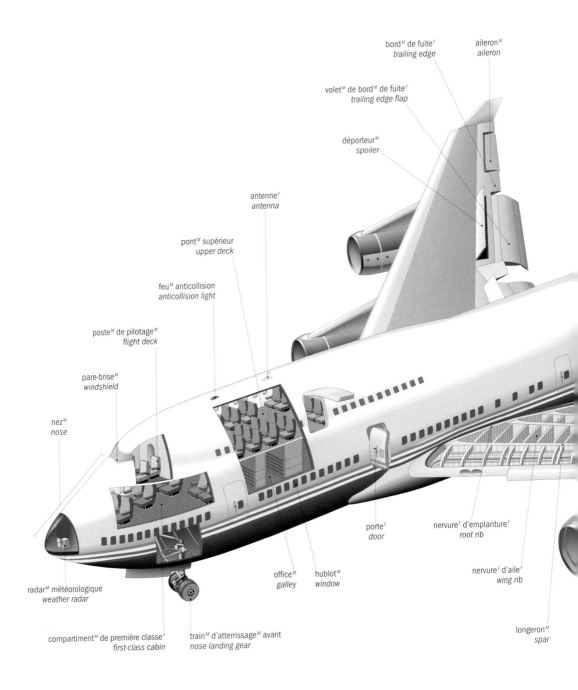

bord^M de fuite^F
trailing edge

aileron^M
aileron

volet^M de bord^M de fuite^F
trailing edge flap

déporteur^M
spoiler

antenne^F
antenna

pont^M supérieur
upper deck

feu^M anticollision
anticollision light

poste^M de pilotage^M
flight deck

pare-brise^M
windshield

nez^M
nose

radar^M météorologique
weather radar

compartiment^M de première classe^F
first-class cabin

train^M d'atterrissage^M avant
nose landing gear

office^M
galley

hublot^M
window

porte^F
door

nervure^F d'emplanture^F
root rib

nervure^F d'aile^F
wing rib

longeron^M
spar

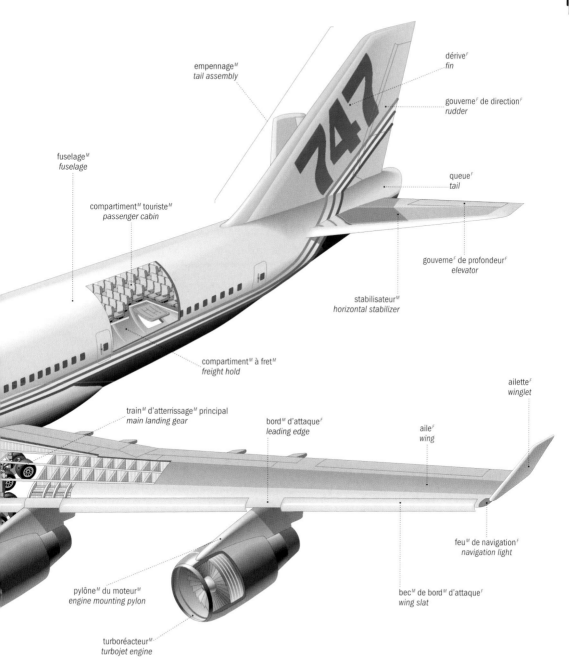

empennage^M
tail assembly

dérive^F
fin

gouverne^F de direction^F
rudder

fuselage^M
fuselage

queue^F
tail

compartiment^M touriste^M
passenger cabin

gouverne^F de profondeur^F
elevator

stabilisateur^M
horizontal stabilizer

compartiment^M à fret^M
freight hold

ailette^F
winglet

train^M d'atterrissage^M principal
main landing gear

bord^M d'attaque^F
leading edge

aile^F
wing

feu^M de navigation^F
navigation light

pylône^M du moteur^M
engine mounting pylon

bec^M de bord^M d'attaque^F
wing slat

turboréacteur^M
turbojet engine

exemples^M d'avions^M

examples of airplanes

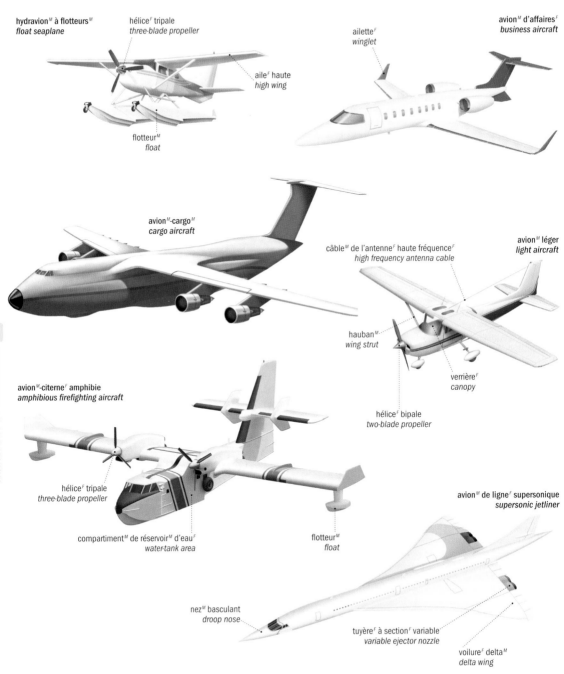

hydravion^M à flotteurs^M
float seaplane

hélice^F tripale
three-blade propeller

ailette^F
winglet

avion^M d'affaires^F
business aircraft

aile^F haute
high wing

flotteur^M
float

avion^M-cargo^M
cargo aircraft

câble^M de l'antenne^F haute fréquence^F
high frequency antenna cable

avion^M léger
light aircraft

hauban^M
wing strut

verrière^F
canopy

avion^M-citerne^F amphibie
amphibious firefighting aircraft

hélice^F bipale
two-blade propeller

hélice^F tripale
three-blade propeller

avion^M de ligne^F supersonique
supersonic jetliner

compartiment^M de réservoir^M d'eau^F
water-tank area

flotteur^M
float

nez^M basculant
droop nose

tuyère^F à section^F variable
variable ejector nozzle

voilure^F delta^M
delta wing

TRANSPORT ET MACHINERIE

mouvements^M de l'avion^M

movements of an airplane

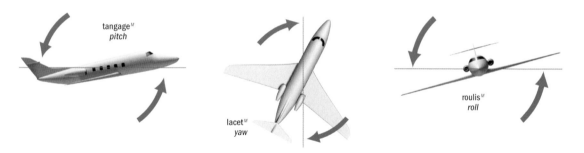

tangage^M
pitch

lacet^M
yaw

roulis^M
roll

hélicoptère^M

helicopter

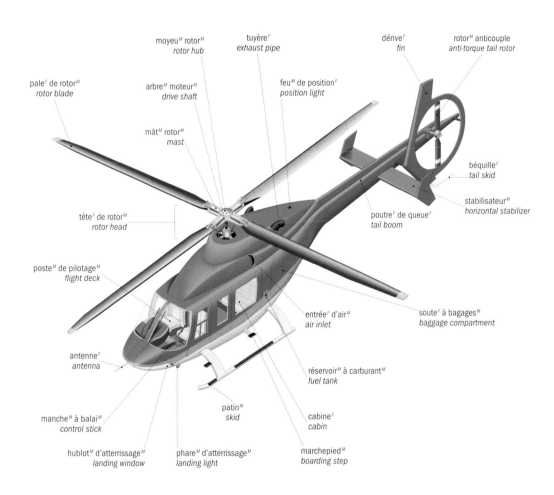

moyeu^M rotor^M
rotor hub

tuyère^F
exhaust pipe

dérive^F
fin

rotor^M anticouple
anti-torque tail rotor

pale^F de rotor^M
rotor blade

arbre^M moteur^M
drive shaft

feu^M de position^F
position light

mât^M rotor^M
mast

béquille^F
tail skid

tête^F de rotor^M
rotor head

stabilisateur^M
horizontal stabilizer

poutre^F de queue^F
tail boom

poste^M de pilotage^M
flight deck

entrée^F d'air^M
air inlet

soute^F à bagages^M
baggage compartment

antenne^F
antenna

réservoir^M à carburant^M
fuel tank

manche^M à balai^M
control stick

patin^M
skid

cabine^F
cabin

hublot^M d'atterrissage^M
landing window

phare^M d'atterrissage^M
landing light

marchepied^M
boarding step

TRANSPORT ET MACHINERIE

manutention^F

material handling

TRANSPORT ET MACHINERIE

chariot^M élévateur
forklift truck

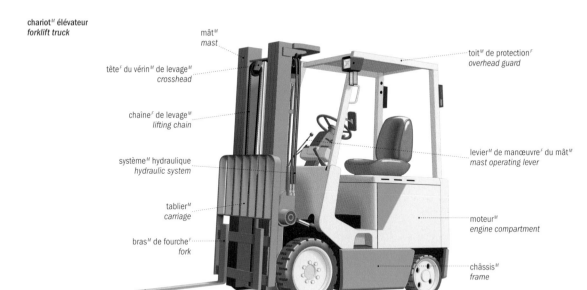

mât^M
mast

tête^F du vérin^M de levage^M
crosshead

chaîne^F de levage^M
lifting chain

système^M hydraulique
hydraulic system

tablier^M
carriage

bras^M de fourche^F
fork

fourches^F
forks

toit^M de protection^F
overhead guard

levier^M de manœuvre^F du mât^M
mast operating lever

moteur^M
engine compartment

châssis^M
frame

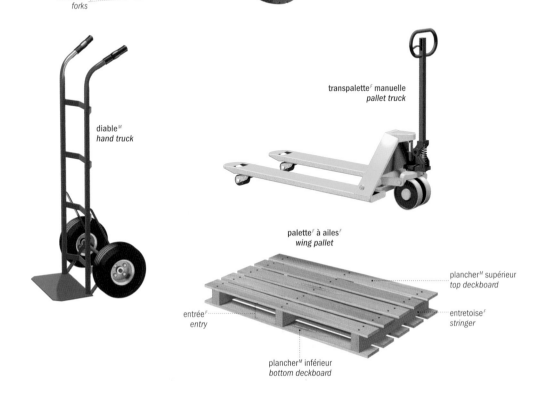

transpalette^F manuelle
pallet truck

diable^M
hand truck

palette^F à ailes^F
wing pallet

plancher^M supérieur
top deckboard

entretoise^F
stringer

entrée^F
entry

plancher^M inférieur
bottom deckboard

grues^F et portique^M

cranes

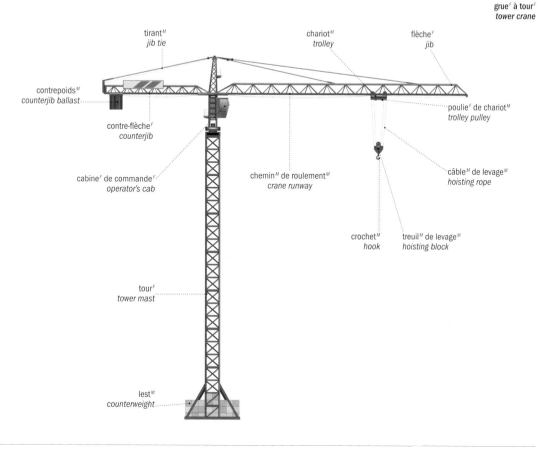

grue^F à tour^F
tower crane

tirant^M
jib tie

chariot^M
trolley

flèche^F
jib

contrepoids^M
counterjib ballast

contre-flèche^F
counterjib

poulie^F de chariot^M
trolley pulley

cabine^F de commande^F
operator's cab

chemin^M de roulement^M
crane runway

câble^M de levage^M
hoisting rope

crochet^M
hook

treuil^M de levage^M
hoisting block

tour^F
tower mast

lest^M
counterweight

grue^F sur porteur^M
truck crane

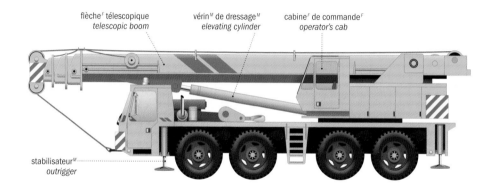

flèche^F télescopique
telescopic boom

vérin^M de dressage^M
elevating cylinder

cabine^F de commande^F
operator's cab

stabilisateur^M
outrigger

TRANSPORT ET MACHINERIE

bouteur^M

bulldozer

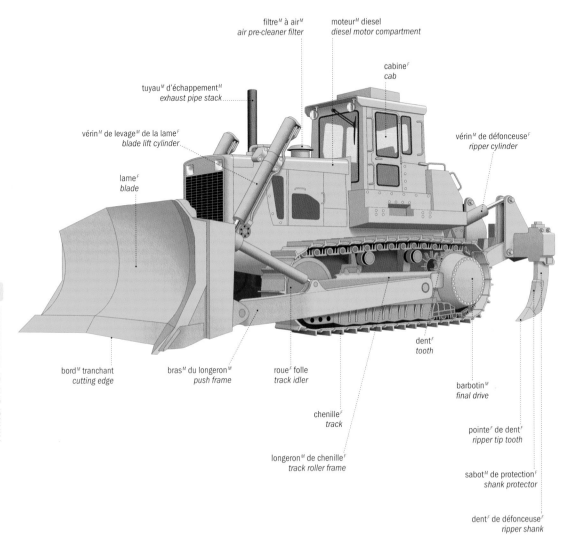

filtre^M à air^M
air pre-cleaner filter

moteur^M diesel
diesel motor compartment

cabine^F
cab

tuyau^M d'échappement^M
exhaust pipe stack

vérin^M de levage^M de la lame^F
blade lift cylinder

vérin^M de défonceuse^F
ripper cylinder

lame^F
blade

bord^M tranchant
cutting edge

bras^M du longeron^M
push frame

roue^F folle
track idler

dent^F
tooth

barbotin^M
final drive

chenille^F
track

pointe^F de dent^F
ripper tip tooth

longeron^M de chenille^F
track roller frame

sabot^M de protection^F
shank protector

dent^F de défonceuse^F
ripper shank

tracteur^M à chenilles^F
crawler tractor

lame^F
blade

défonceuse^F
ripper

chargeuse^F-pelleteuse^F

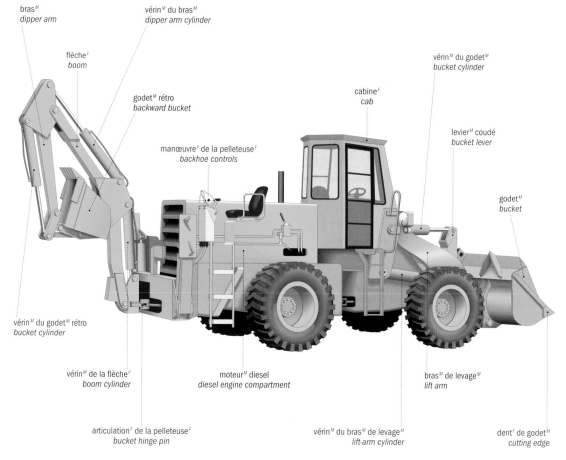

bras^M
dipper arm

vérin^M du bras^M
dipper arm cylinder

flèche^F
boom

vérin^M du godet^M
bucket cylinder

godet^M rétro
backward bucket

cabine^F
cab

manœuvre^F de la pelleteuse^F
backhoe controls

levier^M coudé
bucket lever

godet^M
bucket

vérin^M du godet^M rétro
bucket cylinder

vérin^M de la flèche^F
boom cylinder

moteur^M diesel
diesel engine compartment

bras^M de levage^M
lift arm

articulation^F de la pelleteuse^F
bucket hinge pin

vérin^M du bras^M de levage^M
lift-arm cylinder

dent^F de godet^M
cutting edge

chargeuse^F frontale
front-end loader

tracteur^M
wheel tractor

pelleteuse^F
backhoe

TRANSPORT ET MACHINERIE

production^F d'électricité^F par énergie^F géothermique

production of electricity from geothermal energy

turbine^F / alternateur^M / condenseur^M / transport^M de l'électricité^F à haute tension^F
turbine / generator / condenser / high-tension electricity transmission

vapeur^F
steam

séparateur^M
separator

élévation^F de la tension^F
voltage increase

mélange^M eau^F-vapeur^F
water-steam mix

tour^F de refroidissement^M
cooling tower

toit^M imperméable
upper confining bed

eau^F
water

champ^M géothermique
geothermal field

substratum^M imperméable
lower confining bed

puits^M de production^F
production well

aquifère^M captif
confined aquifer

puits^M d'injection^F
injection well

réservoir^M magmatique
magma chamber

énergie^F thermique

thermal energy

production^F d'électricité^F par énergie^F thermique
production of electricity from thermal energy

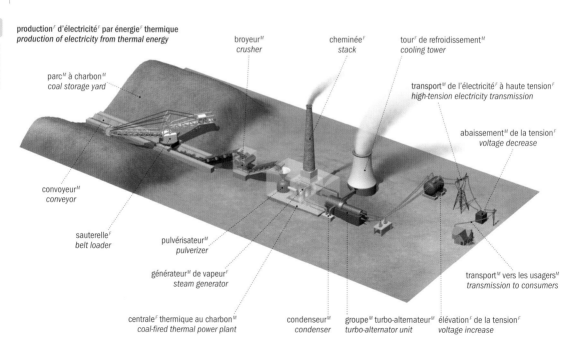

broyeur^M
crusher

cheminée^F
stack

tour^F de refroidissement^M
cooling tower

parc^M à charbon^M
coal storage yard

transport^M de l'électricité^F à haute tension^F
high-tension electricity transmission

abaissement^M de la tension^F
voltage decrease

convoyeur^M
conveyor

sauterelle^F
belt loader

pulvérisateur^M
pulverizer

générateur^M de vapeur^F
steam generator

transport^M vers les usagers^M
transmission to consumers

centrale^F thermique au charbon^M
coal-fired thermal power plant

condenseur^M
condenser

groupe^M turbo-alternateur^M
turbo-alternator unit

élévation^F de la tension^F
voltage increase

pétrole^M

oil

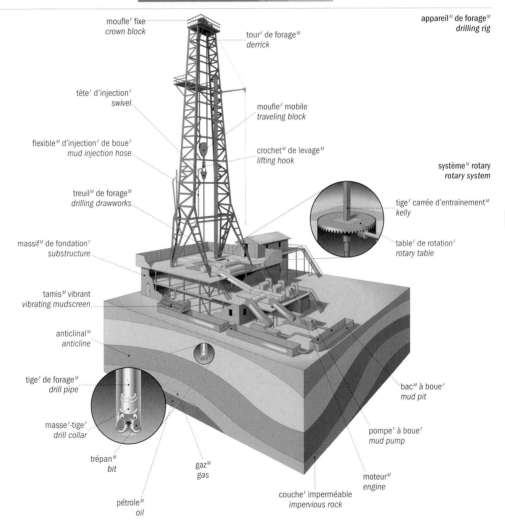

prospection^F terrestre
surface prospecting

enregistrement^M sismographique
seismographic recording

onde^F de choc^M
shock wave

gisement^M de pétrole^M
petroleum trap

appareil^M de forage^M
drilling rig

moufle^F fixe
crown block

tour^F de forage^M
derrick

tête^F d'injection^F
swivel

moufle^F mobile
traveling block

flexible^M d'injection^F de boue^F
mud injection hose

crochet^M de levage^M
lifting hook

système^M rotary
rotary system

treuil^M de forage^M
drilling drawworks

tige^F carrée d'entraînement^M
kelly

massif^M de fondation^F
substructure

table^F de rotation^F
rotary table

tamis^M vibrant
vibrating mudscreen

anticlinal^M
anticline

tige^F de forage^M
drill pipe

bac^M à boue^F
mud pit

masse^F-tige^F
drill collar

pompe^F à boue^F
mud pump

trépan^M
bit

gaz^M
gas

moteur^M
engine

pétrole^M
oil

couche^F imperméable
impervious rock

ÉNERGIES

pétrole^M

réservoir^M à toit^M flottant
floating-roof tank

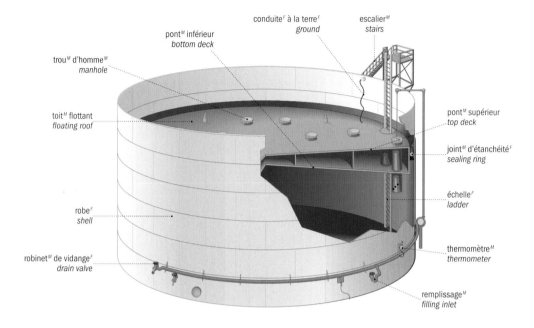

conduite^F à la terre^F
ground

escalier^M
stairs

pont^M inférieur
bottom deck

trou^M d'homme^M
manhole

toit^M flottant
floating roof

pont^M supérieur
top deck

joint^M d'étanchéité^F
sealing ring

robe^F
shell

échelle^F
ladder

robinet^M de vidange^F
drain valve

thermomètre^M
thermometer

remplissage^M
filling inlet

réseau^M d'oléoducs^M
crude-oil pipeline

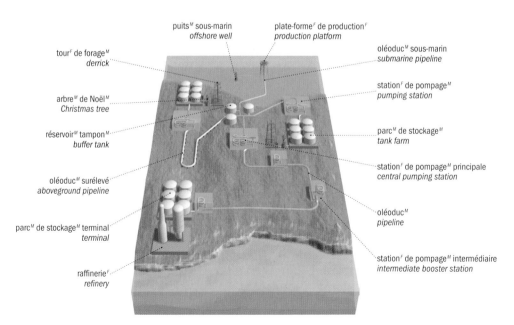

puits^M sous-marin
offshore well

plate-forme^F de production^F
production platform

tour^F de forage^M
derrick

oléoduc^M sous-marin
submarine pipeline

arbre^M de Noël^M
Christmas tree

station^F de pompage^M
pumping station

réservoir^M tampon^M
buffer tank

parc^M de stockage^M
tank farm

oléoduc^M surélevé
aboveground pipeline

station^F de pompage^M principale
central pumping station

parc^M de stockage^M terminal
terminal

oléoduc^M
pipeline

raffinerie^F
refinery

station^F de pompage^M intermédiaire
intermediate booster station

pétrole^M

produits^M de la raffinerie^F
refinery products

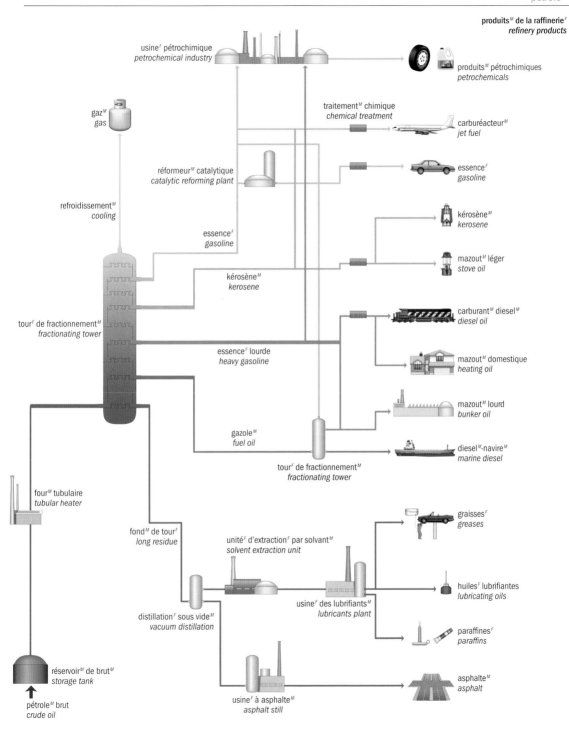

usine^F pétrochimique
petrochemical industry

produits^M pétrochimiques
petrochemicals

traitement^M chimique
chemical treatment

carburéacteur^M
jet fuel

gaz^M
gas

réformeur^M catalytique
catalytic reforming plant

essence^F
gasoline

refroidissement^M
cooling

kérosène^M
kerosene

essence^F
gasoline

mazout^M léger
stove oil

kérosène^M
kerosene

tour^F de fractionnement^M
fractionating tower

carburant^M diesel^M
diesel oil

essence^F lourde
heavy gasoline

mazout^M domestique
heating oil

mazout^M lourd
bunker oil

gazole^M
fuel oil

diesel^M-navire^M
marine diesel

tour^F de fractionnement^M
fractionating tower

four^M tubulaire
tubular heater

graisses^F
greases

fond^M de tour^F
long residue

unité^F d'extraction^F par solvant^M
solvent extraction unit

huiles^F lubrifiantes
lubricating oils

usine^F des lubrifiants^M
lubricants plant

paraffines^F
paraffins

distillation^F sous vide^M
vacuum distillation

réservoir^M de brut^M
storage tank

asphalte^M
asphalt

pétrole^M brut
crude oil

usine^F à asphalte^M
asphalt still

ÉNERGIES

complexe^M hydroélectrique

hydroelectric complex

ÉNERGIES

seuil^M de déversoir^M
crest of spillway

vanne^F
spillway gate

crête^F
top of dam

réservoir^M
reservoir

bief^M d'amont^M
headbay

déversoir^M
spillway

conduite^F forcée
penstock

portique^M
gantry crane

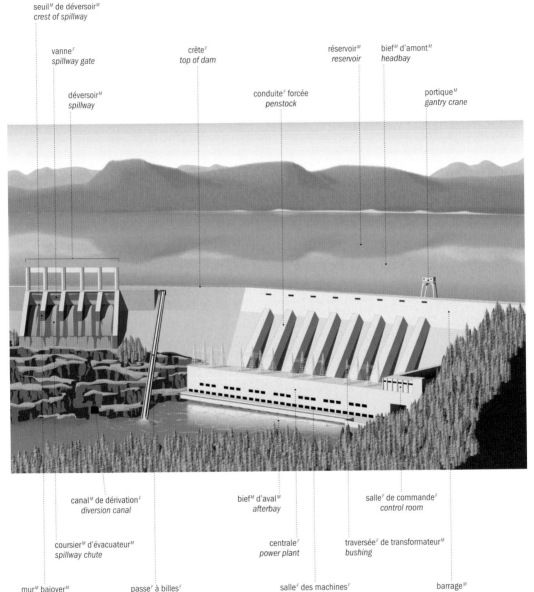

canal^M de dérivation^F
diversion canal

bief^M d'aval^M
afterbay

salle^F de commande^F
control room

coursier^M d'évacuateur^M
spillway chute

centrale^F
power plant

traversée^F de transformateur^M
bushing

mur^M bajoyer^M
training wall

passe^F à billes^F
log chute

salle^F des machines^F
machine hall

barrage^M
dam

coupe^F d'une centrale^F hydroélectrique
cross section of a hydroelectric power plant

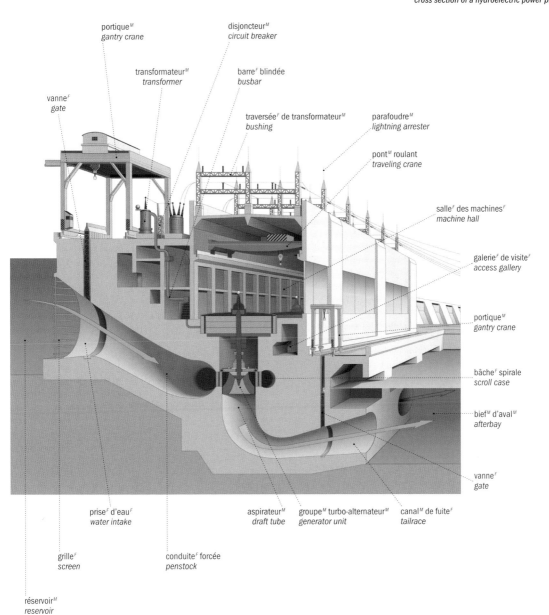

portique^M
gantry crane

disjoncteur^M
circuit breaker

transformateur^M
transformer

barre^F blindée
busbar

vanne^F
gate

traversée^F de transformateur^M
bushing

parafoudre^M
lightning arrester

pont^M roulant
traveling crane

salle^F des machines^F
machine hall

galerie^F de visite^F
access gallery

portique^M
gantry crane

bâche^F spirale
scroll case

bief^M d'aval^M
afterbay

vanne^F
gate

prise^F d'eau^F
water intake

aspirateur^M
draft tube

groupe^M turbo-alternateur^M
generator unit

canal^M de fuite^F
tailrace

grille^F
screen

conduite^F forcée
penstock

réservoir^M
reservoir

ÉNERGIES

production^F d'électricité^F par énergie^F nucléaire

production of electricity from nuclear energy

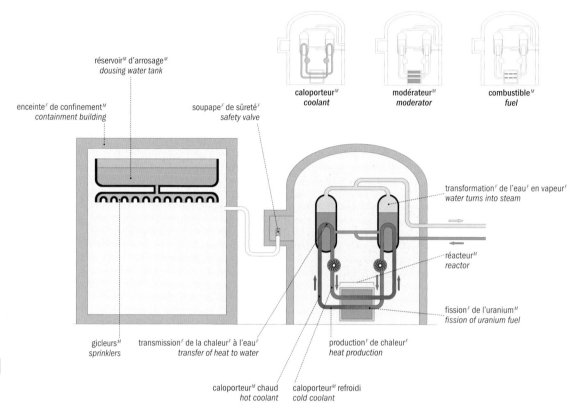

réservoir^M d'arrosage^M
dousing water tank

caloporteur^M
coolant

modérateur^M
moderator

combustible^M
fuel

enceinte^F de confinement^M
containment building

soupape^F de sûreté^F
safety valve

transformation^F de l'eau^F en vapeur^F
water turns into steam

réacteur^M
reactor

fission^F de l'uranium^M
fission of uranium fuel

gicleurs^M
sprinklers

transmission^F de la chaleur^F à l'eau^F
transfer of heat to water

production^F de chaleur^F
heat production

caloporteur^M chaud
hot coolant

caloporteur^M refroidi
cold coolant

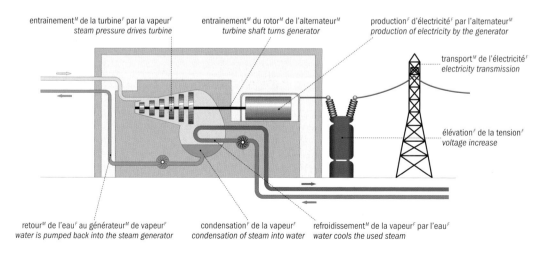

entraînement^M de la turbine^F par la vapeur^F
steam pressure drives turbine

entraînement^M du rotor^M de l'alternateur^M
turbine shaft turns generator

production^F d'électricité^F par l'alternateur^M
production of electricity by the generator

transport^M de l'électricité^F
electricity transmission

élévation^F de la tension^F
voltage increase

retour^M de l'eau^F au générateur^M de vapeur^F
water is pumped back into the steam generator

condensation^F de la vapeur^F
condensation of steam into water

refroidissement^M de la vapeur^F par l'eau^F
water cools the used steam

ÉNERGIES

grappe^F de combustible^M

fuel bundle

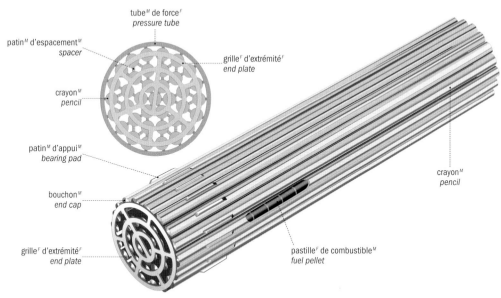

tube^M de force^F
pressure tube

patin^M d'espacement^M
spacer

grille^F d'extrémité^F
end plate

crayon^M
pencil

patin^M d'appui^M
bearing pad

bouchon^M
end cap

grille^F d'extrémité^F
end plate

pastille^F de combustible^M
fuel pellet

crayon^M
pencil

réacteur^M nucléaire

nuclear reactor

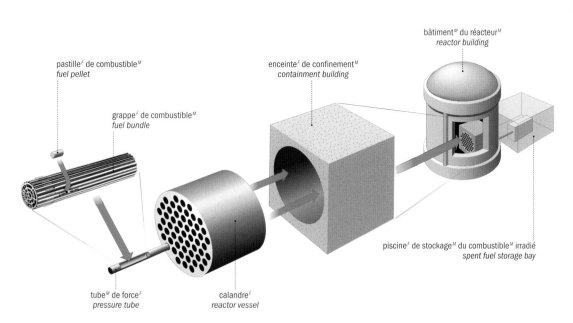

pastille^F de combustible^M
fuel pellet

grappe^F de combustible^M
fuel bundle

enceinte^F de confinement^M
containment building

bâtiment^M du réacteur^M
reactor building

piscine^F de stockage^M du combustible^M irradié
spent fuel storage bay

tube^M de force^F
pressure tube

calandre^F
reactor vessel

ÉNERGIES

photopile^F

solar cell

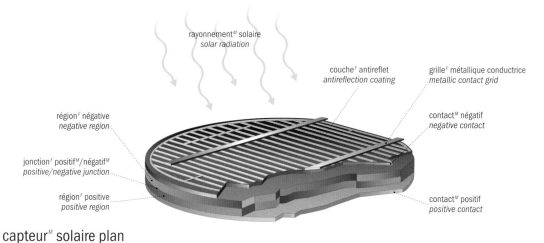

rayonnement^M solaire
solar radiation

couche^F antireflet
antireflection coating

grille^F métallique conductrice
metallic contact grid

région^F négative
negative region

contact^M négatif
negative contact

jonction^F positif^M/négatif^M
positive/negative junction

région^F positive
positive region

contact^M positif
positive contact

capteur^M solaire plan

flat-plate solar collector

rayonnement^M solaire
solar radiation

sortie^F du caloporteur^M
coolant outlet

vitre^F
glass

coffre^M
frame

tube^M de circulation^F
flow tube

plaque^F absorbante
absorbing plate

entrée^F du caloporteur^M
coolant inlet

isolant^M
insulation

ÉNERGIES

circuit^M de photopiles^F

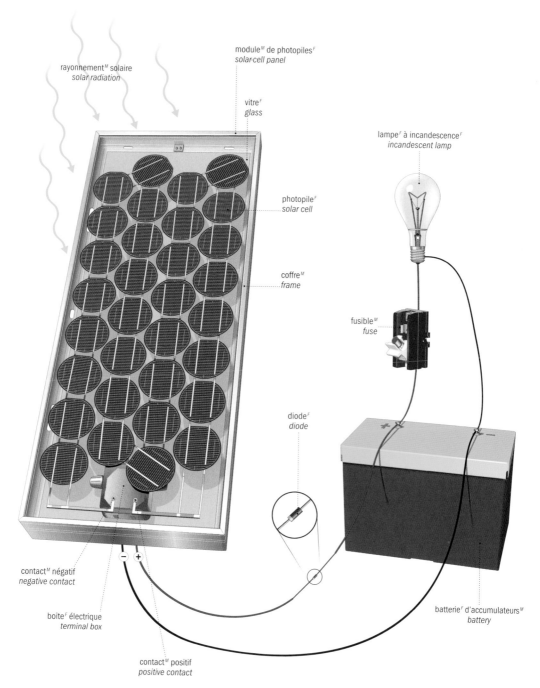

module^M de photopiles^F
solar-cell panel

rayonnement^M solaire
solar radiation

vitre^F
glass

lampe^F à incandescence^F
incandescent lamp

photopile^F
solar cell

coffre^M
frame

fusible^M
fuse

diode^F
diode

contact^M négatif
negative contact

boîte^F électrique
terminal box

batterie^F d'accumulateurs^M
battery

contact^M positif
positive contact

ÉNERGIES

moulin^M à vent^M

windmill

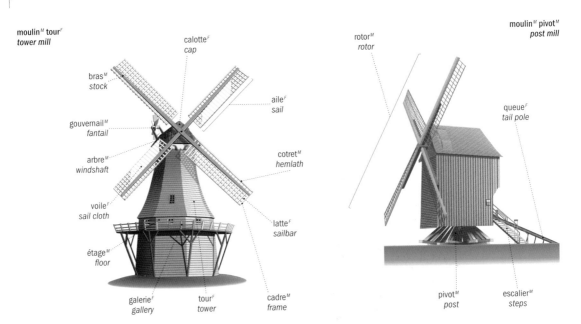

moulin^M tour^F
tower mill

calotte^F
cap

bras^M
stock

aile^F
sail

gouvernail^M
fantail

arbre^M
windshaft

cotret^M
hemlath

voile^F
sail cloth

latte^F
sailbar

étage^M
floor

galerie^F
gallery

tour^F
tower

cadre^M
frame

moulin^M pivot^M
post mill

rotor^M
rotor

queue^F
tail pole

pivot^M
post

escalier^M
steps

éoliennes^F et production^F d'électricité^F

wind turbines and electricity production

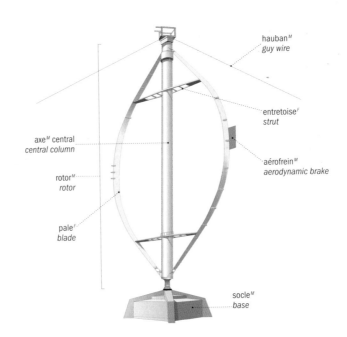

éolienne^F à axe^M vertical
vertical-axis wind turbine

hauban^M
guy wire

entretoise^F
strut

axe^M central
central column

aérofrein^M
aerodynamic brake

rotor^M
rotor

pale^F
blade

socle^M
base

ÉNERGIES

éolienne[F] à axe[M] horizontal
horizontal-axis wind turbine

coupe[F] de la nacelle[F]
nacelle cross-section

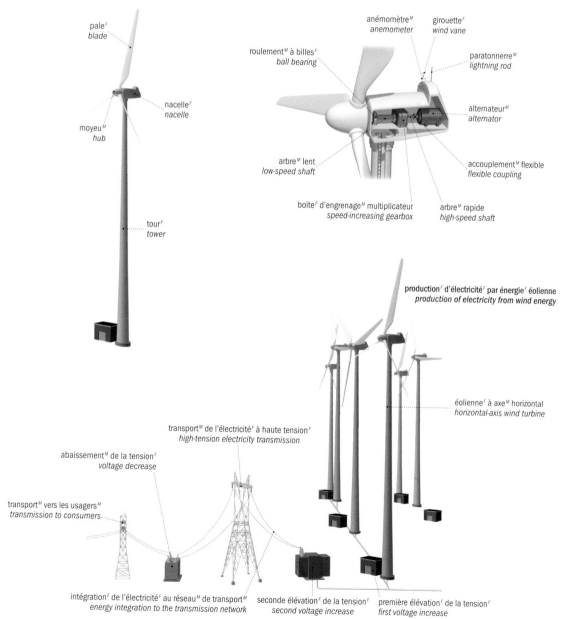

pale[F]
blade

nacelle[F]
nacelle

moyeu[M]
hub

tour[F]
tower

anémomètre[M]
anemometer

girouette[F]
wind vane

roulement[M] à billes[F]
ball bearing

paratonnerre[M]
lightning rod

alternateur[M]
alternator

arbre[M] lent
low-speed shaft

accouplement[M] flexible
flexible coupling

boîte[F] d'engrenage[M] multiplicateur
speed-increasing gearbox

arbre[M] rapide
high-speed shaft

production[F] d'électricité[F] par énergie[F] éolienne
production of electricity from wind energy

éolienne[F] à axe[M] horizontal
horizontal-axis wind turbine

transport[M] de l'électricité[F] à haute tension[F]
high-tension electricity transmission

abaissement[M] de la tension[F]
voltage decrease

transport[M] vers les usagers[M]
transmission to consumers

intégration[F] de l'électricité[F] au réseau[M] de transport[M]
energy integration to the transmission network

seconde élévation[F] de la tension[F]
second voltage increase

première élévation[F] de la tension[F]
first voltage increase

ÉNERGIES

matière ^F

matter

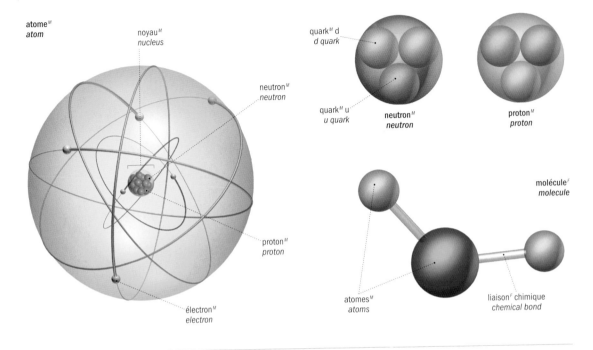

atome ^M
atom

noyau ^M
nucleus

neutron ^M
neutron

proton ^M
proton

électron ^M
electron

quark ^M d
d quark

quark ^M u
u quark

neutron ^M
neutron

proton ^M
proton

molécule ^F
molecule

atomes ^M
atoms

liaison ^F chimique
chemical bond

états ^M de la matière ^F
states of matter

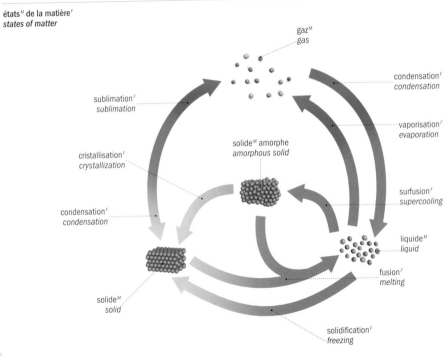

gaz ^M
gas

sublimation ^F
sublimation

condensation ^F
condensation

vaporisation ^F
evaporation

solide ^M amorphe
amorphous solid

cristallisation ^F
crystallization

surfusion ^F
supercooling

condensation ^F
condensation

liquide ^M
liquid

fusion ^F
melting

solide ^M
solid

solidification ^F
freezing

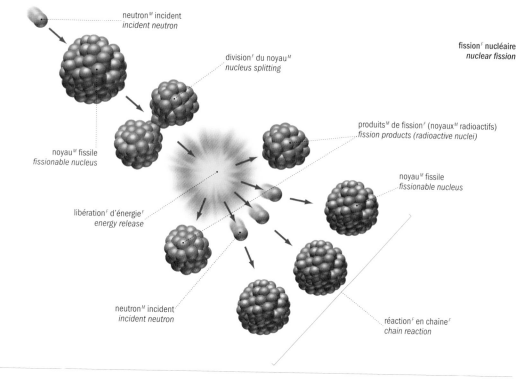

fission^f nucléaire
nuclear fission

neutron^M incident
incident neutron

division^f du noyau^M
nucleus splitting

produits^M de fission^f (noyaux^M radioactifs)
fission products (radioactive nuclei)

noyau^M fissile
fissionable nucleus

noyau^M fissile
fissionable nucleus

libération^f d'énergie^f
energy release

neutron^M incident
incident neutron

réaction^f en chaîne^f
chain reaction

transfert^M de la chaleur^f
heat transfer

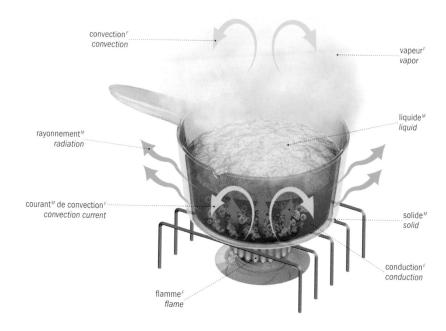

convection^f
convection

vapeur^f
vapor

rayonnement^M
radiation

liquide^M
liquid

courant^M de convection^f
convection current

solide^M
solid

conduction^f
conduction

flamme^f
flame

magnétisme^M

magnetism

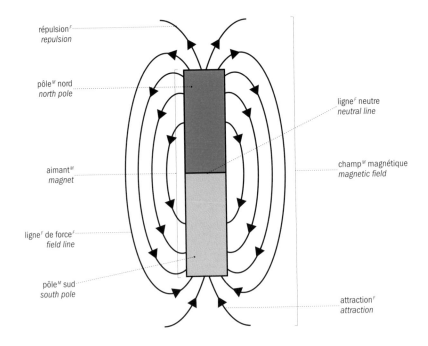

répulsion^F
repulsion

pôle^M nord
north pole

ligne^F neutre
neutral line

champ^M magnétique
magnetic field

aimant^M
magnet

ligne^F de force^F
field line

pôle^M sud
south pole

attraction^F
attraction

circuit^M électrique en parallèle^F

parallel electrical circuit

SCIENCE

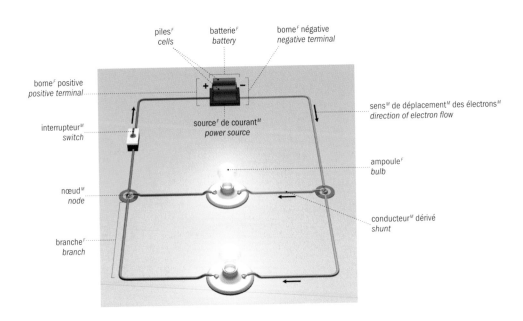

piles^F
cells

batterie^F
battery

borne^F négative
negative terminal

borne^F positive
positive terminal

sens^M de déplacement^M des électrons^M
direction of electron flow

interrupteur^M
switch

source^F de courant^M
power source

ampoule^F
bulb

nœud^M
node

conducteur^M dérivé
shunt

branche^F
branch

piles^F sèches
dry cells

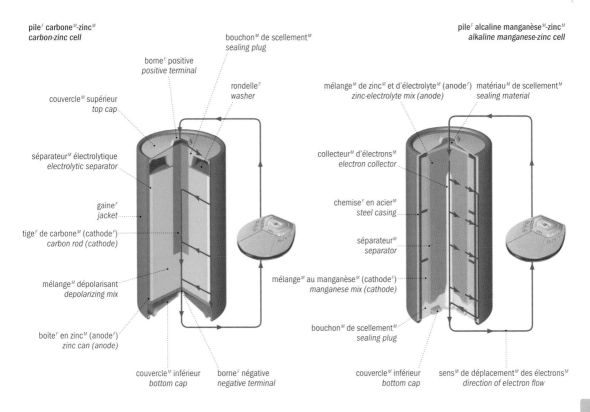

pile^F carbone^M-zinc^M
carbon-zinc cell

bouchon^M de scellement^M
sealing plug

borne^F positive
positive terminal

rondelle^F
washer

couvercle^M supérieur
top cap

séparateur^M électrolytique
electrolytic separator

gaine^F
jacket

tige^F de carbone^M (cathode^F)
carbon rod (cathode)

mélange^M dépolarisant
depolarizing mix

boîte^F en zinc^M (anode^F)
zinc can (anode)

couvercle^M inférieur
bottom cap

borne^F négative
negative terminal

pile^F alcaline manganèse^M-zinc^M
alkaline manganese-zinc cell

mélange^M de zinc^M et d'électrolyte^M (anode^F)
zinc-electrolyte mix (anode)

matériau^M de scellement^M
sealing material

collecteur^M d'électrons^M
electron collector

chemise^F en acier^M
steel casing

séparateur^M
separator

mélange^M au manganèse^M (cathode^F)
manganese mix (cathode)

bouchon^M de scellement^M
sealing plug

couvercle^M inférieur
bottom cap

sens^M de déplacement^M des électrons^M
direction of electron flow

électronique^F
electronics

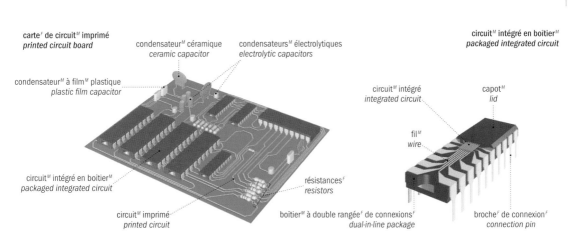

carte^F de circuit^M imprimé
printed circuit board

condensateur^M céramique
ceramic capacitor

condensateurs^M électrolytiques
electrolytic capacitors

circuit^M intégré en boîtier^M
packaged integrated circuit

condensateur^M à film^M plastique
plastic film capacitor

circuit^M intégré
integrated circuit

capot^M
lid

fil^M
wire

circuit^M intégré en boîtier^M
packaged integrated circuit

résistances^F
resistors

circuit^M imprimé
printed circuit

boîtier^M à double rangée^F de connexions^F
dual-in-line package

broche^F de connexion^F
connection pin

spectre^M électromagnétique

electromagnetic spectrum

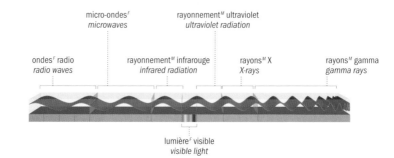

micro-ondes^F
microwaves

rayonnement^M ultraviolet
ultraviolet radiation

ondes^F radio
radio waves

rayonnement^M infrarouge
infrared radiation

rayons^M X
X-rays

rayons^M gamma
gamma rays

lumière^F visible
visible light

onde^F

wave

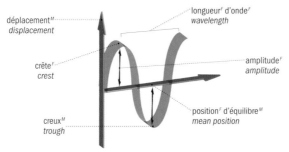

déplacement^M
displacement

longueur^F d'onde^F
wavelength

crête^F
crest

amplitude^F
amplitude

creux^M
trough

position^F d'équilibre^M
mean position

synthèse^F des couleurs^F

color synthesis

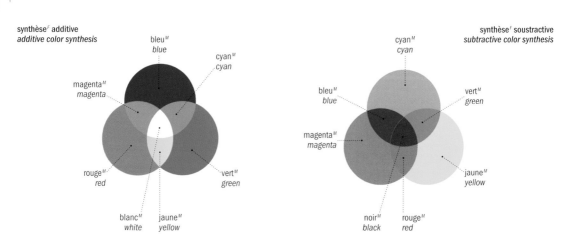

synthèse^F additive
additive color synthesis

bleu^M
blue

cyan^M
cyan

magenta^M
magenta

rouge^M
red

vert^M
green

blanc^M
white

jaune^M
yellow

synthèse^F soustractive
subtractive color synthesis

cyan^M
cyan

bleu^M
blue

vert^M
green

magenta^M
magenta

jaune^M
yellow

noir^M
black

rouge^M
red

vision^F

vision

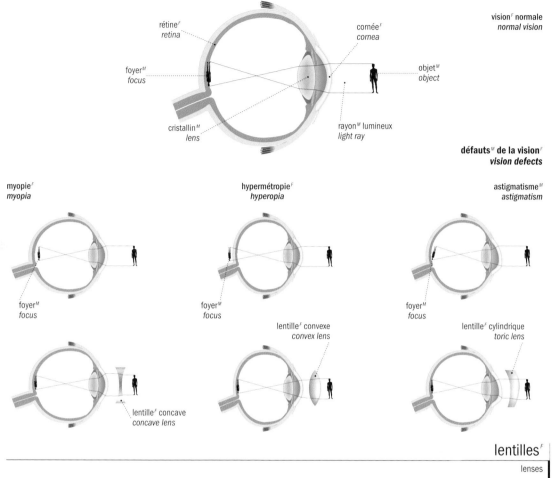

vision^F normale
normal vision

rétine^F
retina

cornée^F
cornea

foyer^M
focus

objet^M
object

cristallin^M
lens

rayon^M lumineux
light ray

défauts^M de la vision^F
vision defects

myopie^F
myopia

hypermétropie^F
hyperopia

astigmatisme^M
astigmatism

foyer^M
focus

foyer^M
focus

foyer^M
focus

lentille^F convexe
convex lens

lentille^F cylindrique
toric lens

lentille^F concave
concave lens

lentilles^F

lenses

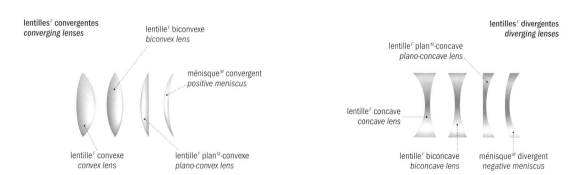

lentilles^F convergentes
converging lenses

lentille^F biconvexe
biconvex lens

ménisque^M convergent
positive meniscus

lentille^F convexe
convex lens

lentille^F plan^M-convexe
plano-convex lens

lentilles^F divergentes
diverging lenses

lentille^F plan^M-concave
plano-concave lens

lentille^F concave
concave lens

lentille^F biconcave
biconcave lens

ménisque^M divergent
negative meniscus

SCIENCE

laser^M à rubis^M pulsé

pulsed ruby laser

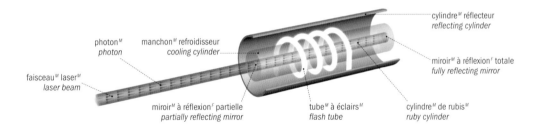

cylindre^M réflecteur
reflecting cylinder

photon^M
photon

manchon^M refroidisseur
cooling cylinder

miroir^M à réflexion^F totale
fully reflecting mirror

faisceau^M laser^M
laser beam

miroir^M à réflexion^F partielle
partially reflecting mirror

tube^M à éclairs^M
flash tube

cylindre^M de rubis^M
ruby cylinder

jumelles^F à prismes^M

prism binoculars

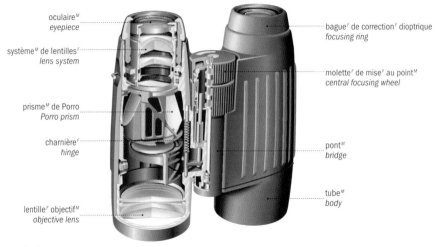

oculaire^M
eyepiece

système^M de lentilles^F
lens system

prisme^M de Porro
Porro prism

charnière^F
hinge

lentille^F objectif^M
objective lens

bague^F de correction^F dioptrique
focusing ring

molette^F de mise^F au point^M
central focusing wheel

pont^M
bridge

tube^M
body

lunette^F de visée^F

telescopic sight

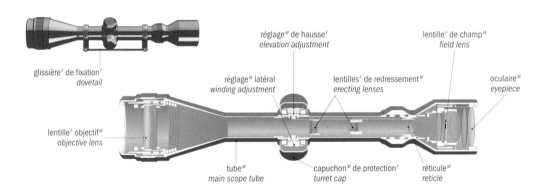

glissière^F de fixation^F
dovetail

réglage^M de hausse^F
elevation adjustment

lentille^F de champ^M
field lens

réglage^M latéral
winding adjustment

lentilles^F de redressement^M
erecting lenses

oculaire^M
eyepiece

lentille^F objectif^M
objective lens

tube^M
main scope tube

capuchon^M de protection^F
turret cap

réticule^M
reticle

loupe^F et microscopes^M

magnifying glass and microscopes

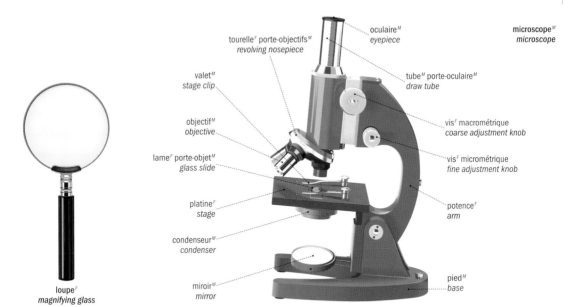

microscope^M
microscope

oculaire^M
eyepiece

tourelle^F porte-objectifs^M
revolving nosepiece

valet^M
stage clip

objectif^M
objective

lame^F porte-objet^M
glass slide

platine^F
stage

condenseur^M
condenser

miroir^M
mirror

tube^M porte-oculaire^M
draw tube

vis^F macrométrique
coarse adjustment knob

vis^F micrométrique
fine adjustment knob

potence^F
arm

pied^M
base

loupe^F
magnifying glass

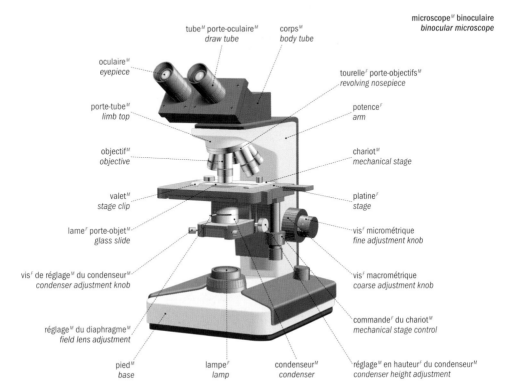

microscope^M binoculaire
binocular microscope

tube^M porte-oculaire^M
draw tube

corps^M
body tube

oculaire^M
eyepiece

tourelle^F porte-objectifs^M
revolving nosepiece

porte-tube^M
limb top

potence^F
arm

objectif^M
objective

chariot^M
mechanical stage

valet^M
stage clip

platine^F
stage

lame^F porte-objet^M
glass slide

vis^F micrométrique
fine adjustment knob

vis^F de réglage^M du condenseur^M
condenser adjustment knob

vis^F macrométrique
coarse adjustment knob

réglage^M du diaphragme^M
field lens adjustment

commande^F du chariot^M
mechanical stage control

pied^M
base

lampe^F
lamp

condenseur^M
condenser

réglage^M en hauteur^F du condenseur^M
condenser height adjustment

SCIENCE

mesure^F de la masse^F

measure of weight

balance^F à fléau^M
beam balance

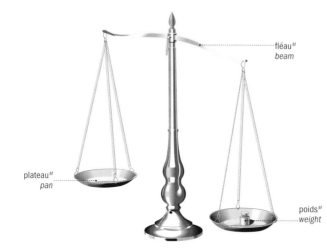

fléau^M
beam

plateau^M
pan

poids^M
weight

balance^F romaine
steelyard

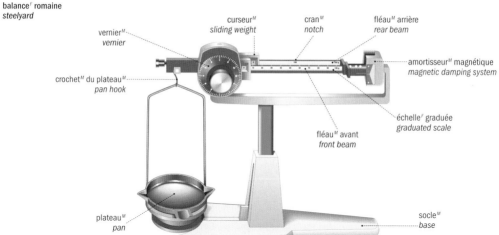

curseur^M
sliding weight

cran^M
notch

fléau^M arrière
rear beam

vernier^M
vernier

amortisseur^M magnétique
magnetic damping system

crochet^M du plateau^M
pan hook

échelle^F graduée
graduated scale

fléau^M avant
front beam

plateau^M
pan

socle^M
base

balance^F de Roberval
Roberval's balance

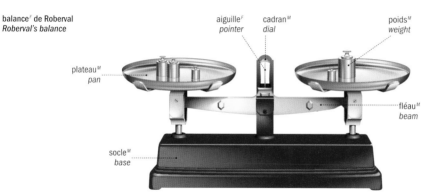

aiguille^F
pointer

cadran^M
dial

poids^M
weight

plateau^M
pan

fléau^M
beam

socle^M
base

SCIENCE

peson^M
spring balance

poids^M
weight

balance^F électronique
electronic scale

anneau^M
ring

prix^M à l'unité^F
unit price

index^M
pointer

afficheur^M
display

échelle^F graduée
graduated scale

plateau^M
platform

prix^M à payer
total

crochet^M
hook

touches^F de fonctions^F
function keys

code^M des produits^M
product code

clavier^M numérique
numeric keyboard

étiquette^F
printout

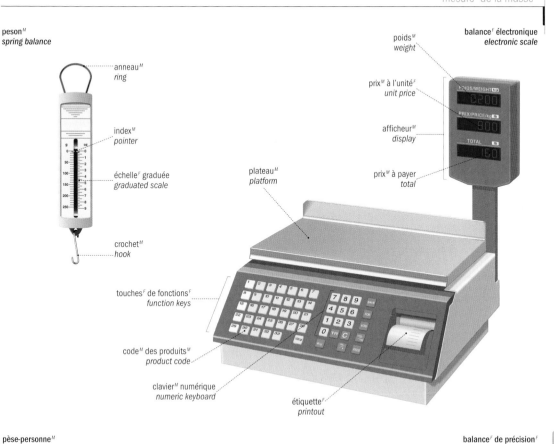

pèse-personne^M
bathroom scale

balance^F de précision^F
analytical balance

affichage^M numérique
digital display

cage^F vitrée
glass case

porte^F
door access

plateau^M
pan

plate-forme^F
weighing platform

vis^F calante
leveling screw

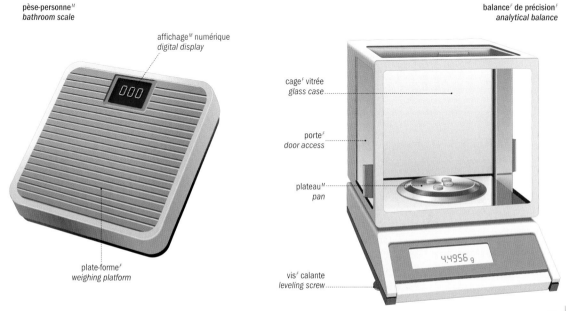

mesure^F de la température^F

measure of temperature

thermomètre^M
thermometer

échelle^F Fahrenheit
Fahrenheit scale

échelle^F Celsius
Celsius scale

°F
F degrees

°C
C degrees

colonne^F d'alcool^M
alcohol column

réservoir^M d'alcool^M
alcohol bulb

thermomètre^M médical
clinical thermometer

tube^M capillaire
capillary bore

chambre^F d'expansion^F
expansion chamber

graduation^F
scale

tige^F
stem

colonne^F de mercure^M
column of mercury

réservoir^M de mercure^M
mercury bulb

étranglement^M
constriction

mesure^F du temps^M

measure of time

chronomètre^M
stopwatch

anneau^M
ring

aiguille^F des minutes^F
minute hand

poussoir^M de mise^F en marche^F
start button

poussoir^M de remise^F à zéro^M
reset button

poussoir^M d'arrêt^M
stop button

trotteuse^F
second hand

aiguille^F des dixièmes^M de seconde^F
1/10th second hand

boîtier^M
case

montre^F à affichage^M analogique
analog watch

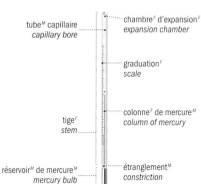

cadran^M
dial

couronne^F
crown

bracelet^M
strap

montre^F à affichage^M numérique
digital watch

cadran^M solaire
sundial

style^M
gnomon

ombre^F
shadow

cadran^M
dial

cristaux^M liquides
liquid-crystal display

SCIENCE

mesure^F de la longueur^F

measure of length

règle^F graduée
ruler

graduation^F
scale

mesure^F de l'épaisseur^F

measure of thickness

pied^M à coulisse^F à vernier^M
vernier caliper

vis^F de blocage^M
clamping screws

bloc^M de pression^F
clamping block

graduation^F de la règle^F
main scale

vernier^M
vernier

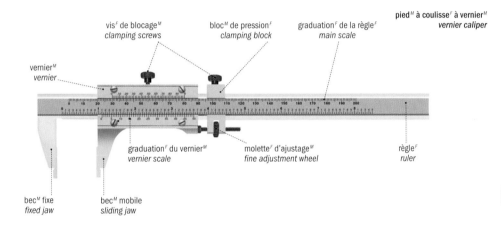

graduation^F du vernier^M
vernier scale

molette^F d'ajustage^M
fine adjustment wheel

règle^F
ruler

bec^M fixe
fixed jaw

bec^M mobile
sliding jaw

micromètre^M palmer^M
micrometer caliper

touche^F fixe
anvil

touche^F mobile
spindle

vis^F micrométrique
finely threaded screw

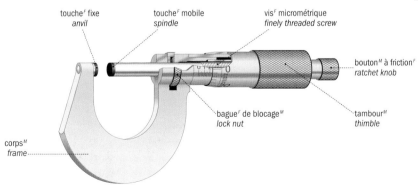

bouton^M à friction^F
ratchet knob

bague^F de blocage^M
lock nut

tambour^M
thimble

corps^M
frame

SCIENCE

système^M international d'unités^F

international system of units

mesure^F du courant^M électrique
measurement of electric current

mesure^F de la différence^F de potentiel^M électrique
measurement of electric potential difference

mesure^F de la résistance^F électrique
measurement of electric resistance

A
ampère^M
ampere

V
volt^M
volt

Ω
ohm^M
ohm

mesure^F de la charge^F électrique
measurement of electric charge

mesure^F de la puissance^F
measurement of power

mesure^F de la fréquence^F
measurement of frequency

mesure^F de l'intensité^F lumineuse
measurement of luminous intensity

mesure^F de l'énergie^F
measurement of energy

C
coulomb^M
coulomb

W
watt^M
watt

Hz
hertz^M
hertz

cd
candela^F
candela

J
joule^M
joule

mesure^F de la longueur^F
measurement of length

mesure^F de la masse^F
measurement of mass

mesure^F de la pression^F
measurement of pressure

mesure^F de la force^F
measurement of force

mesure^F du temps^M
measurement of time

m
mètre^M
meter

kg
kilogramme^M
kilogram

Pa
pascal^M
pascal

N
newton^M
newton

s
seconde^F
second

mesure^F de la quantité^F de matière^F
measurement of amount of substance

mesure^F de la radioactivité^F
measurement of radioactivity

mesure^F de la température^F Celsius
measurement of Celsius temperature

mesure^F de la température^F thermodynamique
measurement of thermodynamic temperature

mol
mole^F
mole

Bq
becquerel^M
becquerel

°C
degré^M Celsius
degree Celsius

K
kelvin^M
kelvin

biologie^F

biology

♀
femelle^F
female

mâle^M
male

Rh+
facteur^M Rhésus positif
blood factor positive

Rh-
facteur^M Rhésus négatif
blood factor negative

mort^F
death

✶
naissance^F
birth

SCIENCE

mathématiques^F

mathematics

—
soustraction^F
minus/negative

+
addition^F
plus/positive

X
multiplication^F
multiplied by

÷
division^F
divided by

=
égale
equals

≠
n'égale pas
is not equal to

≒
égale à peu près
is approximately equal to

⁓
équivaut à
is equivalent to

≡
est identique à
is identical with

≢
n'est pas identique à
is not identical with

±
plus ou moins
plus or minus

≤
égal ou plus petit que
is less than or equal to

>
plus grand que
is greater than

≥
égal ou plus grand que
is greater than or equal to

<
plus petit que
is less than

∅
ensemble^M vide
empty set

∪
réunion^F
union of two sets

∩
intersection^F
intersection of two sets

⊂
inclusion^F
is included in/is a subset of

%
pourcentage^M
percent

∈
appartenance^F
is an element of

∉
non-appartenance^F
is not an element of

Σ
sommation^F
sum

√
racine^F carrée de
square root of

½
fraction^F
fraction

∞
infini^M
infinity

∫
intégrale^F
integral

!
factorielle^F
factorial

chiffres^M romains
Roman numerals

I
un^M
one

V
cinq^M
five

X
dix^M
ten

L
cinquante^M
fifty

C
cent^M
one hundred

D
cinq cents^M
five hundred

M
mille^M
one thousand

SCIENCE

géométrie[F]

geometry

○

degré[M]
degree

'

minute[F]
minute

"

seconde[F]
second

π

pi[M]
pi

⊥

perpendiculaire[F]
perpendicular

∥

parallèle
is parallel to

⫫

non-parallèle
is not parallel to

∟

angle[M] droit
right angle

angle[M] obtus
obtuse angle

∠

angle[M] aigu
acute angle

formes[F] géométriques

geometrical shapes

exemples[M] d'angles[M]
examples of angles

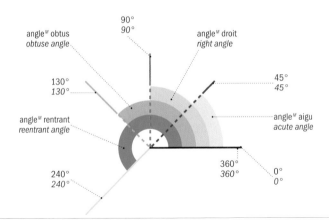

90°
90°

angle[M] obtus
obtuse angle

angle[M] droit
right angle

130°
130°

45°
45°

angle[M] rentrant
reentrant angle

angle[M] aigu
acute angle

240°
240°

360°
360°

0°
0°

surfaces[F]
plane surfaces

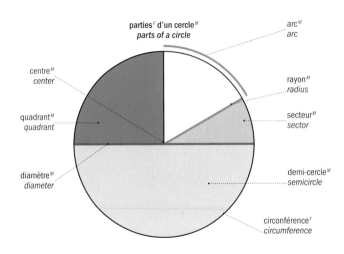

parties[F] d'un cercle[M]
parts of a circle

arc[M]
arc

centre[M]
center

rayon[M]
radius

quadrant[M]
quadrant

secteur[M]
sector

diamètre[M]
diameter

demi-cercle[M]
semicircle

circonférence[F]
circumference

polygones^M
polygons

triangle^M
triangle

carré^M
square

rectangle^M
rectangle

losange^M
rhombus

trapèze^M
trapezoid

parallélogramme^M
parallelogram

quadrilatère^M
quadrilateral

pentagone^M régulier
regular pentagon

hexagone^M régulier
regular hexagon

heptagone^M régulier
regular heptagon

octogone^M régulier
regular octagon

ennéagone^M régulier
regular nonagon

décagone^M régulier
regular decagon

hendécagone^M régulier
regular hendecagon

dodécagone^M régulier
regular dodecagon

volumes^M
solids

SCIENCE

hélice^F
helix

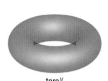

tore^M
torus

hémisphère^M
hemisphere

sphère^F
sphere

cube^M
cube

cône^M
cone

pyramide^F
pyramid

cylindre^M
cylinder

parallélépipède^M
parallelepiped

octaèdre^M régulier
regular octahedron

agglomération^F

agglomeration

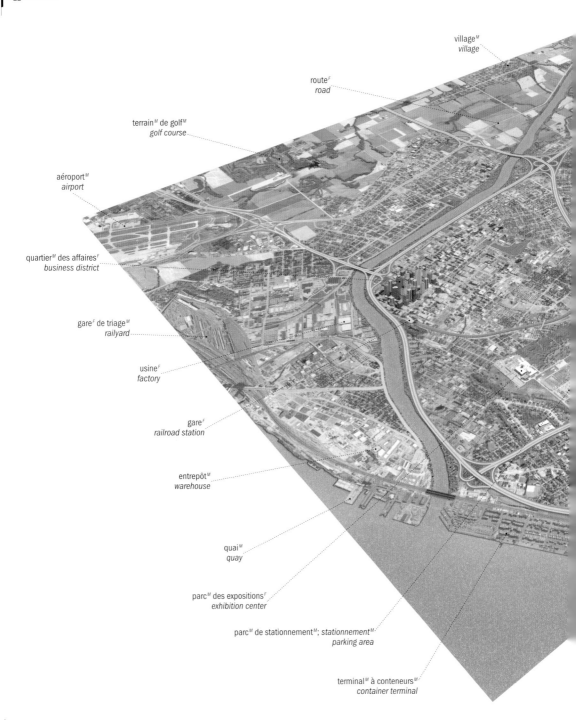

village^M
village

route^F
road

terrain^M de golf^M
golf course

aéroport^M
airport

quartier^M des affaires^F
business district

gare^F de triage^M
railyard

usine^F
factory

gare^F
railroad station

entrepôt^M
warehouse

quai^M
quay

parc^M des expositions^F
exhibition center

parc^M de stationnement^M; stationnement^M
parking area

terminal^M à conteneurs^M
container terminal

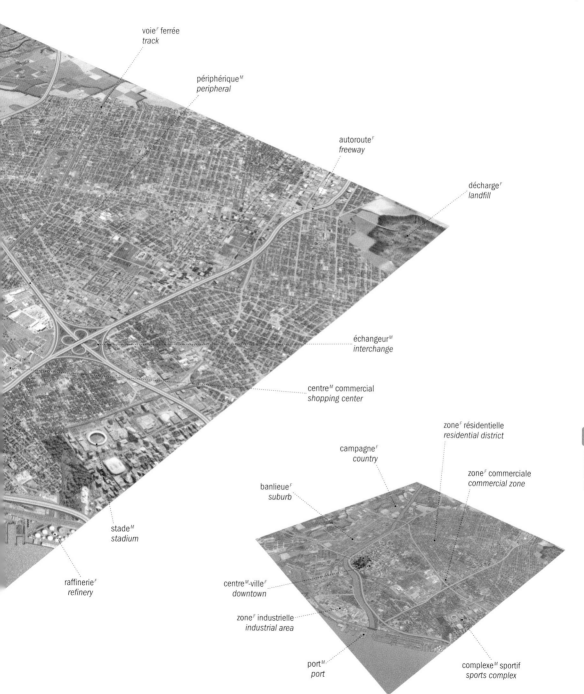

voie^F ferrée
track

périphérique^M
peripheral

autoroute^F
freeway

décharge^F
landfill

échangeur^M
interchange

centre^M commercial
shopping center

zone^F résidentielle
residential district

campagne^F
country

zone^F commerciale
commercial zone

banlieue^F
suburb

stade^M
stadium

raffinerie^F
refinery

centre^M-ville^F
downtown

zone^F industrielle
industrial area

port^M
port

complexe^M sportif
sports complex

SOCIÉTÉ

431

centre^M-ville^F

downtown

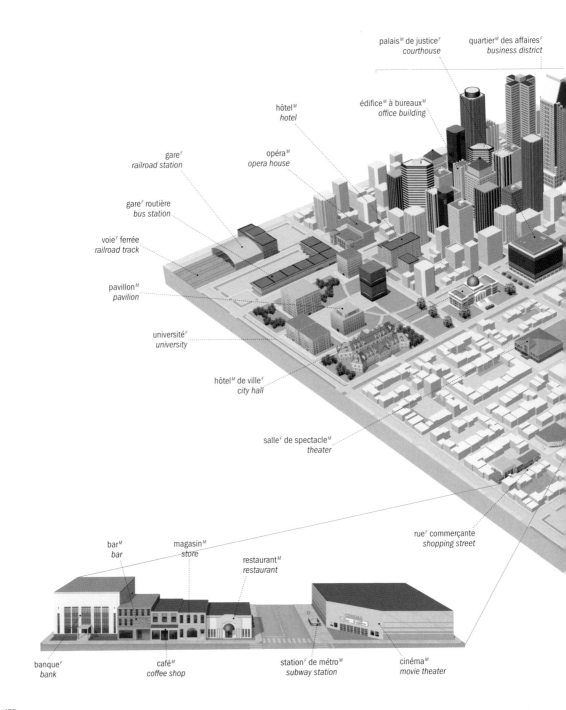

palais^M de justice^F
courthouse

quartier^M des affaires^F
business district

hôtel^M
hotel

édifice^M à bureaux^M
office building

gare^F
railroad station

opéra^M
opera house

gare^F routière
bus station

voie^F ferrée
railroad track

pavillon^M
pavilion

université^F
university

hôtel^M de ville^F
city hall

salle^F de spectacle^M
theater

rue^F commerçante
shopping street

bar^M
bar

magasin^M
store

restaurant^M
restaurant

banque^F
bank

café^M
coffee shop

station^F de métro^M
subway station

cinéma^M
movie theater

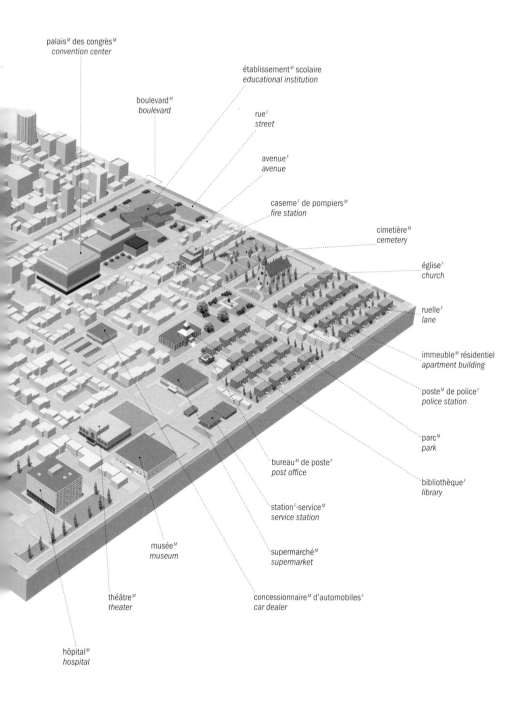

palais^M des congrès^M
convention center

établissement^M scolaire
educational institution

boulevard^M
boulevard

rue^F
street

avenue^F
avenue

caserne^F de pompiers^M
fire station

cimetière^M
cemetery

église^F
church

ruelle^F
lane

immeuble^M résidentiel
apartment building

poste^M de police^F
police station

parc^M
park

bibliothèque^F
library

bureau^M de poste^F
post office

station^F-service^M
service station

musée^M
museum

supermarché^M
supermarket

théâtre^M
theater

concessionnaire^M d'automobiles^F
car dealer

hôpital^M
hospital

SOCIÉTÉ

coupe^F d'une rue^F

cross section of a street

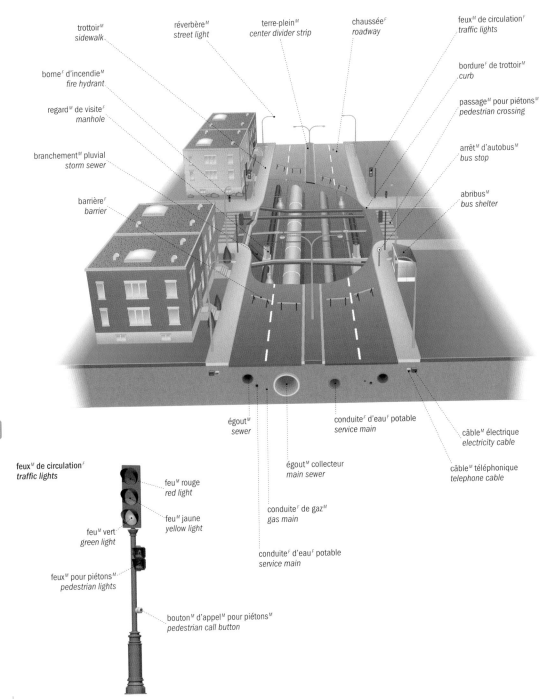

trottoir^M
sidewalk

réverbère^M
street light

terre-plein^M
center divider strip

chaussée^F
roadway

feux^M de circulation^F
traffic lights

borne^F d'incendie^M
fire hydrant

bordure^F de trottoir^M
curb

regard^M de visite^F
manhole

passage^M pour piétons^M
pedestrian crossing

branchement^M pluvial
storm sewer

arrêt^M d'autobus^M
bus stop

barrière^F
barrier

abribus^M
bus shelter

égout^M
sewer

conduite^F d'eau^F potable
service main

câble^M électrique
electricity cable

égout^M collecteur
main sewer

câble^M téléphonique
telephone cable

feux^M de circulation^F
traffic lights

feu^M rouge
red light

feu^M jaune
yellow light

conduite^F de gaz^M
gas main

feu^M vert
green light

feux^M pour piétons^M
pedestrian lights

conduite^F d'eau^F potable
service main

bouton^M d'appel^M pour piétons^M
pedestrian call button

SOCIÉTÉ

édifice^M à bureaux^M

office building

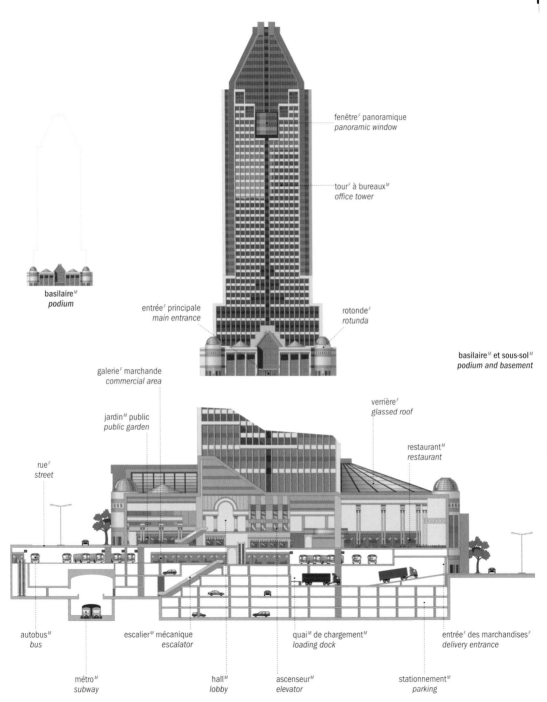

fenêtre^F panoramique
panoramic window

tour^F à bureaux^M
office tower

basilaire^M
podium

entrée^F principale
main entrance

rotonde^F
rotunda

basilaire^M et sous-sol^M
podium and basement

galerie^F marchande
commercial area

jardin^M public
public garden

verrière^F
glassed roof

restaurant^M
restaurant

rue^F
street

autobus^M
bus

escalier^M mécanique
escalator

quai^M de chargement^M
loading dock

entrée^F des marchandises^F
delivery entrance

métro^M
subway

hall^M
lobby

ascenseur^M
elevator

stationnement^M
parking

SOCIÉTÉ

centre^M commercial

shopping center

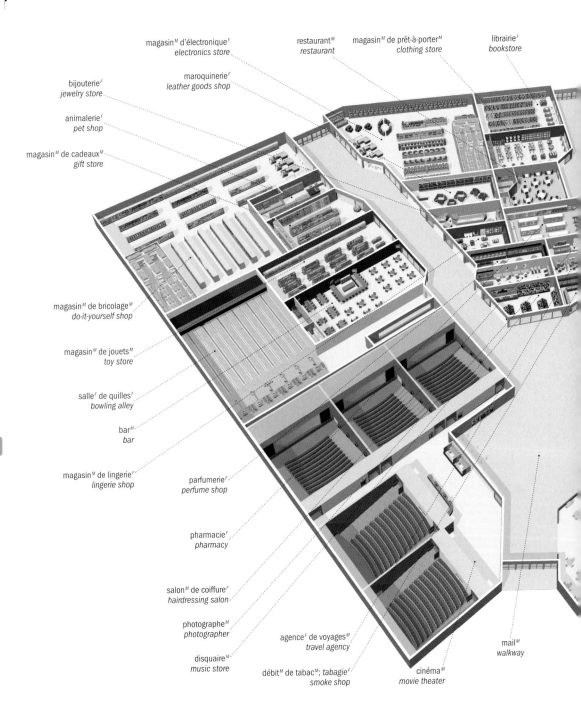

magasin^M d'électronique^F
electronics store

restaurant^M
restaurant

magasin^M de prêt-à-porter^M
clothing store

librairie^F
bookstore

maroquinerie^F
leather goods shop

bijouterie^F
jewelry store

animalerie^F
pet shop

magasin^M de cadeaux^M
gift store

magasin^M de bricolage^M
do-it-yourself shop

magasin^M de jouets^M
toy store

salle^F de quilles^F
bowling alley

bar^M
bar

magasin^M de lingerie^F
lingerie shop

parfumerie^F
perfume shop

pharmacie^F
pharmacy

salon^M de coiffure^F
hairdressing salon

photographe^M
photographer

agence^F de voyages^M
travel agency

disquaire^M
music store

débit^M de tabac^M; tabagie^F
smoke shop

cinéma^M
movie theater

mail^M
walkway

SOCIÉTÉ

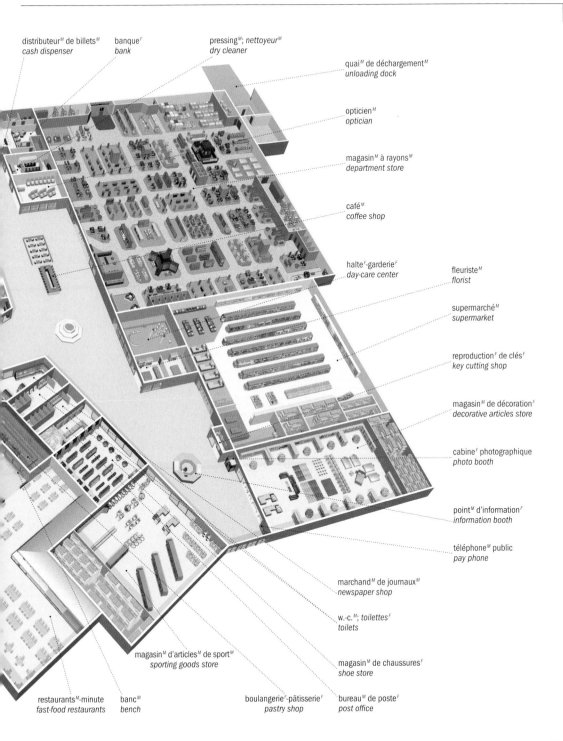

distributeur^M de billets^M
cash dispenser

banque^F
bank

pressing^M; nettoyeur^M
dry cleaner

quai^M de déchargement^M
unloading dock

opticien^M
optician

magasin^M à rayons^M
department store

café^M
coffee shop

halte^F-garderie^F
day-care center

fleuriste^M
florist

supermarché^M
supermarket

reproduction^F de clés^F
key cutting shop

magasin^M de décoration^F
decorative articles store

cabine^F photographique
photo booth

point^M d'information^F
information booth

téléphone^M public
pay phone

marchand^M de journaux^M
newspaper shop

w.-c.^M; toilettes^F
toilets

magasin^M de chaussures^F
shoe store

magasin^M d'articles^M de sport^M
sporting goods store

restaurants^M-minute
fast-food restaurants

banc^M
bench

boulangerie^F-pâtisserie^F
pastry shop

bureau^M de poste^F
post office

SOCIÉTÉ

restaurant^M

restaurant

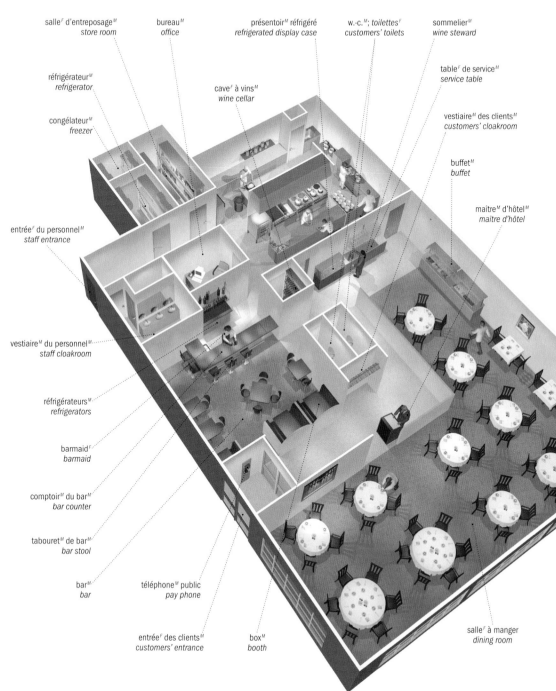

salle^F d'entreposage^M
store room

bureau^M
office

présentoir^M réfrigéré
refrigerated display case

w.-c.^M; toilettes^F
customers' toilets

sommelier^M
wine steward

réfrigérateur^M
refrigerator

cave^F à vins^M
wine cellar

table^F de service^M
service table

congélateur^M
freezer

vestiaire^M des clients^M
customers' cloakroom

buffet^M
buffet

entrée^F du personnel^M
staff entrance

maître^M d'hôtel^M
maître d'hôtel

vestiaire^M du personnel^M
staff cloakroom

réfrigérateurs^M
refrigerators

barmaid^F
barmaid

comptoir^M du bar^M
bar counter

tabouret^M de bar^M
bar stool

bar^M
bar

téléphone^M public
pay phone

entrée^F des clients^M
customers' entrance

box^M
booth

salle^F à manger
dining room

hôtel^M

niveau^M de la réception^F
reception level

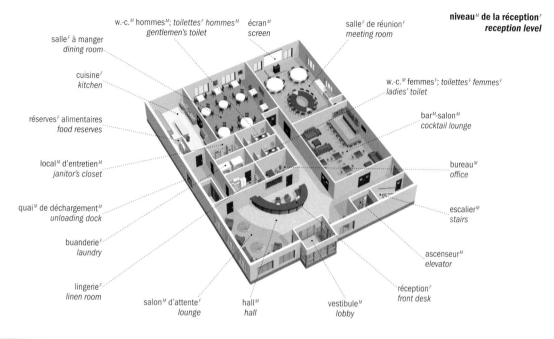

w.-c.^M hommes^M; toilettes^F hommes^M
gentlemen's toilet

écran^M
screen

salle^F de réunion^F
meeting room

salle^F à manger
dining room

cuisine^F
kitchen

w.-c.^M femmes^F; toilettes^F femmes^F
ladies' toilet

réserves^F alimentaires
food reserves

bar^M-salon^M
cocktail lounge

local^M d'entretien^M
janitor's closet

bureau^M
office

quai^M de déchargement^M
unloading dock

escalier^M
stairs

buanderie^F
laundry

ascenseur^M
elevator

lingerie^F
linen room

réception^F
front desk

salon^M d'attente^F
lounge

hall^M
hall

vestibule^M
lobby

chambres^F d'hôtel^M
hotel rooms

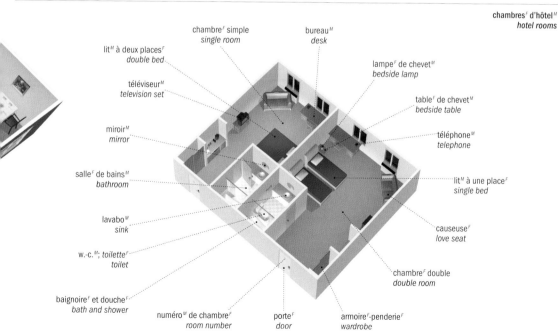

chambre^F simple
single room

bureau^M
desk

lit^M à deux places^F
double bed

lampe^F de chevet^M
bedside lamp

téléviseur^M
television set

table^F de chevet^M
bedside table

miroir^M
mirror

téléphone^M
telephone

salle^F de bains^M
bathroom

lit^M à une place^F
single bed

lavabo^M
sink

causeuse^F
love seat

w.-c.^M; toilette^F
toilet

chambre^F double
double room

baignoire^F et douche^F
bath and shower

numéro^M de chambre^F
room number

porte^F
door

armoire^F-penderie^F
wardrobe

SOCIÉTÉ

tribunal^M

court

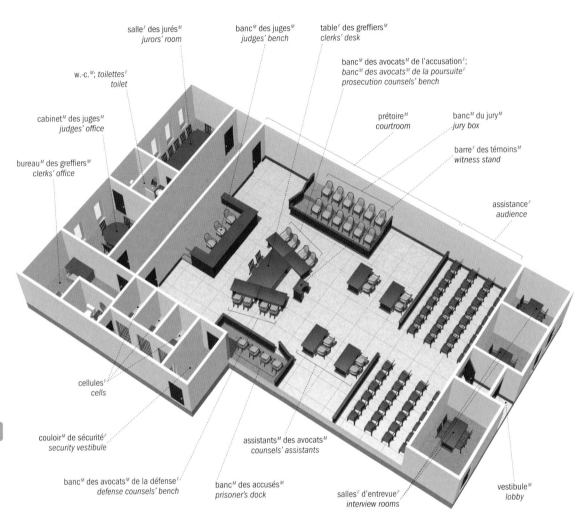

salle^F des jurés^M
jurors' room

banc^M des juges^M
judges' bench

table^F des greffiers^M
clerks' desk

banc^M des avocats^M de l'accusation^F;
banc^M des avocats^M de la poursuite^F
prosecution counsels' bench

w.-c.^M; toilettes^F
toilet

prétoire^M
courtroom

banc^M du jury^M
jury box

cabinet^M des juges^M
judges' office

barre^F des témoins^M
witness stand

bureau^M des greffiers^M
clerks' office

assistance^F
audience

cellules^F
cells

couloir^M de sécurité^F
security vestibule

assistants^M des avocats^M
counsels' assistants

banc^M des avocats^M de la défense^F
defense counsels' bench

banc^M des accusés^M
prisoner's dock

salles^F d'entrevue^F
interview rooms

vestibule^M
lobby

exemples^M d'unités^F monétaires

examples of currency abbreviations

dollar^M
dollar

cent^M
cent

roupie^F
rupee

euro^M
euro

nouveau shekel^M
new shekel

peso^M
peso

yen^M
yen

livre^F
pound

monnaie^F et modes^M de paiement^M

money and modes of payment

pièce^F : avers^M
coin: obverse

initiales^F de la banque^F émettrice
initials of the issuing bank

fil^M de sécurité^F
security thread

billet^M de banque^F : recto^M
banknote: front

bande^F métallisée holographique
hologram foil strip

millésime^M
date

signature^F officielle
official signature

filigrane^M
watermark

encre^F à couleur^F changeante
color shifting ink

tranche^F
edge

effigie^F
portrait

numéro^M de série^F
serial number

pièce^F : revers^M
coin: reverse

drapeau^M de l'Union^F Européenne
flag of the European Union

billet^M de banque^F : verso^M
banknote: back

numéro^M de série^F
serial number

couronne^F
outer ring

valeur^F
denomination

devise^F
motto

valeur^F
denomination

nom^M de la monnaie^F
name of the currency

bande^F magnétique
magnetic stripe

carte^F de crédit^M
credit card

signature^F du titulaire^M
cardholder's signature

PHILIP SHUMAN

::BLE

chèques^M
checks

numéro^M de carte^F
card number

chèque^M de voyage^M
traveler's check

nom^M du titulaire^M
cardholder's name

date^F d'expiration^F
expiration date

banque^F

bank

distributeur^M de billets^M
cash dispenser

bureau^M de formation^F professionnelle
professional training office

aire^F d'attente^F
waiting area

services^M d'assurance^F
insurance services

présentoir^M de brochures^F
brochure rack

reprographie^F
photocopier

services^M financiers
financial services

comptoir^M de renseignements^M
information desk

salle^F de conférences^F
conference room

guichet^M automatique bancaire
automatic teller machine (ATM)

accueil^M
reception desk

services^M de crédit^M
loan services

touches^F d'opérations^F
operation keys

fente^F de dépôt^M
deposit slot

salle^F de réunion^F
meeting room

écran^M
display

fente^F du lecteur^M de carte^F
card reader slot

fente^F de relevé^M d'opération^F
transaction record slot

clavier^M alphanumérique
alphanumeric keyboard

grille^F de sécurité^F
security grille

sortie^F des billets^M
bill presenter

fente^F de mise^F à jour^F du livret^M bancaire
passbook update slot

vestibule^M
lobby

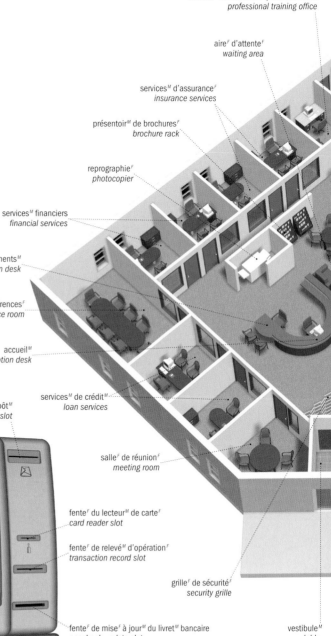

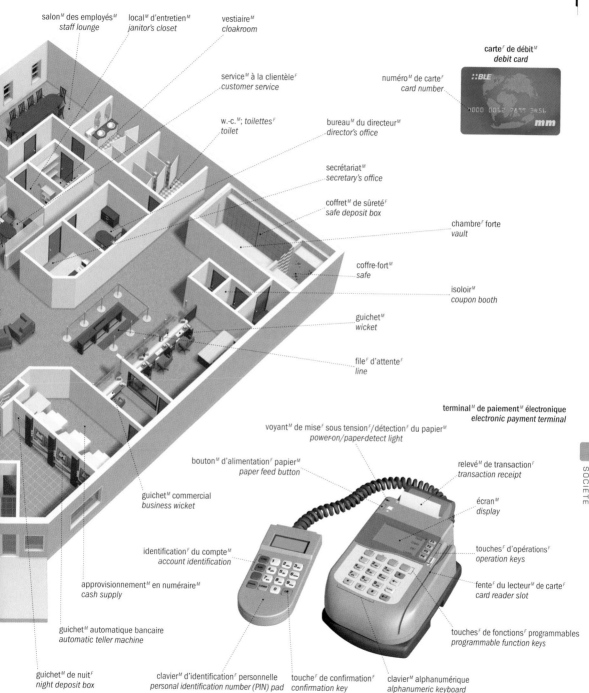

salon^M des employés^M
staff lounge

local^M d'entretien^M
janitor's closet

vestiaire^M
cloakroom

service^M à la clientèle^F
customer service

carte^F de débit^M
debit card

numéro^M de carte^F
card number

w.-c.^M; toilettes^F
toilet

bureau^M du directeur^M
director's office

secrétariat^M
secretary's office

coffret^M de sûreté^F
safe deposit box

chambre^F forte
vault

coffre-fort^M
safe

isoloir^M
coupon booth

guichet^M
wicket

file^F d'attente^F
line

terminal^M de paiement^M électronique
electronic payment terminal

voyant^M de mise^F sous tension^F/détection^F du papier^M
power-on/paper-detect light

bouton^M d'alimentation^F papier^M
paper feed button

relevé^M de transaction^F
transaction receipt

guichet^M commercial
business wicket

écran^M
display

identification^F du compte^M
account identification

touches^F d'opérations^F
operation keys

approvisionnement^M en numéraire^M
cash supply

fente^F du lecteur^M de carte^F
card reader slot

guichet^M automatique bancaire
automatic teller machine

touches^F de fonctions^F programmables
programmable function keys

guichet^M de nuit^F
night deposit box

clavier^M d'identification^F personnelle
personal identification number (PIN) pad

touche^F de confirmation^F
confirmation key

clavier^M alphanumérique
alphanumeric keyboard

SOCIÉTÉ

école^F

school

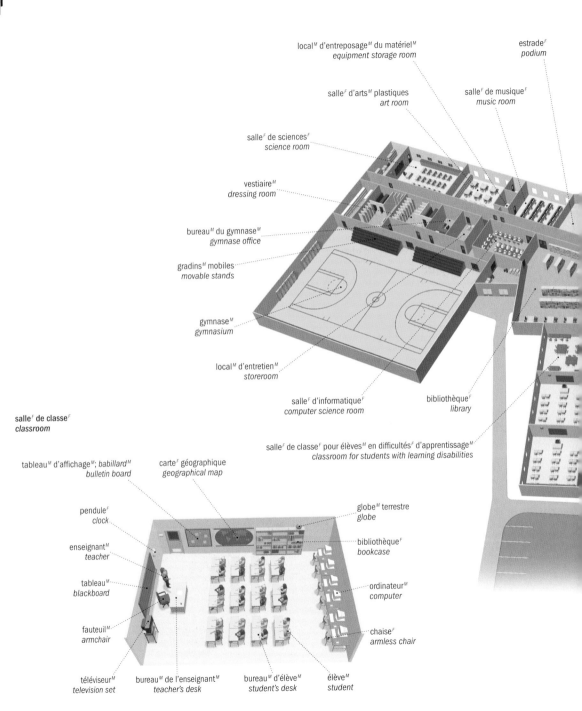

local^M d'entreposage^M du matériel^M
equipment storage room

estrade^F
podium

salle^F d'arts^M plastiques
art room

salle^F de musique^F
music room

salle^F de sciences^F
science room

vestiaire^M
dressing room

bureau^M du gymnase^M
gymnase office

gradins^M mobiles
movable stands

gymnase^M
gymnasium

local^M d'entretien^M
storeroom

salle^F d'informatique^F
computer science room

bibliothèque^F
library

salle^F de classe^F pour élèves^M en difficultés^F d'apprentissage^M
classroom for students with learning disabilities

salle^F de classe^F
classroom

tableau^M d'affichage^M; babillard^M
bulletin board

carte^F géographique
geographical map

pendule^F
clock

globe^M terrestre
globe

enseignant^M
teacher

bibliothèque^F
bookcase

tableau^M
blackboard

ordinateur^M
computer

fauteuil^M
armchair

chaise^F
armless chair

téléviseur^M
television set

bureau^M de l'enseignant^M
teacher's desk

bureau^M d'élève^M
student's desk

élève^M
student

cafétéria^F
cafeteria

cuisine^F
kitchen

bureau^M des surveillants^M
supervisor's office

casiers^M des élèves^M
students' lockers

entrée^F principale
main entrance

w.-c.^M; toilettes^F
toilet

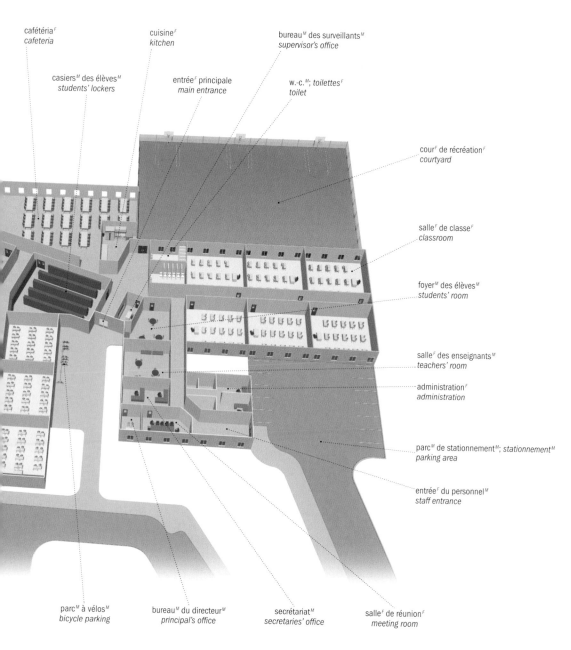

cour^F de récréation^F
courtyard

salle^F de classe^F
classroom

foyer^M des élèves^M
students' room

salle^F des enseignants^M
teachers' room

administration^F
administration

parc^M de stationnement^M; stationnement^M
parking area

entrée^F du personnel^M
staff entrance

parc^M à vélos^M
bicycle parking

bureau^M du directeur^M
principal's office

secrétariat^M
secretaries' office

salle^F de réunion^F
meeting room

église^F

church

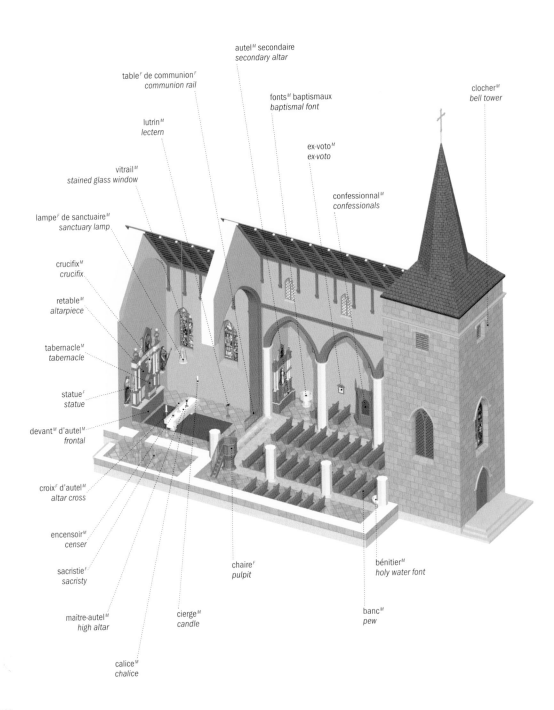

table^F de communion^F
communion rail

autel^M secondaire
secondary altar

fonts^M baptismaux
baptismal font

clocher^M
bell tower

lutrin^M
lectern

ex-voto^M
ex-voto

vitrail^M
stained glass window

confessionnal^M
confessionals

lampe^F de sanctuaire^M
sanctuary lamp

crucifix^M
crucifix

retable^M
altarpiece

tabernacle^M
tabernacle

statue^F
statue

devant^M d'autel^M
frontal

croix^F d'autel^M
altar cross

encensoir^M
censer

sacristie^F
sacristy

maître-autel^M
high altar

cierge^M
candle

chaire^F
pulpit

bénitier^M
holy water font

banc^M
pew

calice^M
chalice

synagogue^F

synagogue

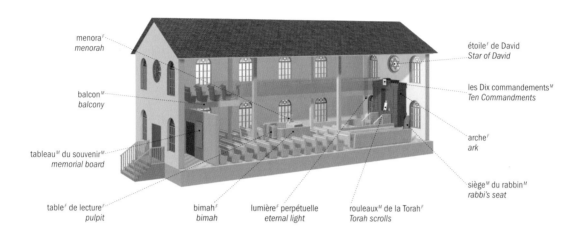

menora^F
menorah

balcon^M
balcony

tableau^M du souvenir^M
memorial board

table^F de lecture^F
pulpit

bimah^F
bimah

lumière^F perpétuelle
eternal light

rouleaux^M de la Torah^F
Torah scrolls

étoile^F de David
Star of David

les Dix commandements^M
Ten Commandments

arche^F
ark

siège^M du rabbin^M
rabbi's seat

mosquée^F

mosque

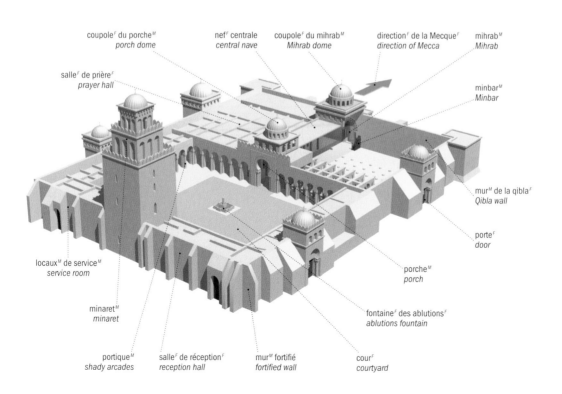

coupole^F du porche^M
porch dome

nef^F centrale
central nave

coupole^F du mihrab^M
Mihrab dome

direction^F de la Mecque^F
direction of Mecca

mihrab^M
Mihrab

salle^F de prière^F
prayer hall

minbar^M
Minbar

mur^M de la qibla^F
Qibla wall

porte^F
door

porche^M
porch

locaux^M de service^M
service room

fontaine^F des ablutions^F
ablutions fountain

minaret^M
minaret

portique^M
shady arcades

salle^F de réception^F
reception hall

mur^M fortifié
fortified wall

cour^F
courtyard

SOCIÉTÉ

drapeaux^M

flags

Amériques^F
Americas

1 Canada^M
Canada

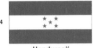

2 États-Unis^M d'Amérique^F
United States of America

3 Mexique^M
Mexico

4 Honduras^M
Honduras

5 Guatemala^M
Guatemala

6 Belize^M
Belize

7 El Salvador^M
El Salvador

8 Nicaragua^M
Nicaragua

9 Costa Rica^M
Costa Rica

10 Panama^M
Panama

11 Colombie^F
Colombia

12 Venezuela^M
Venezuela

13 Guyana^F
Guyana

14 Suriname^M
Suriname

15 Équateur^M
Ecuador

16 Pérou^M
Peru

17 Brésil^M
Brazil

18 Bolivie^F
Bolivia

19 Paraguay^M
Paraguay

20 Chili^M
Chile

21 Argentine^F
Argentina

22 Uruguay^M
Uruguay

Antilles^F
Caribbean Islands

23 Bahamas^F
Bahamas

24 Cuba^F
Cuba

25 Jamaïque^F
Jamaica

26 Haïti^M
Haiti

SOCIÉTÉ

27
Saint-Kitts-et-Nevis^M
Saint Kitts and Nevis

28
Antigua-et-Barbuda^F
Antigua and Barbuda

29
Dominique^F
Dominica

30
Sainte-Lucie^F
Saint Lucia

31
Saint-Vincent^M-et-les Grenadines^F
Saint Vincent and the Grenadines

32
République^F dominicaine
Dominican Republic

33
Barbade^F
Barbados

34
Grenade^F
Grenada

35
Trinité-et-Tobago^F
Trinidad and Tobago

36
Andorre^F
Andorra

37
Portugal^M
Portugal

38
Espagne^F
Spain

39
Royaume-Uni^M de Grande-Bretagne^F et d'Irlande^F du Nord^M
United Kingdom of Great Britain and Northern Ireland

Europe^F
Europe

40
France^F
France

41
Irlande^F
Ireland

42
Belgique^F
Belgium

43
Luxembourg^M
Luxembourg

44
Pays-Bas^M
Netherlands

SOCIÉTÉ

drapeaux^M

45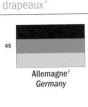
Allemagne^F
Germany

46
Liechtenstein^M
Liechtenstein

47
Suisse^F
Switzerland

48
Autriche^F
Austria

49
Italie^F
Italy

50
Saint-Marin^M
San Marino

51
État^M de la cité^F du Vatican^M
Vatican City State

52
Monaco^M
Monaco

53
Malte^F
Malta

54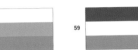
Chypre^F
Cyprus

55
Grèce^F
Greece

56
Albanie^F
Albania

57
Ex-République^F yougoslave de Macédoine^F
The Former Yugoslav Republic of Macedonia

58
Bulgarie^F
Bulgaria

59
Yougoslavie^F
Yugoslavia

60
Bosnie-Herzégovine^F
Bosnia and Herzegovina

61
Croatie^F
Croatia

62
Slovénie^F
Slovenia

63
Hongrie^F
Hungary

64
Roumanie^F
Romania

65
Slovaquie^F
Slovakia

66
République^F tchèque
Czech Republic

67
Pologne^F
Poland

68
Danemark^M
Denmark

69
Islande^F
Iceland

70
Norvège^F
Norway

71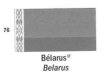
Lituanie^F
Lithuania

72
Suède^F
Sweden

73
Finlande^F
Finland

74
Estonie^F
Estonia

75
Lettonie^F
Latvia

76
Bélarus^M
Belarus

77
Ukraine^F
Ukraine

78
République^F de Moldova
Republic of Moldova

79
Fédération^F de Russie^F
Russian Federation

SOCIÉTÉ

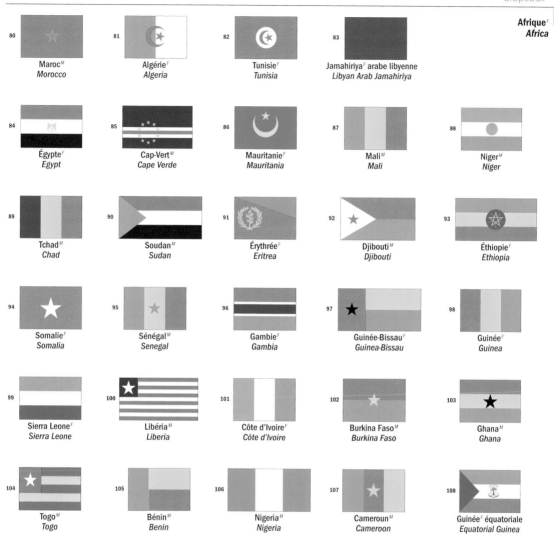

Afrique^F
Africa

80 Maroc^M
Morocco

81 Algérie^F
Algeria

82 Tunisie^F
Tunisia

83 Jamahiriya^F arabe libyenne
Libyan Arab Jamahiriya

84 Égypte^F
Egypt

85 Cap-Vert^M
Cape Verde

86 Mauritanie^F
Mauritania

87 Mali^M
Mali

88 Niger^M
Niger

89 Tchad^M
Chad

90 Soudan^M
Sudan

91 Érythrée^F
Eritrea

92 Djibouti^M
Djibouti

93 Éthiopie^F
Ethiopia

94 Somalie^F
Somalia

95 Sénégal^M
Senegal

96 Gambie^F
Gambia

97 Guinée-Bissau^F
Guinea-Bissau

98 Guinée^F
Guinea

99 Sierra Leone^F
Sierra Leone

100 Libéria^M
Liberia

101 Côte d'Ivoire^F
Côte d'Ivoire

102 Burkina Faso^M
Burkina Faso

103 Ghana^M
Ghana

104 Togo^M
Togo

105 Bénin^M
Benin

106 Nigeria^M
Nigeria

107 Cameroun^M
Cameroon

108 Guinée^F équatoriale
Equatorial Guinea

109 République^F centrafricaine
Central African Republic

110 São Tomé-et-Principe^M
Sao Tome and Principe

111 Gabon^M
Gabon

112 Congo^M
Congo

113 République^F démocratique du Congo^M
Democratic Republic of the Congo

114 Rwanda^M
Rwanda

115 Ouganda^M
Uganda

116 Kenya^M
Kenya

117 Burundi^M
Burundi

118 République^F-Unie de Tanzanie^F
United Republic of Tanzania

SOCIÉTÉ

drapeaux^M

119 Mozambique^M
Mozambique

120 Swaziland^M
Swaziland

121 Comores^F
Comoros

122 Zambie^F
Zambia

123 Madagascar^F
Madagascar

124 Seychelles^F
Seychelles

125 Maurice^F
Mauritius

126 Malawi^M
Malawi

127 Zimbabwe^M
Zimbabwe

128 Angola^M
Angola

129 Namibie^F
Namibia

130 Botswana^M
Botswana

131 Lesotho^M
Lesotho

132 Afrique^F du Sud^M
South Africa

Asie^F
Asia

133 Turquie^F
Turkey

134 Liban^M
Lebanon

135 République^F arabe syrienne
Syrian Arab Republic

136 Israël^M
Israel

137 Jordanie^F
Jordan

138 Iraq^M
Iraq

139 Koweït^M
Kuwait

140 Arabie^F saoudite
Saudi Arabia

141 Bahreïn^M
Bahrain

142 Yémen^M
Yemen

143 Oman^M
Oman

144 Émirats^M arabes unis
United Arab Emirates

145 Qatar^M
Qatar

146 Géorgie^F
Georgia

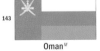

147 Arménie^F
Armenia

148 Azerbaïdjan^M
Azerbaijan

149 Iran^M
Iran

150 Afghanistan^M
Afghanistan

151 Kazakhstan^M
Kazakhstan

152 Turkménistan^M
Turkmenistan

153 Ouzbékistan^M
Uzbekistan

154 Kirghizistan^M
Kyrgyzstan

155 Tadjikistan^M
Tajikistan

156 Pakistan^M
Pakistan

SOCIÉTÉ

drapeaux^M

157
Maldives^F
Maldives

158
Inde^F
India

159
Sri Lanka^M
Sri Lanka

160
Népal^M
Nepal

161
Chine^F
China

162
Mongolie^F
Mongolia

163
Bhoutan^M
Bhutan

164
Bangladesh^M
Bangladesh

165
Myanmar^M
Myanmar

166
République^F démocratique populaire lao
Lao People's Democratic Republic

167
Thaïlande^F
Thailand

168
Viet Nam^M
Viet Nam

169
Cambodge^M
Cambodia

170
Brunéi Darussalam^M
Brunei Darussalam

171
Malaisie^F
Malaysia

172
Singapour^F
Singapore

173
Indonésie^F
Indonesia

174
Japon^M
Japan

175
République^F populaire démocratique de Corée^F
Democratic People's Republic of Korea

176
République^F de Corée^F
Republic of Korea

177
Philippines^F
Philippines

178
Palaos^M
Palau

179
Micronésie^F
Micronesia

Océanie^F et Polynésie^F
Oceania and Polynesia

180
Îles^F Marshall
Marshall Islands

181
Nauru^F
Nauru

182
Kiribati^F
Kiribati

183
Tuvalu^M
Tuvalu

184
Samoa^F
Samoa

185
Tonga^F
Tonga

186
Vanuatu^M
Vanuatu

187
Fidji^F
Fiji

188
Îles^F Salomon
Solomon Islands

189
Papouasie-Nouvelle-Guinée^F
Papua New Guinea

190
Australie^F
Australia

191
Nouvelle-Zélande^F
New Zealand

SOCIÉTÉ

prévention^F des incendies^M

fire prevention

matériel^M de lutte^F contre les incendies^M
fire-fighting material

sapeur^M-pompier^M
firefighter

casque^M
helmet

bouteille^F d'air^M comprimé
compressed-air cylinder

détecteur^M de fumée^F
smoke detector

base^F
base

masque^M complet
full face mask

couvercle^M
cover

bouton^M d'essai^M
test button

appareil^M de protection^F respiratoire
self-contained breathing apparatus

témoin^M lumineux
indicator light

tube^M d'alimentation^F en air^M
air-supply tube

extincteur^M
portable fire extinguisher

gâchette^F
trigger

robinet^M de réglage^M de débit^M
pressure demand regulator

goupille^F
pin

tuyau^M
hose

avertisseur^M sonore
warning device

vêtement^M ignifuge et hydrofuge
fireproof and waterproof garment

réservoir^M
tank

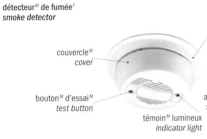

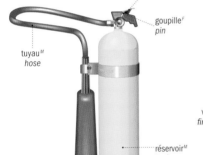

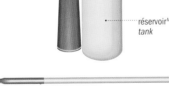

gaffe^F
pike pole

hache^F
hatchet

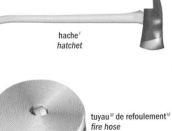

tuyau^M de refoulement^M
fire hose

borne^F d'incendie^M
fire hydrant

botte^F de caoutchouc^M
rubber boot

SOCIÉTÉ

véhicules^M **d'incendie**^M
fire engines

fourgon^M**-pompe**^F
pumper

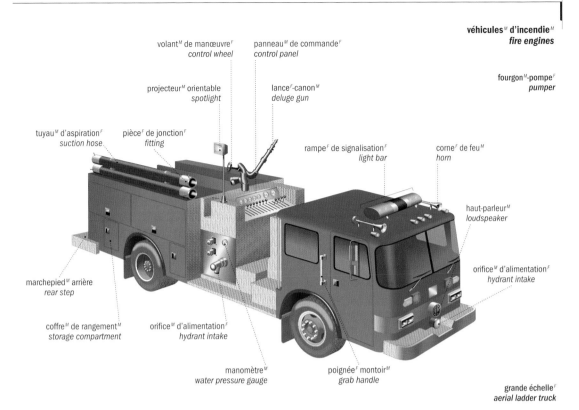

volant^M de manœuvre^F
control wheel

panneau^M de commande^F
control panel

projecteur^M orientable
spotlight

lance^F-canon^M
deluge gun

tuyau^M d'aspiration^F
suction hose

pièce^F de jonction^F
fitting

rampe^F de signalisation^F
light bar

corne^F de feu^M
horn

haut-parleur^M
loudspeaker

orifice^M d'alimentation^F
hydrant intake

marchepied^M arrière
rear step

coffre^M de rangement^M
storage compartment

orifice^M d'alimentation^F
hydrant intake

manomètre^M
water pressure gauge

poignée^F montoir^M
grab handle

grande échelle^F
aerial ladder truck

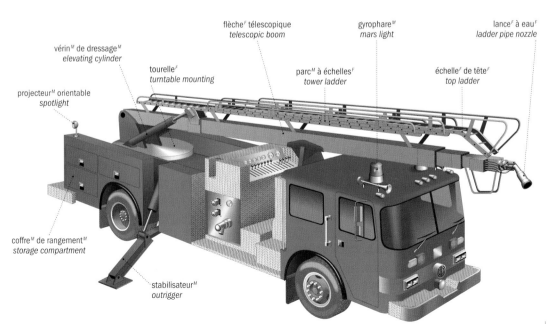

vérin^M de dressage^M
elevating cylinder

flèche^F télescopique
telescopic boom

gyrophare^M
mars light

lance^F à eau^F
ladder pipe nozzle

tourelle^F
turntable mounting

parc^M à échelles^F
tower ladder

échelle^F de tête^F
top ladder

projecteur^M orientable
spotlight

coffre^M de rangement^M
storage compartment

stabilisateur^M
outrigger

SOCIÉTÉ

prévention^F de la criminalité^F

crime prevention

agent^M de police^F
police officer

casquette^F
cap

insigne^M
badge

patte^F d'épaule^F
shoulder strap

insigne^M de grade^M
rank insignia

insigne^M d'identité^F
identification badge

uniforme^M
uniform

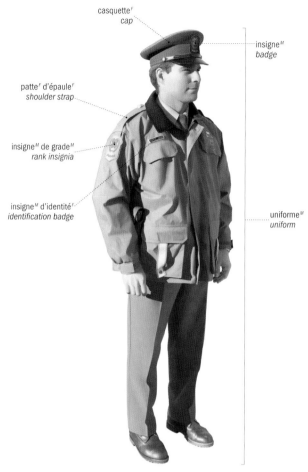

ceinturon^M de service^M
duty belt

microphone^M
microphone

étui^M pour gants^M de latex^M
latex glove case

étui^M à menottes^F
handcuff case

pistolet^M
pistol

vaporisateur^M de poivre^M
pepper spray

cartouchière^F
ammunition pouch

talkie-walkie^M
walkie-talkie

étui^M à pistolet^M
holster

porte-matraque^M
baton holder

matraque^F télescopique
expandable baton

lampe^F-torche^F
flashlight

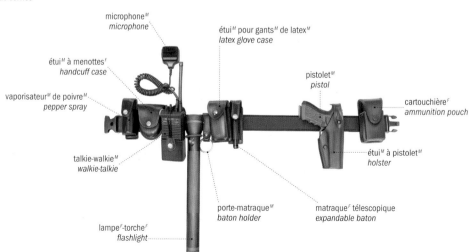

SOCIÉTÉ

équipement^M du tableau^M de bord^M
dashboard equipment

émetteur^M-récepteur^M radar^M
radar transceiver

système^M de contrôle^M de la barre^F de signalisation^F
light bar controller

lampe^F de lecture^F
reading light

microphones^M
microphones

ordinateur^M de bord^M
dashboard computer

programmes^M informatiques
computer programs

affichage^M radar^M
radar display

radio^F
radio

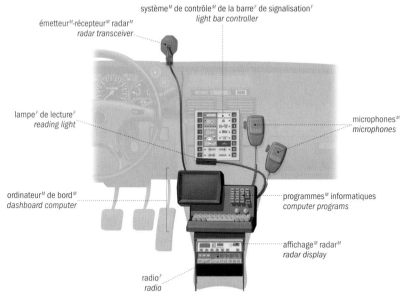

voiture^F de police^F
police car

rampe^F de signalisation^F
light bar

antenne^F
antenna

éclairage^M de sécurité^F
safety lighting

extincteur^M
fire extinguisher

ruban^M de bouclage^M
barrier barricade tape

cloison^F
partition

fusée^F éclairante
road flare

bouée^F de sauvetage^M
life buoy

trousse^F de secours^M
first aid kit

boîte^F pour seringues^F usagées
used syringe box

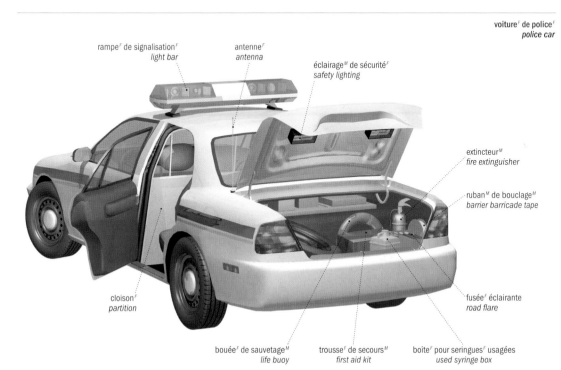

SOCIÉTÉ

protection^F de l'ouïe^F

ear protection

serre-tête^M **antibruit**
safety earmuffs

serre-tête^M
headband

protège-tympan^M
earplugs

coussinet^M en mousse^F
foam cushion

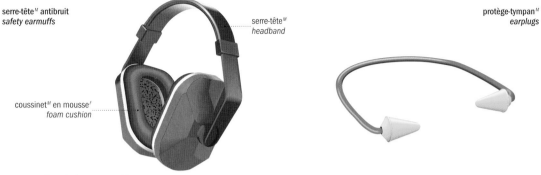

protection^F des yeux^M

eye protection

lunettes^F **de sécurité**^F
safety glasses

lunettes^F **de protection**^F
safety goggles

protection^F de la tête^F

head protection

casque^M **de sécurité**^F
safety cap

nervure^F
rib

sangle^F d'amortissement^M
suspension band

tour^M de tête^F
headband

visière^F
peak

sangle^F de nuque^F
neck strap

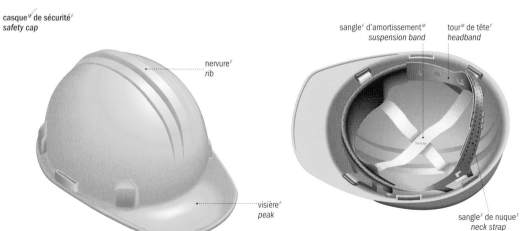

protection^F des voies^F respiratoires

respiratory system protection

masque^M respiratoire
respirator

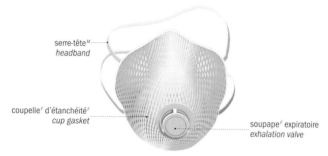

jupe^F de masque^M
facepiece

oculaire^M
visor

jeu^M de brides^F
head harness

cartouche^F
cartridge

soupape^F inspiratoire
inhalation valve

couvre-filtre^M
filter cover

soupape^F expiratoire
exhalation valve

masque^M bucco-nasal
half-mask respirator

serre-tête^M
headband

coupelle^F d'étanchéité^F
cup gasket

soupape^F expiratoire
exhalation valve

protection^F des pieds^M

foot protection

SOCIÉTÉ

brodequin^M de sécurité^F
safety boot

protège-orteils^M
toe guard

embout^M de protection^F
reinforced toe

matériel^M de secours^M

first aid equipment

stéthoscope^M
stethoscope

tube^M en Y^M
Y-tube

récepteur^M de son^M
sound receiver

lame^F-ressort^M
branch clip

embout^M auriculaire
earpiece

tube^M flexible
flexible tube

branche^F
branch.

seringue^F
syringe

biseau^M
bevel

aiguille^F
needle

pavillon^M
needle hub

embout^M Luer Lock
Luer-Lock tip

corps^M de pompe^F
hollow barrel

protecteur^M d'embout^M
tip protector

anneau^M de retenue^F
finger flange

bouchon^M
rubber bulb

graduation^F
scale

poussoir^M
thumb rest

piston^M
plunger

gant^M en latex^M
latex glove

seringue^F pour lavage^M de cavités^F
syringe for irrigation

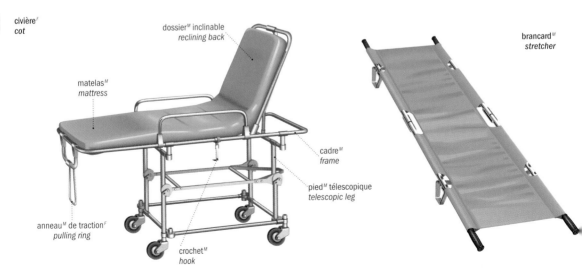

civière^F
cot

dossier^M inclinable
reclining back

brancard^M
stretcher

matelas^M
mattress

cadre^M
frame

pied^M télescopique
telescopic leg

anneau^M de traction^F
pulling ring

crochet^M
hook

trousse^F de secours^M

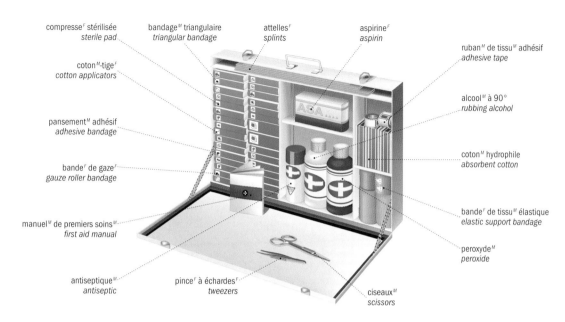

compresse^F stérilisée
sterile pad

bandage^M triangulaire
triangular bandage

attelles^F
splints

aspirine^F
aspirin

ruban^M de tissu^M adhésif
adhesive tape

coton^M-tige^F
cotton applicators

alcool^M à 90°
rubbing alcohol

pansement^M adhésif
adhesive bandage

coton^M hydrophile
absorbent cotton

bande^F de gaze^F
gauze roller bandage

bande^F de tissu^M élastique
elastic support bandage

manuel^M de premiers soins^M
first aid manual

peroxyde^M
peroxide

antiseptique^M
antiseptic

pince^F à échardes^F
tweezers

ciseaux^M
scissors

thermomètres^M médicaux

thermomètre^M numérique
digital thermometer

thermomètre^M à mercure^M
mercury thermometer

tensiomètre^M

SOCIÉTÉ

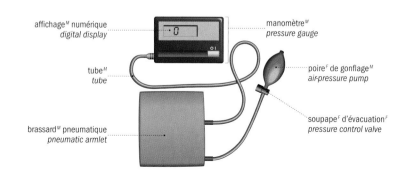

affichage^M numérique
digital display

manomètre^M
pressure gauge

tube^M
tube

poire^F de gonflage^M
air-pressure pump

brassard^M pneumatique
pneumatic armlet

soupape^F d'évacuation^F
pressure control valve

hôpital*M*

hospital

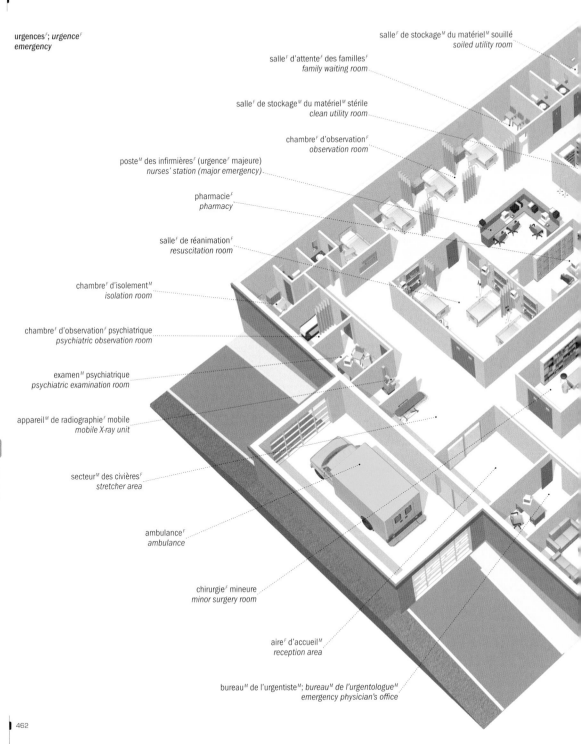

urgences*F*; urgence*F*
emergency

salle*F* de stockage*M* du matériel*M* souillé
soiled utility room

salle*F* d'attente*F* des familles*F*
family waiting room

salle*F* de stockage*M* du matériel*M* stérile
clean utility room

chambre*F* d'observation*F*
observation room

poste*M* des infirmières*F* (urgence*F* majeure)
nurses' station (major emergency)

pharmacie*F*
pharmacy

salle*F* de réanimation*F*
resuscitation room

chambre*F* d'isolement*M*
isolation room

chambre*F* d'observation*F* psychiatrique
psychiatric observation room

examen*M* psychiatrique
psychiatric examination room

appareil*M* de radiographie*F* mobile
mobile X-ray unit

secteur*M* des civières*F*
stretcher area

ambulance*F*
ambulance

chirurgie*F* mineure
minor surgery room

aire*F* d'accueil*M*
reception area

bureau*M* de l'urgentiste*M*; bureau*M* de l'urgentologue*M*
emergency physician's office

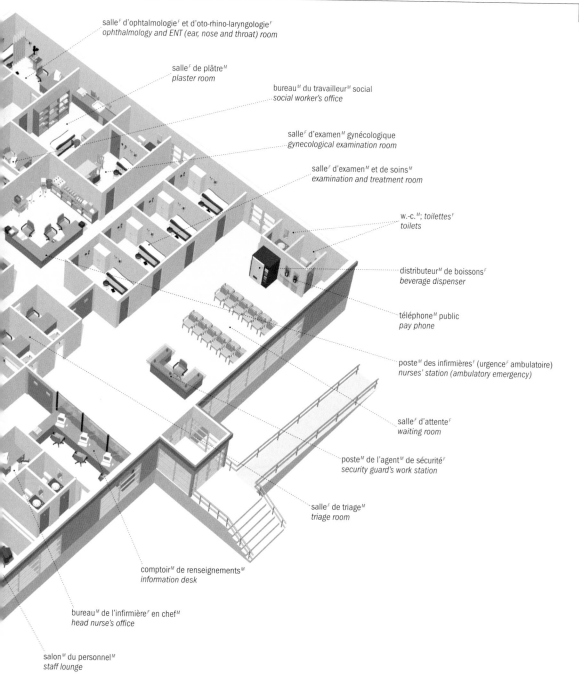

salle[F] d'ophtalmologie[F] et d'oto-rhino-laryngologie[F]
ophthalmology and ENT (ear, nose and throat) room

salle[F] de plâtre[M]
plaster room

bureau[M] du travailleur[M] social
social worker's office

salle[F] d'examen[M] gynécologique
gynecological examination room

salle[F] d'examen[M] et de soins[M]
examination and treatment room

w.-c.[M]; toilettes[F]
toilets

distributeur[M] de boissons[F]
beverage dispenser

téléphone[M] public
pay phone

poste[M] des infirmières[F] (urgence[F] ambulatoire)
nurses' station (ambulatory emergency)

salle[F] d'attente[F]
waiting room

poste[M] de l'agent[M] de sécurité[F]
security guard's work station

salle[F] de triage[M]
triage room

comptoir[M] de renseignements[M]
information desk

bureau[M] de l'infirmière[F] en chef[M]
head nurse's office

salon[M] du personnel[M]
staff lounge

SOCIÉTÉ

hôpital^M

chambre^F d'hôpital^M
patient room

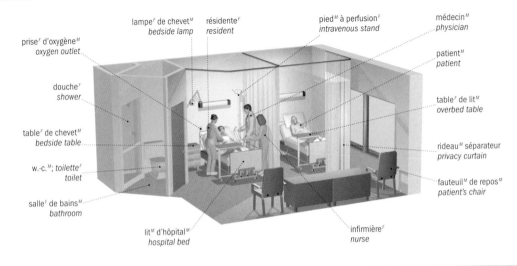

lampe^F de chevet^M
bedside lamp

résidente^F
resident

pied^M à perfusion^F
intravenous stand

médecin^M
physician

prise^F d'oxygène^M
oxygen outlet

patient^M
patient

douche^F
shower

table^F de lit^M
overbed table

table^F de chevet^M
bedside table

rideau^M séparateur
privacy curtain

w.-c.^M; toilette^F
toilet

fauteuil^M de repos^M
patient's chair

salle^F de bains^M
bathroom

lit^M d'hôpital^M
hospital bed

infirmière^F
nurse

bloc^M opératoire
operating suite

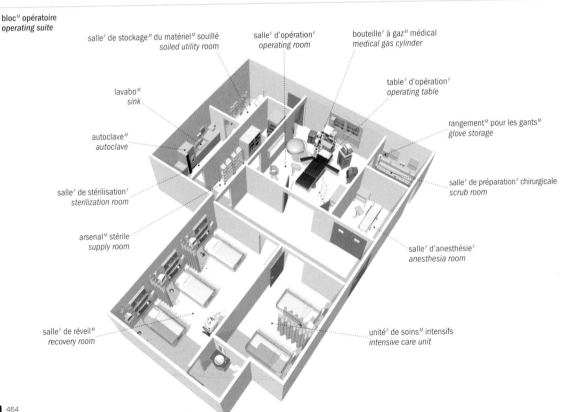

salle^F de stockage^M du matériel^M souillé
soiled utility room

salle^F d'opération^F
operating room

bouteille^F à gaz^M médical
medical gas cylinder

lavabo^M
sink

table^F d'opération^F
operating table

autoclave^M
autoclave

rangement^M pour les gants^M
glove storage

salle^F de stérilisation^F
sterilization room

salle^F de préparation^F chirurgicale
scrub room

arsenal^M stérile
supply room

salle^F d'anesthésie^F
anesthesia room

salle^F de réveil^M
recovery room

unité^F de soins^M intensifs
intensive care unit

SOCIÉTÉ

unité^F de soins^M ambulatoires
ambulatory care unit

salle^F d'attente^F du centre^M de prélèvements^M
specimen collection center waiting room

lavabo^M du chirurgien^M
surgeon's sink

laboratoire^M de pathologie^F
pathology laboratory

salle^F de stérilisation^F
sterilization room

salle^F d'opération^F
operating room

cabine^F de déshabillage^M
undressing booth

chambre^F d'observation^F
observation room

salle^F d'attente^F secondaire
secondary waiting room

w.-c.^M; toilettes^F
toilets

services^M sociaux
social services

vestiaire^M du personnel^M
staff cloakroom

salle^F de repos^M des infirmières^F
nurses' lounge

salle^F de prélèvements^M
specimen collection room

salle^F de soins^M
treatment room

entrée^F principale
main entrance

aire^F d'accueil^M
reception area

archives^F médicales
medical records

salle^F d'attente^F principale
main waiting room

salle^F de rangement^M du matériel^M médical
medical equipment storage room

salle^F d'examen^M audiométrique
audiometric examination room

salle^F d'examen^M
examination room

pharmacie^F
pharmacy

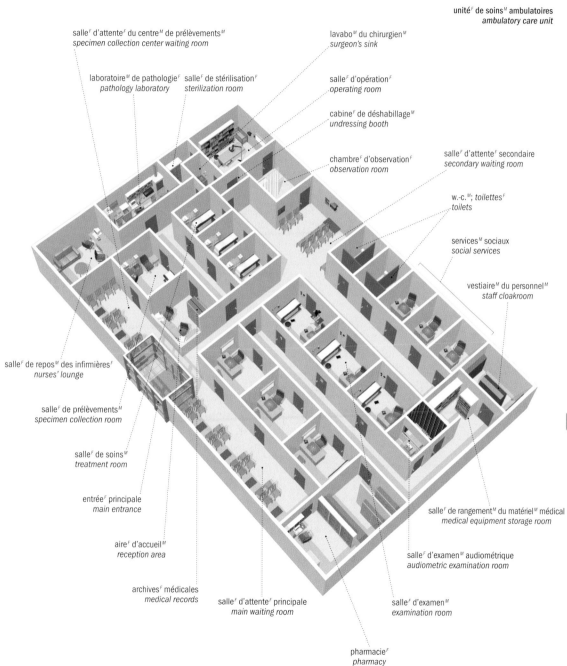

SOCIÉTÉ

aides^F à la marche^F

walking aids

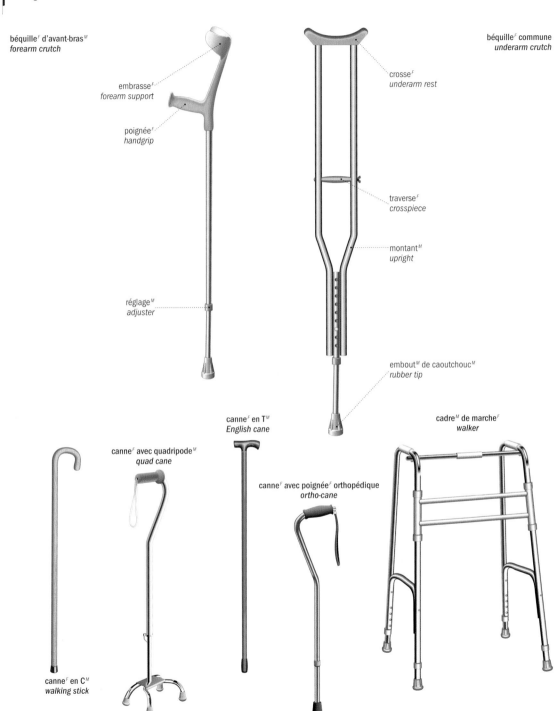

béquille^F d'avant-bras^M
forearm crutch

embrasse^F
forearm support

poignée^F
handgrip

réglage^M
adjuster

béquille^F commune
underarm crutch

crosse^F
underarm rest

traverse^F
crosspiece

montant^M
upright

embout^M de caoutchouc^M
rubber tip

canne^F en T^M
English cane

canne^F avec quadripode^M
quad cane

canne^F avec poignée^F orthopédique
ortho-cane

cadre^M de marche^F
walker

canne^F en C^M
walking stick

SOCIÉTÉ

fauteuil^M roulant
wheelchair

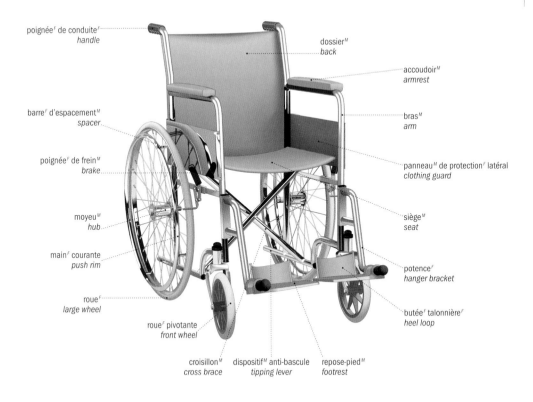

poignée^F de conduite^F
handle

dossier^M
back

accoudoir^M
armrest

barre^F d'espacement^M
spacer

bras^M
arm

poignée^F de frein^M
brake

panneau^M de protection^F latéral
clothing guard

moyeu^M
hub

siège^M
seat

main^F courante
push rim

potence^F
hanger bracket

roue^F
large wheel

butée^F talonnière^F
heel loop

roue^F pivotante
front wheel

croisillon^M
cross brace

dispositif^M anti-bascule
tipping lever

repose-pied^M
footrest

formes^F pharmaceutiques des médicaments^M
forms of medications

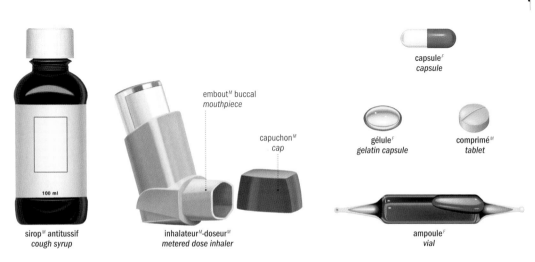

capsule^F
capsule

embout^M buccal
mouthpiece

capuchon^M
cap

gélule^F
gelatin capsule

comprimé^M
tablet

100 ml

sirop^M antitussif
cough syrup

inhalateur^M-doseur^M
metered dose inhaler

ampoule^F
vial

dés^M et dominos^M
dice and dominoes

dé^M régulier
ordinary die

double^M
doublet

double-six^M
double-six

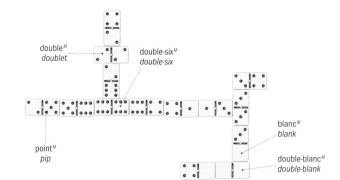

blanc^M
blank

dé^M à poker^M
poker die

point^M
pip

double-blanc^M
double-blank

cartes^F
cards

symboles^M
symbols

cœur^M
heart

carreau^M
diamond

trèfle^M
club

pique^M
spade

Joker^M
joker

As^M
ace

Roi^M
king

Dame^F
queen

Valet^M
jack

combinaisons^F au poker^M
standard poker hands

carte^F isolée
high card

paire^F
one pair

double paire^F
two pairs

brelan^M
three-of-a-kind

séquence^F
straight

couleur^F
flush

main^F pleine
full house

carré^M
four-of-a-kind

quinte^F
straight flush

quinte^F royale
royal flush

jeux^M de plateau^M

board games

jacquet^M
backgammon

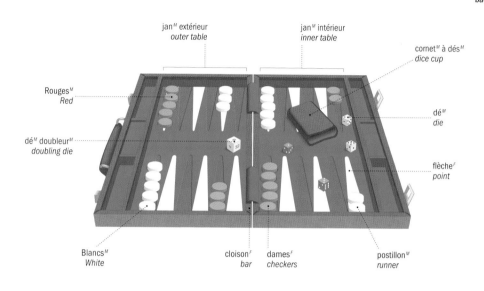

jan^M extérieur
outer table

jan^M intérieur
inner table

cornet^M à dés^M
dice cup

Rouges^M
Red

dé^M doubleur^M
doubling die

dé^M
die

flèche^F
point

Blancs^M
White

cloison^F
bar

dames^F
checkers

postillon^M
runner

Monopoly^{® M}
Monopoly

billet^M de banque^F
bank note

banque^F
bank

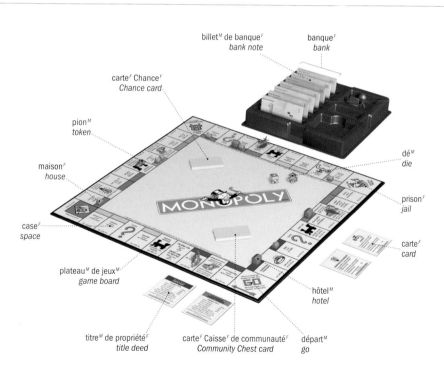

carte^F Chance^F
Chance card

pion^M
token

dé^M
die

maison^F
house

prison^F
jail

case^F
space

carte^F
card

plateau^M de jeux^M
game board

hôtel^M
hotel

titre^M de propriété^F
title deed

carte^F Caisse^F de communauté^F
Community Chest card

départ^M
go

SPORTS ET JEUX

jeux^M de plateau^M

échecs^M
chess

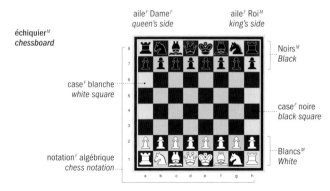

aile^F Dame^F
queen's side

aile^F Roi^M
king's side

échiquier^M
chessboard

Noirs^M
Black

case^F blanche
white square

case^F noire
black square

notation^F algébrique
chess notation

Blancs^M
White

pièces^F
chess pieces

Pion^M
pawn

Tour^F
rook

Fou^M
bishop

Cavalier^M
knight

Roi^M
king

Dame^F
queen

types^M de déplacements^M
types of movements

déplacement^M diagonal
diagonal movement

déplacement^M vertical
vertical movement

déplacement^M en équerre^F
square movement

déplacement^M horizontal
horizontal movement

go^M
go

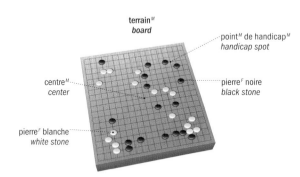

terrain^M
board

point^M de handicap^M
handicap spot

centre^M
center

pierre^F noire
black stone

pierre^F blanche
white stone

principaux mouvements^M
major motions

connexion^F
connection

contact^M
contact

capture^F
capture

jeu^M **de dames**^F
checkers

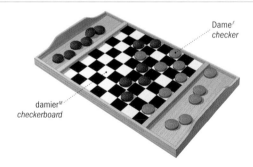

Dame^F
checker

damier^M
checkerboard

système^M de jeux^M vidéo

video entertainment system

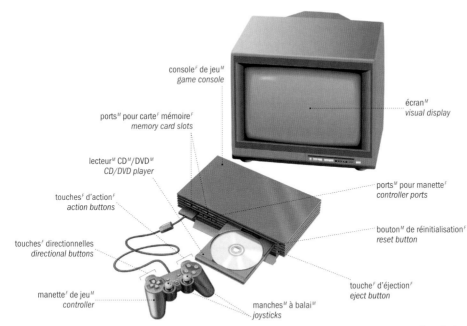

console^F de jeu^M
game console

ports^M pour carte^F mémoire^F
memory card slots

lecteur^M CD^M/DVD^M
CD/DVD player

touches^F d'action^F
action buttons

touches^F directionnelles
directional buttons

manette^F de jeu^M
controller

écran^M
visual display

ports^M pour manette^F
controller ports

bouton^M de réinitialisation^F
reset button

touche^F d'éjection^F
eject button

manches^M à balai^M
joysticks

jeu^M de fléchettes^F

darts

cible^F
dartboard

valeur^F des segments^M
segment score number

50 points^M
bull's-eye

score^M doublé
double ring

25 points^M
outer bull

score^M triplé
triple ring

aire^F de jeu^M
playing area

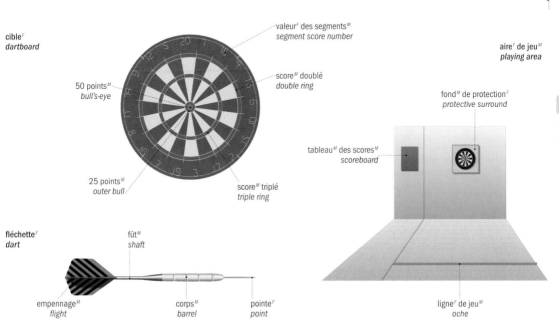

fond^M de protection^F
protective surround

tableau^M des scores^M
scoreboard

fléchette^F
dart

fût^M
shaft

empennage^M
flight

corps^M
barrel

pointe^F
point

ligne^F de jeu^M
oche

SPORTS ET JEUX

stade^M

arena

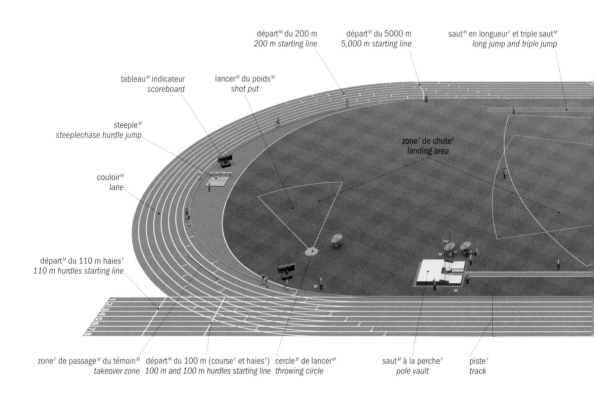

départ^M du 200 m
200 m starting line

départ^M du 5000 m
5,000 m starting line

saut^M en longueur^F et triple saut^M
long jump and triple jump

tableau^M indicateur
scoreboard

lancer^M du poids^M
shot put

steeple^M
steeplechase hurdle jump

zone^F de chute^F
landing area

couloir^M
lane

départ^M du 110 m haies^F
110 m hurdles starting line

zone^F de passage^M du témoin^M
takeover zone

départ^M du 100 m (course^F et haies^F)
100 m and 100 m hurdles starting line

cercle^M de lancer^M
throwing circle

saut^M à la perche^F
pole vault

piste^F
track

équipement^M
equipment

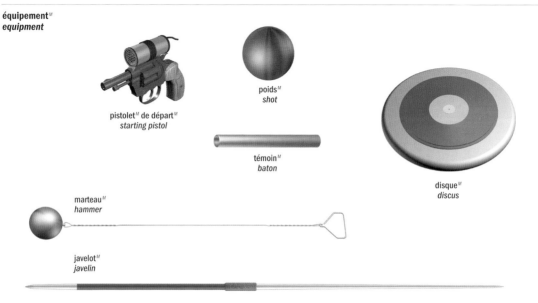

pistolet^M de départ^M
starting pistol

poids^M
shot

témoin^M
baton

disque^M
discus

marteau^M
hammer

javelot^M
javelin

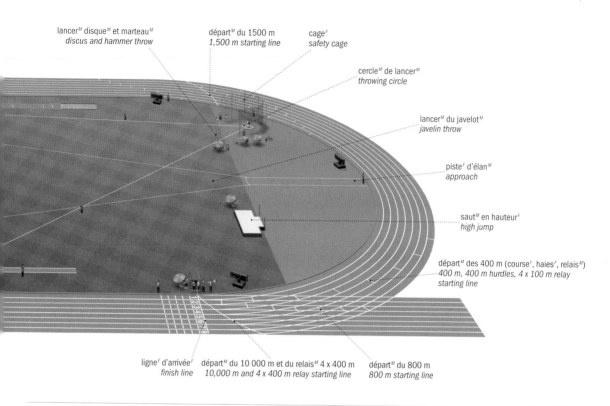

lancer^M disque^M et marteau^M
discus and hammer throw

départ^M du 1500 m
1,500 m starting line

cage^F
safety cage

cercle^M de lancer^M
throwing circle

lancer^M du javelot^M
javelin throw

piste^F d'élan^M
approach

saut^M en hauteur^F
high jump

départ^M des 400 m (course^F, haies^F, relais^M)
400 m, 400 m hurdles, 4 x 100 m relay starting line

ligne^F d'arrivée^F
finish line

départ^M du 10 000 m et du relais^M 4 x 400 m
10,000 m and 4 x 400 m relay starting line

départ^M du 800 m
800 m starting line

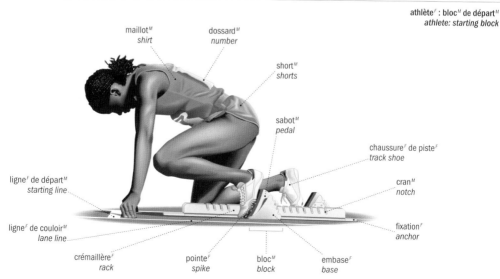

athlète^F : bloc^M de départ^M
athlete: starting block

maillot^M
shirt

dossard^M
number

short^M
shorts

sabot^M
pedal

chaussure^F de piste^F
track shoe

cran^M
notch

ligne^F de départ^M
starting line

fixation^F
anchor

ligne^F de couloir^M
lane line

crémaillère^F
rack

pointe^F
spike

bloc^M
block

embase^F
base

baseball^M

baseball

position^F des joueurs^M
player positions

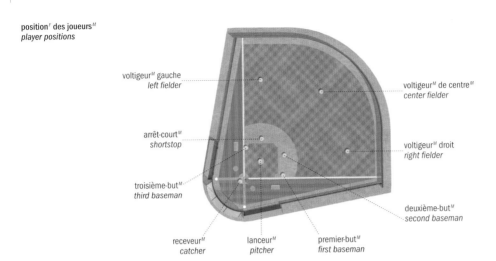

voltigeur^M gauche
left fielder

voltigeur^M de centre^M
center fielder

arrêt-court^M
shortstop

voltigeur^M droit
right fielder

troisième-but^M
third baseman

deuxième-but^M
second baseman

receveur^M
catcher

lanceur^M
pitcher

premier-but^M
first baseman

terrain^M
field

troisième but^M
third base

abri^M des joueurs^M
dugout

rectangle^M des instructeurs^M
coach's box

ligne^F de jeu^M
foul line

écran^M de protection^F
backstop

cercle^M d'attente^F
on-deck circle

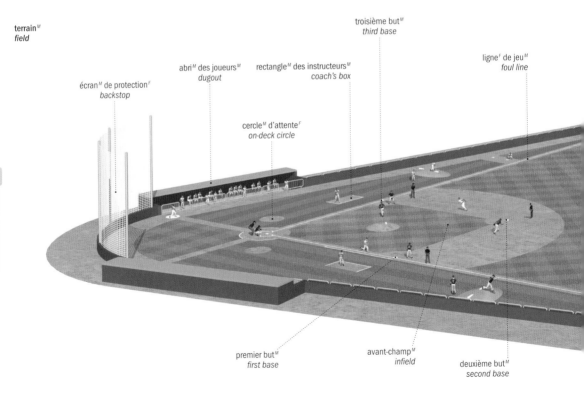

premier but^M
first base

avant-champ^M
infield

deuxième but^M
second base

lancer^M
pitch

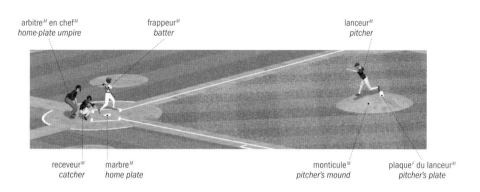

arbitre^M en chef^M
home-plate umpire

frappeur^M
batter

lanceur^M
pitcher

receveur^M
catcher

marbre^M
home plate

monticule^M
pitcher's mound

plaque^F du lanceur^M
pitcher's plate

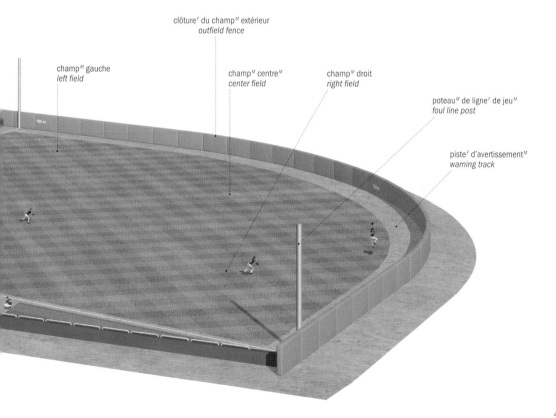

clôture^F du champ^M extérieur
outfield fence

champ^M gauche
left field

champ^M centre^M
center field

champ^M droit
right field

poteau^M de ligne^F de jeu^M
foul line post

piste^F d'avertissement^M
warning track

balle^F de baseball^M
baseball

bâton^M
bat

casque^M de frappeur^M
batter's helmet

frappeur^M
batter

receveur^M
catcher

protège-gorge^M
throat protector

masque^M
mask

grille^F
frame

plastron^M
chest protector

gant^M de receveur^M
catcher's glove

maillot^M d'équipe^F
team shirt

maillot^M de corps^M
undershirt

gant^M de frappeur^M
batting glove

pantalon^M
pants

chaussette^F-étrier^M
stirrup sock

chaussure^F à crampons^M
spiked shoe

protège-orteils^M jambière^F
toe guard *leg guard*

genouillère^F
knee pad

protège-cheville^M
ankle guard

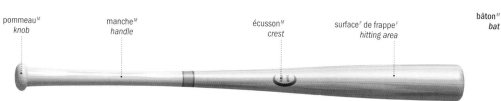

pommeau^M
knob

manche^M
handle

écusson^M
crest

surface^F de frappe^F
hitting area

bâton^M
bat

gant^M
fielder's glove

coupe^F de la balle^F
cross section of a baseball

panier^M
web

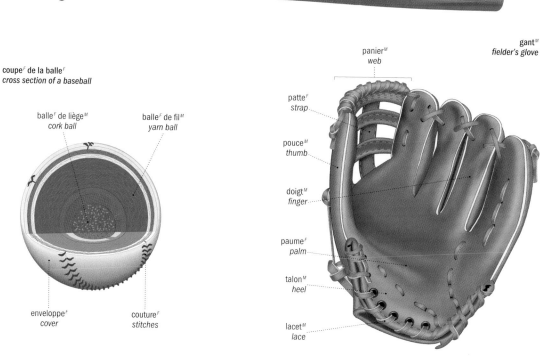

balle^F de liège^M
cork ball

balle^F de fil^M
yarn ball

patte^F
strap

pouce^M
thumb

doigt^M
finger

paume^F
palm

talon^M
heel

lacet^M
lace

enveloppe^F
cover

couture^F
stitches

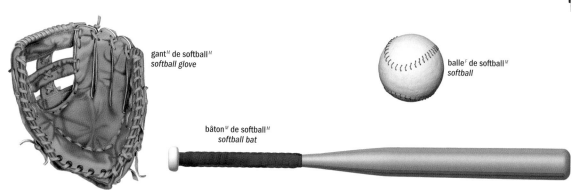

gant^M de softball^M
softball glove

balle^F de softball^M
softball

bâton^M de softball^M
softball bat

SPORTS ET JEUX

cricket^M

cricket

joueur^M **de cricket**^M : **batteur**^M
cricket player: batsman

balle^F **de cricket**^M
cricket ball

batte^F
bat

casque^M
helmet

masque^M
face mask

gant^M
glove

enveloppe^F
leather skin

couture^F
seam

jambière^F
pad

chaussure^F
cricket shoe

crampon^M
stud

batte^F
bat

manche^M
handle

plat^M
willow

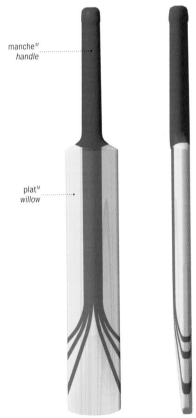

vue^F de face^F
front view

vue^F de profil^M
side view

cricket^M

terrain^M
field

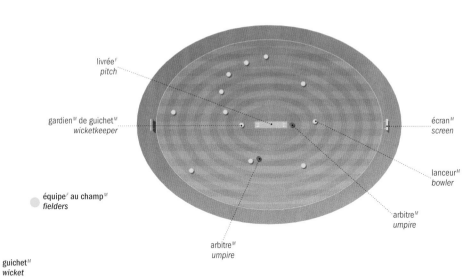

livrée^F
pitch

gardien^M de guichet^M
wicketkeeper

écran^M
screen

lanceur^M
bowler

équipe^F au champ^M
fielders

arbitre^M
umpire

arbitre^M
umpire

guichet^M
wicket

barreau^M
bail

piquet^M
stump

livrée^F
pitch

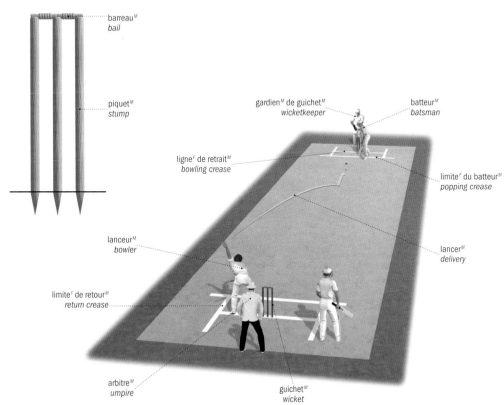

gardien^M de guichet^M
wicketkeeper

batteur^M
batsman

ligne^F de retrait^M
bowling crease

limite^F du batteur^M
popping crease

lanceur^M
bowler

lancer^M
delivery

limite^F de retour^M
return crease

arbitre^M
umpire

guichet^M
wicket

SPORTS ET JEUX

football^M

soccer

footballeur^M
soccer player

maillot^M d'équipe^F
team shirt

gants^M de gardien^M de but^M
goalkeeper's gloves

short^M
shorts

crampons^M interchangeables
interchangeable studs

chaussure^F de football^M
soccer shoe

protège-tibia^M
shin guard

chaussette^F
sock

ballon^M de football^M
soccer ball

terrain^M
playing field

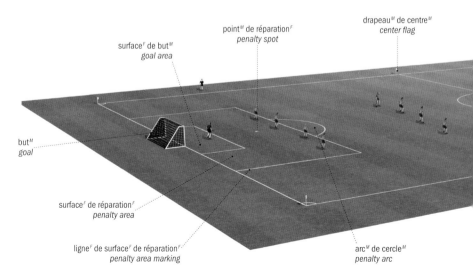

point^M de réparation^F
penalty spot

drapeau^M de centre^M
center flag

surface^F de but^M
goal area

but^M
goal

surface^F de réparation^F
penalty area

ligne^F de surface^F de réparation^F
penalty area marking

arc^M de cercle^M
penalty arc

position^F des joueurs^M
player positions

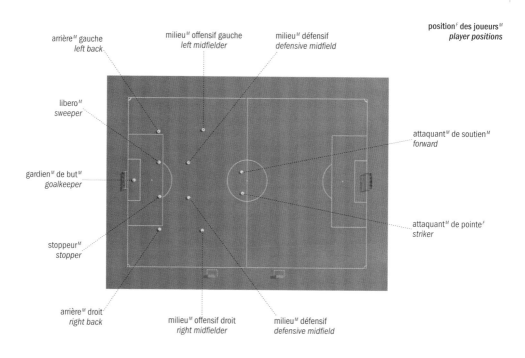

arrière^M gauche
left back

milieu^M offensif gauche
left midfielder

milieu^M défensif
defensive midfield

libero^M
sweeper

attaquant^M de soutien^M
forward

gardien^M de but^M
goalkeeper

stoppeur^M
stopper

attaquant^M de pointe^F
striker

arrière^M droit
right back

milieu^M offensif droit
right midfielder

milieu^M défensif
defensive midfield

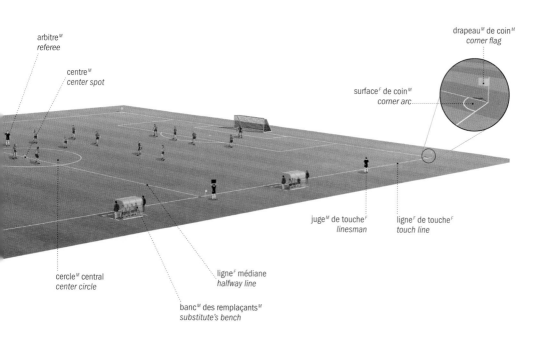

arbitre^M
referee

centre^M
center spot

drapeau^M de coin^M
corner flag

surface^F de coin^M
corner arc

juge^M de touche^F
linesman

ligne^F de touche^F
touch line

cercle^M central
center circle

ligne^F médiane
halfway line

banc^M des remplaçants^M
substitute's bench

SPORTS ET JEUX

rugby^M

rugby

position^F des joueurs^M
players' positions

centre^M gauche
left center

arrière^M
fullback

centre^M droit
right center

demi^M d'ouverture^F
stand-off half

demi^M de mêlée^F
scrum half

ailier^M gauche
left wing

ailier^M droit
right wing

aile^F gauche
lock forward

centre^M
no. 8 forward

troisième ligne^F
third row

aile^F droite
lock forward

deuxième ligne^F
second row

avant^M droit
flank forward

première ligne^F
first row

pilier^M gauche
tight head prop

pilier^M droit
loose head prop

avant^M gauche
flank forward

talonneur^M
hooker

terrain^M
field

ligne^F des 10 m
10 m line

drapeau^M
flag

ligne^F de but^M
goal line

but^M
goal

ligne^F de ballon^M mort
dead ball line

ligne^F des 22 m
22 m line

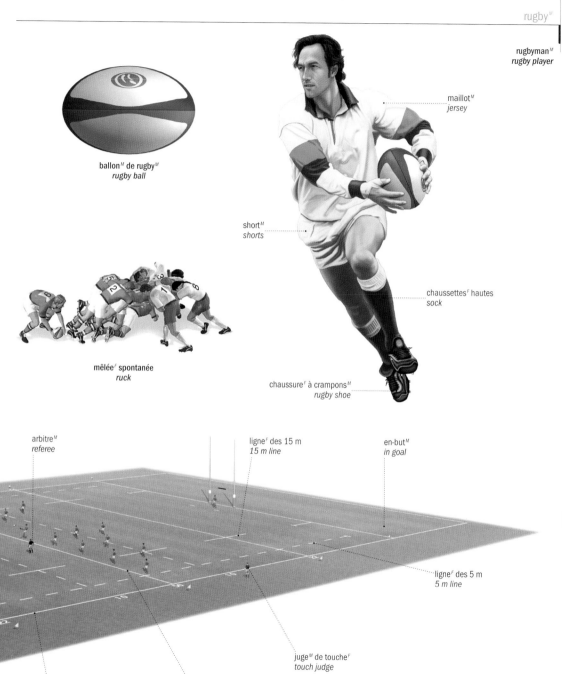

rugbyman^M
rugby player

maillot^M
jersey

ballon^M de rugby^M
rugby ball

short^M
shorts

chaussettes^F hautes
sock

mêlée^F spontanée
ruck

chaussure^F à crampons^M
rugby shoe

arbitre^M
referee

ligne^F des 15 m
15 m line

en-but^M
in goal

ligne^F des 5 m
5 m line

juge^M de touche^F
touch judge

ligne^F de touche^F
touch line

ligne^F médiane
halfway line

SPORTS ET JEUX

football^M américain

American football

mêlée^F : défense^F
scrimmage: defense

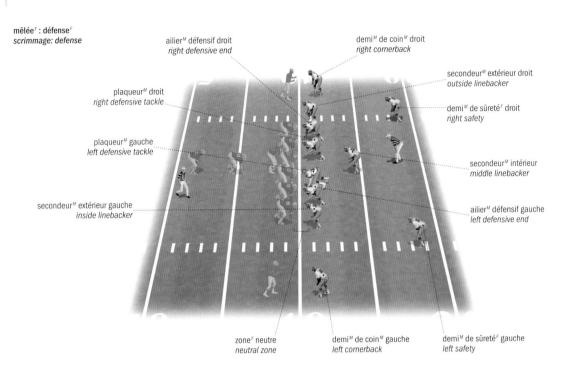

ailier^M défensif droit
right defensive end

demi^M de coin^M droit
right cornerback

secondeur^M extérieur droit
outside linebacker

plaqueur^M droit
right defensive tackle

demi^M de sûreté^F droit
right safety

plaqueur^M gauche
left defensive tackle

secondeur^M intérieur
middle linebacker

secondeur^M extérieur gauche
inside linebacker

ailier^M défensif gauche
left defensive end

zone^F neutre
neutral zone

demi^M de coin^M gauche
left cornerback

demi^M de sûreté^F gauche
left safety

terrain^M de football^M américain
playing field for American football

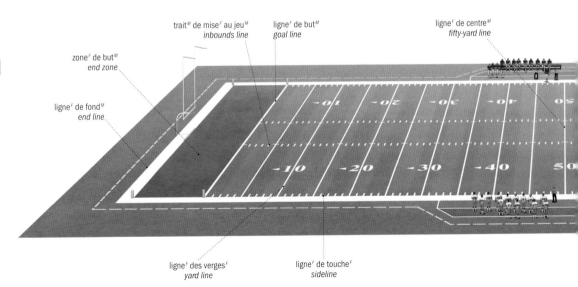

trait^M de mise^F au jeu^M
inbounds line

ligne^F de but^M
goal line

ligne^F de centre^M
fifty-yard line

zone^F de but^M
end zone

ligne^F de fond^M
end line

ligne^F des verges^F
yard line

ligne^F de touche^F
sideline

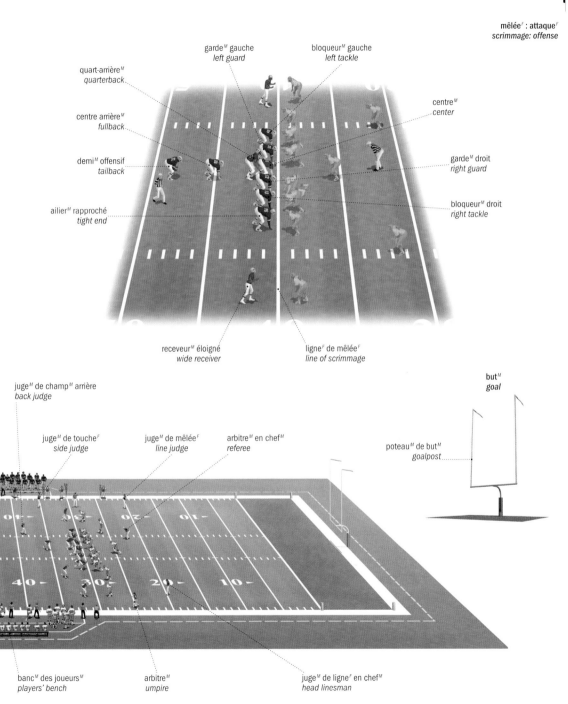

mêlée^F : attaque^F
scrimmage: offense

garde^M gauche
left guard

bloqueur^M gauche
left tackle

quart-arrière^M
quarterback

centre^M
center

centre arrière^M
fullback

demi^M offensif
tailback

garde^M droit
right guard

ailier^M rapproché
tight end

bloqueur^M droit
right tackle

receveur^M éloigné
wide receiver

ligne^F de mêlée^F
line of scrimmage

juge^M de champ^M arrière
back judge

but^M
goal

juge^M de touche^F
side judge

juge^M de mêlée^F
line judge

arbitre^M en chef^M
referee

poteau^M de but^M
goalpost

banc^M des joueurs^M
players' bench

arbitre^M
umpire

juge^M de ligne^F en chef^M
head linesman

SPORTS ET JEUX

football^M américain

football^M américain

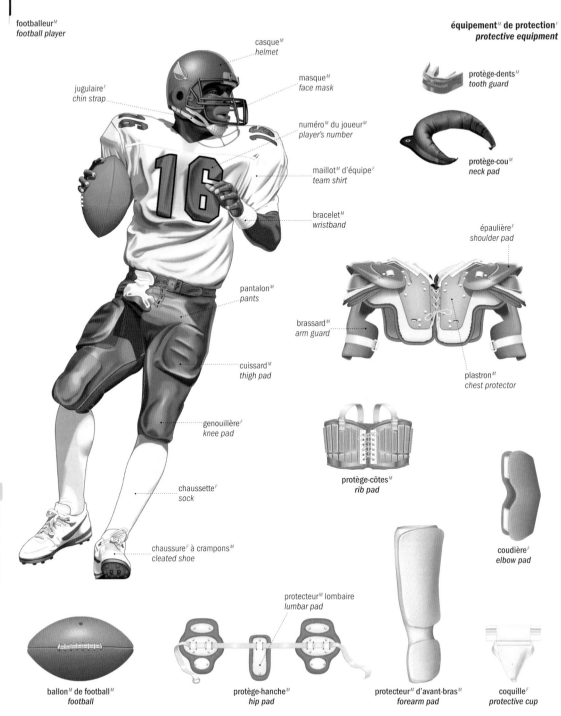

footballeur^M
football player

équipement^M de protection^F
protective equipment

casque^M
helmet

masque^M
face mask

jugulaire^F
chin strap

numéro^M du joueur^M
player's number

maillot^M d'équipe^F
team shirt

bracelet^M
wristband

pantalon^M
pants

cuissard^M
thigh pad

genouillère^F
knee pad

chaussette^F
sock

chaussure^F à crampons^M
cleated shoe

protège-dents^M
tooth guard

protège-cou^M
neck pad

épaulière^F
shoulder pad

brassard^M
arm guard

plastron^M
chest protector

protège-côtes^M
rib pad

coudière^F
elbow pad

protecteur^M lombaire
lumbar pad

ballon^M de football^M
football

protège-hanche^M
hip pad

protecteur^M d'avant-bras^M
forearm pad

coquille^F
protective cup

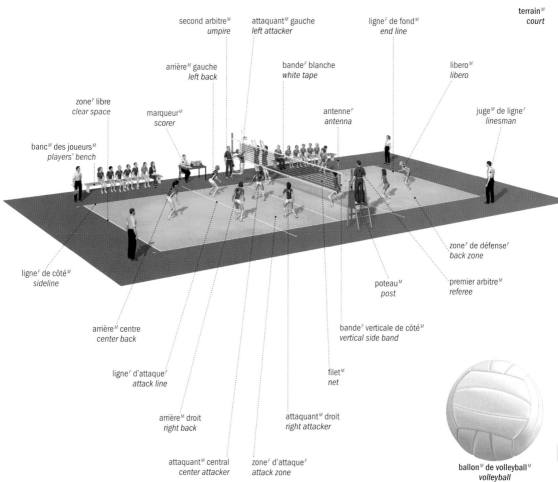

terrain ^{M}
court

second arbitre ^{M}
umpire

attaquant ^{M} gauche
left attacker

ligne ^{F} de fond ^{M}
end line

arrière ^{M} gauche
left back

bande ^{F} blanche
white tape

libero ^{M}
libero

zone ^{F} libre
clear space

marqueur ^{M}
scorer

antenne ^{F}
antenna

juge ^{M} de ligne ^{F}
linesman

banc ^{M} des joueurs ^{M}
players' bench

ligne ^{F} de côté ^{M}
sideline

zone ^{F} de défense ^{F}
back zone

arrière ^{M} centre
center back

bande ^{F} verticale de côté ^{M}
vertical side band

poteau ^{M}
post

premier arbitre ^{M}
referee

ligne ^{F} d'attaque ^{F}
attack line

filet ^{M}
net

arrière ^{M} droit
right back

attaquant ^{M} droit
right attacker

ballon ^{M} de volleyball ^{M}
volleyball

attaquant ^{M} central
center attacker

zone ^{F} d'attaque ^{F}
attack zone

techniques ^{F}
techniques

touche ^{F}
tip

manchette ^{F}
bump

service ^{M}
serve

SPORTS ET JEUX

487

basketball^M

basketball

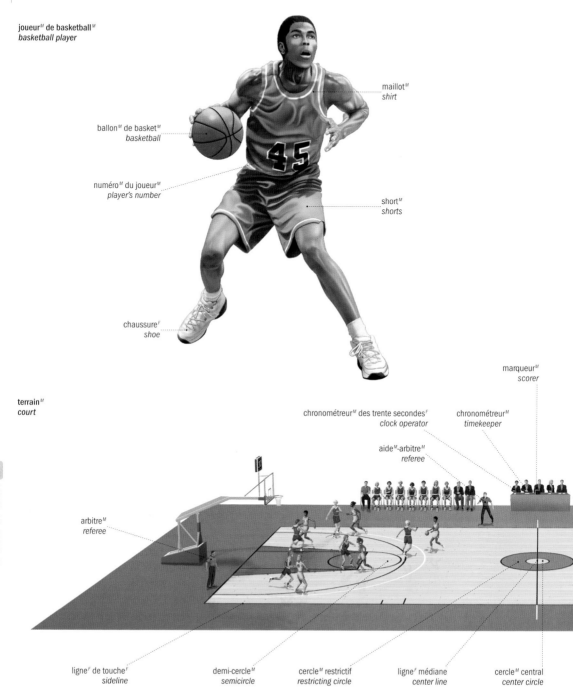

joueur^M de basketball^M
basketball player

maillot^M
shirt

ballon^M de basket^M
basketball

numéro^M du joueur^M
player's number

short^M
shorts

chaussure^F
shoe

marqueur^M
scorer

terrain^M
court

chronométreur^M des trente secondes^F
clock operator

chronométreur^M
timekeeper

aide^M-arbitre^M
referee

arbitre^M
referee

ligne^F de touche^F
sideline

demi-cercle^M
semicircle

cercle^M restrictif
restricting circle

ligne^F médiane
center line

cercle^M central
center circle

position^F des joueurs^M
player positions

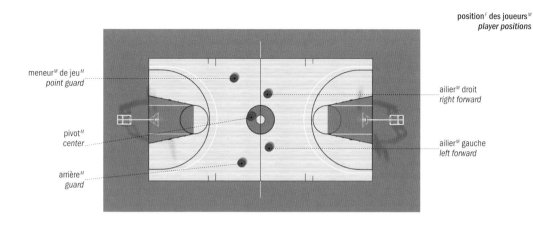

meneur^M de jeu^M
point guard

ailier^M droit
right forward

pivot^M
center

ailier^M gauche
left forward

arrière^M
guard

but^M
backstop

panneau^M
backboard

anneau^M
rim

filet^M
net

panier^M
basket

entraîneur^M
coach

support^M de panneau^M
backboard support

entraîneur^M adjoint
assistant coach

soigneur^M
trainer

montant^M rembourré
padded upright

socle^M rembourré
padded base

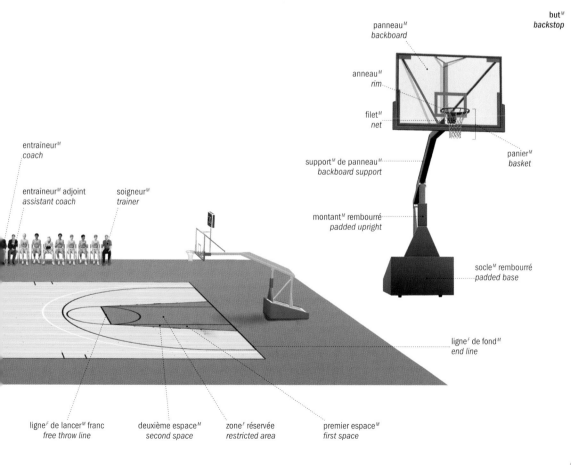

ligne^F de fond^M
end line

ligne^F de lancer^M franc
free throw line

deuxième espace^M
second space

zone^F réservée
restricted area

premier espace^M
first space

tennis^M

tennis

court^M
court

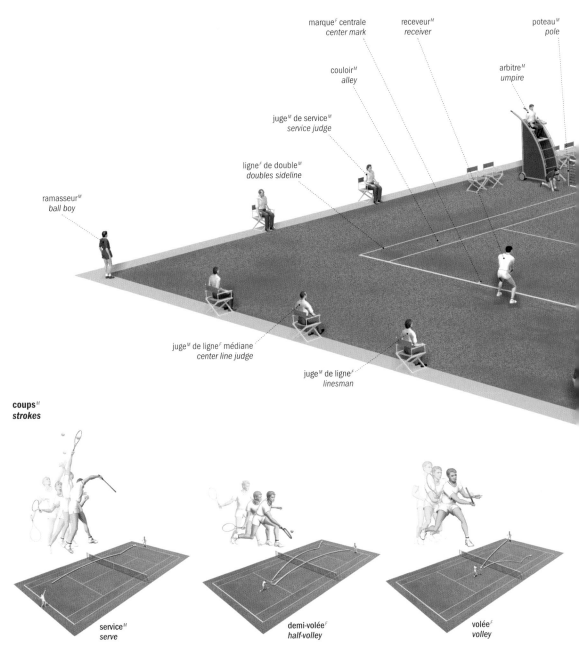

marque^F centrale
center mark

receveur^M
receiver

poteau^M
pole

couloir^M
alley

arbitre^M
umpire

juge^M de service^M
service judge

ligne^F de double^M
doubles sideline

ramasseur^M
ball boy

juge^M de ligne^F médiane
center line judge

juge^M de ligne^F
linesman

coups^M
strokes

service^M
serve

demi-volée^F
half-volley

volée^F
volley

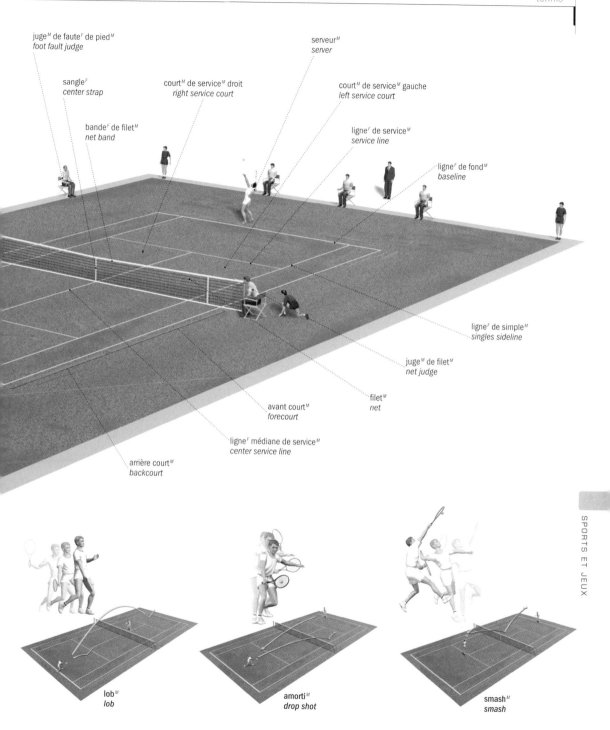

juge^M de faute^F de pied^M
foot fault judge

serveur^M
server

sangle^F
center strap

court^M de service^M droit
right service court

court^M de service^M gauche
left service court

bande^F de filet^M
net band

ligne^F de service^M
service line

ligne^F de fond^M
baseline

ligne^F de simple^M
singles sideline

juge^M de filet^M
net judge

filet^M
net

avant court^M
forecourt

ligne^F médiane de service^M
center service line

arrière court^M
backcourt

lob^M
lob

amorti^M
drop shot

smash^M
smash

tennis^M

raquette^F de tennis^M
tennis racket

cadre^M
frame

tête^F
head

épaule^F
shoulder

cœur^M
throat

manche^M
shaft

poignée^F
handle

talon^M
butt

tamis^M
stringing

jupette^F
skirt

balle^F de tennis^M
tennis ball

chaussette^F
sock

polo^M
polo shirt

joueuse^F de tennis^M
tennis player

serre-poignet^M
wristband

chaussure^F de tennis^M
tennis shoe

tableau^M d'affichage^M
scoreboard

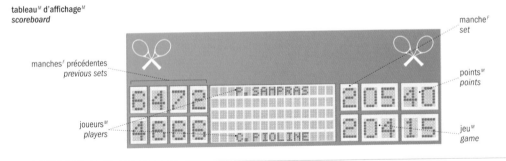

manches^F précédentes
previous sets

joueurs^M
players

manche^F
set

points^M
points

jeu^M
game

P. SAMPRAS

C. PIOLINE

surfaces^F de jeu^M
playing surfaces

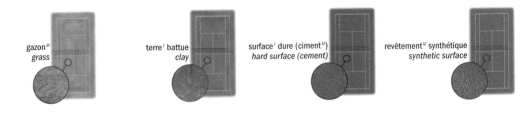

gazon^M
grass

terre^F battue
clay

surface^F dure (ciment^M)
hard surface (cement)

revêtement^M synthétique
synthetic surface

tennis^M de table^F

table tennis

table^F
table

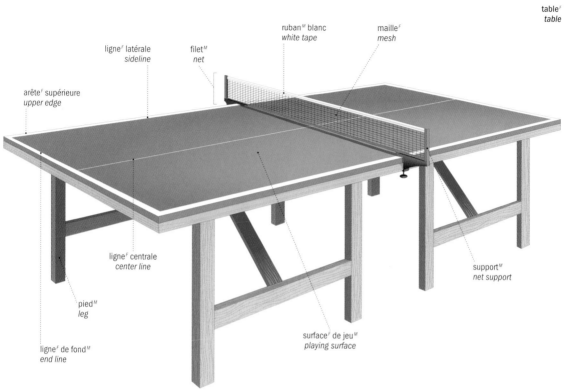

maille^F
mesh

ruban^M blanc
white tape

ligne^F latérale
sideline

filet^M
net

arête^F supérieure
upper edge

ligne^F centrale
center line

pied^M
leg

ligne^F de fond^M
end line

surface^F de jeu^M
playing surface

support^M
net support

raquette^F de tennis^M de table^F
table tennis paddle

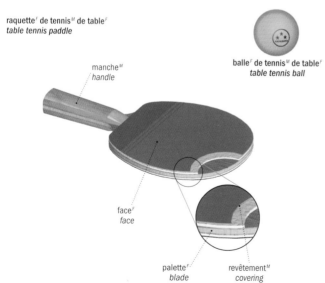

manche^M
handle

face^F
face

palette^F
blade

revêtement^M
covering

balle^F de tennis^M de table^F
table tennis ball

types^M de prises^F
types of grips

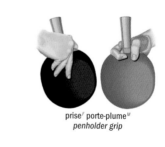

prise^F porte-plume^M
penholder grip

prise^F classique
shake-hands grip

SPORTS ET JEUX

badminton^M

badminton

terrain^M
court

juge^M de service^M
service judge

ligne^F médiane
center line

juge^M de ligne^F
linesman

ligne^F de fond^M
back boundary line

ligne^F de service^M long
long service line

serveur^M
server

raquette^F de badminton^M
badminton racket

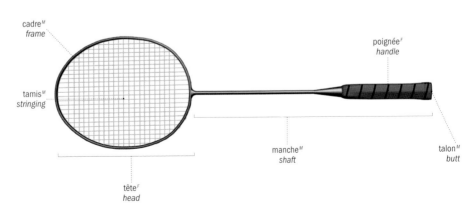

cadre^M
frame

poignée^F
handle

tamis^M
stringing

manche^M
shaft

talon^M
butt

tête^F
head

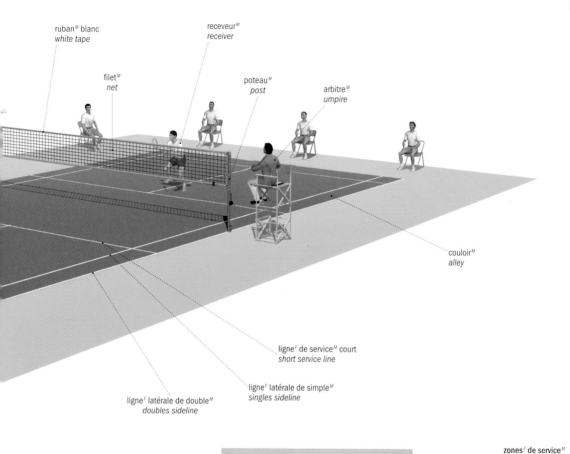

ruban^M blanc
white tape

receveur^M
receiver

filet^M
net

poteau^M
post

arbitre^M
umpire

couloir^M
alley

ligne^F de service^M court
short service line

ligne^F latérale de simple^M
singles sideline

ligne^F latérale de double^M
doubles sideline

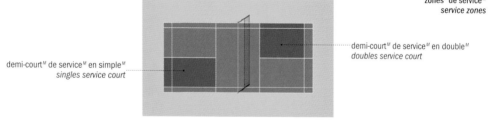

zones^F de service^M
service zones

demi-court^M de service^M en double^M
doubles service court

demi-court^M de service^M en simple^M
singles service court

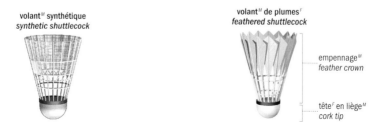

volant^M synthétique
synthetic shuttlecock

volant^M de plumes^F
feathered shuttlecock

empennage^M
feather crown

tête^F en liège^M
cork tip

gymnastique^F

gymnastics

podium^M des épreuves^F
event platform

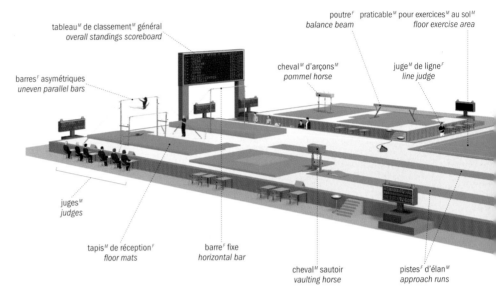

tableau^M de classement^M général
overall standings scoreboard

poutre^F   praticable^M pour exercices^M au sol^M
balance beam   *floor exercise area*

cheval^M d'arçons^M
pommel horse

juge^M de ligne^F
line judge

barres^F asymétriques
uneven parallel bars

juges^M
judges

tapis^M de réception^F
floor mats

barre^F fixe
horizontal bar

cheval^M sautoir
vaulting horse

pistes^F d'élan^M
approach runs

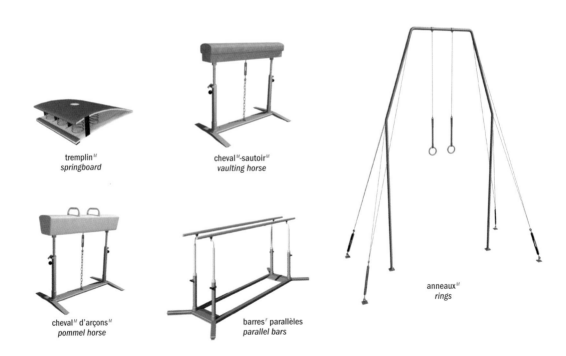

tremplin^M
springboard

cheval^M-sautoir^M
vaulting horse

cheval^M d'arçons^M
pommel horse

barres^F parallèles
parallel bars

anneaux^M
rings

gymnastique^F

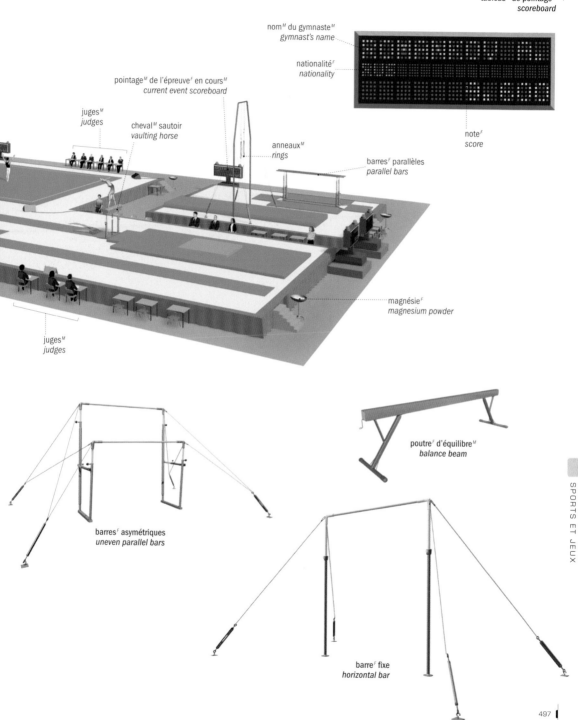

tableau^M de pointage^M
scoreboard

nom^M du gymnaste^M
gymnast's name

nationalité^F
nationality

pointage^M de l'épreuve^F en cours^M
current event scoreboard

juges^M
judges

cheval^M sautoir
vaulting horse

anneaux^M
rings

barres^F parallèles
parallel bars

note^F
score

magnésie^F
magnesium powder

juges^M
judges

barres^F asymétriques
uneven parallel bars

poutre^F d'équilibre^M
balance beam

barre^F fixe
horizontal bar

boxe^F

boxing

boxeur^M
boxer

casque^M
headgear

gant^M
glove

gants^M de boxe^F
boxing gloves

ballon^M de boxe^F
punching ball

short^M de boxe^F
boxing trunks

sac^M de sable^M
punching bag

lacet^M
lace

protège-dents^M
mouthpiece

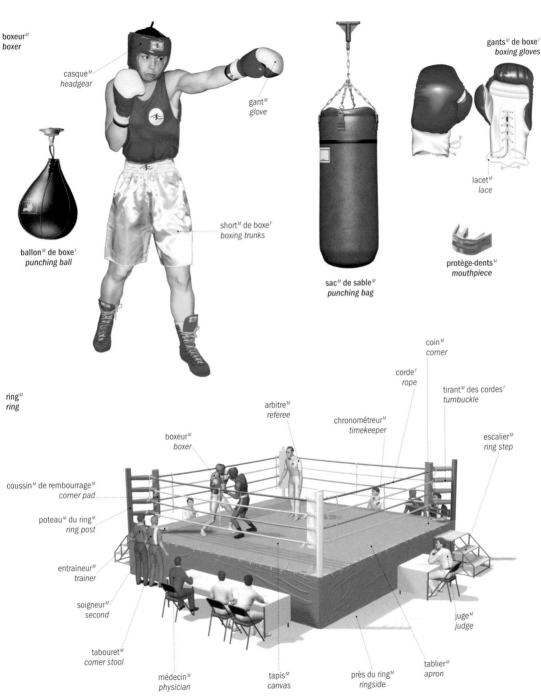

coin^M
corner

corde^F
rope

tirant^M des cordes^F
turnbuckle

ring^M
ring

arbitre^M
referee

chronométreur^M
timekeeper

escalier^M
ring step

boxeur^M
boxer

coussin^M de rembourrage^M
corner pad

poteau^M du ring^M
ring post

entraîneur^M
trainer

soigneur^M
second

tabouret^M
corner stool

médecin^M
physician

tapis^M
canvas

près du ring^M
ringside

tablier^M
apron

juge^M
judge

SPORTS ET JEUX

judo^M

judo

tapis^M
mat

marqueurs^M et chronométreurs^M
scorers and timekeepers

équipe^F médicale
medical team

surface^F de sécurité^F
safety area

combattant^M
contestant

zone^F de danger^M
danger area

tableau^M d'affichage^M
scoreboard

surface^F de combat^M
contest area

arbitre^M
referee

juge^M
judge

exemples^M de prises^F
examples of holds and throws

judogi^M
judogi

veste^F
jacket

immobilisation^F
holding

projection^F en cercle^M
stomach throw

hanche^F ailée
sweeping hip throw

grand fauchage^M extérieur
major outer reaping throw

grand fauchage^M intérieur
major inner reaping throw

étranglement^M
naked strangle

clé^F de bras^M
arm lock

projection^F d'épaule^F par un côté^M
one-arm shoulder throw

pantalon^M
trousers

ceinture^F
belt

SPORTS ET JEUX

haltérophilie^F

weightlifting

haltère^M long
barbell

poignet^M de force^F
wristband

ceinture^F d'haltérophilie^F
weightlifting belt

maillot^M de corps^M
sleeveless jersey

culotte^F
trunks

genouillère^F
knee wrap

lanière^F
strap

chaussure^F d'haltérophilie^F
weightlifting shoe

épaulé^M-jeté^M
clean and jerk

arraché^M
snatch

appareils^M de conditionnement^M physique

fitness equipment

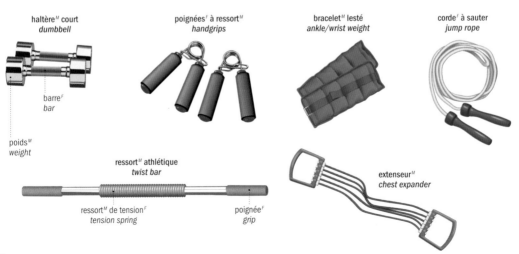

haltère^M court
dumbbell

poignées^F à ressort^M
handgrips

bracelet^M lesté
ankle/wrist weight

corde^F à sauter
jump rope

barre^F
bar

poids^M
weight

ressort^M athlétique
twist bar

extenseur^M
chest expander

ressort^M de tension^F
tension spring

poignée^F
grip

appareils^M de conditionnement^M physique

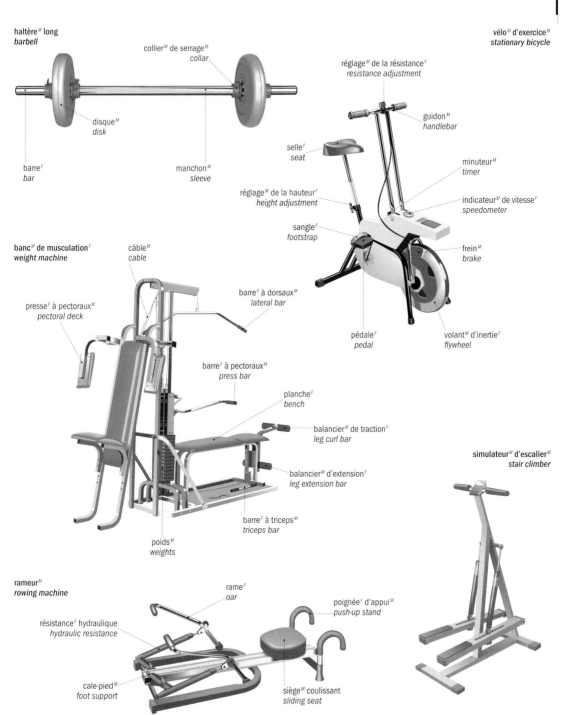

haltère^M long
barbell

collier^M de serrage^M
collar

disque^M
disk

barre^F
bar

manchon^M
sleeve

vélo^M d'exercice^M
stationary bicycle

réglage^M de la résistance^F
resistance adjustment

guidon^M
handlebar

selle^F
seat

minuteur^M
timer

réglage^M de la hauteur^F
height adjustment

indicateur^M de vitesse^F
speedometer

sangle^F
footstrap

frein^M
brake

banc^M de musculation^F
weight machine

câble^M
cable

pédale^F
pedal

volant^M d'inertie^F
flywheel

presse^F à pectoraux^M
pectoral deck

barre^F à dorsaux^M
lateral bar

barre^F à pectoraux^M
press bar

planche^F
bench

balancier^M de traction^F
leg curl bar

simulateur^M d'escalier^M
stair climber

balancier^M d'extension^F
leg extension bar

barre^F à triceps^M
triceps bar

poids^M
weights

rameur^M
rowing machine

rame^F
oar

poignée^F d'appui^M
push-up stand

résistance^F hydraulique
hydraulic resistance

cale-pied^M
foot support

siège^M coulissant
sliding seat

SPORTS ET JEUX

billard^M

billiards

billard^M français
carom billiards

billard^M pool
pool

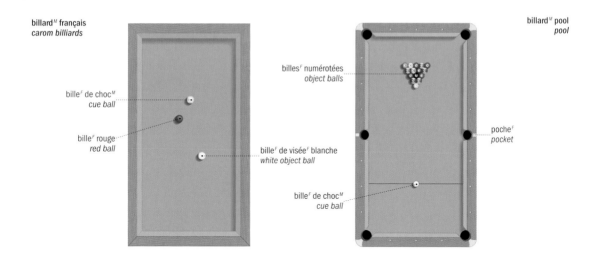

bille^F de choc^M
cue ball

bille^F rouge
red ball

bille^F de visée^F blanche
white object ball

billes^F numérotées
object balls

poche^F
pocket

bille^F de choc^M
cue ball

table^F
table

«D»^M
"D"

mouche^F de ligne^F de cadre^M
balk line spot

mouche^F supérieure
pyramid spot

tapis^M
baize

cadre^M
balk area

poche^F inférieure
bottom pocket

mouche^F centrale
center spot

poche^F supérieure
top pocket

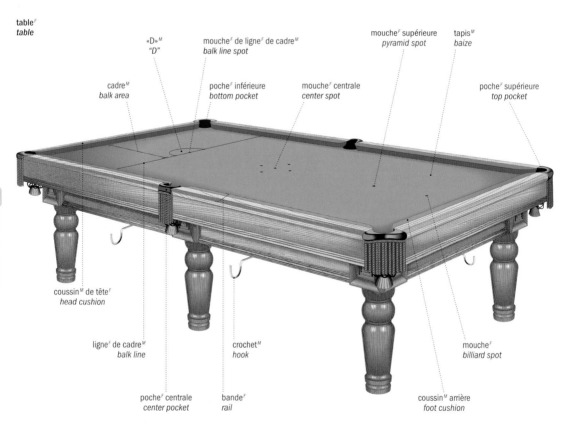

coussin^M de tête^F
head cushion

ligne^F de cadre^M
balk line

crochet^M
hook

mouche^F
billiard spot

poche^F centrale
center pocket

bande^F
rail

coussin^M arrière
foot cushion

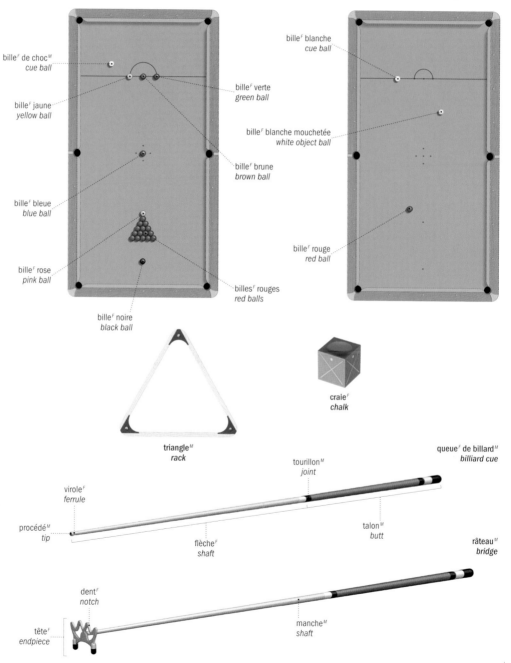

snooker^M
snooker

billard^M anglais
English billiards

bille^F de choc^M
cue ball

bille^F blanche
cue ball

bille^F verte
green ball

bille^F jaune
yellow ball

bille^F blanche mouchetée
white object ball

bille^F brune
brown ball

bille^F bleue
blue ball

bille^F rose
pink ball

bille^F rouge
red ball

billes^F rouges
red balls

bille^F noire
black ball

triangle^M
rack

craie^F
chalk

tourillon^M
joint

queue^F de billard^M
billiard cue

virole^F
ferrule

procédé^M
tip

flèche^F
shaft

talon^M
butt

râteau^M
bridge

dent^F
notch

manche^M
shaft

tête^F
endpiece

golf^M
golf

parcours^M
course

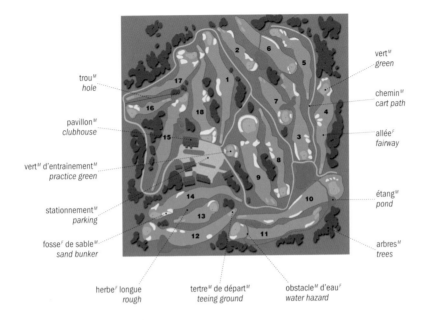

trou^M
hole

pavillon^M
clubhouse

vert^M d'entraînement^M
practice green

stationnement^M
parking

fosse^F de sable^M
sand bunker

vert^M
green

chemin^M
cart path

allée^F
fairway

étang^M
pond

arbres^M
trees

herbe^F longue
rough

tertre^M de départ^M
teeing ground

obstacle^M d'eau^F
water hazard

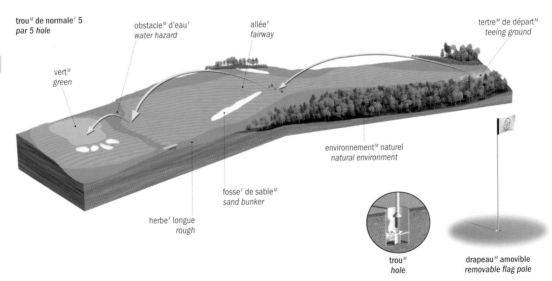

trou^M de normale^F 5
par 5 hole

obstacle^M d'eau^F
water hazard

allée^F
fairway

tertre^M de départ^M
teeing ground

vert^M
green

environnement^M naturel
natural environment

fosse^F de sable^M
sand bunker

herbe^F longue
rough

trou^M
hole

drapeau^M amovible
removable flag pole

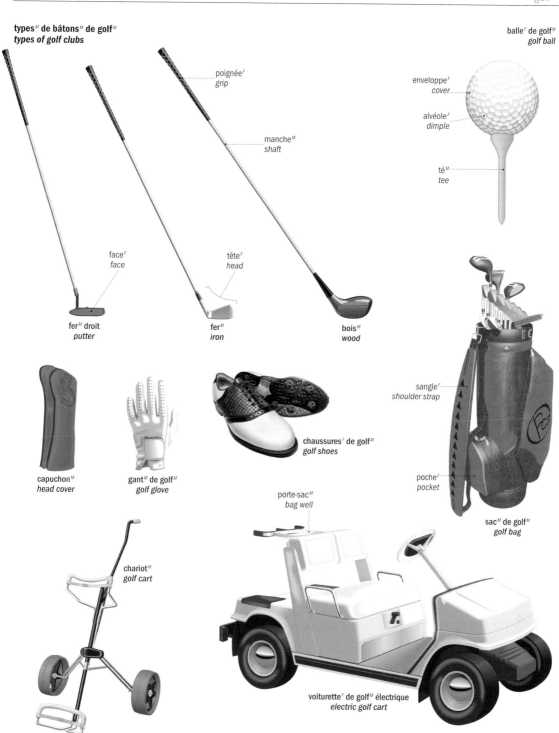

types^M de bâtons^M de golf^M
types of golf clubs

balle^F de golf^M
golf ball

poignée^F
grip

enveloppe^F
cover

alvéole^F
dimple

manche^M
shaft

té^M
tee

face^F
face

tête^F
head

fer^M droit
putter

fer^M
iron

bois^M
wood

sangle^F
shoulder strap

chaussures^F de golf^M
golf shoes

capuchon^M
head cover

gant^M de golf^M
golf glove

poche^F
pocket

porte-sac^M
bag well

sac^M de golf^M
golf bag

chariot^M
golf cart

voiturette^F de golf^M électrique
electric golf cart

SPORTS ET JEUX

hockey^M sur glace^F

ice hockey

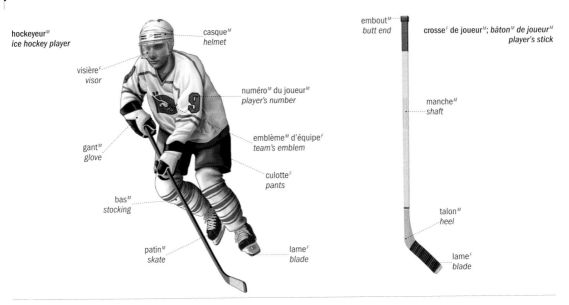

hockeyeur^M
ice hockey player

visière^F
visor

gant^M
glove

bas^M
stocking

patin^M
skate

casque^M
helmet

numéro^M du joueur^M
player's number

emblème^M d'équipe^F
team's emblem

culotte^F
pants

lame^F
blade

embout^M
butt end

crosse^F **de joueur**^{M}**; bâton**^{M} **de joueur**^{M}
player's stick

manche^M
shaft

talon^M
heel

lame^F
blade

patinoire^F
rink

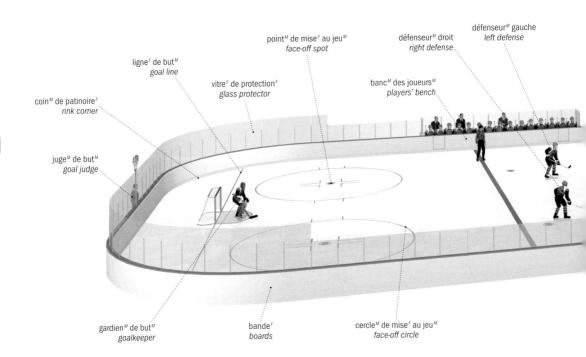

coin^M de patinoire^F
rink corner

juge^M de but^M
goal judge

ligne^F de but^M
goal line

vitre^F de protection^F
glass protector

point^M de mise^F au jeu^M
face-off spot

défenseur^M droit
right defense

défenseur^M gauche
left defense

banc^M des joueurs^M
players' bench

gardien^M de but^M
goalkeeper

bande^F
boards

cercle^M de mise^F au jeu^M
face-off circle

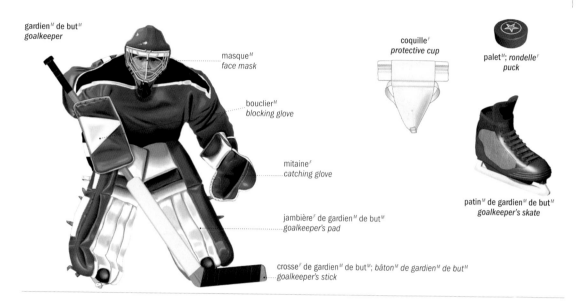

gardien^M de but^M
goalkeeper

masque^M
face mask

bouclier^M
blocking glove

mitaine^F
catching glove

jambière^F de gardien^M de but^M
goalkeeper's pad

crosse^F de gardien^M de but^M; bâton^M de gardien^M de but^M
goalkeeper's stick

coquille^F
protective cup

palet^M; rondelle^F
puck

patin^M de gardien^M de but^M
goalkeeper's skate

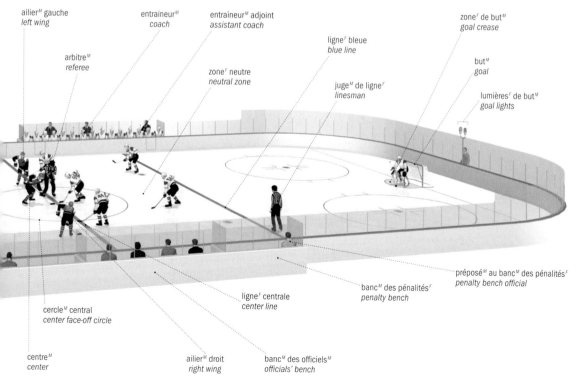

ailier^M gauche
left wing

entraineur^M
coach

entraineur^M adjoint
assistant coach

zone^F de but^M
goal crease

arbitre^M
referee

ligne^F bleue
blue line

but^M
goal

zone^F neutre
neutral zone

juge^M de ligne^F
linesman

lumières^F de but^M
goal lights

préposé^M au banc^M des pénalités^F
penalty bench official

banc^M des pénalités^F
penalty bench

ligne^F centrale
center line

cercle^M central
center face-off circle

centre^M
center

ailier^M droit
right wing

banc^M des officiels^M
officials' bench

patinage^M de vitesse^F

speed skating

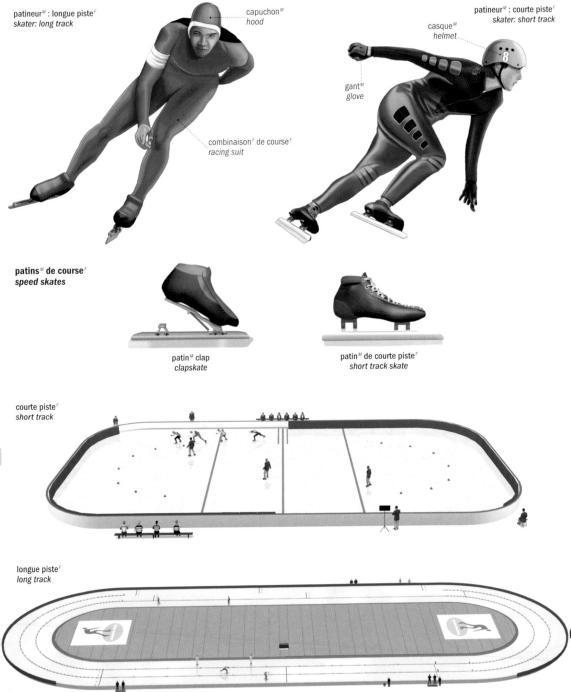

patineur^M : longue piste^F
skater: long track

capuchon^M
hood

patineur^M : courte piste^F
skater: short track

casque^M
helmet

gant^M
glove

combinaison^F de course^F
racing suit

patins^M de course^F
speed skates

patin^M clap
clapskate

patin^M de courte piste^F
short track skate

courte piste^F
short track

longue piste^F
long track

patinage^M artistique
figure skating

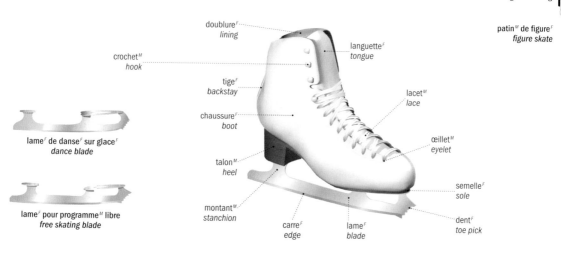

patin^M de figure^F
figure skate

doublure^F
lining

languette^F
tongue

crochet^M
hook

tige^F
backstay

lacet^M
lace

chaussure^F
boot

lame^F de danse^F sur glace^F
dance blade

œillet^M
eyelet

talon^M
heel

lame^F pour programme^M libre
free skating blade

semelle^F
sole

montant^M
stanchion

carre^F
edge

lame^F
blade

dent^F
toe pick

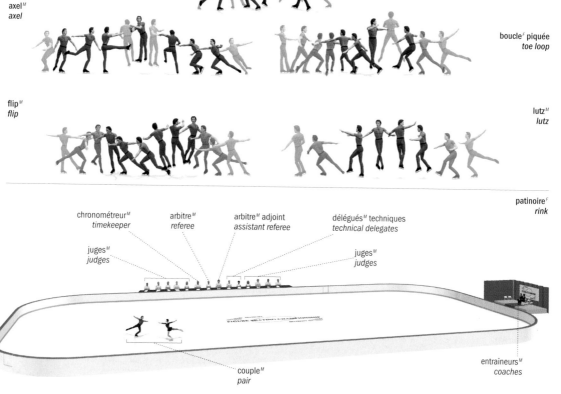

exemples^M de sauts^M
examples of jumps

salchow^M
salchow

axel^M
axel

boucle^F piquée
toe loop

flip^M
flip

lutz^M
lutz

patinoire^F
rink

chronométreur^M
timekeeper

arbitre^M
referee

arbitre^M adjoint
assistant referee

délégués^M techniques
technical delegates

juges^M
judges

juges^M
judges

couple^M
pair

entraineurs^M
coaches

SPORTS ET JEUX

ski^M alpin

alpine skiing

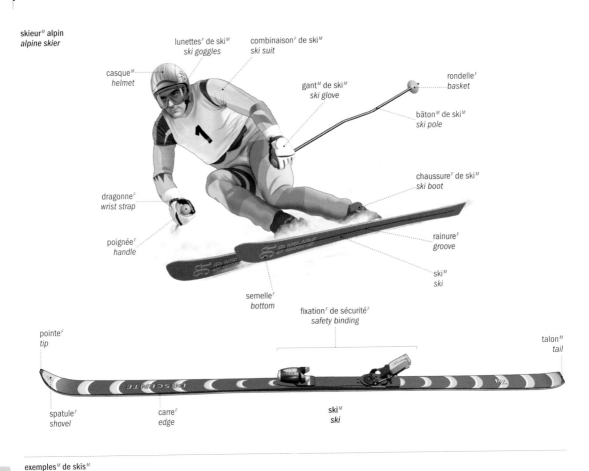

skieur^M alpin
alpine skier

lunettes^F de ski^M
ski goggles

combinaison^F de ski^M
ski suit

casque^M
helmet

gant^M de ski^M
ski glove

rondelle^F
basket

bâton^M de ski^M
ski pole

chaussure^F de ski^M
ski boot

dragonne^F
wrist strap

rainure^F
groove

poignée^F
handle

ski^M
ski

semelle^F
bottom

fixation^F de sécurité^F
safety binding

pointe^F
tip

talon^M
tail

spatule^F
shovel

carre^F
edge

ski^M
ski

exemples^M de skis^M
examples of skis

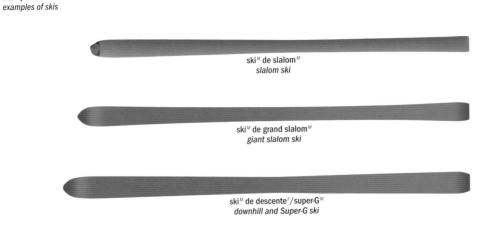

ski^M de slalom^M
slalom ski

ski^M de grand slalom^M
giant slalom ski

ski^M de descente^F/super-G^M
downhill and Super-G ski

ski^M alpin

épreuves^F
technical events

chaussure^F de ski^M
ski boot

descente^F
downhill

super-géant^M
super giant (super-G) slalom

slalom^M géant
giant slalom

slalom^M spécial
special slalom

chausson^M intérieur
inner boot

collier^M
upper cuff

tige^F
upper

languette^F
tongue

coque^F supérieure
upper shell

courroie^F de tige^F
upper strap

boucle^F
buckle

cran^M de réglage^M
adjusting catch

charnière^F
hinge

semelle^F
sole

coque^F inférieure
lower shell

fixation^F de sécurité^F
safety binding

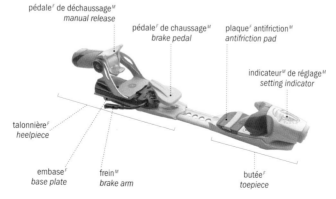

pédale^F de déchaussage^M
manual release

pédale^F de chaussage^M
brake pedal

plaque^F antifriction^M
antifriction pad

indicateur^M de réglage^M
setting indicator

talonnière^F
heelpiece

embase^F
base plate

frein^M
brake arm

butée^F
toepiece

station^F de ski^M

ski resort

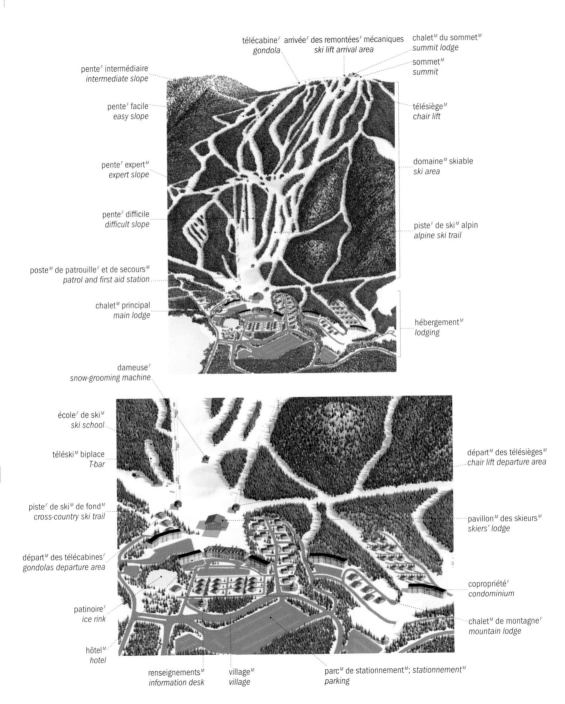

télécabine^F arrivée^F des remontées^F mécaniques
gondola ski lift arrival area

chalet^M du sommet^M
summit lodge

pente^F intermédiaire
intermediate slope

sommet^M
summit

pente^F facile
easy slope

télésiège^M
chair lift

pente^F expert^M
expert slope

domaine^M skiable
ski area

pente^F difficile
difficult slope

piste^F de ski^M alpin
alpine ski trail

poste^M de patrouille^F et de secours^M
patrol and first aid station

chalet^M principal
main lodge

hébergement^M
lodging

dameuse^F
snow-grooming machine

école^F de ski^M
ski school

téléski^M biplace
T-bar

départ^M des télésièges^M
chair lift departure area

piste^F de ski^M de fond^M
cross-country ski trail

pavillon^M des skieurs^M
skiers' lodge

départ^M des télécabines^F
gondolas departure area

copropriété^F
condominium

patinoire^F
ice rink

chalet^M de montagne^F
mountain lodge

hôtel^M
hotel

renseignements^M
information desk

village^M
village

parc^M de stationnement^M; stationnement^M
parking

SPORTS ET JEUX

surf^M des neiges^F

snowboarding

surfeur^M
snowboarder

casque^M
helmet

lunettes^F
goggles

combinaison^F
coveralls

protège-tibia^M
shin guard

surf^M des neiges^F
snowboard

gant^M
glove

botte^F rigide
hard boot

botte^F souple
flexible boot

surf^M acrobatique
freestyle snowboard

surf^M alpin
alpine snowboard

saut^M à ski^M

ski jumping

sauteur^M
ski jumper

combinaison^F de saut^M à ski^M
ski jumping suit

casque^M
helmet

gant^M
glove

chaussure^F de saut^M à ski^M
ski jumping boot

ski^M de saut^M
jumping ski

fixation^F
binding

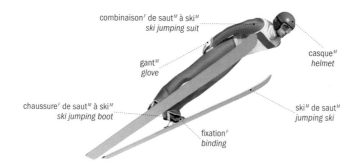

SPORTS ET JEUX

ski^M de fond^M

cross-country skiing

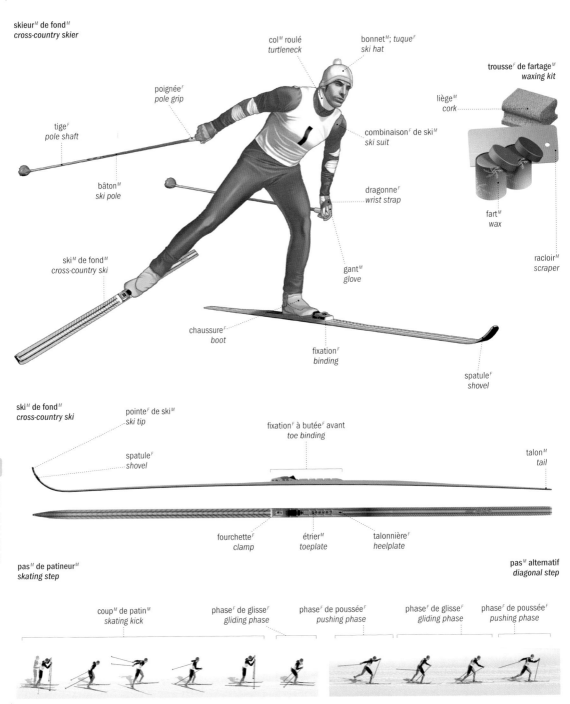

skieur^M de fond^M
cross-country skier

col^M roulé
turtleneck

bonnet^M; *tuque^F*
ski hat

trousse^F de fartage^M
waxing kit

liège^M
cork

poignée^F
pole grip

combinaison^F de ski^M
ski suit

tige^F
pole shaft

bâton^M
ski pole

dragonne^F
wrist strap

fart^M
wax

ski^M de fond^M
cross-country ski

gant^M
glove

racloir^M
scraper

chaussure^F
boot

fixation^F
binding

spatule^F
shovel

ski^M de fond^M
cross-country ski

pointe^F de ski^M
ski tip

fixation^F à butée^F avant
toe binding

talon^M
tail

spatule^F
shovel

fourchette^F
clamp

étrier^M
toeplate

talonnière^F
heelplate

pas^M de patineur^M
skating step

pas^M alternatif
diagonal step

coup^M de patin^M
skating kick

phase^F de glisse^F
gliding phase

phase^F de poussée^F
pushing phase

phase^F de glisse^F
gliding phase

phase^F de poussée^F
pushing phase

SPORTS ET JEUX

curling^M

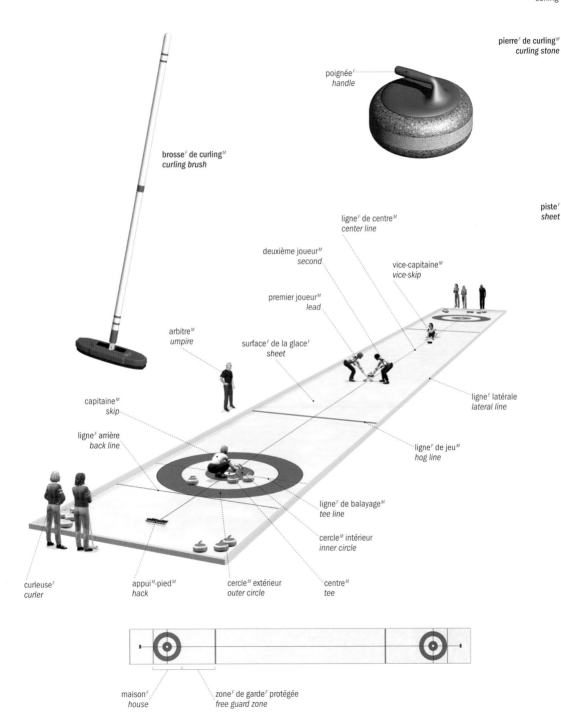

pierre^F de curling^M
curling stone

poignée^F
handle

brosse^F de curling^M
curling brush

piste^F
sheet

ligne^F de centre^M
center line

deuxième joueur^M
second

vice-capitaine^M
vice-skip

premier joueur^M
lead

arbitre^M
umpire

surface^F de la glace^F
sheet

ligne^F latérale
lateral line

capitaine^M
skip

ligne^F arrière
back line

ligne^F de jeu^M
hog line

ligne^F de balayage^M
tee line

cercle^M intérieur
inner circle

curleuse^F
curler

appui^M-pied^M
hack

cercle^M extérieur
outer circle

centre^M
tee

maison^F
house

zone^F de garde^F protégée
free guard zone

SPORTS ET JEUX

natation^F

swimming

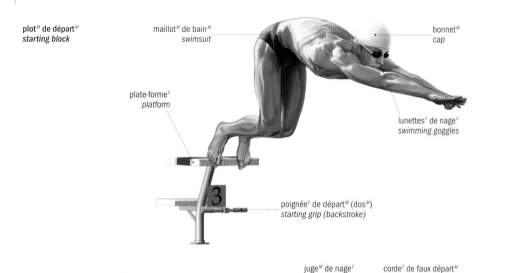

plot^M de départ^M
starting block

maillot^M de bain^M
swimsuit

bonnet^M
cap

plate-forme^F
platform

lunettes^F de nage^F
swimming goggles

poignée^F de départ^M (dos^M)
starting grip (backstroke)

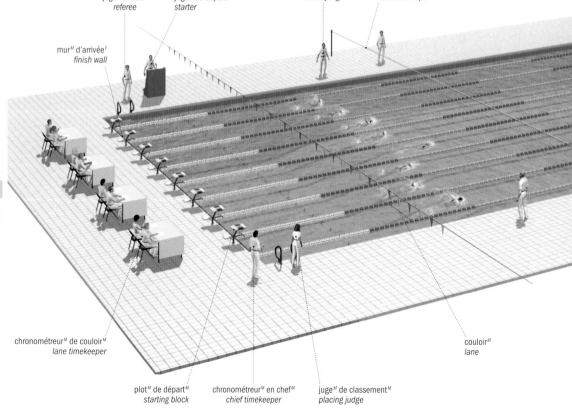

juge^M arbitre^M
referee

juge^M de départ^M
starter

juge^M de nage^F
stroke judge

corde^F de faux départ^M
false start rope

mur^M d'arrivée^F
finish wall

chronométreur^M de couloir^M
lane timekeeper

couloir^M
lane

plot^M de départ^M
starting block

chronométreur^M en chef^M
chief timekeeper

juge^M de classement^M
placing judge

SPORTS ET JEUX

types^M **de nages**^F
types of strokes

crawl^M
front crawl stroke

papillon^M
butterfly stroke

brasse^F
breaststroke

nage^F sur le dos^M
backstroke

repère^M de virage^M de dos^M
backstroke turn indicator

mur^M latéral
sidewall

mur^M de virage^M
turning wall

juges^M de virages^M
turning judges

bassin^M de compétition^F
competitive course

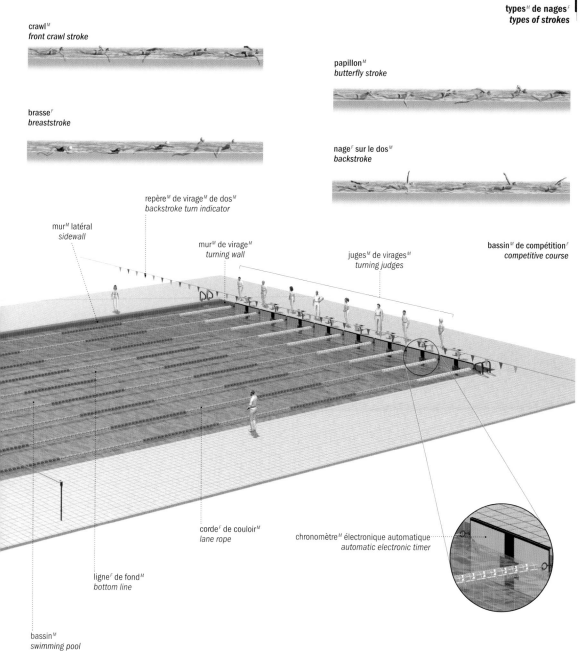

corde^F de couloir^M
lane rope

chronomètre^M électronique automatique
automatic electronic timer

ligne^F de fond^M
bottom line

bassin^M
swimming pool

plongeon^M

diving

positions^F de départ^M
starting positions

renversé
reverse

retourné
inward

arrière
backward

avant
forward

en équilibre^M
armstand

vols^M
flights

position^F groupée
tuck position

position^F droite
straight position

position^F carpée
pike position

plongeoir^M
diving installations

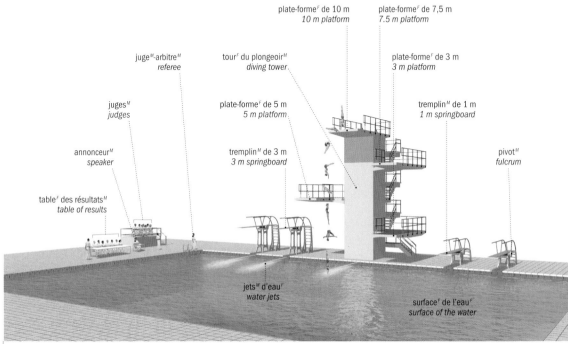

plate-forme^F de 10 m
10 m platform

plate-forme^F de 7,5 m
7.5 m platform

juge^M-arbitre^M
referee

tour^F du plongeoir^M
diving tower

plate-forme^F de 3 m
3 m platform

juges^M
judges

plate-forme^F de 5 m
5 m platform

tremplin^M de 1 m
1 m springboard

annonceur^M
speaker

tremplin^M de 3 m
3 m springboard

pivot^M
fulcrum

table^F des résultats^M
table of results

jets^M d'eau^F
water jets

surface^F de l'eau^F
surface of the water

planche^F à voile^F

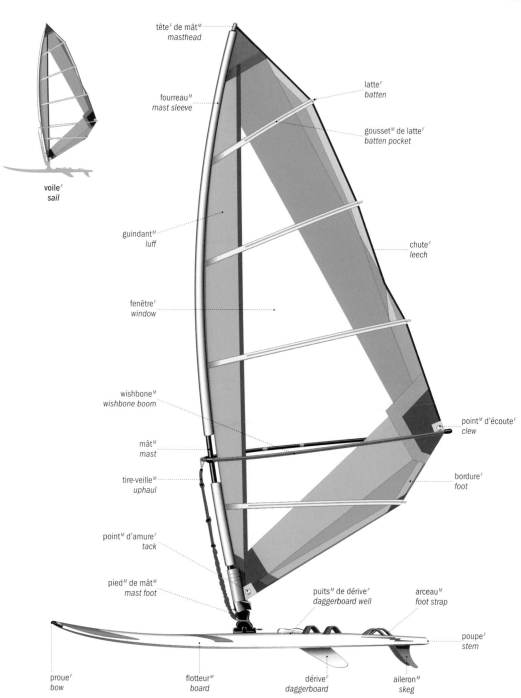

voile^F
sail

tête^F de mât^M
masthead

fourreau^M
mast sleeve

latte^F
batten

gousset^M de latte^F
batten pocket

guindant^M
luff

chute^F
leech

fenêtre^F
window

wishbone^M
wishbone boom

point^M d'écoute^F
clew

mât^M
mast

tire-veille^M
uphaul

bordure^F
foot

point^M d'amure^F
tack

pied^M de mât^M
mast foot

puits^M de dérive^F
daggerboard well

arceau^M
foot strap

poupe^F
stern

proue^F
bow

flotteur^M
board

dérive^F
daggerboard

aileron^M
skeg

voile^F

sailing

dériveur
sailboat

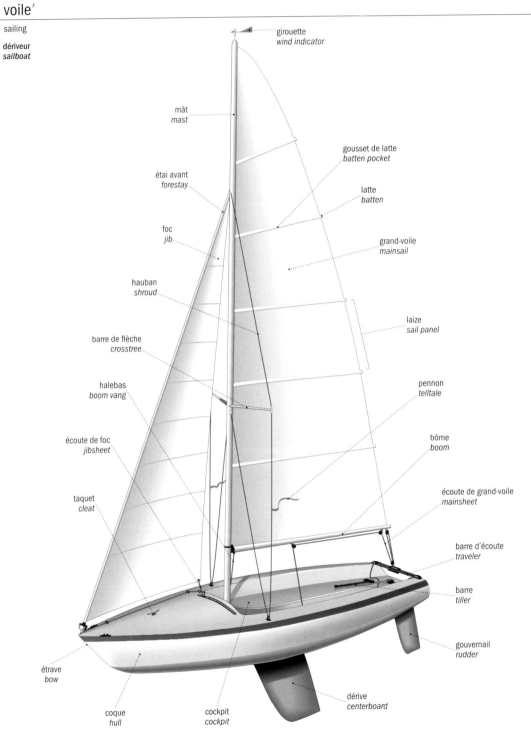

girouette
wind indicator

mât
mast

gousset de latte
batten pocket

étai avant
forestay

latte
batten

foc
jib

grand-voile
mainsail

hauban
shroud

laize
sail panel

barre de flèche
crosstree

pennon
telltale

halebas
boom vang

bôme
boom

écoute de foc
jibsheet

écoute de grand-voile
mainsheet

taquet
cleat

barre d'écoute
traveler

barre
tiller

étrave
bow

gouvernail
rudder

coque
hull

cockpit
cockpit

dérive
centerboard

voile^F

multicoques^M
multihulls

monocoques^M
monohulls

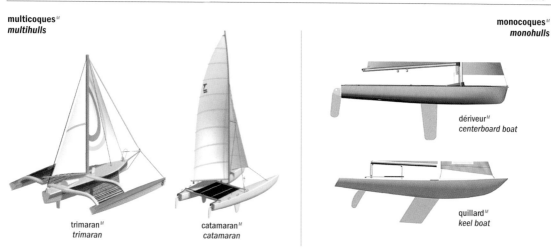

dériveur^M
centerboard boat

quillard^M
keel boat

trimaran^M
trimaran

catamaran^M
catamaran

accastillage^M
upperworks

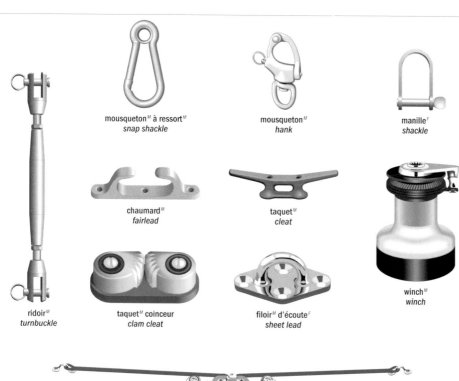

mousqueton^M à ressort^M
snap shackle

mousqueton^M
hank

manille^F
shackle

chaumard^M
fairlead

taquet^M
cleat

winch^M
winch

ridoir^M
turnbuckle

taquet^M coinceur
clam cleat

filoir^M d'écoute^F
sheet lead

barre^F d'écoute^F
traveler

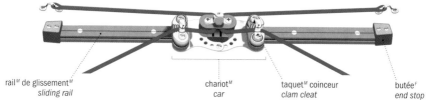

rail^M de glissement^M
sliding rail

chariot^M
car

taquet^M coinceur
clam cleat

butée^F
end stop

SPORTS ET JEUX

cyclisme ^M sur route ^F

road racing

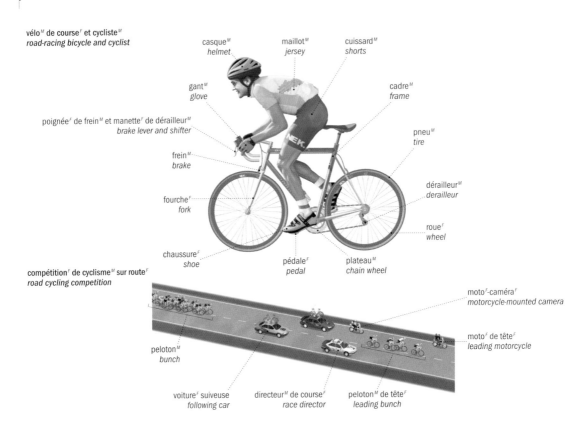

vélo ^M **de course** ^F **et cycliste** ^M
road-racing bicycle and cyclist

casque ^M
helmet

maillot ^M
jersey

cuissard ^M
shorts

gant ^M
glove

cadre ^M
frame

poignée ^F de frein ^M et manette ^F de dérailleur ^M
brake lever and shifter

pneu ^M
tire

frein ^M
brake

dérailleur ^M
derailleur

fourche ^F
fork

roue ^F
wheel

chaussure ^F
shoe

pédale ^F
pedal

plateau ^M
chain wheel

compétition ^F **de cyclisme** ^M **sur route** ^F
road cycling competition

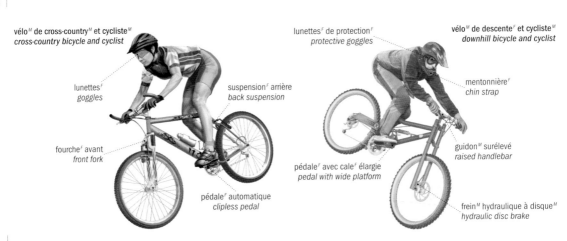

moto ^F-caméra ^F
motorcycle-mounted camera

moto ^F de tête ^F
leading motorcycle

peloton ^M
bunch

voiture ^F suiveuse
following car

directeur ^M de course ^F
race director

peloton ^M de tête ^F
leading bunch

vélo ^M de montagne ^F

mountain biking

vélo ^M **de cross-country** ^M **et cycliste** ^M
cross-country bicycle and cyclist

lunettes ^F de protection ^F
protective goggles

vélo ^M **de descente** ^F **et cycliste** ^M
downhill bicycle and cyclist

lunettes ^F
goggles

suspension ^F arrière
back suspension

mentonnière ^F
chin strap

fourche ^F avant
front fork

guidon ^M surélevé
raised handlebar

pédale ^F avec cale ^F élargie
pedal with wide platform

pédale ^F automatique
clipless pedal

frein ^M hydraulique à disque ^M
hydraulic disc brake

scooter^M de mer^F; *motomarine*^F

personal watercraft

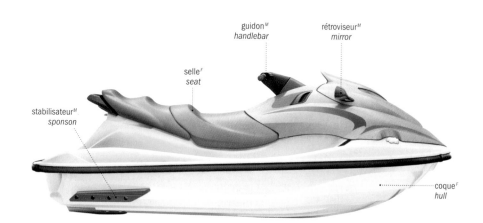

guidon^M
handlebar

rétroviseur^M
mirror

selle^F
seat

stabilisateur^M
sponson

coque^F
hull

motoneige^F

snowmobile

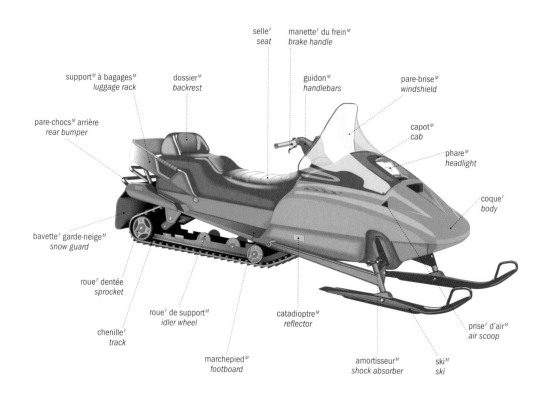

selle^F
seat

manette^F du frein^M
brake handle

support^M à bagages^M
luggage rack

dossier^M
backrest

guidon^M
handlebars

pare-brise^M
windshield

pare-chocs^M arrière
rear bumper

capot^M
cab

phare^M
headlight

coque^F
body

bavette^F garde-neige^M
snow guard

roue^F dentée
sprocket

roue^F de support^M
idler wheel

catadioptre^M
reflector

prise^F d'air^M
air scoop

chenille^F
track

marchepied^M
footboard

amortisseur^M
shock absorber

ski^M
ski

SPORTS ET JEUX

course^F automobile

car racing

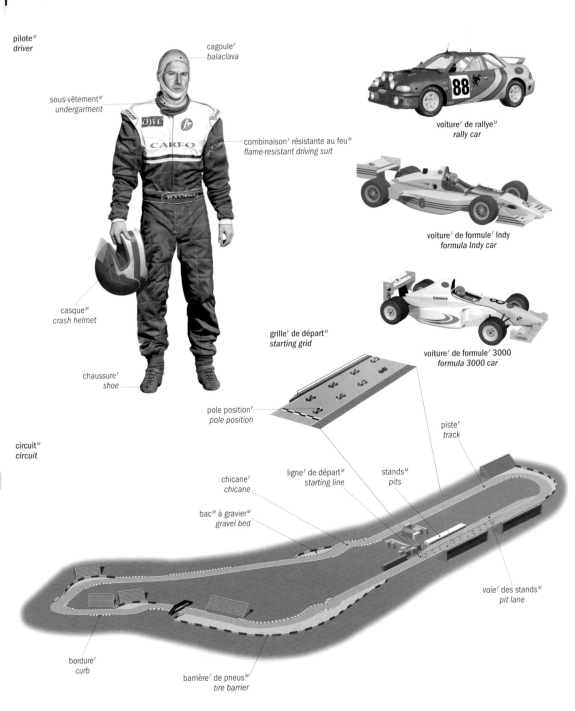

pilote^M
driver

cagoule^F
balaclava

sous-vêtement^M
undergarment

combinaison^F résistante au feu^M
flame-resistant driving suit

casque^M
crash helmet

chaussure^F
shoe

voiture^F de rallye^M
rally car

voiture^F de formule^F Indy
formula Indy car

voiture^F de formule^F 3000
formula 3000 car

grille^F de départ^M
starting grid

pole position^F
pole position

piste^F
track

circuit^M
circuit

chicane^F
chicane

ligne^F de départ^M
starting line

stands^M
pits

bac^M à gravier^M
gravel bed

voie^F des stands^M
pit lane

bordure^F
curb

barrière^F de pneus^M
tire barrier

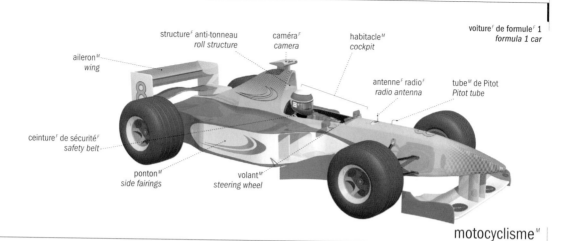

voiture de formule 1
formula 1 car

structure anti-tonneau
roll structure

caméra
camera

habitacle
cockpit

aileron
wing

antenne radio
radio antenna

tube de Pitot
Pitot tube

ceinture de sécurité
safety belt

ponton
side fairings

volant
steering wheel

motocyclisme

motorcycling

casque
helmet

moto de motocross et supercross
motocross and supercross motorcycle

protège-main
hand protector

pantalon
pants

lunettes de protection
protective goggles

combinaison de protection
protective suit

botte
boot

pneu à crampons
nubby tire

plaque-numéro
number plate

plaque de protection
protective plate

fourche
fork

renfort de nuque
neck support

casque intégral
full face helmet

moto de grand prix et pilote
speed grand prix motorcycle and rider

combinaison
racing suit

visière
visor

protection d'usure
rub protection

gant
glove

botte
boot

prise d'air de refroidissement du moteur
air intake for engine cooling

frein à disque
disk brake

pneu
tire

roue
wheel

planche^F à roulettes^F

skateboarding

planche^F à roulettes^F
skateboard

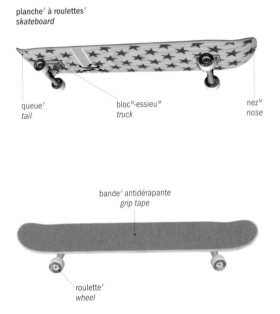

queue^F
tail

bloc^M-essieu^M
truck

nez^M
nose

bande^F antidérapante
grip tape

roulette^F
wheel

planchiste^M
skateboarder

genouillère^F
knee pad

protège-coude^M
elbow pad

casque^M
helmet

arête^F
coping

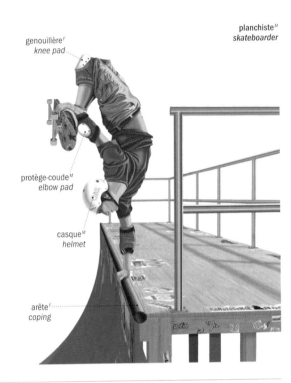

rampe^F
ramp

plate-forme^F
platform

arête^F
coping

surface^F verticale
vertical section

fond^M
flat

rambarde^F
guard rail

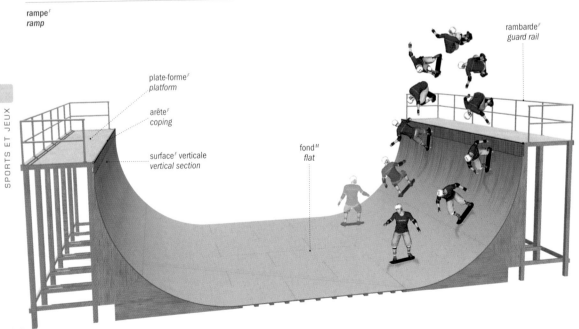

SPORTS ET JEUX

patin^M à roues^F alignées

patin^M acrobatique
acrobatic skate

chausson^M intérieur
inner boot

coque^F supérieure
upper shell

patineuse^F
skater

casque^M
helmet

coudière^F
elbow pad

genouillère^F
knee pad

protège-poignet^M
wrist guard

platine^F
frame

roue^F
wheel

patin^M de vitesse^F
in-line speed skate

patin^M à roues^F alignées
in-line skate

coque^F supérieure
upper shell

chausson^M intérieur
inner boot

patin^M de hockey^M
in-line hockey skate

boucle^F de réglage^M
adjusting buckle

chaussure^F
boot

essieu^M
axle

frein^M de talon^M
heel stop

roue^F
wheel

bloc^M-essieu^M
truck

SPORTS ET JEUX

527

camping^M

camping

exemples^M de tentes^F
examples of tents

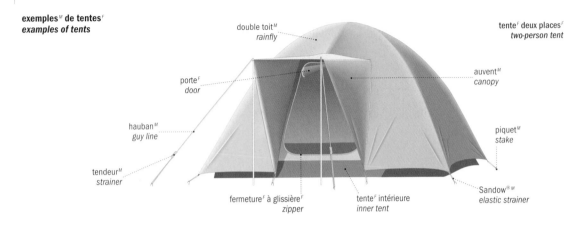

double toit^M
rainfly

tente^F deux places^F
two-person tent

porte^F
door

auvent^M
canopy

hauban^M
guy line

piquet^M
stake

tendeur^M
strainer

fermeture^F à glissière^F
zipper

tente^F intérieure
inner tent

Sandow^{® M}
elastic strainer

tente^F familiale
family tent

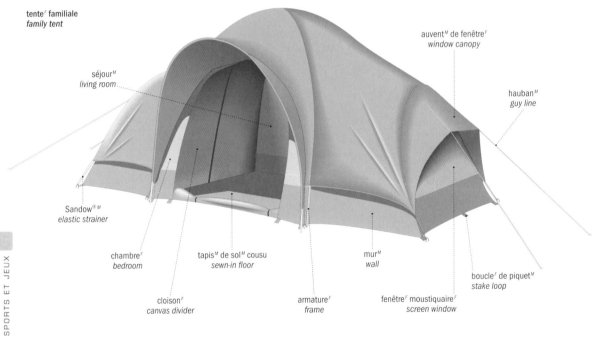

auvent^M de fenêtre^F
window canopy

séjour^M
living room

hauban^M
guy line

Sandow^{® M}
elastic strainer

chambre^F
bedroom

tapis^M de sol^M cousu
sewn-in floor

mur^M
wall

boucle^F de piquet^M
stake loop

cloison^F
canvas divider

armature^F
frame

fenêtre^F moustiquaire^F
screen window

tente^F grange^F
wagon tent

tente^F rectangulaire
wall tent

tente^F canadienne
pup tent

double toit^M
rainfly

mât^M de toit^M
roof pole

tente^F intérieure
inner tent

Sandow^{®M}
elastic strainer

porte^F
door

boucle^F de piquet^M
stake loop

tapis^M de sol^M cousu
sewn-in floor

piquet^M
stake

tente^F individuelle
one-person tent

tente^F dôme^M
dome tent

tente^F igloo^M
pop-up tent

lanterne^F
lantern

accessoires^M au propane^M ou au butane^M
propane or butane accessories

globe^M
globe

bâti^M du brûleur^M
burner frame

régulateur^M de pression^F
pressure regulator

pompe^F
pump

bouchon^M antifuite
leakproof cap

chaufferette^F
heater

réservoir^M
tank

réchaud^M à deux feux^M
double-burner camp stove

brûleur^M
burner

réservoir^M
tank

grille^F stabilisatrice
wire support

réchaud^M à un feu^M
single-burner camp stove

robinet^M relais^M
control valve

SPORTS ET JEUX

camping^M

exemples^M **de sacs**^M **de couchage**^M
examples of sleeping bags

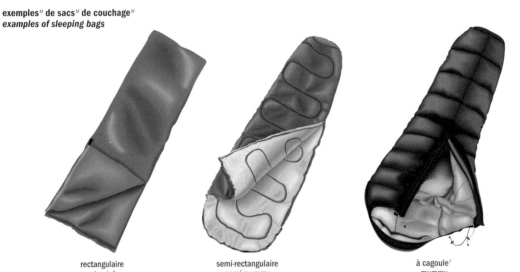

rectangulaire
rectangular

semi-rectangulaire
semi-mummy

à cagoule^F
mummy

lit^M **et matelas**^M
bed and mattress

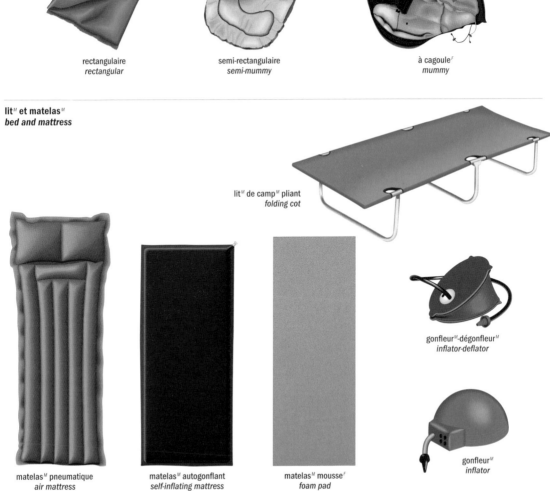

lit^M de camp^M pliant
folding cot

gonfleur^M-dégonfleur^M
inflator-deflator

gonfleur^M
inflator

matelas^M pneumatique
air mattress

matelas^M autogonflant
self-inflating mattress

matelas^M mousse^F
foam pad

SPORTS ET JEUX

ustensiles^M de campeur^M
cutlery set

popote^F
cooking set

cuiller^F
spoon

ganse^F
belt loop

assiette^F plate
plate

étui^M
sheath

fourchette^F
fork

couteau^M
knife

faitout^M
saucepan

queue^F
handle

poêle^F
frying pan

cafetière^F
coffee pot

tasse^F
cup

matériel^M **de camping**^M
camping equipment

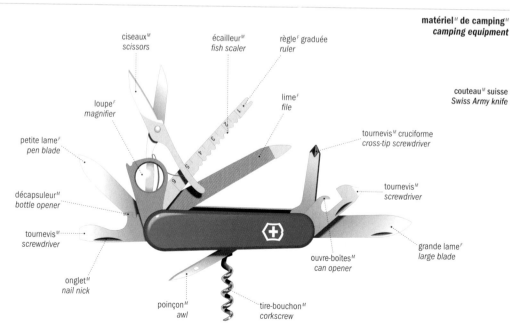

ciseaux^M
scissors

écailleur^M
fish scaler

règle^F graduée
ruler

couteau^M suisse
Swiss Army knife

loupe^F
magnifier

lime^F
file

petite lame^F
pen blade

tournevis^M cruciforme
cross-tip screwdriver

décapsuleur^M
bottle opener

tournevis^M
screwdriver

tournevis^M
screwdriver

grande lame^F
large blade

onglet^M
nail nick

ouvre-boîtes^M
can opener

poinçon^M
awl

tire-bouchon^M
corkscrew

SPORTS ET JEUX

camping^M

sac^M à dos^M
backpack

rabat^M
top flap

bretelle^F
shoulder strap

boucle^F de réglage^M
tightening buckle

sangle^F de compression^F
side compression strap

sangle^F de fermeture^F
front compression strap

passe-sangle^M
strap loop

ceinture^F
waist belt

pelle^F-pioche^F pliante
folding shovel

bouteille^F isolante
vacuum bottle

bouteille^F
bottle

bouchon^M
stopper

tasse^F
cup

lampe^F-tempête^F
hurricane lamp

gourde^F
canteen

glacière^F
cooler

cruche^F
water carrier

scie^F de camping^M
bow saw

couteau^M
knife

étui^M de cuir^M
leather sheath

gaine^F
sheath

gril^M pliant
folding grill

hachette^F
hatchet

boussole^F magnétique
magnetic compass

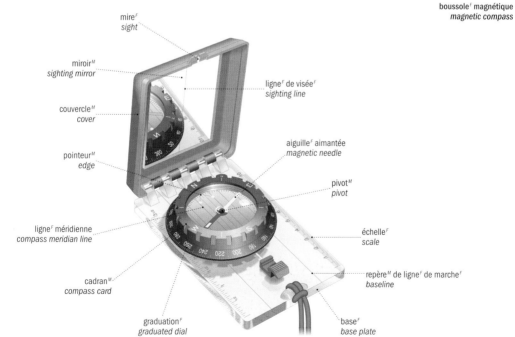

mire^F
sight

miroir^M
sighting mirror

ligne^F de visée^F
sighting line

couvercle^M
cover

aiguille^F aimantée
magnetic needle

pointeur^M
edge

pivot^M
pivot

ligne^F méridienne
compass meridian line

échelle^F
scale

cadran^M
compass card

repère^M de ligne^F de marche^F
baseline

graduation^F
graduated dial

base^F
base plate

SPORTS ET JEUX

chasse^F

hunting

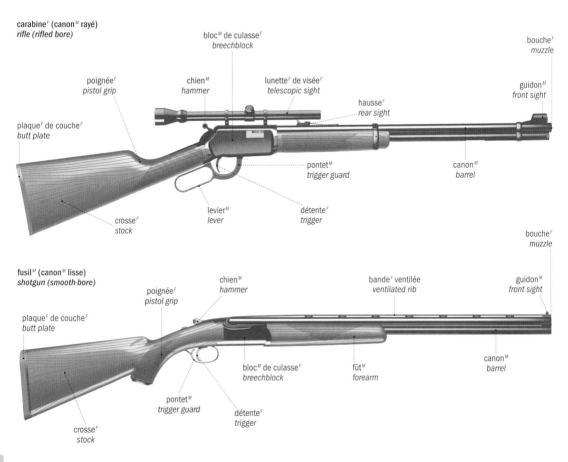

carabine^F (canon^M rayé)
rifle (rifled bore)

bloc^M de culasse^F
breechblock

bouche^F
muzzle

poignée^F
pistol grip

chien^M
hammer

lunette^F de visée^F
telescopic sight

hausse^F
rear sight

guidon^M
front sight

plaque^F de couche^F
butt plate

pontet^M
trigger guard

canon^M
barrel

crosse^F
stock

levier^M
lever

détente^F
trigger

fusil^M (canon^M lisse)
shotgun (smooth-bore)

bouche^F
muzzle

chien^M
hammer

bande^F ventilée
ventilated rib

guidon^M
front sight

poignée^F
pistol grip

plaque^F de couche^F
butt plate

bloc^M de culasse^F
breechblock

fût^M
forearm

canon^M
barrel

pontet^M
trigger guard

détente^F
trigger

crosse^F
stock

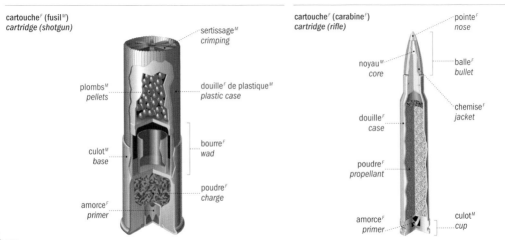

cartouche^F (fusil^M)
cartridge (shotgun)

sertissage^M
crimping

plombs^M
pellets

douille^F de plastique^M
plastic case

bourre^F
wad

culot^M
base

poudre^F
charge

amorce^F
primer

cartouche^F (carabine^F)
cartridge (rifle)

pointe^F
nose

noyau^M
core

balle^F
bullet

douille^F
case

chemise^F
jacket

poudre^F
propellant

amorce^F
primer

culot^M
cup

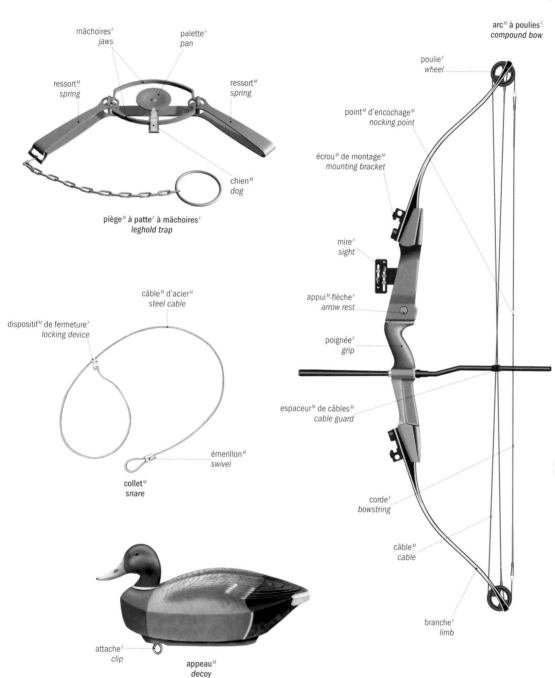

mâchoires^F
jaws

palette^F
pan

ressort^M
spring

ressort^M
spring

chien^M
dog

piège^M à patte^F à mâchoires^F
leghold trap

arc^M à poulies^F
compound bow

poulie^F
wheel

point^M d'encochage^M
nocking point

écrou^M de montage^M
mounting bracket

mire^F
sight

appui^M-flèche^F
arrow rest

poignée^F
grip

espaceur^M de câbles^M
cable guard

câble^M d'acier^M
steel cable

dispositif^M de fermeture^F
locking device

émerillon^M
swivel

collet^M
snare

corde^F
bowstring

câble^M
cable

branche^F
limb

attache^F
clip

appeau^M
decoy

pêche^F

fishing

pêche^F à la mouche^F
flyfishing

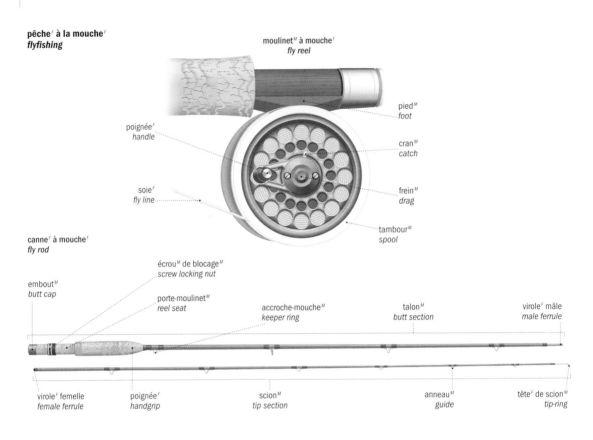

moulinet^M à mouche^F
fly reel

poignée^F
handle

pied^M
foot

cran^M
catch

soie^F
fly line

frein^M
drag

tambour^M
spool

canne^F à mouche^F
fly rod

écrou^M de blocage^M
screw locking nut

embout^M
butt cap

porte-moulinet^M
reel seat

accroche-mouche^M
keeper ring

talon^M
butt section

virole^F mâle
male ferrule

virole^F femelle
female ferrule

poignée^F
handgrip

scion^M
tip section

anneau^M
guide

tête^F de scion^M
tip-ring

mouche^F artificielle
artificial fly

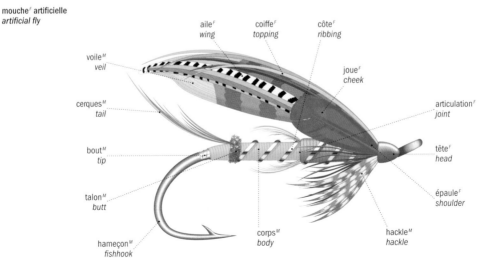

aile^F
wing

coiffe^F
topping

côte^F
ribbing

voile^M
veil

joue^F
cheek

cerques^M
tail

articulation^F
joint

bout^M
tip

tête^F
head

talon^M
butt

épaule^F
shoulder

hameçon^M
fishhook

corps^M
body

hackle^M
hackle

pêche^F au lancer^M
casting

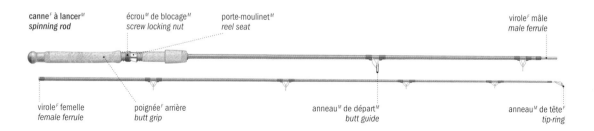

canne^F à lancer^M
spinning rod

écrou^M de blocage^M
screw locking nut

porte-moulinet^M
reel seat

virole^F mâle
male ferrule

virole^F femelle
female ferrule

poignée^F arrière
butt grip

anneau^M de départ^M
butt guide

anneau^M de tête^F
tip-ring

moulinet^M à tambour^M fixe
open-face spinning reel

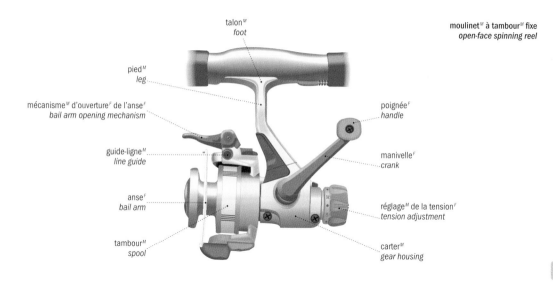

talon^M
foot

pied^M
leg

mécanisme^M d'ouverture^F de l'anse^F
bail arm opening mechanism

guide-ligne^M
line guide

anse^F
bail arm

tambour^M
spool

poignée^F
handle

manivelle^F
crank

réglage^M de la tension^F
tension adjustment

carter^M
gear housing

moulinet^M à tambour^M tournant
baitcasting reel

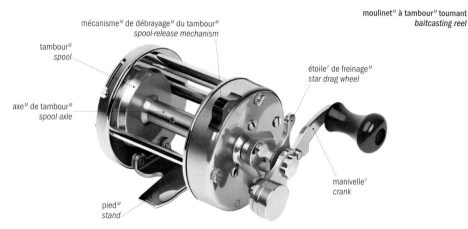

mécanisme^M de débrayage^M du tambour^M
spool-release mechanism

tambour^M
spool

axe^M de tambour^M
spool axle

étoile^F de freinage^M
star drag wheel

manivelle^F
crank

pied^M
stand

pêche^F

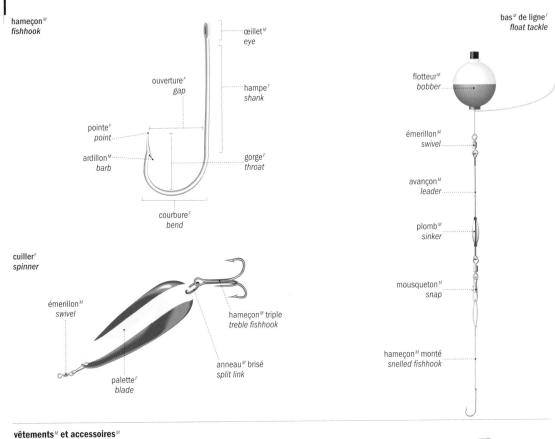

hameçon^M
fishhook

œillet^M
eye

ouverture^F
gap

hampe^F
shank

pointe^F
point

ardillon^M
barb

gorge^F
throat

courbure^F
bend

bas^M de ligne^F
float tackle

flotteur^M
bobber

émerillon^M
swivel

avançon^M
leader

plomb^M
sinker

mousqueton^M
snap

hameçon^M monté
snelled fishhook

cuiller^F
spinner

émerillon^M
swivel

hameçon^M triple
treble fishhook

anneau^M brisé
split link

palette^F
blade

vêtements^M et accessoires^M
clothing and accessories

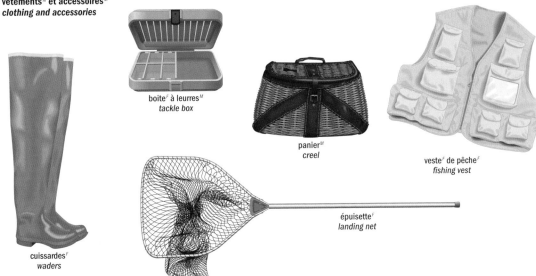

boite^F à leurres^M
tackle box

panier^M
creel

veste^F de pêche^F
fishing vest

épuisette^F
landing net

cuissardes^F
waders

Index français

ASTRONOMIE > 2-13; TERRE > 14-49; RÈGNE VÉGÉTAL > 50-65; RÈGNE ANIMAL > 66-91; ÊTRE HUMAIN > 92-119; ALIMENTATION ET CUISINE > 120-181; MAISON > 182-215; BRICOLAGE ET JARDINAGE > 216-237; VÊTEMENTS > 238-263; PARURE ET OBJETS PERSONNELS > 264-277; ARTS ET ARCHITECTURE > 278-311; COMMUNICATIONS ET BUREAUTIQUE > 312-341; TRANSPORT ET MACHINERIE > 342-401; ÉNERGIES > 402-413; SCIENCE > 414-429; SOCIÉTÉ > 430-467; SPORTS ET JEUX > 468-538.

539

INDEX FRANCAIS

ASTRONOMIE > 2-13; TERRE > 14-49; RÈGNE VÉGÉTAL > 50-65; RÈGNE ANIMAL > 66-91; ÊTRE HUMAIN > 92-119; ALIMENTATION ET CUISINE > 120-181; MAISON > 182-215; BRICO-
LAGE ET JARDINAGE > 216-237; VÊTEMENTS > 238-263; PARURE ET OBJETS PERSONNELS > 264-277; ARTS ET ARCHITECTURE > 278-311; COMMUNICATIONS ET BUREAUTIQUE > 312-341;
TRANSPORT ET MACHINERIE > 342-401; ÉNERGIES > 402-413; SCIENCE > 414-429; SOCIÉTÉ > 430-467; SPORTS ET JEUX > 468-538

543

INDEX FRANCAIS

INDEX FRANÇAIS

ASTRONOMIE > 2-13;   TERRE > 14-49;   RÈGNE VÉGÉTAL > 50-65;   RÈGNE ANIMAL > 66-91;   ÊTRE HUMAIN > 92-119;   ALIMENTATION ET CUISINE > 120-181;   MAISON > 182-215;   BRICO-
LAGE ET JARDINAGE > 216-237;   VÊTEMENTS > 238-263;   PARURE ET OBJETS PERSONNELS > 264-277;   ARTS ET ARCHITECTURE > 278-311;   COMMUNICATIONS ET BUREAUTIQUE > 312-341;
TRANSPORT ET MACHINERIE > 342-401;   ÉNERGIES > 402-413;   SCIENCE > 414-429;   SOCIÉTÉ > 430-467;   SPORTS ET JEUX > 468-538

551

INDEX FRANÇAIS

ASTRONOMIE > 2-13; TERRE > 14-49; RÈGNE VÉGÉTAL > 50-65; RÈGNE ANIMAL > 66-91; ÊTRE HUMAIN > 92-119; ALIMENTATION ET CUISINE > 120-181; MAISON > 182-215; BRICO-
LAGE ET JARDINAGE > 216-237; VÊTEMENTS > 238-263; PARURE ET OBJETS PERSONNELS > 264-277; ARTS ET ARCHITECTURE > 278-311; COMMUNICATIONS ET BUREAUTIQUE > 312-341;
TRANSPORT ET MACHINERIE > 342-401; ÉNERGIES > 402-413; SCIENCE > 414-429; SOCIÉTÉ > 430-467; SPORTS ET JEUX > 468-538

553

ASTRONOMIE > 2-13; TERRE > 14-49; RÈGNE VÉGÉTAL > 50-65; RÈGNE ANIMAL > 66-91; ÊTRE HUMAIN > 92-119; ALIMENTATION ET CUISINE > 120-181; MAISON > 182-215; BRICO-
LAGE ET JARDINAGE > 216-237; VÊTEMENTS > 238-263; PARURE ET OBJETS PERSONNELS > 264-277; ARTS ET ARCHITECTURE > 278-311; COMMUNICATIONS ET BUREAUTIQUE > 312-341;
TRANSPORT ET MACHINERIE > 342-401; ÉNERGIES > 402-413; SCIENCE > 414-429; SOCIÉTÉ > 430-467; SPORTS ET JEUX > 468-538

553

poignée de conduite 467.
poignée de départ (dos) 516.
poignée de frein 371, 467, 522.
poignée de guidage 229.
poignée de maintien 352.
poignée de porte 185, 349.
poignée de sécurité 237.
poignée des gaz 368.
poignée du démarreur 235.
poignée intérieure 352.
poignée isolante 179.
poignée montoir 361, 364, 455.
poignée pistolet 218.
poignée profilée 269.
poignée rentrante 274.
poignée-pistolet 228.
poignées à ressort 500.
poignet 86, 93, 95, 115, 245.
poignet de force 500.
poil 114, 272.
poils absorbants 53.
poinçon 531.
point 468.
point d'alimentation 198.
point d'amure 519.
point d'articulation 400.
point d'attache 55.
point d'attache 70.
point d'écoute 519.
point d'encochage 535.
point d'information 437.
point d'orgue 299.
point de handicap 470.
point de mise au jeu 506.
point de raccordement 198.
point de réparation 480.
point fixe 357.
point indicateur de température 269.
pointage de l'épreuve en cours 497.
pointe 35, 55, 125, 167, 169, 220,
  221, 226, 227, 247, 301, 312,
  471, 473, 510, 534, 538.
pointe avant 208.
pointe carrée 221.
pointe cruciforme 221.
pointe d'attache 304.
pointe de centrage 228.
pointe de col 245.
pointe de dent 398.
pointe de diamant 202.
pointe de ski 514.
pointe plate 221.
pointes, exemples 221.
pointeur 533.
points 492.
poire 133.
poire à jus 173.
poire de gonflage 461.
poireau 124.
pois 60, 130.
pois cassés 130.
pois chiches 130.
pois mange-tout 130.
poisson cartilagineux 74.
poisson osseux 74.
poissonnerie 121.
poissonnière 174.
poissons 74.
poissons cartilagineux 158.
poissons osseux 159.
poitrail 83.
poitrine 78.
poivre blanc 138.
poivre moulu 139.
poivre noir 138.
poivre rose 138.
poivre vert 138.
poivrière 166.
poivron jaune 128.
poivron rouge 128.
poivron vert 128.
Polaroid® 315.
pôle Nord 21.
pôle nord 416.
pole position 524.
pôle Sud 15, 21.

pôle sud 416.
polissoir d'ongles 265.
polluants atmosphériques 47.
polluants non biodégradables 47.
pollution agricole 47.
pollution automobile 47.
pollution de l'air 47.
pollution de l'eau 48.
pollution domestique 47.
pollution du sol 47.
pollution industrielle 47.
pollution par le pétrole 48.
polo 250, 255, 492.
polochon 204.
Pologne 450.
polojama 261.
polygones 429.
Polynésie 453.
polypode commun 52.
polytric commun 51.
pomelo 134.
pomme 133, 236.
pomme d'Adam 92.
pomme de douche 195.
pomme de terre 124.
pomme, coupe 58.
pomme-poire 137.
pommeau 229, 477.
pompe 184, 212, 214, 370, 529.
pompe à boue 403.
ponceuse excentrique 229.
poncho 251.
pont 25, 273, 420.
pont à poutre 344.
pont bain de soleil 387.
pont basculant à double volée 345.
pont basculant à simple volée 345.
pont cantilever 344.
pont de Varole 109.
pont inférieur 404.
pont levant 345.
pont principal 385.
pont roulant 407.
pont supérieur 392, 404.
pont suspendu à câble porteur 344.
pont tournant 344.
pont-l'évêque 151.
pont-levis 282.
pont-promenade 386.
pontet 534.
ponton 525.
ponts fixes 344.
ponts mobiles 344.
popote 531.
porc 84.
porc haché 153.
porc-épic 82.
porche 183, 285, 447.
porcherie 122.
pore 50, 60.
pore sudoripare 114.
porque 385.
Porro, prisme 420.
port 431.
port clavier 329.
port Ethernet 336.
port FireWire 336.
port infrarouge 336, 337.
port jeux/MIDI 329.
port maritime 381.
port modem interne 329, 336.
port parallèle 329.
port pour adaptateur de courant
  336.
port réseau 329.
port série 329.
port souris 329.
port USB 329, 336.
port vidéo 329, 336.
portail 285.
porte 178, 210, 211, 213, 287,
  361, 381, 392, 423, 439, 447,
  528, 529.
porte à deux vantaux 362.
porte à lanières 286.
porte à tambour manuelle 286.

porte accordéon 286.
porte automatique 390.
porte avant 383, 386.
porte classique 286.
porte coulissante 195, 286.
porte coulissante automatique 286.
porte coupe-feu 286.
porte d'entrée 362, 363.
porte de garage basculante 286.
porte de garage sectionnelle 286.
porte de l'élévateur 363.
porte de la soute 13.
porte étagère 211.
porte extérieure 185.
porte latérale 380.
porte moustiquaire 361.
porte pliante 286.
porte-adresse 277.
porte-bagages 277, 361, 369, 370.
porte-bagages arrière 369.
porte-bidon 371.
porte-bûches 193.
porte-cartes 274.
porte-chéquier 275.
porte-clés 275.
porte-coupures 275.
porte-documents à soufflet 274.
porte-documents plat 275.
porte-fenêtre 164, 188, 189.
porte-fil dentaire 272.
porte-filtre 181.
porte-foyer 192.
porte-jarretelles 259.
porte-marteau 225.
porte-matraque 456.
porte-mine 312.
porte-monnaie 275.
porte-moulinet 536, 537.
porte-outil 229.
porte-parapluies 273.
porte-passeport 275.
porte-poussière 215.
porte-rouleau 195.
porte-sac 505.
porte-savon 195.
porte-serviettes 195.
porte-skis 356.
porte-stylo 274.
porte-tube 421.
porte-vélos 356.
portée 298.
portefeuille 275.
portefeuille chéquier 274.
portes d'entrée 294.
portes, exemples 286.
portière 349, 352.
portique 381, 397, 406, 407, 447.
portique de chargement de
  conteneurs 381.
portique de signalisation 375.
ports pour carte mémoire 471.
ports pour manette 471.
Portugal 449.
position carpée 518.
position d'équilibre 418.
position des joueurs 474, 481, 482,
  489.
position droite 518.
position groupée 518.
positions de départ, plongeon 518.
poste d'aiguillage 375.
poste d'observation 7.
poste de communication 380.
poste de l'agent de sécurité 463.
poste de patrouille 512.
poste de pilotage 392, 395.
poste de police 433.
poste de secours 345, 512.
poste des infirmières (urgence
  ambulatoire) 463.
poste des infirmières (urgence
  majeure) 462.
poste téléphonique 327.
postillon 469.
pot 163.
pot d'échappement 351, 367, 368.

pot d'échappement 369.
poteau 187, 487, 490, 495.
poteau cornier 187.
poteau de but 485.
poteau de ligne de jeu 475.
poteau du ring 498.
potence 371, 421, 467.
poterne 282.
potiron 129.
pou 69.
poubelle 215.
pouce 79, 115, 243, 477.
pouce opposable 91.
poudre 534.
poudre libre 266.
poudre pressée 266.
poudrier 266.
pouf 201.
poulailler 122.
poule 81.
poulet 155.
poulie 219, 360, 535.
poulie de chariot 397.
poulie de tension du régulateur 287.
poumon droit 103, 105.
poumon gauche 103, 105.
poumons 105.
poupe 386, 519.
pour broyer et râper 170.
pour couper 177.
pour cuire 178.
pour l'emploi du temps 338.
pour la correspondance 338.
pour la pâtisserie 172.
pour le classement 339.
pour mélanger et battre 176.
pour mesurer 171.
pour ouvrir 170.
pour passer et égoutter 171.
pour presser 177.
pourcentage 337, 427.
pourpier 127.
pousse 53.
pousse de bambou 125.
poussoir 170, 177, 180, 460.
poussoir d'arrêt 424.
poussoir de mise en marche 424.
poussoir de remise à zéro 424.
poutre 187, 283, 288, 496.
poutre cantilever 344.
poutre continue 344.
poutre d'équilibre 497.
poutre de levage 364.
poutre de queue 395.
poutre suspendue 344.
poutre-châssis 401.
praire 157.
prairie 24, 122.
prairie tempérée 44.
praticable pour exercices au sol 496.
précipitation 45.
précipitations hivernales 41.
prémaxillaire 74.
premier arbitre 487.
premier assistant cadreur 290.
premier but 474.
premier croissant 5.
premier espace 489.
premier joueur 515.
premier quartier 5.
premier radial externe 97.
premier-but 474.
première ligne 482.
première molaire 101.
première prémolaire 101.
premières feuilles 53.
premiers violons 295.
prémolaires 101.
préposé au banc des pénalités 507.
préposé au contrôle des billets 294.
prépuce 111.
près du ring 498.
présentoir de brochures 442.
présentoir réfrigéré 438.
presse à pectoraux 501.
presse-agrumes 170, 177.

presse-ail 170.
presse-café 181.
pressing 437.
pression à la taille 260.
pression au niveau de la mer 39.
pression barométrique 39.
pression devant 261.
pression, mesure 426.
prétoire 440.
prévision météorologique 38.
principales pièces d'une maison
  188.
principaux organes des systèmes
  automobiles 350.
printemps 38.
prise audio 329.
prise casque 310, 311, 322, 326.
prise chronométrée 210.
prise classique 493.
prise d'air 383, 523.
prise d'air 362.
prise d'air de refroidissement du
  moteur 525.
prise d'air du moteur 362.
prise d'alimentation 329.
prise d'eau 407.
prise d'entrée/sortie audio 337.
prise d'oxygène 464.
prise de charge 271.
prise de courant 198, 217.
prise de courant commutée 322.
prise de courant européenne 198.
prise de la sonde thermique 178.
prise de télécommande 314, 315.
prise électrique 361.
prise porte-plume 493.
prise pour écouteurs 329.
prises d'entrée/de sortie
  audio/vidéo 322.
prises vidéo et numérique 315.
prises, exemples 499.
prisme de Porro 420.
prison 469.
prix à l'unité 423.
prix à payer 423.
procédé 503.
producteur 291.
production d'électricité par énergie
  éolienne 413.
production d'électricité par énergie
  géothermique 402.
production d'électricité par énergie
  nucléaire 408.
production d'électricité par énergie
  thermique 402.
production d'électricité par
  l'alternateur 408.
production de chaleur 408.
produits céréaliers 144.
produits d'emballage 120.
produits d'entretien 120.
produits de fission (noyaux
  radioactifs) 415.
produits de la raffinerie 405.
produits de traiteur 121.
produits laitiers 120, 150.
produits pétrochimiques 405.
produits pour animaux familiers 121.
profil du sol 54.
profondeur du foyer 27.
programmateur 212, 213, 214.
programmation des voix 310.
programmes informatiques 457.
projecteur 290, 294, 371, 376.
projecteur orientable 455.
projecteur sous-marin 184.
projecteurs 293.
projection conique 22.
projection cylindrique 22.
projection d'épaule par un côté 499.
projection en cercle 499.
projection horizontale 22.
projection interrompue 22.
projections cartographiques 22.
pronaos 279.
propulseur 10.

INDEX FRANCAIS

560

ASTRONOMIE > 2-13; TERRE > 14-49; RÈGNE VÉGÉTAL > 50-65; RÈGNE ANIMAL > 66-91; ÊTRE HUMAIN > 92-119; ALIMENTATION ET CUISINE > 120-181; MAISON > 182-215; BRICO-LAGE ET JARDINAGE > 216-237; VÊTEMENTS > 238-263; PARURE ET OBJETS PERSONNELS > 264-277; ARTS ET ARCHITECTURE > 278-311; COMMUNICATIONS ET BUREAUTIQUE > 312-341; TRANSPORT ET MACHINERIE > 342-401; ÉNERGIES > 402-413; SCIENCE > 414-429; SOCIÉTÉ > 430-467; SPORTS ET JEUX > 468-538

ASTRONOMY > 2-13;   EARTH > 14-49;   VEGETABLE KINGDOM > 50-65;   ANIMAL KINGDOM > 66-91;   HUMAN BEING > 92-119;   FOOD AND KITCHEN > 120-181;   HOUSE > 182-215;
DO-IT-YOURSELF AND GARDENING > 216-237;   CLOTHING > 238-263;   PERSONAL ADORNMENT AND ARTICLES > 264-277;   ARTS AND ARCHITECTURE > 278-311;   COMMUNICATIONS AND
OFFICE AUTOMATION > 312-341;   TRANSPORT AND MACHINERY > 342-401;   ENERGY > 402-413;   SCIENCE > 414-429;   SOCIETY > 430-467;   SPORTS AND GAMES > 468-538

565

ENGLISH INDEX

digital camera 315.
digital display 423, 461.
digital nerve 108.
digital pulp 114.
digital reflex camera 315.
digital thermometer 461.
digital versatile disc 318.
digital watch 424.
Dijon mustard 140.
dike 28.
dill 142.
dimmer switch 198.
dimple 505.
dinette 164, 188.
dining car 376.
dining room 188, 280, 386, 438, 439.
dinner fork 168.
dinner knife 168.
dinner plate 166.
dinnerware 166.
diode 411.
Dione 3.
dip switch 368.
dipper arm 399.
dipper arm cylinder 399.
dipper bucket 400.
direct home reception 316.
direct-current power cord 336.
direction of electron flow 416, 417.
direction of Mecca 447.
directional buttons 471.
directional sign 379.
director 291.
director of photography 291.
director's chair 200.
director's control monitors 290.
director's office 443.
director's seat 291.
directory 334.
disc 357.
disc brake 350, 357.
disc compartment 323.
disc compartment control 323.
disc tray 318.
discharge outlet 184.
discus 472.
discus throw 473.
dish 179, 321.
dish antenna 321.
dishwasher 164, 214.
disk 6, 333, 501.
disk brake 366, 525.
disk drive 310.
diskette 333.
disks 177.
displacement 418.
display 318, 322, 325, 327, 336, 337, 338, 346, 423, 442, 443.
display cabinet 203.
display panel 320.
display preparation area 120.
display release button 336.
display setting 327.
disposable camera 315.
disposable contact lens 272.
disposable diaper 260.
disposable fuel cylinder 218.
disposable razor 271.
distal phalanx 114.
distributary, delta 32.
distribution by aerial cable network 316.
distribution by submarine cable 317.
distribution by underground cable network 317.
distribution panel 198.
distributor cap 350, 360.
distributor service loop 198.
district 25.
ditali 146.
ditch 342.
divergent plate boundaries 27.
diverging lenses 419.
diversion canal 406.
divide key 337.

divided by 427.
divider 274.
dividers 339.
diving 518.
diving board 184.
diving installations 518.
diving tower 518.
diving well 184.
djembe 297.
Djibouti 451.
Dnieper River 18.
do-it-yourself shop 436.
dock 381.
docking cradle 337.
document folder 339.
document-to-be-sent position 328.
dodecagon 429.
dog 86, 535.
dog breeds 86.
dog, morphology 86.
dolichos beans 130.
dollar 440.
dolly 290.
dolly tracks 290.
dolphin 90.
dolphin, morphology 90.
domain name 334.
dome shutter 7.
dome tent 529.
domestic appliances 176, 180, 208.
domestic pollution 47.
Dominica 449.
Dominican Republic 449.
dominoes 468.
door 178, 202, 210, 213, 287, 349, 352, 361, 392, 439, 447, 528, 529.
door access 423.
door handle 349.
door lock 349.
door open warning light 355.
door panel 202.
door shelf 211.
door stop 211.
door switch 213.
doorknob 185, 186.
doors, examples 286.
Doric column 281.
dormer window 182.
dorsal abdominal artery 71.
dorsal fin 90.
dorsalis pedis artery 102.
dorsum of nose 117.
dorsum of tongue 118.
dose inhaler 467.
double bass 301.
double basses 295.
double bed 439.
double boiler 175.
double flat 299.
double kitchen sink 194.
double plate 187.
double reed 306.
double ring 471.
double room 439.
double seat 380.
double sharp 299.
double virgule 334.
double-blank 468.
double-breasted buttoning 248.
double-breasted jacket 244.
double-burner camp stove 529.
double-deck bus 363.
double-edged blade 271.
double-edged razor 271.
double-leaf bascule bridge 345.
double-six 468.
double-twist auger bit 228.
doubles service court 495.
doubles sideline 490, 495.
doublet 468.
doubling die 469.
doubly dentate 55.
dough hook 176.
Douglas, pouch 112.
dousing water tank 408.

dovetail 420.
down tube 371.
downhill 511.
downhill bicycle 522.
downhill cyclist 522.
downhill ski 510.
downspout 182.
downtown 431, 432.
draft arm 400.
draft tube 400, 407.
drag 536.
dragonfly 69.
drain 194.
drain hose 212, 214.
drain valve 404.
draining circuit 194.
draining spoon 173.
Drake Passage 15, 17.
draw hoe 233.
draw tube 421.
drawbridge 282.
drawer 164, 202, 203, 205, 210.
drawers 247.
drawstring 249, 275.
drawstring bag 275, 276.
drawstring hood 261.
dredger 172.
dresser 203, 290.
dresses, examples 252.
dressing room 290, 293, 444.
dried chiles 139.
drill collar 403.
drill pipe 403.
drill ship 382.
drilling drawworks 403.
drilling rig 403.
drilling tools 228.
drills 228.
drink box 163.
drinks 120.
drip bowl 210.
drip molding 349.
drip pan 179.
drip tray 181.
dripping pan 174.
drive belt 212.
drive chain 370.
drive shaft 351, 383, 395.
drive wheel 180.
drive wheels 401.
driver 524.
driver seat 369.
driver's cab 376, 377.
driveway 183.
driving glove 243.
dromedary camel 85.
drone 6.
drone pipe 296.
droop nose 394.
drop earrings 264.
drop light 217.
drop shot 491.
drop waist dress 252.
drop-leaf 202.
drum 170, 213, 308, 357.
drum brake 357.
drumlin 29.
drums 308.
drumstick 297.
drupelet 59.
dry cells 417.
dry cleaner 437.
dry climates 40.
dry dock 381.
dry fruits 60, 133.
dry gallery 31.
dual cassette deck 325.
dual seat 367.
dual swivel mirror 269.
dual-in-line package 417.
duck 81, 155.
duck egg 155.
duffel bag 276.
duffle coat 249.
dugout 474.
dulse 123.

dumbbell 500.
dump body 401.
dump truck 401.
dune 35.
dunes, examples 36.
duo 300.
duodenum 106.
dura mater 109, 110.
durian 137.
dust canister 229.
dust receiver 208.
dust tail 6.
dusting brush 209.
dustpan 215.
Dutch bicycle 373.
Dutch oven 175.
duty belt 456.
duty-free shop 391.
DVD 318.
DVD player 318.
DVD recorder 333.
dynamics propeller 383.

E

E 298.
e-commerce 335.
e-mail 335.
e-mail key 330.
e-mail software 334.
eagle 81.
ear 92, 201.
ear drum 116.
ear flap 238.
ear loaf 144.
ear protection 458.
ear, auricle 115.
ear, structure 116.
earphone 324.
earphone jack 329.
earphones 325.
earpiece 273, 460.
earplugs 458.
earrings 264.
Earth 2, 3, 4, 5, 14.
Earth coordinate system 21.
earth foundation 342.
Earth's atmosphere, profile 37.
Earth's crust 26, 27.
Earth's crust, section 26.
Earth's orbit 4, 5.
Earth, structure 26.
earthflow 31.
earthquake 27.
East 23.
East China Sea 19.
East Pacific Rise 34.
East-Northeast 23.
East-Southeast 23.
Eastern hemisphere 21.
Eastern meridian 22.
easy slope 512.
eau de parfum 267.
eau de toilette 267.
eave 283.
eccrine sweat gland 114.
echinoderms 66.
eclipses, types 4, 5.
Ecuador 448.
edge 441, 509, 510, 533.
edger 237.
edging 230.
edible boletus 123.
edit search button 320.
editorial 313.
educational institution 335, 433.
eel 159.
effluent 32.
effusive volcano 28.
egg 79, 112.
egg beater 172.
egg carton 162.
egg noodles 147.
egg poacher 175.
egg slicer 173.
egg timer 171.

egg tray 211.
eggplant 128.
eggs 155.
Egypt 451.
Egyptian reed pen 312.
eighth note 299.
eighth rest 299.
ejaculatory duct 111.
eject button 315, 323, 471.
ejector 400.
El Salvador 448.
elastic 204.
elastic strainer 528, 529.
elastic support bandage 461.
elastic waistband 249.
elastic webbing 246.
elasticized leg opening 247.
elbow 83, 86, 93, 95.
elbow pad 486, 526, 527.
elbows 146.
electric charge, measurement 426.
electric current, measurement 426.
electric drill 228.
electric dryer 213.
electric fan motor 358.
electric golf cart 505.
electric grill, indoor 179.
electric guitar 303.
electric knife 177.
electric motor 235, 237.
electric potential difference, measurement 426.
electric range 210.
electric razor 271.
electric resistance, measurement 426.
electric steamer 179.
electrical box 198.
electrical cable 354.
electrical circuit, parallel 416.
electrical connection 365.
electrical system 351.
electricity 198.
electricity cable 434.
electricity meter 198.
electricity tools 217.
electricity transmission 408.
electrolytic capacitors 417.
electrolytic separator 417.
electromagnetic spectrum 418.
electron 414.
electron beam 318.
electron collector 417.
electron flow, direction 416, 417.
electron gun 318.
electronic ballast 199.
electronic control unit 357.
electronic drum pad 311.
electronic instruments 310.
electronic payment terminal 121, 443.
electronic piano 311.
electronic scale 423.
electronic viewfinder 320.
electronics 417.
electronics store 436.
elements of a house 185.
elements of architecture 286.
elephant 85.
elevating cylinder 364, 397, 455.
elevation 182.
elevation adjustment 420.
elevation zones 44.
elevator 281, 287, 393, 435, 439.
elevator car 287.
elevon 13.
embankment 342.
emergency 462.
emergency brake 380.
emergency physician's office 462.
emergency station 345.
emergency switch 368.
emergency truck 345.
emery boards 265.
Emmental 151.
empty set 427.

ASTRONOMY > 2-13;   EARTH > 14-49;   VEGETABLE KINGDOM > 50-65;   ANIMAL KINGDOM > 66-91;   HUMAN BEING > 92-119;   FOOD AND KITCHEN > 120-181;   HOUSE > 182-215;
DO-IT-YOURSELF AND GARDENING > 216-237;   CLOTHING > 238-263;   PERSONAL ADORNMENT AND ARTICLES > 264-277;   ARTS AND ARCHITECTURE > 278-311;   COMMUNICATIONS AND
OFFICE AUTOMATION > 312-341;   TRANSPORT AND MACHINERY > 342-401;   ENERGY > 402-413;   SCIENCE > 414-429;   SOCIETY > 430-467;   SPORTS AND GAMES > 468-538

569

ENGLISH INDEX

ENGLISH INDEX

ASTRONOMY > 2-13; EARTH > 14-49; VEGETABLE KINGDOM > 50-65; ANIMAL KINGDOM > 66-91; HUMAN BEING > 92-119; FOOD AND KITCHEN > 120-181; HOUSE > 182-215;
DO-IT-YOURSELF AND GARDENING > 216-237; CLOTHING > 238-263; PERSONAL ADORNMENT AND ARTICLES > 264-277; ARTS AND ARCHITECTURE > 278-311; COMMUNICATIONS AND
OFFICE AUTOMATION > 312-341; TRANSPORT AND MACHINERY > 342-401; ENERGY > 402-413; SCIENCE > 414-429; SOCIETY > 430-467; SPORTS AND GAMES > 468-538

573

lierne 284.
life buoy 387, 457.
life raft 383.
life support system 10.
life support system controls 10.
lifeboat 382, 386.
lift arm 399.
lift bridge 345.
lift chain 196.
lift door 363.
lift span 345.
lift-arm cylinder 399.
lift-fan air inlet 383.
lifting chain 396.
lifting hook 403.
ligament 73.
ligature 306.
light 7, 8, 9, 380.
light aircraft 394.
light bar 455, 457.
light bar controller 457.
light ray 419.
light shield 7.
lighted mirror 269.
lighthouse 381.
lighting 199, 269.
lighting cable 361.
lighting grid 291.
lighting technician 291.
lightning 41.
lightning arrester 407.
lightning rod 183, 413.
lights 206, 293.
lily 56.
lily of the valley 56.
Lima bean 131.
limb 63, 535.
limb top 421.
lime 134.
limit switch 287.
limousine 347.
limpet 157.
linden 148.
line 225, 298, 443.
line guide 537.
line judge 485, 496.
line map 378.
line of scrimmage 485.
linear 55.
lineman's pliers 217.
linen 204.
linen chest 203.
linen room 439.
lines of latitude 22.
lines of longitude 22.
linesman 481, 487, 490, 494, 507.
lingerie shop 436.
lingual papilla 118.
lingual tonsil 118.
lining 240, 244, 245, 262, 274,
   509.
lint filter 212.
lint trap 213.
lintel 192, 285.
lion 89.
lip 83, 87.
lip makeup 266.
lipbrush 266.
lipid droplet 50.
lipliner 266.
lipstick 266.
liqueur glass 165.
liquid 414, 415.
liquid crystal display 315, 320.
liquid eyeliner 266.
liquid foundation 266.
liquid mascara 266.
liquid-crystal display 424.
liquid/gas separator 359.
listen button 328.
lists 282.
litchi 137.
literary supplement 313.
lithosphere 26, 44.
Lithuania 450.
little finger 115.

little finger hook 307.
liver 103, 106, 154.
livestock car 377.
living room 188, 528.
lizard 77.
llama 84.
loading dock 435.
loading door 192.
loading hopper 364.
loaf pan 179.
loafer 242.
loan services 442.
lob 491.
lobate 55.
lobate toe 79.
lobby 390, 435, 439, 440, 442.
lobe 79.
lobe bronchus 105.
lobster 71, 158.
lobster, anatomy 71.
lobster, morphology 71.
lobule 115.
local station 316.
location 182.
location of the statue 279.
lock 185, 186, 202, 211, 275, 277,
   352, 372.
lock dial 332.
lock forward 482.
lock nut 425.
lock rail 185.
lock washer 222.
lock-on button 227, 229.
locket 264.
locking button 208.
locking device 209, 219, 535.
locking lever 224.
locking pliers 222.
locking ring 221.
locknut 197.
locomotive, diesel-electric 377.
loculus 58.
lodging 512.
log carrier 193.
log chute 406.
log tongs 193.
loin 83, 93, 95.
loin chop 153.
long adductor 96.
long extensor of toes 96.
long jump 472.
long palmar 96.
long peroneal 96.
long radial extensor of wrist 97.
long residue 405.
long service line 494.
long track 508.
long-range jet 392.
longan 136.
longitudinal dunes 36.
loop 245, 343.
loose head prop 482.
loose powder 266.
loose powder brush 266.
lopping shears 234.
lore 78.
loudspeaker 325, 455.
loudspeaker system select buttons
   322.
loudspeaker terminals 322.
loudspeakers 324.
lounge 386, 439.
louse 69.
louver-board 285.
louvered window 287.
lovage 142.
love seat 200, 439.
low beam 352.
low cloud, type 39.
low clouds 42.
low fuel warning light 355.
low pressure area 43.
low pressure center 39.
low-speed shaft 413.
low-tension distribution line 198.
lower blade guard 227.

lower bowl 181.
lower confining bed 402.
lower eyelid 75, 87, 119.
lower guard retracting lever 227.
lower lateral lobe 62.
lower lateral sinus 62.
lower lip 116, 305.
lower lobe 105.
lower mandible 78.
lower mantle 26.
lower radiator hose 358.
lower shell 511.
lubricant eye drops 272.
lubricants plant 405.
lubricating oils 405.
Luer-Lock tip 460.
luff 519.
lug 308, 357.
lug wrench 356.
luggage 276.
luggage carrier 277.
luggage elastic 277.
luggage rack 361, 369, 523.
lumbar pad 486.
lumbar plexus 108.
lumbar vertebra 99, 110.
luminous intensity, measurement
   426.
lunar eclipse 5.
lunar features 5.
lungs 105.
lunula 114, 115.
lunule 73.
lupine 130.
lutz 509.
Luxembourg 449.
lynx 88.
lyre 297.
lysosome 66.

M

macadamia nut 133.
macaque 91.
macaw 80.
Macedonia 450.
machicolation 282.
machine hall 406, 407.
machinery shed 122.
Mackenzie River 16.
mackerel 159.
macro lens 314.
macronucleus 66.
macula 119.
Madagascar 20, 452.
magazine 313.
magenta 418.
magma 28, 33.
magma chamber 28, 402.
magnesium powder 497.
magnet 341, 416.
magnetic compass 533.
magnetic damping system 422.
magnetic field 318, 416.
magnetic gasket 211.
magnetic lid holder 180.
magnetic needle 533.
magnetic separation 49.
magnetic stripe 441.
magnetic tape 319.
magnetism 416.
magnifier 531.
magnifying glass 421.
main bronchus 105.
main circuit vent 194.
main cleanout 194.
main deck 385.
main drain 184.
main engine 13.
main entrance 188, 435, 445, 465.
main landing gear 393.
main lens 343.
main line 375.
main lodge 512.
main loudspeaker 321.
main rooms 188.

main scale 425.
main scope tube 420.
main sewer 434.
main stalk 62.
main stand 367.
main switch 198.
main transformer 376.
main tube 8, 9.
main vent 28.
main waiting room 465.
Maine coon 87.
mainsail 520.
mainsheet 520.
maintenance 346.
maintenance hangar 389.
maître d'hôtel 438.
major inner reaping throw 499.
major motions 470.
major outer reaping throw 499.
makeup 266.
makeup artist 290.
malanga 129.
malar region 78.
Malawi 452.
Malawi, Lake 20.
Malaysia 453.
Maldives 453.
male 426.
male cone 65.
male ferrule 536, 537.
male reproductive organs 111.
male urethra 111.
Mali 451.
mallet 220, 308.
mallets 309.
malleus 116.
malt vinegar 141.
Malta 450.
mammary gland 113.
man 92.
mandarin 134.
mandible 67, 74, 98, 100.
mandolin 297.
mandoline 170.
mane 83.
maneuvering engine 13.
manganese mix 417.
mango 137.
mango chutney 141.
mangosteen 136.
manhole 404, 434.
manicure set 265.
manned maneuvering unit 10.
mantel 192.
mantel shelf 192.
mantid 69.
mantle 72, 73.
manual release 511.
manual revolving door 286.
manual sorting 49.
manuals 305.
Manx 87.
map projections 22.
map, physical 24.
map, political 23.
map, road 25.
map, urban 25.
map, weather 39.
maple 64.
maple syrup 149.
maquis 44.
margarine 149.
margin 55.
marginal shield 76.
Mariana Trench 34.
Marie Byrd Land 15.
marinade spices 139.
marine 40.
marine diesel 405.
marine mammals 90.
marine mammals, examples 90.
maritime communications 317.
maritime transport 381.
marker 313.
marker light 364, 365.
marking tools 225.

marmoset 91.
marrow 154.
Mars 2, 3.
mars light 455.
Marshall Islands 453.
marten 88.
mascara brush 266.
mask 476.
mason's trowel 216.
masonry drill 228.
masonry nail 220.
masonry tools 216.
mass 27.
mass, measurement 426.
massage glove 267.
masseter 96.
mast 281, 375, 395, 396, 519,
   520.
mast foot 519.
mast operating lever 396.
mast sleeve 519.
master bedroom 189.
master cylinder 357.
masthead 313, 519.
masthead light 383.
mastoid fontanelle 100.
mastoid process 100.
mat 499.
material handling 396.
mathematics 427.
matinee-length necklace 264.
mating adaptor 11.
matter 414.
mattress 204, 205, 460, 530.
mattress cover 204.
maturing steps 62.
Mauritania 451.
Mauritius 452.
maxilla 74, 98, 100, 117.
maxillary bone 101.
meadow 122.
mean position 418.
meander 32.
measure of length 425.
measure of temperature 424.
measure of thickness 425.
measure of time 424.
measure of weight 422.
measurement of amount of
   substance 426.
measurement of Celsius temperature
   426.
measurement of electric charge 426.
measurement of electric current 426.
measurement of electric potential
   difference 426.
measurement of electric resistance
   426.
measurement of energy 426.
measurement of force 426.
measurement of frequency 426.
measurement of length 426.
measurement of luminous intensity
   426.
measurement of mass 426.
measurement of power 426.
measurement of pressure 426.
measurement of radioactivity 426.
measurement of thermodynamic
   temperature 426.
measurement of time 426.
measuring beaker 171.
measuring cup 171.
measuring cups 171.
measuring devices 424.
measuring spoons 171.
measuring tools 225.
measuring, utensils 171.
meat 152.
meat grinder 170.
meat keeper 211.
meat thermometer 171.
Mecca, direction 447.
mechanical mouse 332.
mechanical pencil 312.
mechanical stage 421.

ASTRONOMY > 2-13;   EARTH > 14-49;   VEGETABLE KINGDOM > 50-65;   ANIMAL KINGDOM > 66-91;   HUMAN BEING > 92-119;   FOOD AND KITCHEN > 120-181;   HOUSE > 182-215;
DO-IT-YOURSELF AND GARDENING > 216-237;   CLOTHING > 238-263;   PERSONAL ADORNMENT AND ARTICLES > 264-277;   ARTS AND ARCHITECTURE > 278-311;   COMMUNICATIONS AND
OFFICE AUTOMATION > 312-341;   TRANSPORT AND MACHINERY > 342-401;   ENERGY > 402-413;   SCIENCE > 414-429;   SOCIETY > 430-467;   SPORTS AND GAMES > 468-538;

575

mechanical stage control 421.
mechanics 346.
medial condyle of femur 99.
medial great 96.
medial moraine 30.
median 343.
median lingual sulcus 118.
median nerve 108.
medical equipment storage room 465.
medical gas cylinder 464.
medical records 465.
medical team 499.
medications, forms 467.
Mediterranean Sea 14, 18, 20.
Mediterranean subtropical 40.
medium format SLR (6 x 6) 315.
medium tension distribution line 198.
medulla 107.
medulla oblongata 109.
meeting room 439, 442, 445.
Meissner's corpuscle 114.
Melanesia 15.
melody strings 296.
melon 135.
melon baller 173.
melons 135.
melting 414.
meltwater 30.
memo pad 338.
memorial board 447.
memory button 322, 323, 327.
memory cancel 337.
memory card slots 471.
memory recall 337.
men's bag 276.
men's clothing 244.
men's gloves 243.
men's headgear 238.
men's shoes 240.
meninges 109.
menorah 447.
menu button 315, 327.
Mercury 2, 3.
mercury bulb 424.
mercury thermometer 461.
merguez sausage 156.
méridienne 200.
mesa 36.
mesh 205, 493.
mesh bag 162.
mesh strainer 171.
mesocarp 57, 58, 59.
mesopause 37.
mesosphere 37.
metal arm 236.
metal counterhoop 308.
metal frame 304.
metal rod 309.
metal sorting 49.
metal structure 374.
metallic contact grid 410.
metamorphic rocks 26.
meteorological forecast 38.
meteorology 37.
meteorology, station model 39.
meter 426.
metered dose inhaler 467.
Mexico 448.
Mexico, Gulf 16.
mezzanine 293, 378.
mezzanine floor 182, 189.
mezzanine stairs 189.
micro compact car 347.
microfilament 66.
micrometer caliper 425.
Micronesia 453.
micronucleus 66.
microphone 320, 327, 328, 332, 337, 456.
microphones 457.
microscope 421.
microscope, binocular 421.
microscopes 421.
microtubule 66.

microwave oven 164, 178.
microwave relay station 334.
microwaves 418.
Mid-Atlantic Ridge 34.
mid-calf length 247.
Mid-Indian Ridge 34.
mid-ocean ridge 33.
Monaco 450.
middle cloud, type 39.
middle clouds 42.
middle covert 78.
middle ear 116.
middle finger 115.
middle leg 67.
middle leg, honeybee 68.
middle linebacker 484.
middle lobe 105.
middle nasal concha 117.
middle panel 185.
middle phalanx 114.
middle piece 111.
middle primary covert 78.
middle sole 262.
middle toe 78.
middy 255.
MIDI cable 311.
MIDI port 329.
midrange 324.
midrange pickup 303.
midrib 51, 55, 60.
midriff band 259.
Mihrab 447.
Mihrab dome 447.
military communications 317.
milk 150.
milk chocolate 148.
milk cup 163.
Milky Way 6.
millet 61, 143.
millet: spike 61.
Mimas 3.
minaret 447.
Minbar 447.
mini shirtdress 255.
mini stereo sound system 325.
minibus 363.
minivan 347.
mink 88.
minor surgery room 462.
mint 142.
minus/negative 427.
minute 428.
minute hand 424.
Miranda 3.
mirror 195, 277, 366, 368, 369, 421, 439, 523.
miscellaneous articles 341.
miscellaneous equipment 231.
miscellaneous utensils 173.
Mississippi River 16.
mist 41.
miter box 226.
miter latch 226.
miter saw, hand 226.
miter scale 226.
mitochondrion 50, 66.
mitral valve 104.
mitt 243.
mitten 243.
mixed forest 44.
mixing 176.
mixing bowl 176.
mixing bowls 172.
moat 282.
mobile remote servicer 11.
mobile unit 316.
mobile X-ray unit 462.
moccasin 242.
mock pocket 251.
mode selectors 326.
modem 334.
moderator 408.
modes of payment 441.
modulation wheel 310.
Mohorovicic discontinuity 26.
moistener 339.
molar, cross section 101.

molars 101.
molasses 149.
Moldova 450.
mole 426.
molecule 414.
mollusks 72, 157.
Monaco 450.
money 441.
Mongolia 453.
mongoose 88.
monitor lizard 77.
monkfish 160.
monohulls 521.
Monopoly 469.
mons pubis 112.
monument 25.
Moon 2, 4, 5.
Moon's orbit 4, 5.
Moon, phases 5.
moons 2.
mooring winch 385.
moose 85.
mop 215.
moped 369.
moraine 30.
mordent 299.
morel 123.
Morocco 451.
morphology of a bird 78.
morphology of a bivalve shell 73.
morphology of a butterfly 67.
morphology of a dog 86.
morphology of a dolphin 90.
morphology of a frog 75.
morphology of a gorilla 91.
morphology of a honeybee: worker 68.
morphology of a horse 83.
morphology of a lobster 71.
morphology of a perch 74.
morphology of a rat 82.
morphology of a shark 74.
morphology of a snail 72.
morphology of a spider 70.
morphology of a turtle 76.
morphology of a univalve shell 73.
morphology of a venomous snake: head 76.
morphology of an octopus 72.
mortadella 156.
mortar 170.
mosaic 280.
mosque 447.
mosquito 69.
moss 51.
moss, structure 51.
mosses, examples 51.
motion detector 286.
motocross motorcycle 525.
motor 212, 213, 214, 227, 229, 237.
motor car 380.
motor end plate 110.
motor home 361.
motor neuron 110.
motor root 109, 110.
motor scooter 369.
motor sports 524.
motor truck 376.
motor unit 176, 177, 180, 208, 272, 376.
motor vehicle pollution 47.
motor yacht 385.
motorcycle 366, 368.
motorcycle dashboard 368.
motorcycle-mounted camera 522.
motorcycles, examples 369.
motorcycling 525.
motto 441.
mouflon 84.
mountain 29.
mountain bike 373.
mountain biking 522.
mountain lodge 512.
mountain mass 24.
mountain range 5, 24, 26.

mountain slope 29.
mountain torrent 29.
mounting bracket 535.
mounting plate 199.
mouse pad 332.
mouse port 329.
mouse, mechanical 332.
mouth 71, 72, 73, 75, 90, 94, 116, 305.
mouthparts 68.
mouthpiece 306, 307, 311, 467, 498.
mouthpiece receiver 307.
mouthpipe 307.
mouthwash 272.
movable bridges 344.
movable jaw 223, 224.
movable maxillary 76.
movable stands 444.
movements of an airplane 395.
movie set 290.
movie theater 294, 386, 432, 436.
movies' titles and schedules 294.
Mozambique 452.
Mozambique Channel 20.
mozzarella 150.
Mt Everest 37.
mud flap 349, 364, 365.
mud injection hose 403.
mud pit 403.
mud pump 403.
mudflow 31.
muff 276.
muffin pan 172.
muffler 351, 369.
muffler felt 304.
muffler pedal 304.
mule 84, 242.
mullet 160.
multi-image jump button 315.
multigrain bread 145.
multihulls 521.
multipack 163.
multiple exposure mode 314.
multiplied by 427.
multipurpose key 337.
multipurpose solution 272.
multipurpose tool 217.
mummy 530.
mung bean 131.
Munster 151.
muntin 185, 186.
muscle fiber 110.
muscles 96.
museum 433.
mushroom 52.
mushroom, structure 52.
mushrooms 123.
music 296.
music room 444.
music stand 305, 311.
music store 436.
musical instrument digital interface cable 311.
musical instruments, traditional 296.
musical notation 298.
muskmelon 135.
muslin 171.
mussel 157.
mustard 140.
mute 307.
muzzle 83, 86, 87, 534.
Myanmar 453.
mycelium 52.
myelin sheath 110.
myocardium 104.
myopia 419.

naan bread 145.
nacelle 412.
nacelle, cross-section 413.
nail 220.
nail bed 114.
nail buffer 265.

nail care 265.
nail cleaner 265.
nail clippers 265.
nail enamel 265.
nail file 265.
nail matrix 114.
nail nick 531.
nail scissors 265.
nail set 220.
nail shaper 265.
nail whitener pencil 265.
nailing tools 220.
nails, examples 220.
naked strangle 499.
name of the currency 441.
name plate 228.
nameplate 313.
Namib Desert 20.
Namibia 452.
naos 279.
nape 78, 93, 95.
naris 117.
nasal bone 100, 117.
nasal cavity 105.
nasal fossae 117.
nasopharynx 117.
national broadcasting network 316.
national park 25.
nationality 497.
natural 299.
natural arch 35.
natural environment 504.
natural greenhouse effect 46.
natural sponge 267.
Nauru 453.
nave 285.
navel 92, 94.
navigation light 383, 393.
Nazca Plate 27.
Neapolitan coffee maker 181.
near/far dial 320.
neck 76, 83, 93, 94, 95, 101, 111, 167, 297, 301, 302, 303, 318.
neck end 245.
neck of femur 99.
neck pad 486.
neck strap 458.
neck support 525.
neckhole 247.
necklaces 264.
neckroll 204.
necktie 245.
nectarine 132.
needle 36, 460.
needle hub 460.
needle-nose pliers 217.
negative contact 410, 411.
negative meniscus 419.
negative plate 359.
negative plate strap 359.
negative region 410.
negative terminal 359, 416, 417.
negligee 256.
neon lamp 217.
neon tester 217.
Nepal 453.
Neptune 2, 3.
nerve 114.
nerve fiber 114.
nerve termination 114.
nerve, olfactory 117.
nervous system 108.
nervous system, central 109.
nervous system, peripheral 108.
nest of tables 202.
net 487, 489, 491, 493, 495.
net band 491.
net judge 491.
net stocking 257.
net support 493.
Netherlands 449.
nettle 127.
network connection 198.
network port 329.
neurons 110.
neutral conductor 198.

parcels office 374.
parchment paper 162.
parietal bone 99, 100.
parietal pleura 105.
paring knife 169.
park 25, 433.
parka 249.
parking 375, 435, 504, 512.
parking area 389, 430, 445.
parking brake lever 354.
parking lot 381, 390.
Parmesan 151.
parquet 190.
parsley 142.
parsnip 129.
parterre 293.
partial eclipse 4, 5.
partially reflecting mirror 420.
partition 60, 457.
partlow chart 365.
partridge 80.
parts 200, 201, 204.
parts of a bicycle 370.
parts of a circle 428.
parts of a shoe 240.
pascal 426.
pass 29.
passbook update slot 442.
passenger cabin 383, 386, 387, 393.
passenger car 376, 380.
passenger cars, types 376.
passenger liner 386.
passenger platform 374.
passenger seat 369.
passenger station 374, 375.
passenger terminal 381, 389, 390.
passenger train 374.
passenger transfer vehicle 391.
passing lane 343.
passion fruit 136.
passport case 275.
passport control 391.
pasta 146.
pasta maker 170.
pastern 83.
pastry bag and nozzles 172.
pastry blender 172.
pastry brush 172.
pastry cutting wheel 172.
pastry shop 437.
Patagonia 17.
patch pocket 244, 249, 260.
patella 98.
patera 200.
path 230.
pathology laboratory 465.
patient 464.
patient room 464.
patient's chair 464.
patio 182, 230.
patio door 164, 188.
patrol and first aid station 512.
pattypan squash 129.
pause 299, 331.
pause button 323.
pause/break key 331.
pause/still button 319.
pavilion 432.
pawn 470.
pay phone 294, 437, 438, 463.
PC card slot 336.
pe-tsai 126.
pea 60.
pea jacket 251.
peach 132.
peach, section 57.
peacock 81.
peak 29, 238, 239, 458.
peak level meter 323.
peaked lapel 244.
peanut 130.
peanut oil 149.
pear 133.
pear-shaped body 297.
peas 130.

pecan nut 133.
peccary 84.
pectoral deck 501.
pectoral fin 74, 90.
pectoral limb 103.
pedal 302, 308, 370, 372, 473, 501, 522.
pedal key 305.
pedal keyboard 305.
pedal pushers 254.
pedal rod 304.
pedal with wide platform 522.
pedestal 302.
pedestrian call button 434.
pedestrian crossing 434.
pedestrian lights 434.
pedicel 56, 57, 58, 59, 62.
pediment 279.
pedipalp 70.
peeler 169.
peg 202, 224, 301, 302.
peg box 301.
pelerine 251.
pelican 80.
pellets 534.
peltate 55.
pelvic fin 74.
pelvic limb 103.
pen 108.
pen blade 531.
pen holder 274.
penalty arc 480.
penalty area 480.
penalty area marking 480.
penalty bench 507.
penalty bench official 507.
penalty spot 480.
pencil 312, 409.
pencil point tip 218.
pencil sharpener 341.
pendant 264.
penguin 80.
penholder grip 493.
peninsula 24.
penis 92, 111.
penne 146.
penstock 406, 407.
pentagon 429.
penumbra shadow 4, 5.
pepino 137.
pepper shaker 166.
pepper spray 456.
pepperoni 156.
percent 427.
percent key 337.
perch 160.
perch, morphology 74.
perching bird 79.
percolator 181.
percussion instruments 295, 308.
perforated toe cap 240.
perforation 243.
performance tire 358.
performing arts 294.
perfume shop 436.
pergola 230.
pericardium 105.
pericarp 60.
periodontal ligament 101.
peripheral 431.
peripheral nervous system 108.
peristome 66.
peristyle 279, 280.
peritoneum 111, 112.
periwinkle 157.
permanent pasture 122.
peroxide 461.
peroxisome 66.
perpendicular 428.
perpetual snows 29.
Persian 87.
Persian Gulf 19.
personal adornment 264.
personal articles 264, 271.
personal communications 317.
personal computer 329.

personal identification number pad 443.
personal radio cassette player 326.
personal watercraft 523.
Peru 448.
Peru-Chile Trench 34.
peso 440.
pesticide 47, 48.
pestle 170.
pet food 121.
pet shop 436.
petal 56.
petiolar sinus 62.
petiole 52, 55.
petrochemical industry 405.
petrochemicals 405.
petroleum trap 403.
pew 446.
pharmacy 436, 462, 465.
pharynx 105, 106.
phase conductor 198.
phases of the Moon 5.
pheasant 81, 154.
pheasant egg 155.
Philippine Plate 27.
Philippine Trench 34.
Philippines 19, 453.
philtrum 117.
phloem 63.
Phobos 2.
phosphorescent coating 199.
photo booth 437.
photo credit line 313.
photocopier 442.
photographer 436.
photography 314.
photon 420.
photoreceptors 119.
photosphere 4.
photosynthesis 54.
photovoltaic arrays 11.
phyllo dough 145.
physical map 24.
physician 464, 498.
physics 418.
pi 428.
pia mater 109.
piano 295, 304.
piccolo 295, 306.
pick 233.
pickguard 303.
pickling onion 124.
pickup selector 303.
pickup truck 347.
pickups 303.
pictograms 330.
picture tube 318.
pie pan 172.
pier 285, 344.
pierce lever 180.
pierced earrings 264.
pig 84.
pigeon 81, 154.
piggyback car 377.
pigsty 122.
pika 82.
pike 160.
pike perch 160.
pike pole 454.
pike position 518.
pile 190.
pile carpet 190.
pile dwelling 288.
pillar 27, 283, 284, 302.
pillbox hat 239.
pillion footrest 367, 368.
pillow 204.
pillow protector 204.
pillowcase 204.
pilot 376, 377.
pilot house 385.
pin 199, 454.
pin base 199.
pin block 304.
PIN pad 443.
pinch 199.

pine needles 65.
pine nut 133.
pine seed 65.
pineal body 109.
pineapple 136.
pink ball 503.
pink pepper 138.
pinna 52, 82.
pinnacle 282, 284.
pinnatifid 55.
pinto bean 131.
pip 58, 59, 468.
pipe 209, 224.
pipe clamp 224.
pipe section 193.
pipe wrench 216.
pipeline 404.
pistachio nut 133.
pistil 56.
pistol 456.
pistol grip 534.
pistol grip handle 218, 228.
pistol nozzle 236.
piston 357, 360.
piston lever 216.
piston release 216.
piston ring 360.
piston skirt 360.
pit 76.
pit lane 524.
pita bread 145.
pitch 395, 475, 479.
pitch wheel 310.
pitcher 474, 475.
pitcher's mound 475.
pitcher's plate 475.
pitchfork comb 268.
pith 63.
Pitot tube 525.
pits 524.
pituitary gland 109.
pivot 217, 270, 271, 533.
pivot cab 400.
placing judge 516.
plaice 161.
plain 24, 32.
plan 279, 285.
plane 229.
plane projection 22.
plane surfaces 428.
planets 2.
planets, inner 3.
planets, outer 2.
planisphere 14.
plano-concave lens 419.
plano-convex lens 419.
plant 53.
plant cell 50.
plant litter 54.
plant, structure 53.
plantain 136.
plantar 97.
plantar interosseous 96.
planting tools 231.
plasma 104.
plasma membrane 66.
plasmodesma 50.
plaster room 463.
plastic case 534.
plastic film 162.
plastic film capacitor 417.
plastics sorting 49.
plastron 76.
plate 178, 269, 531.
plate grid 359.
plateau 24, 29.
platelet 104.
platform 219, 363, 379, 390, 423, 516, 526.
platform edge 374, 379.
platform entrance 374.
platform ladder 219.
platform number 374.
platform shelter 375.
platform, 10 m 518.
platform, 3 m 518.

platform, 5 m 518.
platform, 7.5 m 518.
platter 166.
play button 319, 323, 326.
play/pause button 323.
player positions 474, 481, 489.
player's number 486, 488, 506.
player's stick 506.
players 492.
players' bench 485, 487, 506.
players' positions 482.
playing area 386, 471.
playing field 480.
playing surface 493.
playing surfaces 492.
playpen 205.
pleasure garden 230.
pleats, examples 253.
plectrum 297.
pleural cavity 105.
plexus of nerves 101.
pliers 222.
plug 198, 228, 324.
plug adapter 198, 271.
plum 132.
plum sauce 141.
plumber's snake 216.
plumbing 194.
plumbing system 194.
plumbing tools 216.
plunger 181, 216, 460.
plus or minus 427.
plus/positive 427.
Pluto 2, 3.
pneumatic armlet 461.
pocket 225, 274, 502, 505.
pocket calculator 337.
pocket handkerchief 244.
podium 283, 435, 444.
point 167, 169, 301, 312, 469, 471, 538.
point guard 489.
point of interest 25.
pointed tab end 245.
pointer 422, 423.
points 492.
poisonous mushroom 52.
poker 193.
poker die 468.
Poland 450.
polar axis 7.
polar bear 89.
polar climates 40.
polar ice cap 40.
polar lights 37.
polar tundra 40.
polarizing filter 314.
Polaroid® camera 315.
pole 321, 490.
pole grip 514.
pole position 524.
pole shaft 514.
pole vault 472.
police car 457.
police officer 456.
police station 433.
political map 23.
pollen basket 68.
pollutants, non-biodegradable 47.
polluting gas emission 47.
pollution, agricultural 47.
pollution, air 47.
pollution, domestic 47.
pollution, industrial 47.
pollution, land 47.
pollution, motor vehicle 47.
pollution, oil 48.
polo dress 252.
polo shirt 255, 492.
polygons 429.
Polynesia 453.
pome fleshy fruit 58.
pome fruits 133.
pomegranate 136.
pomelo 134.
pommel horse 496.

single-handle kitchen faucet 197.
single-leaf bascule bridge 345.
single-lens reflex camera 314.
singles service court 495.
singles sideline 491, 495.
sink 164, 194, 195, 197, 439, 464.
sinker 538.
sinkhole 31.
siphon 72.
siphonal canal 73.
sistrum 309.
site plan 183.
sitting room 188.
sixteenth note 299.
sixteenth rest 299.
sixth 298.
sixty-fourth note 299.
sixty-fourth rest 299.
skate 158, 506.
skateboard 526.
skateboarder 526.
skateboarding 526.
skater 527.
skater: long track 508.
skater: short track 508.
skating kick 514.
skating step 514.
skeg 519.
skeleton 98.
skerry 35.
ski 510, 523.
ski area 512.
ski boot 510, 511.
ski glove 510.
ski goggles 510.
ski hat 514.
ski jumper 513.
ski jumping 513.
ski jumping boot 513.
ski jumping suit 513.
ski lift arrival area 512.
ski pants 254.
ski pole 510, 514.
ski rack 356.
ski resort 512.
ski school 512.
ski suit 510, 514.
ski tip 514.
ski, giant slalom 510.
ski, jumping 513.
skid 395.
skiers' lodge 512.
skimmer 173, 184.
skin 57, 58, 59, 110, 114.
skin surface 114.
skip 515.
skirt 251, 492.
skirt finger 383.
skirts, examples 253.
skis, examples 510.
skull 92.
skull, lateral view 100.
skullcap 238.
skunk 88.
sky coverage 39.
skylight 183, 189.
slalom ski 510.
slat 205.
sled 236.
sleeper-cab 364.
sleepers 261.
sleeping bags, examples 530.
sleeping car 376.
sleet 41.
sleeve 244, 501.
sleeve strap 248.
sleeve strap loop 248.
sleeveless jersey 500.
sleigh bells 309.
slender 97.
slide 214.
sliding cover 327.
sliding door 195, 286.
sliding folding door 286.
sliding folding window 287.
sliding jaw 425.

sliding lever 353.
sliding rail 353, 521.
sliding seat 501.
sliding sunroof 349.
sliding weight 422.
sliding window 287.
sling back shoe 241.
slip 258.
slip joint 222.
slip joint pliers 222.
slip presenter 346.
slip-stitched seam 245.
slope 342.
sloping cornice 279.
slot 167, 178, 221, 274.
Slovakia 450.
Slovenia 450.
slow-burning stove 192.
slow-motion button 319.
slower traffic 343.
SLR camera 314.
small carton 163.
small crate 162.
small decanter 165.
small hand cultivator 232.
small intestine 106.
small open crate 162.
small saucepan 175.
smaller round 97.
smash 491.
smell 116.
smelt 159.
smock 255.
smog 47.
smoke baffle 192.
smoke detector 454.
smoke shop 436.
smoked ham 153.
smooth hound 158.
snack bar 294.
snail 72, 157.
snail dish 173.
snail tongs 173.
snail, morphology 72.
snake 76.
snap 538.
snap fastener 243, 249.
snap shackle 521.
snap-fastening front 261.
snap-fastening tab 249.
snap-fastening waist 260.
snare 308, 535.
snare drum 295, 308.
snare head 297, 308.
snare strainer 308.
snatch 500.
snelled fishhook 538.
snooker 503.
snout 74, 75.
snow 41.
snow brush 356.
snow guard 523.
snow-grooming machine 512.
snowboard 513.
snowboard, alpine 513.
snowboard, freestyle 513.
snowboarder 513.
snowboarding 513.
snowmobile 523.
snowsuit 261.
soap dish 195.
soba noodles 147.
soccer 480.
soccer ball 480.
soccer player 480.
soccer shoe 480.
social services 465.
social worker's office 463.
society 430.
sock 257, 480, 483, 486, 492.
socket head 221.
socket set 223.
socket-contact 198.
socks 247.
sofa 200.

sofa bed 204.
soft cheeses 151.
soft contact lens 272.
soft palate 116, 117.
soft pedal 304, 311.
soft ray 74.
soft shell clam 157.
soft-drink dispenser 346.
softball 477.
softball bat 477.
softball glove 477.
soil 48.
soil fertilization 47.
soil profile 54.
soiled utility room 462, 464.
solar array 316.
solar cell 337, 410, 411.
solar collector 410.
solar eclipse 4.
solar energy 54, 410.
solar panel 7.
solar radiation 45, 46, 410, 411.
solar reflectors 316.
solar shield 10.
solar system 2.
solar-cell panel 411.
solar-cell system 411.
solder 218.
soldering gun 218.
soldering iron 218.
soldering tools 218.
soldering torch 218.
sole 161, 229, 247, 509, 511.
soleplate 208.
soleus 96.
solid 414, 415.
solid body 303.
solid center auger bit 228.
solid line 342.
solid rocket booster 12.
solids 429.
solitaire ring 264.
Solomon Islands 453.
solvent extraction unit 405.
Somalia 451.
somen noodles 147.
sorghum 61.
sorghum: panicle 61.
sorting plant 49.
sorus 52.
soufflé dish 172.
sound box 297, 302.
sound engineer 291.
sound field control 322.
sound hole 301.
sound mode lights 322.
sound mode selector 322.
sound receiver 460.
sound recording equipment 291.
sound reproducing system 322.
sound systems, portable 325.
soundboard 296, 297, 301, 302, 304.
sounding balloon 38.
soup bowl 166.
soup spoon 168.
soup tureen 166.
sour cream 150.
South 23.
South Africa 452.
South America 14, 17, 34.
South American Plate 27.
South China Sea 14, 19.
South Pole 21.
south pole 416.
South Pole 15.
South-Southeast 23.
South-Southwest 23.
Southeast 23.
Southeast Indian Ridge 34.
Southern hemisphere 21.
Southwest 23.
Southwest Indian Ridge 34.
southwester 239.
soy sauce 140.
soybean sprouts 131.

soybeans 131.
space 298, 330, 469.
space bar 330.
space probe 37.
space shuttle 12, 37.
space shuttle at takeoff 12.
space telescope 7, 37.
spacelab 13.
spacer 409, 467.
spacesuit 10.
spade 233, 468.
spade bit 228.
spading fork 233.
spadix 57.
spaghetti 146.
spaghetti squash 129.
spaghetti tongs 173.
spaghettini 146.
Spain 449.
spar 392.
spare tire 361.
spareribs 153.
spark plug 237, 359, 360.
spark plug body 359.
spark plug cable 350, 360.
spark plug gap 359.
spark plug gasket 359.
spark plug terminal 359.
sparkling wine glass 165.
sparrow 80.
spatula 173.
spatulate 55.
speaker 294, 320, 326, 328, 336, 518.
speaker cover 324.
spear 125.
special effects buttons 320.
special effects selection dial 320.
special slalom 511.
specimen collection center waiting room 465.
specimen collection room 465.
speed control 176, 237.
speed governor 287.
speed grand prix motorcycle 525.
speed grand prix rider 525.
speed selector 176, 177.
speed selector switch 227, 228, 270.
speed skate, in-line 527.
speed skates 508.
speed skating 508.
speed-increasing gearbox 413.
speedometer 355, 368, 501.
spelt wheat 143.
spencer 254.
spent fuel storage bay 409.
sperm whale 90.
spermatozoon 111.
sphenoid bone 100.
sphenoidal fontanelle 100.
sphenoidal sinus 117.
sphere 429.
sphincter muscle of anus 106.
spices 138.
spicules 4.
spider 70.
spider web 70.
spider, morphology 70.
spike 57, 473.
spiked shoe 476.
spillway 406.
spillway chute 406.
spillway gate 406.
spinach 127.
spinach tagliatelle 146.
spinal cord 109, 110.
spinal cord, structure 109.
spinal ganglion 109, 110.
spinal nerve 109, 110.
spindle 177, 201, 425.
spine of scapula 99.
spinner 538.
spinneret 70.
spinning rod 537.
spinous process 110.

spiny lobster 158.
spiny ray 74.
spiracle 67.
spiral 221.
spiral arm 6.
spiral beater 176.
spiral binder 340.
spiral cloud band 43.
spiral nail 220.
spiral rib 73.
spiral screwdriver 221.
spiral thread 70.
spire 285.
spirit level 225.
spirulina 123.
spit 35.
splat 200.
splay 285.
spleen 103.
splenius muscle of head 97.
spline 359.
splints 461.
split link 538.
split peas 130.
spoiler 366, 392.
spoke 371.
sponge-tipped applicator 266.
sponson 523.
spool 536, 537.
spool axle 537.
spool-release mechanism 537.
spoon 167, 531.
spoons, examples 168.
spores 52.
sport-utility vehicle 347.
sporting goods store 437.
sports car 347.
sports complex 431.
sports on wheels 526.
sports, combat 498.
sportswear 262.
spot 207.
spotlight 290, 455.
spotlights 293.
spout 180, 181.
spout assembly 197.
spray 208.
spray arm 214.
spray button 208.
spray control 208.
spray head 197.
spray hose 195, 197.
spray nozzle 236.
sprayer 236.
spread collar 245.
spreader 273.
spring 27, 32, 38, 206, 212, 222, 312, 535.
spring balance 423.
spring binder 339.
spring wing 221.
springboard 496.
springboard, 1 m 518.
springboard, 3 m 518.
sprinkler hose 236.
sprinklers 408.
sprocket 523.
spruce 65.
spur 29, 228, 308.
squamous suture 100.
square 429.
square movement 470.
square root key 337.
square root of 427.
square trowel 216.
square-headed tip 221.
squash 128.
squid 157.
squirrel 82.
Sri Lanka 453.
stabilizer fin 386.
stabilizer jack 361.
stack 35, 382, 402.
stacking chairs 201.
stadium 431.
staff 298.

ASTRONOMY > 2-13;   EARTH > 14-49;   VEGETABLE KINGDOM > 50-65;   ANIMAL KINGDOM > 66-91;   HUMAN BEING > 92-119;   FOOD AND KITCHEN > 120-181;   HOUSE > 182-215;
DO-IT-YOURSELF AND GARDENING > 216-237;   CLOTHING > 238-263;   PERSONAL ADORNMENT AND ARTICLES > 264-277;   ARTS AND ARCHITECTURE > 278-311;   COMMUNICATIONS AND
OFFICE AUTOMATION > 312-341;   TRANSPORT AND MACHINERY > 342-401;   ENERGY > 402-413;   SCIENCE > 414-429;   SOCIETY > 430-467;   SPORTS AND GAMES > 468-538.

583

ENGLISH INDEX

ASTRONOMY > 2-13;   EARTH > 14-49;   VEGETABLE KINGDOM > 50-65;   ANIMAL KINGDOM > 66-91;   HUMAN BEING > 92-119;   FOOD AND KITCHEN > 120-181;   HOUSE > 182-215;
DO-IT-YOURSELF AND GARDENING > 216-237;   CLOTHING > 238-263;   PERSONAL ADORNMENT AND ARTICLES > 264-277;   ARTS AND ARCHITECTURE > 278-311;   COMMUNICATIONS AND
OFFICE AUTOMATION > 312-341;   TRANSPORT AND MACHINERY > 342-401;   ENERGY > 402-413;   SCIENCE > 414-429;   SOCIETY > 430-467;   SPORTS AND GAMES > 468-538

585